Dr. Jean M. Twenge

Mein Kind, sein Smartphone und ich

GOLDMANN
Lesen erleben

Buch

Sie sind zwischen 1995 und 2005 geboren und damit die erste Generation, die schon im Jugendalter ein Smartphone besitzt. Sie verbringen Stunden in sozialen Netzwerken und mit dem Schreiben von Kurznachrichten, sehen ihre Freunde aber seltener von Angesicht zu Angesicht. Sie sind toleranter, drehen sich jedoch mehr um sich selbst. Sie werden langsamer erwachsen und haben ein höheres Sicherheitsbedürfnis. Anhand von zahlreichen Interviews zeichnet die Psychologin Dr. Jean M. Twenge ein erhellendes Bild dieser neuen Generation und verdeutlicht, warum es für uns alle wichtig ist, sie zu verstehen. Denn sie werden es sein, die unser aller Zukunft prägen.

Autorin

Dr. Jean M. Twenge ist Professorin für Psychologie an der San Diego State University. In Langzeitstudien erforscht sie dort die Entwicklung von Generationen. Sie lebt mit ihrem Ehemann und drei Töchtern in San Diego, USA.

Dr. Jean M. Twenge

Mein Kind, sein Smartphone und ich

Warum es so wichtig ist, die neue Generation zu verstehen

Aus dem amerikanischen Englisch
von Nikolaus de Palézieux

Deutsche Bearbeitung:
Hendrik Heisterberg

GOLDMANN

Die amerikanische Originalausgabe erschien 2017 unter dem Titel
»iGen« bei Atria Books, New York.

Dieses Buch ist bereits 2018 unter dem Titel
»Me, My Selfie and I« im Mosaik Verlag erschienen.

1. Auflage
Aktualisierte vollständige Taschenbuchausgabe Juli 2021

Umschlag: Uno Werbeagentur, München
Umschlagmotiv: Stocksy / Alto Images
Redaktion und Aktualisierung 2020: Hendrik Heisterberg
Satz: Uhl + Massopust, Aalen
Druck und Bindung: GGP Media GmbH, Pößneck
Printed in Germany
GS · TW
ISBN 978-3-442-17664-9

Für Julia, die Letzte aus der Generation Selfie

Inhalt

Vorwort zur deutschen Ausgabe

Viele Trends schwappen aus den USA zu uns herüber – wenn diese These in den letzten fünfzig Jahren auf einen Lebensbereich besonders zutraf, dann war es die Jugendkultur. Das gilt nicht zuletzt für das World Wide Web, den wichtigsten US-Import der jüngeren Vergangenheit. Im Internet fühlen sich heutige Jugendliche zu Hause, bevölkern soziale Netzwerke und Chatrooms und beherrschen wie selbstverständlich die dafür notwendigen Technologien. Ihr treuester Begleiter, das Smartphone, garantiert ihnen permanente Online-Mobilität und macht sie rund um die Uhr verfügbar.

In ihrem Porträt der heute dreizehn- bis dreiundzwanzigjährigen US-Amerikaner, die keine Welt ohne Internet kennen, zeichnet die Soziologin Jean M. Twenge das vielschichtige Bild einer Generation, die ein ganz und gar anderes Leben führt als die vorausgegangenen »Babyboomer« (ab Mitte der 1940er bis Mitte der 1960er geboren), die »Generation X« (zwischen 1965 und 1979 geboren) und die »Millennials« (in den 1980ern und frühen 1990ern geboren). Mutmaßlicher Grund: das Smartphone.

Obwohl Dr. Twenges Studien und Erkenntnisse vor allem die Vereinigten Staaten betreffen (die sich beispielsweise hinsichtlich

Demographie und Schulsystem deutlich von Deutschland unterscheiden), kann man davon ausgehen, dass sich ein Großteil der Entwicklungen auf Deutschland übertragen lässt. Zahlreiche hiesige Jugendstudien und Interviewzitate, die in die deutsche Bearbeitung ihres Buchs eingeflossen sind, zeigen: Auch hierzulande bestimmen Smartphone und Internet längst den Alltag der Jugendlichen, verändern deren Medienkonsum und Freizeitgestaltung. Die heutigen Teenager in Deutschland unterscheiden sich in ihrem Verhalten und in ihren Vorlieben nur unwesentlich von Jugendlichen in anderen westlichen Ländern, wie etwa den USA. Die Lektüre dieses Buches dürfte also auch für deutsche Leserinnen und Leser lohnend und erhellend sein.

Die vorliegende Bearbeitung folgt nicht in jeder Hinsicht dem wissenschaftlichen Ansatz der Originalausgabe. So wurde auf einige US-spezifische Informationen verzichtet, ebenso auf die umfangreichen bibliographischen Nachweise. Die Namen der zitierten Kinder und Jugendlichen wurden aus Rücksicht auf ihre Persönlichkeitsrechte teilweise geändert.

EINLEITUNG
Wer ist die Generation Selfie, und woher weiß man das?

Als ich die 13-jährige Athena an einem Sommertag gegen Mittag erreiche, hört sie sich so an, als sei sie gerade aufgestanden. Wir plaudern ein wenig über ihre Lieblingssongs und Fernsehshows, und ich frage sie, was sie mit ihren Freundinnen am liebsten macht: »Wir gehen ins Shoppingcenter«, meint sie. »Lassen eure Eltern euch denn alleine losziehen?«, frage ich, wobei ich an meine eigene Schulzeit in den Achtzigern denke, als ich ein paar elternfreie Stunden mit meinen Freundinnen genoss. »Nein – ich gehe mit meiner Familie da hin«, sagt sie. »Wir gehen mit Mama und meinen Brüdern los und bleiben ein Stück hinter ihnen. Ich muss meiner Mama nur sagen, wohin wir gehen. Ich muss mich jede halbe oder ganze Stunde zurückmelden.«

Mit der Mutter im Shoppingcenter abzuhängen ist nicht der einzige Unterschied im sozialen Leben der heutigen Jugend im Vergleich zu früher. Athena und ihre Freundinnen auf der Middleschool in Houston, Texas, kommunizieren eher über ihre Smartphones, als dass sie sich persönlich treffen. Ihr Lieblingsmedium ist Snapchat, eine Smartphone-App, die es den Teilnehmern ermöglicht, Bilder zu verschicken, die schnell wieder verschwinden. Vor allem lieben sie den »dog filter« von Snapchat, der den

Gesichtern von Menschen comicartige Hundenasen und Hundeohren verpasst, wenn sie fotografiert werden. »Das ist Hammer – einfach der süßeste Filter ever«, meint sie. Sie sind auch sehr hinter ihren Snapstreaks her, die ihnen zeigen, wie viele Tage hintereinander sie schon miteinander über Snapchat gechattet haben. Manchmal machen sie Screenshots von besonders albernen Bildern ihrer Freundinnen, die sie dann behalten – »damit kann man sie gut erpressen«.

Athena sagt, dass sie den Großteil des Sommers alleine mit ihrem Smartphone in ihrem Zimmer verbringt. »Ich bin lieber allein in meinem Zimmer und schaue Videos auf Netflix, als dass ich Zeit mit meiner Familie verbringe. Das mache ich schon fast den ganzen Sommer lang. Ich bin mehr mit meinem iPhone als mit wirklichen Leuten zusammen.« Und das gilt für ihre gesamte Generation, meint sie. »Wir haben ja nie ein anderes Leben ohne iPads oder iPhones kennengelernt. Ich glaube, wir lieben unsere Phones mehr als wirkliche Menschen.«

Das ist die *Generation Selfie*. Denn wenn man diese Generation nach irgendetwas benennen möchte, dann wohl nach dem Smartphone – oder noch besser nach dem, was die Angehörigen dieser Generation unablässig damit tun: sich selbst fotografieren, Selfies machen.

Die Angehörigen der Generation Selfie – kurz: *die Selfies* – sind im Jahr 1995 oder später geboren, sie sind mit Handys aufgewachsen und hatten schon vor der weiterführenden Schule ein Instagram-Konto. An eine Zeit vor dem Internet, das 1995 kommerzialisiert wurde, können sie sich nicht erinnern.

Die vollständige Beherrschung der Teenager durch das Smartphone wirkt sich auf das ganze Leben der Generation Selfie aus – von den sozialen Interaktionen bis hin zur geistigen Gesundheit. Dies ist die erste Generation, die ständig über Internetzugang verfügt, den sie direkt in ihrer Hand hält. Der durchschnittliche *Selfie* checkt sein iPhone mehr als achtzig Mal pro Tag. (Auch wenn sie über ein geringeres Einkommen verfügen: Jugendliche aus benachteiligten Schichten verbringen heute genauso viel Zeit online wie diejenigen aus finanziell bessergestellten Schichten – noch ein Effekt des Aufkommens der Smartphones.)

Welche Smartphones nutzen die Jugendlichen?
Nach einer Absatzanalyse vom Herbst 2015 besaßen zwei von drei US-Teenagern ein iPhone, was einer nahezu vollständigen Marktsättigung im Hinblick auf ein Produkt entspricht.
Zum Vergleich: In Deutschland besitzen 40 Prozent der Jugendlichen ein Handy der Marke Samsung. Nur gut jeder Vierte (27 Prozent) besitzt ein iPhone, jedoch ist unter den konkreten Smartphone-Modellen das Apple iPhone 6 (9 Prozent) insgesamt am weitesten verbreitet.[1]

Doch die Technologie ist nicht die einzige Veränderung, die diese Generation kennzeichnet. Das »Self« in Generation Selfie repräsentiert auch den Individualismus, den ihre Mitglieder für selbstverständlich halten – ein allgemeiner Trend, der ihr ausgeprägtes Gespür für Gleichberechtigung wie auch ihre Ablehnung traditioneller gesellschaftlicher Regeln begründet.

Hinzu kommt: Verunsichert durch das Einkommensgefälle macht sich diese Generation eher Gedanken darüber, wie man finanziell erfolgreich wird, um zu den Habenden zu gehören statt zu den Besitzlosen.

Dank dieser und anderer Einflüsse unterscheidet sich die Generation Selfie von allen früheren darin, wie ihre Mitglieder ihre Zeit verbringen, wie sie sich verhalten; sie bestimmen ihre Haltung zu Religion, Sexualität und Politik. Die Selfies sozialisieren sich auf vollkommen neue Art, weisen einst geheiligte gesellschaftliche Tabus zurück und wollen ganz einfach etwas anderes von ihrem Leben und ihrer Karriere. Sie sind besessen von Sicherheit, haben Angst vor ihrer wirtschaftlichen Zukunft, lehnen Benachteiligung ab, die auf Geschlecht, Hautfarbe oder sexueller Orientierung beruht. Zugleich bilden sie die Vorhut der größten psychischen Krise seit Jahrzehnten, mit Prozentzahlen für Depression und Selbstmorde, die in den USA seit 2011 raketenartig in die Höhe schießen. Im Gegensatz zur früher herrschenden Vorstellung, dass Kinder schneller als die vorangegangene Generation aufwachsen, wird die Generation Selfie tatsächlich langsamer erwachsen: Heute verhalten sich 18-Jährige wie früher 15-Jährige, 13-Jährige benehmen sich wie Zehnjährige. Physisch leben die Teenager heute sicherer als früher, psychisch aber sind sie verwundbarer.

Bei der Auswertung von vier großen, landesweit repräsentativen Befragungen von elf Millionen Amerikanern seit den 1960er Jahren habe ich zehn bedeutende Trends herausgearbeitet, die die Generation Selfie – und letztlich uns alle – charakterisieren: *Keine Eile* (die Verlängerung der Kindheit in die Jugend); *Online-Zeit* (wie viele Stunden tatsächlich im Internet verbracht werden – und was dadurch wegfällt); *Nicht mehr persönlich* (der Niedergang der persönlichen sozialen Interaktion); *Unsicher* (deutlich erhöhtes Aufkommen psychischer Krisen);

Gottlos (Niedergang der Religion); *Isoliert, aber nicht wirklich* (Streben nach Sicherheit und Nachlassen des bürgerlichen Engagements); *Einkommens-Unsicherheit* (veränderte Haltung gegenüber der Arbeit); *Unbestimmt* (neue Einstellung zu Sex, Beziehungen und Kindern); *Inklusiv* (Akzeptanz, Gleichberechtigung und freies öffentliches Debattieren) und *Ungebunden* (ihre politischen Ansichten). Die Generation Selfie ist ideal, um nach Trends Ausschau zu halten, die unsere Kultur in den nächsten Jahren bestimmen werden, da die Selfies noch sehr jung sind und trotzdem alt genug, um ihre Ansichten auszudrücken und von ihren Erfahrungen zu berichten.

Seit fast 25 Jahren forsche ich bereits über Generationenunterschiede, genauer seit meinem 22. Lebensjahr, als ich meine Doktorarbeit in Persönlichkeitspsychologie an der Universität von Michigan begann. Damals untersuchte ich, wie meine eigene Generation, die Generation X, sich von den Babyboomern unterschied (u.a. durch mehr Gleichberechtigung zwischen den Geschlechtern und auch durch mehr Ängste). Im Lauf der Zeit fand ich viele generationsbedingte Unterschiede in Verhalten, Einstellung und Persönlichkeitsmerkmalen, die dann die Generation der in den 1980ern und frühen 1990ern Geborenen auszeichneten, die sogenannten Millennials (auch Generation Y genannt). Diese Forschung fand ihren Niederschlag in meinem 2006 erschienenen Buch *Generation Me (Generation Ich)* überarbeitet 2014), das zeigt, wie sich diese Generation von ihren Vorläufern unterschied. Die meisten Generationenunterschiede zwischen der Generation X und den Millennials kamen im Lauf der Zeit auf und prägten sich erst nach ein bis zwei Jahrzehnten der steten Veränderung immer deutlicher aus. Ich war darin geübt, Grafiken von Trends zu zeichnen, die ein wenig wie Hügel aussahen, welche dann zu Gipfeln wurden. Kulturelle Veränderungen traten jeweils nach einer eher gemäßigten Einführung auf, die mit ein paar jungen Leuten anfing, aus denen schließlich aber sehr viele wurden.

Doch um das Jahr 2012 sah ich plötzlich abrupte Veränderungen im Verhalten und emotionalen Zustand der Teenager: Mit einem Mal sahen die Linien auf meinen Grafiken wie steile Berge aus – Kurven, die steil nach unten gingen und die Errungenschaften von Jahrzehnten in nur wenigen Jahren auslöschten. Nach Jahren allmählichen Ansteigens traten wahre Steilklippen auf, die den Übergang bestimmter Merkmale in Allzeit-Hochs bezeichneten. In all meinen Datenanalysen zu den Generationen – von denen einige bis in die 1930er Jahre zurückreichen – hatte ich dergleichen noch nie gesehen.

Zunächst fragte ich mich, ob dies nur zufällige Zacken in den Kurven wären, die nach ein, zwei Jahren verschwinden wür-

Das Smartphone: zentrales Medium deutscher Jugendlicher

Ein Jugendlicher zwischen 14 und 19 Jahren ohne Smartphone ist die absolute Ausnahme: Mit einer Smartphone-Verbreitung von fast 100 Prozent kann man von einer Vollversorgung der Jugendlichen in Deutschland sprechen.[2] Zwei von fünf Kindern zwischen sechs und 13 Jahren besitzen ein eigenes Handy oder Smartphone. Während bei den Sechs- bis Siebenjährigen nur acht Prozent ein eigenes Smartphone besitzen, sind es bei den 12- bis 13-Jährigen 70 Prozent (8-9 Jahre: 25 Prozent, 10-11 Jahre: 52 Prozent).[2a]

den. Doch das taten sie nicht – die Trends hielten an und hatten weitere, nachhaltige und oft beispiellose Entwicklungen zur Folge. Nachdem ich mich in die Daten vertieft hatte, zeichnete sich ein Muster ab: Viele der großen Veränderungen begannen um 2011 oder 2012 – zu spät, um sie auf die große Rezession in den USA zurückzuführen, die offiziell von 2007 bis 2009 dauerte.

Doch dann ging mir ein Licht auf: 2011 und 2012 waren exakt die Jahre, als die Mehrheit der Amerikaner sich Handys anschaffte, mit denen man ins Internet gelangen konnte, allgemein Smartphones genannt. Und das Ergebnis dieser plötzlichen Veränderung ist die Generation Selfie.

Solche umfassenden generationsbedingten Veränderungen haben große Auswirkungen: Eine vollständig neue Gruppe junger Menschen, die anders handeln und fühlen – anders selbst als ihre nächsten Nachbarn, die Millennials –, tritt ein in das Leben als junge Erwachsene. Wir alle müssen diese Generation verstehen. Dazu gehören auch ihre Freunde und Familien, die sich um sie kümmern, Firmen, die sich nach neuen Angestellten umschauen, Hochschulen, die Studenten ausbilden und anleiten, und auch Marketing-Fachleute, die herausfinden, wie man dieser Generation etwas verkauft. Doch die Generation Selfie muss sich auch selber begreifen, wenn sie den älteren und selbst den nur wenig älteren Mitmenschen erklären will, wie sie die Welt sieht und was sie von anderen unterscheidet.

Generationenunterschiede sind größer und haben größere Auswirkungen als je zuvor. Der größte Unterschied zwischen den Millennials und ihren Vorgängern bestand in der Weltanschauung, wobei mehr Gewicht auf das Ich und weniger auf gesellschaftliche Regeln gelegt wurde (daher der Ausdruck *Ge-*

neration Ich). Doch wegen der Beliebtheit des Smartphones unterscheidet sich die Generation Selfie von anderen am deutlichsten dadurch, wie sie ihre Zeit verbringt. Die Lebenserfahrungen, die sie jeden Tag macht, unterscheiden sich radikal von denjenigen ihrer Vorgänger. In gewisser Hinsicht ist das ein noch fundamentalerer Generationenwechsel als der, den die ab 1980 Geborenen verursachten – vielleicht sind deshalb die Trends, die die Ankunft der Generation Selfie ankündigten, so unerwartet und so umfassend.

Die Geburtsjahrgangsgrenze

Das halsbrecherische Tempo der technologischen Veränderungen hat eine überraschend große Lücke zwischen denen aufgetan, die in den Achtzigern geboren wurden, und denen, die erst nach 1990 auf die Welt kamen.

»Ich gehöre nicht wirklich der digitalen Generation an«, meinte Juliet Lapidos, Jahrgang 1983, in der *New York Times*. »Das Internet gehörte noch nicht dazu. Ich musste erst lernen, was das war und wie man es nutzt … Mein erstes Handy hatte ich erst mit 19.«

Im Jahr 2002, als Lapidos 19 Jahre alt war, musste man noch mehrfach dieselbe Taste auf dem Klapphandy drücken, um damit zu schreiben, und im Internet surfen hieß, an einem PC zu sitzen. Als wenige Jahre darauf das Smartphone aufkam, änderte sich alles. Die Generation Selfie ist die erste, die ihre Jugend mit einem Smartphone in der Hand beginnt – ein bedeutender Unterschied mit weitreichenden Implikationen.

Die Generation Selfie kam schneller an diesen Punkt als angenommen. Bis vor Kurzem hat man sich bei der Erforschung der Generationen auf die Millennials konzentriert, manchmal definiert als die zwischen 1980 und 1999 Geborenen. Doch das ist eine lange Zeitspanne für eine neue Generation: Die Generation X, unmittelbar vor den Millennials, währte nur 14 Jahre, von 1965 bis 1979. Wenn die Generation der Millennials ebenso lange währt, dann ist das letzte Geburtsjahr der Millennials 1994 – was bedeutet, dass die Generation Selfie mit den 1995 Geborenen anfängt. Gemeinhin gilt dies auch als das Jahr, in welchem das Internet entstand. Noch weitere Eckdaten sind dem Jahr 1995 sehr nahe. So wurde 2006 Facebook für alle über 13 Jahre freigegeben – weshalb auch die, die nach 1993 geboren wurden, ihre gesamte Jugend auf den Websites der sozialen Netzwerke verbringen konnten. Ein Schnitt zur Mitte der 1990er Jahre erscheint auch sinnvoll, wenn man sich auf harte Daten beruft: Im Jahr 2011 – dem Jahr also, in dem sich alles innerhalb der Erhebungsdaten veränderte – wurden 13- bis 18-Jährige befragt, geboren zwischen 1993 und 1998.

Niemand weiß, wann die Generation Selfie endet; ich würde darauf setzen, dass das 17 Jahre nach 1995 der Fall sein könnte. Das würde wiederum bedeuten, dass die letzten Selfies zwischen 2009 und 2015 geboren wurden, wobei 2012 exakt in der Mitte liegt. Das ergibt eine Geburtsjahresspanne dieser Generation von 1995 bis 2012. Im Lauf der Zeit mögen diese Grenzen nach vorne oder hinten verschoben werden, doch 1995 bis 2012 ist ein guter Anfang. Viel wird von der Technologie abhängen, die innerhalb der nächsten zehn Jahre entwickelt wird, und davon, ob sie das Leben der jungen Menschen so verändert, wie es das Smartphone getan hat.

Jede Generationsgrenze ist willkürlich. Es gibt keine exakte Wissenschaft, keinen offiziellen Konsens, der festlegt, welches Geburtsjahr zu welcher Generation gehört. Zusätzlich haben diejenigen, die kurz vor oder nach der Zeitengrenze geboren wurden, im Wesentlichen die gleiche Kultur aufgenommen, während die, die zehn Jahre später zur Welt kamen, technisch wohl noch derselben Generation angehören, dabei aber eine andere Kultur erlebten. Trotzdem sind Generationenetiketten mit bestimmten Grenzziehungen sinnvoll – so wie Stadtgrenzen, die Festlegung von 18 Jahren als Beginn des gesetzlichen Erwachsenenalters und auch die Unterscheidung einzelner Persönlichkeitstypen, die uns gestatten, Menschen einzuordnen und zu beschreiben. Und das trotz der offensichtlichen Beschränkungen, wenn man eine klare Trennlinie einführt, wo eine unscharfe Trennung der Wahrheit näher käme. Ganz gleich, wo wir die Trennlinie ansetzen: Man muss begreifen, wie diejenigen, die nach Mitte der 1990er geboren wurden, sich von denen unterscheiden, die einige Jahre früher zur Welt kamen.

Die Daten

Zu den vielen gewichtigen Gründen, die Generation Selfie verstehen zu wollen, zählt deren hoher Anteil an der Bevölkerung: Ausgehend von den Geburtsjahrgängen 1995 bis 2012, umfasst die Generation Selfie 74 Millionen Amerikaner, also etwa 24 Prozent

Generation Selfie in Zahlen

Wegen der abweichenden demographischen Entwicklung gehört nur einer von sechs Deutschen zur Generation Selfie (13 Millionen von 82,2 Millionen).

der Bevölkerung. Das bedeutet, dass einer von vier Amerikanern zur Generation Selfie gehört.

Was wir über die Generation Selfie wissen, ist erst der Anfang. Befragungen könnten ergeben, dass 29 Prozent der jungen Erwachsenen keiner Religion angehören oder dass 86 Prozent der Teenager sich darum sorgen, einen Job zu finden. Doch diese einmaligen Befragungen könnten Meinungen widerspiegeln, die von jungen Menschen quer durch alle Generationen geteilt werden. Die Babyboomer oder die Jugendlichen der Generation X in den 1970ern bzw. 1990ern können zum Beispiel auch das Thema Religion gemieden und sich wegen Jobs Sorgen gemacht haben. Einmalbefragungen ohne Vergleichsgruppen sagen uns nichts über kulturelle Veränderungen oder die besonderen Erfahrungen der Generation Selfie. Man kann keine generellen Schlüsse nur aus Daten einer einzigen Generation ziehen. Doch bislang haben fast alle Bücher und Artikel über die Generation Selfie sich auf solche wenig hilfreichen Befragungen gestützt.

Andere Einmalerhebungen schließen Angehörige verschiedener Generationen ein. Das ist immerhin schon besser, doch auch sie haben ein grundlegendes Defizit: Sie können nicht die Auswirkungen des Alters von denen der Generation unterscheiden. Wenn eine Studie etwa herausfindet, dass die Generation Selfie mehr Freunde bei der Arbeit suchen will als die Generation X, dann kann das daher rühren, dass sie jünger und Singles sind, die Generation X dagegen älter und verheiratet. Bei einer Einmalbefragung gibt es keine Möglichkeit, das herauszufinden. Das ist ungünstig, denn wenn man Unterschiede erfasst, die auf dem Alter beruhen, erfährt man nicht viel darüber, was sich geändert hat – oder ob das, was junge Angestellte oder Studenten vor zehn Jahren motivieren konnte, jetzt immer noch funktioniert.

Um wirklich zu begreifen, was an dieser Generation besonders ist – was tatsächlich *neu* an ihr ist –, müssen wir die Generation Selfie mit vorangegangenen Generationen vergleichen, als deren Mitglieder ebenso jung waren. Wir brauchen also Daten, die im Laufe der Zeit erhoben wurden. Und genau das leisten die großen Langzeitbefragungen, die ich in diesem Buch analysiere: Sie stellen jungen Menschen Jahr für Jahr dieselben Fragen, so dass deren Antworten über mehrere Generationen hinweg verglichen werden können.[3]

Diese Interviews können uns zeigen, was die Babyboomer trieben, als sie in den 1970ern die Highschools besuchten; wie die Generation X in den 1980ern und 1990ern rockte; wie die Millennials durch die 2000er Jahre kamen; und wie die Generation Selfie in den Jahren ab 2010 ihre eigenen Wege geht.

Indem wir eine Generation mit einer anderen im selben Alter vergleichen, können wir die Sicht der jungen Leute auf sich selbst vergleichen, anstatt uns auf die Überlegungen älterer Menschen aus früheren Zeiten zu verlassen. Wir können Unterschiede erkennen, die kulturellen Veränderungen geschuldet sind und nicht dem Alter. Diese Unterschiede können nicht durch die Behauptung abgetan werden, dass »junge Leute schon immer so gewesen sind«. So zeigen diese Untersuchungen in der Tat, dass junge Leute heute ganz anders sind als Jugendliche vergangener Jahrzehnte. Die relative Neuheit dieser Untersuchungen ist gleichfalls aufregend – sie erlaubt uns, einen Blick auf die Generation Selfie zu werfen, wie sie ihre Identität ausbildet, eigene Meinungen äußert und den Weg ins Erwachsenenleben findet.

Diese Datenquellen haben noch drei weitere Vorteile. Zunächst sind sie sehr groß, was Menge und Umfang der Daten angeht, da alljährlich Tausende von Menschen interviewt wurden,

Wie viel Generation Selfie sind Sie?

Verwenden Sie diesen Fragebogen und beantworten Sie jede Frage mit »ja« oder »nein«, um es herauszufinden.

1. Haben Sie in den letzten 24 Stunden mindestens eine Stunde damit verbracht, per Mobiltelefon Textnachrichten zu senden? ☐ ja ☐ nein
2. Haben Sie einen Snapchat-Account? ☐ ja ☐ nein
3. Sind Sie der Meinung, gleichgeschlechtliche Ehen sollten legalisiert werden? ☐ ja ☐ nein
4. Wissen Sie, was ein »Safe Space«, eine »Mikroaggression« oder eine »Triggerwarnung« ist? ☐ ja ☐ nein
5. Ordnen Sie sich einer politischen Partei zu? ☐ ja ☐ nein
6. Unterstützen Sie die Legalisierung von Marihuana? ☐ ja ☐ nein
7. Ist es wünschenswert, Sex ohne große emotionale Beteiligung zu haben? ☐ ja ☐ nein
8. Fühlten Sie sich oft ausgeschlossen und einsam, als Sie die achte bis zwölfte Klasse besuchten? ☐ ja ☐ nein
9. Betrachten Sie sich als religiös? ☐ ja ☐ nein
10. Haben Sie den Führerschein gemacht, als Sie 17 Jahre alt waren? ☐ ja ☐ nein
11. Haben Sie jemals Alkohol getrunken (mehr als nur einige Schlucke), als Sie 16 Jahre alt waren? ☐ ja ☐ nein
12. Haben Sie sich häufig mit Ihren Eltern gestritten, als Sie Teenager waren? ☐ ja ☐ nein

13. Als Sie die achte bis zwölfte Klasse besuchten, haben Sie da fast jedes Wochenende abends mit Ihren Freunden verbracht? ☐ ja ☐ nein

14. Hatten Sie einen Job neben der Schule, als Sie die achte bis zwölfte Klasse besuchten? ☐ ja ☐ nein

Je häufiger Ihre Antwort auf die Fragen 1 bis 8 »ja« und auf die Fragen 9 bis 14 »nein« lautete, umso mehr gehören Sie zur Generation Selfie, was Ihr Verhalten, Ihre Einstellung und Ihre Überzeugungen angeht.
Falls Sie Frage 4 mit »nein« beantwortet haben, hier die Antwort: Ein »Safe Space« ist ein Ort, an dem nicht diskriminiert werden darf. Als »Mikroaggression« versteht man eine winzige, als übergriffig wahrgenommene Äußerung, als »Triggerwarnung« einen Warnhinweis auf mögliche Auslösereize bei Menschen mit belastenden Erfahrungen.

die Hunderte von Fragen anonym beantwortet haben. Insgesamt wurden elf Millionen Menschen befragt. Zweitens waren die Verantwortlichen der Erhebungen sorgfältig darauf bedacht, dass die Teilnehmer, die die Fragen beantwortet haben, repräsentativ für die Bevölkerung der USA waren, was Geschlecht, ethnische Herkunft, Ort und sozioökonomischen Status angeht. Das bedeutet, dass Schlussfolgerungen auf die amerikanische Jugend insgesamt (bzw. im Fall von Collegestudenten auf Collegestudenten insgesamt) angewendet werden können. Drittens sind all diese Datensätze öffentlich und online kostenlos abrufbar. Sie sind ein nationaler Schatz an riesigen Datenmengen, die einen Blick auf das Leben und die Überzeugungen von Amerikanern aus vergangenen Jahrzehnten wie auch einen aktuellen Blick auf die Jugend der letzten Jahre erlauben. Mit dieser soliden Menge an Generationsdaten, die uns nun zur Verfügung stehen, brauchen wir uns nicht länger auf unzuverlässige Einmalstudien zu verlassen, wenn wir die Generation Selfie verstehen wollen.

Um eine Vorschau auf einige Generationenunterschiede zu erhalten, verwenden Sie den Fragebogen auf den Seiten 27/28, um herauszubekommen, ob sich Ihre eigenen Erfahrungen mit denen der Generation Selfie überlappen. Ganz gleich, wann Sie geboren sind: Wie viel Generation Selfie sind Sie?

Der Kontext

Um die Darstellung meiner abstrakten Zahlen durch die Begegnung mit realen Menschen zu ergänzen, habe ich die Generation Selfie auf mehrfache Weise einer genaueren Betrachtung unterzogen. Zunächst habe ich 23 Selfies im Alter von zwölf bis 20 persönlich oder am Telefon bis zu zwei Stunden lang interviewt, wobei ich mich intensiv mit ihren Gedanken zur Popkultur, zum Sozialleben von Teenagern, zu Campuskonflikten und ihrem so wichtigen Smartphone beschäftigt habe.

Meine Quellen sind nicht für die gesamte Bevölkerung der USA repräsentativ, sind also kein Ersatz für Untersuchungsdaten. Diese individuellen Erfahrungen einzelner Mitglieder der Generation Selfie sind nicht mehr als das und mögen daher auch nicht repräsentativ für die gesamte Generation sein. Die Untersuchungsdaten sind immer der grundlegende Standard – die Interviews und erwähnten Meinungsäußerungen illustrieren diese

Daten, ersetzen sie aber keineswegs. Doch sie sind eine Möglichkeit, den jungen Menschen hinter den Daten ein Gesicht zu geben. Da die Selfies älter werden und bald anfangen, unsere Welt zu gestalten, verdienen sie zusätzlich zur empirischen Erfassung auch angehört zu werden.

Als ich *Generation Me* schrieb, mein Buch über die Millennials, war ich kaum älter als die Leute, über die ich schrieb, und ich teilte viele der kulturellen Phänomene. Eindeutige Daten aus den Befragungen bildeten den Kern jenes Buches, was auch für das hier vorliegende gilt, doch weil ich selbst der Generation X angehörte, spiegelte sich mein eigenes Leben in dem, was ich damals schrieb. Für das vorliegende Buch gilt dies nicht, da ich jetzt 25 Jahre älter bin als die Teenager der Generation Selfie. (Zu meinem großen Kummer sagte mir einer der Studenten, dass ich ihn an seine Mutter erinnerte. Und tatsächlich hatte ich das gleiche Alter wie seine Eltern.) Statt einer Teilnehmerrolle nehme ich hier nun vielmehr diejenige einer Beobachterin ein. Und nun habe ich noch eine weitere Perspektive hinzugewonnen: Meine drei Töchter wurden 2006, 2009 und 2012 geboren, also in den späten Jahren der Generation Selfie. So habe ich aus erster Hand einige wesentliche Erfahrungen von Selfies miterlebt, wie etwa ein Kleinkind, das kaum laufen konnte, aber selbstbewusst auf einem iPad herumpatschte. Und ich habe erlebt, dass eine Sechsjährige um ein Handy bat und auch, wie eine Neunjährige die neueste App beschrieb, die einem helfen soll, die vierte Klasse zu bestehen. Wenn ich mich also mit ihrer Generation beschäftige, werden meine Kinder mir vielleicht auch zuhören, wenn ich ihnen sage, dass sie ihre Schuhe anziehen sollen.

In diesem Buch sprechen die Stimmen der Generation Selfie für sich selbst – ob nun in den Statistiken oder in ihren eigenen

Worten in den Interviews. Das Buch beinhaltet zudem zahlreiche Grafiken mit den Erhebungsdaten, die die gesamten Generationen umfassen, so dass man die Daten für sich sehen kann – nicht nur die Daten der Generation Selfie, sondern auch die der Millennials, der Generation X und der Babyboomer. Die Grafiken fassen sehr viele Daten auf sehr wenig Raum zusammen (eine Grafik sagt mehr als tausend Worte). Man wird aus erster Hand erfahren, wodurch die Generation Selfie sich auszeichnet, mit all den plötzlichen Abstürzen und Aufstiegen um das Jahr 2011, in Bezug auf viele Merkmale und Verhaltensweisen sowie auf eher schrittweise Veränderungen in anderen Bereichen.

Die Einwände

Als Generationsforscherin werden mir oft Fragen gestellt wie »Warum machen Sie den Kindern Vorwürfe? Ist das nicht der Fehler der Eltern?« (oder »der Fehler der Babyboomer?« oder »der Generation X?«) Diese Fragen gehen von zwei falschen Annahmen aus: Erstens, dass sämtliche Generationsveränderungen negativ sind, zweitens implizieren sie, dass für jede Veränderung eine einzige Ursache (wie etwa die Kindererziehung) ausgemacht werden kann. Keines von beiden stimmt jedoch. Denn manche Generationsveränderungen sind positiv, manche negativ, viele sind beides. Es entspricht der natürlichen Neigung der Menschen, Dinge entweder als vollkommen gut oder vollkommen schlecht zu bewerten. Doch bei kulturellen Veränderungen schaut man besser auf Grauzonen und Wechselwirkungen. Da viele Generationsunterschiede positiv oder zumindest neutral sind, ist es wenig sinnvoll, Begriffe wie »Fehler« oder »Vorwurf« zu benutzen. Und es ist außerdem kontraproduktiv, weil es uns die Frage beschert, wem man Vorwürfe machen soll, anstatt die Trends, die guten wie die schlechten, zu verstehen. Eine kulturelle Veränderung hat viele Gründe, nicht nur einen – es sind nicht nur die Eltern, sondern auch die Technologie, die Medien, die Geschäftswelt und die Erziehung, die zusammen eine Kultur ausmachen und erschaffen, die tatsächlich vollkommen anders ist als diejenige, die unsere Eltern und Großeltern erlebt haben. Sie ist die Schuld von niemandem bzw. die Schuld von allen. Kulturen verändern sich nun einmal, und Generationen verändern sich mit ihnen – darum geht es. Es ist kein Wettbewerb, bei dem sich herausstellt, welche Generation schlechter (oder besser) ist. Die Kultur hat sich verändert, und wir stecken alle mitten drin.

Wenn wir dann wissen, dass eine Generationsveränderung stattgefunden hat, ist natürlicherweise die nächste Frage: Warum? Diese Frage kann sehr schwierig zu beantworten sein. Der wissenschaftliche Standard, der belegt, dass ein Ding ein anderes zur Folge hat, ist das Experiment, in dem Menschen zufälligen, unterschiedlichen Erfahrungen zugeordnet werden. Übertragen auf Unterschiede in den Generationen würde das bedeuten, Menschen zufällig danach auszuwählen, dass sie zu verschiedenen Zeiten aufwachsen – eine wahrhaft unmögliche Mission. Der zweitbeste Weg, mögliche Ursachen herauszufinden, besteht in einem zweistufigen Prozess. Zunächst müssen beide Parameter miteinander in Verbindung gesetzt werden. So kann man zum Beispiel erkennen, ob Teenager, die mehr Zeit mit sozialen Medien verbringen, tatsächlich auch depressiver sind. Danach müssen sich beide Parameter verändern, in der richtigen Richtung. Wenn der Gebrauch von sozialen Medien und die Depression in denselben Jahren zunehmen, kann das eine das andere verursachen. Ist das nicht der Fall (steigt also ein Parameter an, während der andere ungefähr gleich bleibt), wird der eine wohl kaum den anderen verursachen. Diese Annäherung kann zumindest mögliche Ursachen ausschließen. Sie kann zwar nicht Ursachen eindeutig benennen, aber immerhin Belege dafür anführen, dass eine Sache für eine andere verantwortlich ist.

Ein weiterer Einwand: Die hier genannten Zahlen sind Durchschnittswerte. So verbringt zum Beispiel der durchschnittliche Teenager der Generation Selfie mehr Zeit online, als dies 2005 für den durchschnittlichen Millennial galt. Natürlich verbringen manche Selfies nur wenig Zeit online, und manche Millennials verbrachten dagegen sehr viel Zeit damit – es gibt eine beträchtliche Überlappung zwischen den beiden Gruppen. Aber nur, weil es einen Unterschied im Durchschnitt gibt, heißt das noch nicht, dass alle innerhalb der Generation genau gleich sind. Warum also nicht jeden als Individuum behandeln? Wenn man Daten analysiert, ist das schlicht unmöglich. Statistiken beruhen auf dem Durchschnitt, man kann also Gruppen von Menschen nicht ohne einen solchen Wert vergleichen. Daher beruht praktisch jede wissenschaftliche Studie von Menschen auf Durchschnittswerten. Das hat nichts mit Stereotypisierung zu tun – es ist vielmehr der Vergleich von Gruppen mithilfe einer wissenschaftlichen Methode. Stereotypien treten dann auf, wenn man annimmt, dass jede einzelne Person für ihre entsprechende Gruppe repräsentativ sein müsste. Es ist daher kein triftiges Argument gegen Generationsstudien, wenn behauptet wird, dass sie »jeden« innerhalb einer Generation auf eine bestimmte Art beschreiben, oder wenn man sagt, dass sie »zu sehr verallgemeinern«. Jede Verallgemeinerung, die auftritt, geht auf eine fehlerhafte Interpretation durch Einzelne zurück, nicht auf die Daten selbst.

Was aber, wenn kulturelle Veränderungen jeden betreffen, nicht nur die Generation Selfie? In vielen Fällen trifft das tatsächlich zu. Man kennt das als Zeit-Perioden-Differenz, oder als kulturelle Veränderung mit gleicher Wirkung auf Menschen aller Altersstufen. Reine Zeit-Perioden-Effekte sind sehr selten, weil zumeist das Alter Auswirkungen darauf hat, wie die Menschen bestimmte Ereignisse erfahren. Kulturelle Veränderungen betreffen oft zuerst die Jüngeren, erst danach greifen sie auf die Älteren über. Dafür sind Smartphones und die sozialen Medien perfekte Beispiele. Ein Großteil dieses Buches handelt jedoch davon, auf welche Weise die Jugend der Generation Selfie sich deutlich von ihren Vorgängern unterscheidet, was naturgemäß ein Generationsunterschied ist, da die Teenagerjahre der Babyboomer, der Generation X und der Millennials längst vergangen sind.

Der Weg vor uns

Die Richtung, die die Generation Selfie einschlägt, bestimmt, wohin die Gesellschaft geht. Eltern von Heranwachsenden fragen sich, wie der ständige Gebrauch von Smartphones das Gehirn, die Gefühle und Beziehungen von Teenagern beeinflusst. Die meisten Studenten gehören bereits dieser Generation an und bringen ihre Werte, Ansichten und allgegenwärtigen Smartphones an die Unis und Hochschulen im ganzen Land mit. Junge Berufsanfänger werden bald von der Generation Selfie dominiert, nicht von den Millennials, was einige Firmen durchaus unvorbereitet treffen kann, bedenkt man die veränderte Sichtweise der Selfies. Die Vorlieben für bestimmte Produkte haben in dieser Generation bereits Auswirkungen auf den Markt, der durch die Teens und jungen Erwachsenen beeinflusst wird; ihre Vorlieben werden bald den lukrativen Markt der 18- bis 29-Jährigen beherrschen. Die politischen Vorlieben der Generation Selfie werden die Wahlen bis weit in die Zukunft hinein beeinflussen, und ihre Einstellung wird Politik und Gesetze diktieren. Ihre Heirats- und Geburtsraten werden die demographische Balance des Landes beeinflussen und bestimmen, ob es noch genügend junge Arbeitnehmer geben wird, die die Millennials und die Generation X bei ihren Rentenbezügen unterstützen. Die Generation Selfie steht an der Spitze enormer Veränderungen, die bereits heute in vollem Gang sind; Grundlage hierfür sind Internet, Individualismus, Einkommensschere und andere Kräfte, die bei kulturellen Veränderungen eine Rolle spielen. Die Generation Selfie verstehen heißt, die Zukunft verstehen – unser aller Zukunft.

Was also ist tatsächlich anders bei der Generation Selfie?

KEINE EILE
Erwachsen werden – aber langsam

An einem hellen Herbstnachmittag komme ich an einer Highschool in der Nähe von San Diego an und gehe zu dem Raum, wo Psychologie unterrichtet wird. Der Lehrer erinnert die Schüler daran, dass sie am kommenden Montag eine Prüfung haben und sagt ihnen, heute sei für sie ein »Arbeitstag«, um ihre Notizen und ihr Lernpensum zu organisieren. Wir rücken zwei Tische in den überdachten Durchgang vor dem Klassenzimmer, und der Lehrer kontrolliert die Einverständniserklärungen der Eltern.

»Azar«, sagt er, und ein Mädchen mit langen dunklen Haaren streckt die Hand in die Höhe und sagt: »Ja!«

Azar strahlt ungebrochene Begeisterung für alles aus. Sie spricht in dem schnellen Singsang, den viele südkalifornische Teens bevorzugen. »Haben Sie *Spy* gesehen? Der ist ja soo toll«, schwärmt sie. Als ich sie frage, ob sie derzeit im Radio einen Lieblingssong hat, meint sie: »Ja. ›Wildest Dreams‹ von Taylor Swift, ›Blank Space‹ von Taylor Swift, und ›Bad Blood‹ von Taylor Swift.« »Du magst also Taylor Swift?«, will ich wissen. »Na ja, das würde ich so nicht sagen – ich habe mir nur all ihre Songs gemerkt«, ist ihre Antwort. Als ich sie frage, was sie gerne liest, meint sie: »Harry Potter ist mein Leben – ich liebe ihn.« Sie erzählt mir, dass sie noch keinen Führerschein hat, weshalb ihre Mutter sie zur Schule fährt.

Angesichts ihrer Fixierung auf Taylor Swift und ihrer Liebe zu Harry Potter sowie der Autofahrten, die ihre Mutter für sie macht, könnte man annehmen, dass Azar 14 Jahre alt ist. Tatsächlich ist sie 17.

Azar wird nur langsam erwachsen, sie braucht länger, um die Verantwortung und die Freuden des Erwachsenwerdens anzunehmen. Man möchte glauben, sie sei eine Ausnahme. Bei all den Pornos im Internet, sexy Halloween-Kostümen für junge Mädchen, den Jungen aus der siebten Klasse, die Aktfotos von ihren Klassenkameradinnen haben wollen, und weiteren frühreifen Trends, die Aufmerksamkeit erregen, denken viele Leute, dass Kinder und Teens heute schneller erwachsen würden als früher. »Die Kindheit ist vorbei. Sie haben Zugang zu dieser Welt der Erwachsenen und glauben, daran teilhaben zu müssen«, beklagte sich jüngst der Schulleiter einer Middleschool aus Brooklyn. Viele glauben, dass die Teenager tatsächlich schneller als je zuvor in Richtung Erwachsensein streben. Aber stimmt das wirklich?

(Nicht) Ausgehen und (nicht) miteinander rummachen

Als ich am Freitagabend an die Tür des gepflegten Vorstadthauses klopfe, öffnet die 14-jährige Priya. Sie ist eine hübsche indischstämmige Amerikanerin mit langen Haaren und Haarspangen. Sie hat vor einigen Monaten ihr erstes Jahr an der Highschool in einem Vorort am nördlichen Stadtrand von San Diego begonnen. Ihre Mutter bietet mir ein Glas Eiswasser an, als wir an ihrem Esszimmertisch sitzen, neben Priyas Schulbüchern und ihrem pinkfarbenen Taschenrechner. Mit ihren Leistungskursen hat Priya bereits eine ziemliche Arbeitslast zu schultern. Ich frage sie, was sie mit ihren Freunden zum Zeitvertreib anstellt. »Manchmal machen wir Pläne und gehen einen Film anschauen oder so was… oder wir gehen mal abends zum Essen aus«, meint sie. Das sind aber keine elternfreien Beschäftigungen. »Meistens kommt ein Elternteil mit, oder auch zwei, das hängt davon ab, wie viele wir sind«, berichtet sie. »Das macht schon Spaß – mit Eltern und Kindern.« Sie suchen sich einen Film aus, den alle gerne sehen möchten, und Eltern und Kinder gehen gemeinsam – genauso wie damals, als die Kinder noch in der Grundschule waren.

Deutsche Jugendliche und ihre Beziehung zu den Eltern
Angaben der Weltgesundheitsorganisation WHO zufolge sagten im Jahr 2013 drei von vier 15-jährigen Jugendlichen in Deutschland (75 Prozent), es falle ihnen leicht, mit ihren Vätern zu reden. Noch 2009 war es nur etwas mehr als jeder zweite (ca. 54 Prozent).[4]

Ich treffe Jack, 15, nach einem anstrengenden Schultag und einem Lauftraining an seiner Vorstadt-Highschool in Minneapolis, wo er im zweiten Jahr ist. Wir haben uns schon vorher ein paar Mal persönlich getroffen, als ich in Minnesota war – er ist weiß, ein ernsthafter junger Mann mit dunklen Haaren und einem scheuen Lächeln, der sehr eng mit seiner gleichfalls sportlichen Familie verbunden ist. Als ich ihn frage, welchen Film er zuletzt gesehen hat, erzählt er von zweien, die er mit seinen Eltern und seiner Schwester gesehen hat. Das weckt meine Neugierde, und ich will wissen, ob er auch mit seinen Freunden Filme anschaut. »Wo hängst du am liebsten mit deinen Freunden ab, und was macht ihr normalerweise zusammen?«, frage ich. »Meistens gehen wir laufen oder so«, sagt er. »Wir haben einen Pool bei uns zu Hause, und wir gehen schwimmen, oder ich gehe zu meinen Freunden nach Hause.« Ich frage, ob er auch auf Partys geht, und er erzählt von einer Sommerparty bei einem Freund zu Hause, wo sie Volleyball gespielt haben; die Eltern seines Freundes waren die ganze Zeit anwesend. Zu einem typischen Wochenende gehört für ihn meist, dass er läuft und etwas mit seiner Familie unternimmt. »Gehst du auch mal ohne deine Eltern irgendwo hin?«, will ich wissen. »Na ja, zu Footballspielen ... aber auch nicht wirklich«, meint er.

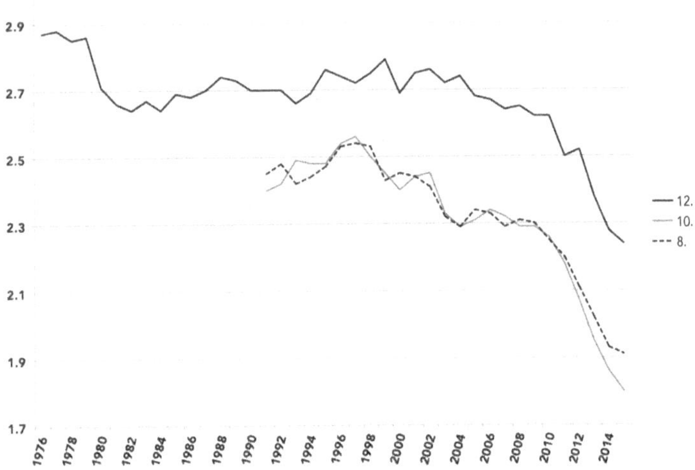

Häufigkeit, wie oft Acht-, Zehnt- und Zwölftklässler pro Woche ohne ihre Eltern ausgehen. Quelle: Monitoring the Future, 1976–2015

Priya und Jack sind typische Beispiele für die Teens der Generation Selfie: Sie gehen wahrscheinlich weniger ohne ihre Eltern aus. Dieser Trend begann schon mit den Millennials, beschleunigte sich dann mit der Generation Selfie. Die Zahlen sind erstaunlich: Schüler aus der 12. Klasse gehen 2015 weniger oft aus als Achtklässler noch im Jahre 2009. 18-Jährige gehen heute weniger aus als 14-Jährige noch vor sechs Jahren.

Die Teens der Generation Selfie erleben also mit geringerer Wahrscheinlichkeit die Freiheit, ohne ihre Eltern außer Haus zu sein – dieses erste, reizvolle Gefühl der Unabhängigkeit, ein Erwachsener zu sein, diese Zeiten, wenn Teenager ihre eigenen Entscheidungen treffen, seien sie nun gut oder schlecht.

> »Wir gehen auf den Christkindlesmarkt oder zur Feuerzangenbowle im Winter oder gehen mal zusammen ins Kino. Wir haben auch teilweise ähnliche Interessen, und dann ist es einfach schön, was gemeinsam zu unternehmen.«[5]
>
> *Katrin, 21 Jahre, Deutschland*

Man vergleiche das mit den Siebzigern, als die Babyboomer-Teens aufwuchsen. Bill Yates hat unlängst ein Buch mit Fotografien von Jugendlichen veröffentlicht, die er auf einer Rollerskating-Bahn außerhalb von Tampa, Florida, in den frühen 1970er Jahren aufgenommen hat. Auf einem Foto steht ein Jugendlicher ohne Shirt mit einer großen Flasche Pfefferminzschnaps, die im Gürtel seiner Jeans steckt. Auf einem anderen Foto posiert ein Junge, der wie ein Zwölfjähriger aussieht, mit einer brennenden Zigarette im Mund. Mehrere Fotos zeigen küssende Paare. Wie Bill Yates meinte, war die Skatebahn ein Ort, an dem die Kinder von ihren Eltern loskamen und sich ihre eigene Welt erschaffen konnten, wo sie trinken, rauchen und auf den Rücksitzen ihrer Autos knutschen konnten. Die Fotos zeigen die normale Palette der Siebzigerjahre mit Karohosen, breiten Gürteln und langen Haaren. Am meisten beeindruckte mich aber, wie erwachsen schon die Jüngsten aussahen – nicht physisch, sondern in ihrer frechen und sorglosen Unabhängigkeit, die sie ausstrahlten. Sie blicken mit dem Selbstbewusstsein derjenigen in die Kamera, die ihre eigene Entscheidung treffen – auch wenn die Eltern es nicht für die richtige Entscheidung halten und es, objektiv gesprochen, auch nicht die richtige Entscheidung ist. Das sind die Babyboomer, groß geworden zu einer Zeit, als die Eltern froh waren, wenn ihre Kinder aus dem Haus waren, als zum wirtschaftlichen Erfolg noch kein Hochschulabschluss benötigt wurde.

Auch das Küssen auf der Skatebahn ist heute weniger verbreitet. Die Teens der Generation Selfie verabreden sich mit geringerer Wahrscheinlichkeit. Im Vergleich zu den Highschool-Babyboomern und ihren Kollegen aus der Generation X gehen nur halb so viele ältere Highschoolschüler der Generation Selfie zu Rendezvous. In den frühen Neunzigerjahren haben sich fast drei Viertel aller Zehntklässler zuweilen für ein Date verabredet, um das Jahr 2010 herum machten das nur ungefähr die Hälfte.

Das erste Stadium, das bei der Generation X noch »mögen« hieß (»Oh, er mag dich!«), bezeichnet die Generation Selfie nun als »reden« – eine ironische Wortwahl für eine Generation, die doch das Schreiben dem Sprechen am Telefon vorzieht. Nachdem ein Paar eine Weile miteinander »geredet« hat, könnten sie sich persönlich treffen, ein Date haben. Emily, 14, aus Minnesota, erzählt, dass ein paar ihrer Freundinnen zu »Dates« gegangen sind. Ich fragte sie, was sie denn gewöhnlich dabei täten. »Vielleicht gehen sie nach Hause zum anderen. Oder sie gehen auch

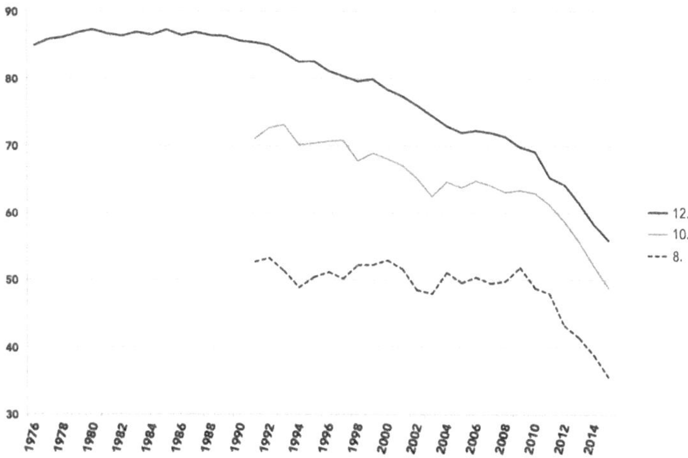

Prozentsatz der Acht-, Zehnt- und Zwölftklässler, die sich verabreden. Quelle: Monitoring the Future, 1976-2015

zusammen shoppen«, meinte sie. »Normalerweise ist es das Mädchen, das shoppen geht, und der Junge geht einfach mit.« Ich lachte und erklärte ihr, dass das immer noch so ist, wenn man älter wird.

Chloe, 18, aus Ohio, hat zwei Liebesbeziehungen gehabt. In beiden, sagt sie, sei ungefähr ein Drittel ihrer Kennenlern-Gespräche über Textnachrichten und Social Media gelaufen (das war der Teil des »Redens«), die anderen beiden Drittel erfolgten bei persönlichen Treffen. Es könnte also sein, dass junge Menschen sich immer noch paarweise zusammentun, aber einander nicht mehr so oft persönlich sehen – wobei die persönliche Interaktion aber schon sein muss, damit das Ganze als Date zählt. In anderen Fällen könnten die Eltern beschützender auftreten, als dies früher der Fall war. »Mein Vater hat immer gesagt, dass Highschoolbeziehungen doof wären und dass sich niemand auf der Highschool verabreden sollte«, schrieb Lauren, 19. »Ich fand es immer interessant, dass er das gesagt hat, weil meine Mutter und mein Vater sich seit ihrem zweiten Highschooljahr verabredet hatten und seitdem zusammen sind. Als ich das ihnen gegenüber erwähnt habe, meinten sie: ›Ich weiß, wir waren dumm damals‹.« Andere Teens, vor allem manche Jungen, sagten, sie hätten einfach nicht den Mut, sich zu verabreden. Mike, 18, schrieb: »Nee, ich habe nichts am Laufen. Mein fehlendes Selbstvertrauen bescherte mir auf der Highschool einen regelrechten Frauenmangel.«

Die nicht stattfindenden Dates führen uns zur nächsten überraschenden Tatsache bezüglich der Generation Selfie: Sie hat wahrscheinlich weniger Sex als Teenager in früheren Jahrzehnten.

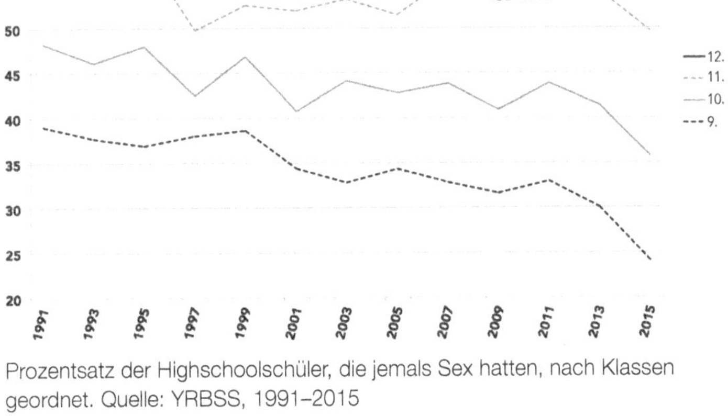

Prozentsatz der Highschoolschüler, die jemals Sex hatten, nach Klassen geordnet. Quelle: YRBSS, 1991–2015

Bei den neunten Klassen ist der Rückgang am größten: Hier hat sich die Anzahl der sexuell aktiven Teens seit den 1990ern fast halbiert. Der durchschnittliche Jugendliche hat heute etwa zu Beginn der elften Klasse Sex, während die meisten aus der Generation X in den 1990ern ein Jahr früher damit begannen, beim Eintritt in die zehnte Klasse. Im Jahr 1991 hatten noch 15 Prozent mehr Zwölftklässler Sex als 2015.

Deutsche Jugendliche und Sex

In Deutschland ging der Anteil der 14- bis 17-Jährigen, die schon einmal heterosexuellen Geschlechtsverkehr hatten, von 2005 bis 2014 um über fünf Prozent zurück (Mädchen von 39 auf 34 Prozent; Jungen von 33 auf 28 Prozent). Am stärksten war der Rückgang bei den 14-Jährigen: Dort halbierte sich der Anteil der sexuell erfahrenen Jugendlichen von elf auf etwa vier Prozent (Rückgang bei Mädchen von zwölf auf sechs Prozent; bei Jungen von zehn auf drei Prozent).[6]

Teens mit weniger Sex sind einer der Gründe für das, was viele als den positivsten Trend innerhalb der letzten Jahre ausmachen: Die Geburtenrate bei Teenagern fiel 2015 auf einen Tiefststand. Sie liegt bei weniger als der Hälfte, verglichen mit dem letzten Höhepunkt in den frühen Neunzigern. Nur 2,4 Prozent der Mädchen von 15 bis 19 Jahren bekamen 2015 ein Baby, 1992 waren es noch sechs Prozent. Haben also weniger Teens Sex, werden auch weniger schwanger und im jungen Alter schon zu Eltern. Mutter oder Vater zu sein, einer der unwiderruflichen Eckpfeiler des

Erwachsenseins, wird wahrscheinlich weniger von den heutigen Teenagern erlebt.

Die niedrige Geburtenrate bildet außerdem einen interessanten Kontrast zu der Zeit nach dem Zweiten Weltkrieg. So hatten zum Beispiel im Jahr 1960 neun Prozent der jungen Frauen Babys. Allerdings waren damals die meisten von ihnen verheiratet; das mittlere Alter bei der ersten Heirat lag 1960 für Frauen bei 20. Damit war die Hälfte der Frauen, die 1960 zum ersten Mal heirateten, Teenager – heute undenkbar, aber damals vollkommen normal.

Heirat und Kinder sind heute für den durchschnittlichen Teenager Themen, die erst Jahre später aktuell werden, was wir im Kapitel *Unbestimmt: Sex, Ehe und Kinder* untersuchen werden. (Außerdem folgen wir dort der anderen wichtigen Frage: Setzt sich der Trend zu geringerer sexueller Aktivität im Erwachsenenleben fort?)

Insgesamt ist der Rückgang von Teenagersex und entsprechender Schwangerschaft ein weiteres Anzeichen für das verlangsamte Entwicklungstempo der Generation Selfie. Teens warten länger, ehe sie Sex haben und Kinder bekommen, so wie sie auch länger damit warten, ohne ihre Eltern auszugehen und sich zu verabreden.

Warum Teenager sich immer weniger wie Erwachsene benehmen

Man könnte sich fragen, *warum* Teens mit geringerer Wahrscheinlichkeit erwachsene Dinge tun, wie etwa ohne Eltern auszugehen und Sex zu haben, und ob dieser Trend des langsameren Erwachsenwerdens etwas Gutes oder Schlechtes ist. Ein bestimmter Ansatz, die Life-History-Theorie, liefert hierzu manche Einsichten: Sie besagt, dass das Tempo, in welchem die Teens älter werden, davon abhängt, wo und wann sie aufwachsen. Akademischer ausgedrückt: Das Entwicklungstempo ist eine Anpassung an den kulturellen Kontext.

Heutige Teenager folgen einem gemächlichen Lebensentwurf; gleichzeitig haben Familien weniger Kinder, ziehen dafür jedes Kind länger und intensiver auf. Im Vergleich dazu impliziert ein schnellerer Lebensentwurf, wo die Familien größer und die Eltern mehr mit dem täglichen Auskommen beschäftigt sind als mit der Qualität der Erziehung, auch weniger Vorbereitung auf die Zukunft, konzentriert sich also mehr darauf, durch den Tag zu kommen. Dieser letzte Entwurf war in der Ära der Babyboomer weit verbreitet, als weniger arbeitssparende Hilfsmittel im Haushalt vorhanden waren und die durchschnittliche Frau vier Kinder hatte – und deshalb manche Kinder auf der Straße spielten. Als mein Onkel mir vom Nacktbaden im Fluss erzählte, als er acht Jahre alt war, fragte ich mich zunächst, ob seine Eltern ihm das erlaubt hätten und warum sie nicht mitgegangen wären. Dann fiel mir ein: Seine Eltern hatten noch sieben weitere Kinder und eine Farm, und man schrieb das Jahr 1946. Das Ziel bestand im Überleben und nicht im Geigenunterricht für Fünfjährige.

Die Life-History-Theorie hält ausdrücklich fest, dass langsamere oder schnelle Lebensentwürfe nicht notwendig gut oder schlecht sind – sie sind ganz einfach vorhanden. Das sollte man im Hinterkopf behalten, wenn man Trends erforscht. Nur weil sich etwas gegenüber den vorangegangenen Generationen verändert hat, macht es das noch nicht schlecht (oder gut), und ich will auch nicht behaupten, dass das der Fall sei. In manchen Kulturen gilt etwa das Dating zu frühen Highschoolzeiten als gut –

es bedeutet, dass ein junger Mensch beim anderen Geschlecht beliebt ist und keine Probleme damit hat, die Enkel zu produzieren, die die Eltern haben wollen, und zwar bald. In anderen Kulturen wiederum gilt das frühe Sich-Verabreden als schlecht – wenn sich das Mädchen zu früh mit Jungen trifft, so die Meinung, könnte sie sich womöglich zu sehr auf Beziehungen und zu wenig auf die Schule konzentrieren. Die Frage also nach »gut« oder »schlecht« hängt von der eigenen kulturellen Perspektive ab. Bei der Bewertung eines Verhaltens als »reif« oder »unreif« sollte man mit ebensolcher Vorsicht vorgehen. Ist das Ausgehen mit Freunden reif oder unreif? Wie steht es mit Sex? Beide Verhaltensweisen können beides sein – oder weder das eine noch das andere. Derartige Etiketten lassen zudem die vollständigere und genauere Erklärung vermissen, dass nämlich Teens sich heute auf einem anderen Entwicklungspfad bewegen. Der Schlüssel heißt nicht gut oder schlecht, reif oder unreif. Er liegt vielmehr in der Erkenntnis, dass diese Eckpfeiler auf dem Weg zum Erwachsenwerden später erreicht werden.

Der Rückgang der Schlüsselkinder

Im Jahr 2015 hat ein Paar aus Maryland seinen beiden Kindern, zehn und sechs Jahre alt, erlaubt, alleine von einem örtlichen Park eineinhalb Kilometer nach Hause zu gehen. Jemand sah, dass die Kinder alleine unterwegs waren, und rief die Polizei, und das Paar wurde wegen Vernachlässigung der Aufsichtspflicht von der Polizei belangt. Diese Story brachte es landesweit in die Nachrichten, teils auch deshalb, weil die Babyboomer und die Generation X sich noch gut daran erinnern können, sich innerhalb ihrer Nachbarschaft frei bewegt zu haben, in einem Alter, in dem sie heutzutage als zu jung dafür gelten würden.

In einer Umfrage aus dem Jahr 2015 haben 71 Prozent der Erwachsenen geäußert, sie würden ihrem Kind nicht erlauben, alleine in den Park zu gehen, doch 59 Prozent der Erwachsenen über 30 sagten, sie hätten das selbst so gemacht, als sie Kinder waren. Eine Freundin von mir aus der Generation X erinnert sich daran, wie sie alleine zum Kindergarten ging und auf dem Weg dorthin auch Bahngleise überquerte. Wenn heute ihre sechsjährige Tochter alleine bis zum Ende des Blocks geht, wird sie oft von Nachbarn zurückgebracht, weil sie denken, das Kind wäre verloren gegangen.

Eine weitere Erinnerung der Generation X ist die, ein Schlüsselkind gewesen zu sein: Man musste alleine von der Schule nach Hause gehen und kam mithilfe des Schlüssels in das leere Haus, weil beide Eltern noch in der Arbeit waren. Manche Kinder taten das bereits ab der zweiten Klasse, und in der Mittelstufe und besonders in den höheren Klassen galt das als selbstverständlich. Die Generation Selfie macht diese Erfahrung heute seltener.

Das sind keine großen Veränderungen, doch die Richtung der Trends ist überraschend, weil mehr Mütter in den 2010ern ganztags arbeiteten als in den 1990ern. Angesichts dieser Tatsache erwartet man eigentlich mehr Teens – und nicht weniger – nach der Schule alleine zu Hause. (Das kann aber nicht der Fall sein, weil mehr Teens außerschulischen Aktivitäten am Nachmittag nachgehen; wie wir später untersuchen werden, arbeiten weniger von ihnen, und die Zeit, die sie für Aktivitäten aufwenden, ist gleich geblieben.)

Ob mithilfe von nachschulischen Programmen oder anderer Mechanismen: Eltern haben es so arrangiert, dass weniger 14-,

Ganztagsschulen in Deutschland auf dem Vormarsch
In Deutschland steigt sowohl das Angebot an Ganztagsschulen als auch der Anteil der Jugendlichen, die sie in Anspruch nehmen. Im Schuljahr 2015/2016 nutzten bereits fast 40 Prozent der Schülerinnen und Schüler bis 15 Jahre Ganztagsangebote an öffentlichen Schulen; 2002 waren es noch unter zehn Prozent.[7]

15- und 16-jährige Jugendliche am Nachmittag alleine zu Hause sind. Dadurch gehen diese Jugendlichen nicht nur mit großer Wahrscheinlichkeit seltener ohne ihre Eltern aus – wahrscheinlich sind sie auch seltener ohne ihre Eltern allein zu Hause.

Der Rückgang der Teenjobs

Viele Babyboomer und Angehörige der Generation X erinnern sich noch daran, wie sie das erste Mal etwas mit ihrem eigenen Geld gekauft haben – vielleicht, nachdem sie den Rasen gemäht oder als Babysitter gearbeitet haben. Oder sie denken daran, wie sie ihr erstes Gehalt von ihrem Job im Supermarkt erhalten haben, das sie dafür benutzten, sich coole Klamotten oder ein Musikalbum anzuschaffen, für das sie gespart hatten.

Die Generation Selfie wird diese Erfahrung mit geringerer Wahrscheinlichkeit machen. Der Rückgang der Anzahl von Teenagern, die arbeiten, ist beträchtlich: In den späten 1970ern haben nur 22 Prozent der Highschoolabsolventen überhaupt nicht während des Schuljahres gegen Bezahlung gearbeitet; in den frühen

2010ern galt das für doppelt so viele (44 Prozent) Schüler. Die Anzahl der Achtklässler, die für Geld arbeiten, ist auf die Hälfte geschrumpft.

Außerdem arbeiten Teens im Schnitt pro Woche weniger Stunden – so arbeiteten etwa 2016 die Zwölftklässler, die das Ziel hatten, aufs College zu gehen, fünf Stunden pro Woche weniger – also ungefähr 40 Minuten pro Tag.

Außerdem arbeiten weniger Jugendliche während des Sommers: 1980 hatten 70 Prozent einen Sommerjob, 2010 aber nur noch 43 Prozent. Dieser Rückgang der Sommerjobs scheint nicht dadurch verursacht worden zu sein, dass man keinen Job finden konnte. Laut offizieller Zahlen zur Arbeitsstatistik ist die Anzahl der Teens, die einen Sommerjob wollten, aber keinen fanden, un-

Prozentsatz der Acht-, Zehnt- und Zwölftklässler und Collegeanfänger, die pro durchschnittlicher Woche Geld aus bezahlter Arbeit erhielten. Quelle: Monitoring the Future und American Freshman Survey, 1976–2016

gefähr gleich geblieben; die Zahl derjenigen, die überhaupt keinen Job wollten, hat sich jedoch verdoppelt.

Vielleicht haben Jugendliche überhaupt keine Jobs mehr – und gehen auch nicht mehr so viel aus –, weil sie mehr Zeit für Schularbeiten und außerschulische Aktivitäten verwenden. Ein Zeitungsartikel nach dem anderen verkündet, dass Schüler, vor allem junge Teens, immer mehr Zeit mit Lernen verbringen, weil die Schulen akademisch immer anspruchsvoller werden. Oft heißt es auch, dass Schüler mehr Aktivitäten nachgehen, um ihre Uni-Bewerbungen aufzupolieren.

Aber vielleicht tun sie das gar nicht. Schauen wir uns zunächst die außerschulischen Aktivitäten an. Das umfassendste Bild ergibt sich durch die Eingangsbefragung der Studenten genau bei der Gruppe, von der man erwartet hat, dass sie den deutlichsten Aufschwung an außerschulischer Arbeit an den Tag legen würde. Doch gerade das ist nicht passiert. Die Zeit, die die Zwölftklässler in Schülerclubs und beim Sport verbringen, hat sich im Lauf der Zeit wenig geändert. Der einzige Anstieg war bei der Freiwilligenarbeit zu verzeichnen, die heute oft für den Highschoolabschluss benötigt wird; in der letzten Zeit haben Schüler pro Tag ca. zehn Minuten mehr Freiwilligendienst geleistet als Schüler in den späten 1980ern. Doch der Anstieg der Freiwilligenarbeit war zwischen den 1980ern und den 1990ern zu verzeichnen, lange vor dem starken Rückgang der bezahlten Arbeit. Obwohl also die Freiwilligenarbeit ein wenig zugenommen hat, ist es der falsche Zeitraum, und die Veränderung ist zu gering, als dass man sie für den starken Rückgang der bezahlten Arbeit verantwortlich machen könnte.

Was ist mit der Zeit, die für Hausaufgaben verwendet wird? Wie sich herausstellt, haben die Acht-, Zehnt- und Zwölftklässler der Generation Selfie de facto weniger Zeit für Hausaufgaben aufgewendet als die Generation X in den frühen 1990er Jahren. Und Highschooloberschüler, die auf das vierjährige College wollten, haben ungefähr die gleiche Menge an Zeit damit verbracht. Zwischen 2005 und 2015 – die Zeit, als die bezahlte Arbeit am stärksten zurückging – war die Zeit für Hausaufgaben sehr gestreut: Achtklässler verbrachten damit 2015 acht Minuten weniger pro Tag als 2005, Zehnt- und Zwölftklässler dagegen ca. zehn Minuten mehr pro Tag. Diese Veränderungen sind zu gering, um den viel größeren Rückgang an Zeit für bezahlte Arbeit pro Tag zu erklären – und für die Achtklässler weisen die Zahlen zudem in die falsche Richtung, da sowohl die Hausaufgabenzeit als auch die für bezahlte Arbeit abnahmen.

Wir können außerdem die gesamte Zeit, die für bezahlte Arbeit, Hausaufgaben, Freiwilligenarbeit und außerschulische Aktivitäten aufgebracht wurde, ins Auge fassen. Wenn die Gesamtzeit zugenommen hat oder gleich geblieben ist, haben die Teens ihre Zeit, die sie sonst für bezahlte Arbeit investiert haben, nun für Hausaufgaben und außerschulische Aktivitäten benutzt. Wenn diese Gesamtzeit aber abgenommen hat, hat die Zeit für Haus-

Deutsche Jugendliche und Nebenjobs

Deutsche Jugendliche verbringen im Schnitt etwa eineinhalb Stunden pro Tag mit Schulaufgaben.[8] Sie sind häufig frühzeitig in die Arbeitswelt eingebunden – knapp die Hälfte der Schülerinnen und Schüler übernimmt Nebenjobs.[9] Seit 2002 ist konstant über ein Drittel junger Menschen ehrenamtlich aktiv.[10]

aufgaben nicht die Zeit in Anspruch genommen, die die Teens im Job verbracht haben.

Die Trends in dieser Gesamtsumme sind klar: Die Teenager der Generation Selfie verbringen weniger Zeit mit Hausaufgaben, bezahlter Arbeit, Freiwilligendienst und außerschulischen Aktivitäten insgesamt – und nicht etwa mehr. Beispielsweise haben die vierten Jahrgänge der Highschool, die Seniors, die aufs College wollten, 2015 vier Stunden weniger pro Woche für Hausaufgaben, bezahlte Arbeit, Freiwilligendienst und außerschulische Aktivitäten in ihrem letzten Highschooljahr verbracht als die-

Gesamtzeit in Stunden, die pro Tag für Arbeit und Aktivitäten aufgewendet wird. Acht-, Zehnt- und Zwölfklässler und Erstsemesterstudenten berichten über ihr letztes Jahr in der Highschool. Quelle: Monitoring the Future und CIRP Freshman Survey, 1976–2015. (Aufgewendete Gesamtzeit der Acht- und Zehntklässler für Hausaufgaben und bezahlte Arbeit; bei Zwölftklässlern zusätzlich für Freiwilligendienst; bei Anfängerstudenten am College außerdem für Sport/Training und Zeit in Studentenclubs.)

jenigen, die 1987 aufs College kamen. Das bedeutet, dass Selfie-Teenager – auch die, die aufs College wollten – 33 Minuten mehr Freizeit pro Tag als die Generation X haben. Die Zeit, die also für Hausaufgaben und außerschulische Aktivitäten verwandt wird, scheint nicht der Grund zu sein, warum die Teens nun mit geringerer Wahrscheinlichkeit während des Schuljahres (für Geld) arbeiten.

Ist es also gut oder schlecht, dass weniger Teens arbeiten? Vermutlich beides. Die meisten Schülerjobs sind unqualifizierte Arbeiten, die die jungen Menschen nicht notwendig auf ihre späteren, höher qualifizierten Jobs vorbereiten. Meine Studenten an der San Diego State University (SDSU) berichten mir, dass sie bei Gap, dem größten Bekleidungseinzelhändler in den USA, Kleidung falten, bei der Kaufhauskette Target Regale auffüllen oder bei Bath & Body Works (einer Ladenkette für Parfüms, Geschenke etc.) die Toilette putzen. Auch wenn sie dabei immerhin ein wenig vom Kundendienst lernen, unterscheiden sich solche Arbeiten doch sehr von den Schreibtischjobs, die die meisten nach ihrem Hochschulabschluss annehmen werden. Jobs können die Teens zudem vom Schlaf abhalten, den sie brauchen, vor allem, wenn sie spätabends arbeiten und am nächsten Morgen früh zum Unterricht müssen. Und obwohl die Zeit für Hausaufgaben den durchschnittlichen Teen nicht davon abhält, in einem Job zu arbeiten, finden es diejenigen, die mehrere Stunden arbeiten, oft schwierig, ihre Hausaufgaben zu erledigen.

Doch selbst wenn sich Teens keine besonderen Fertigkeiten in ihren Jobs aneignen, so lernen sie doch oft den Wert von Verantwortung und Geld kennen. Vicki, 22, war Studentin in meinem Persönlichkeitspsychologie-Kurs an der SDSU. Ihre Eltern wollten nicht, dass sie während der Highschool arbeitet. Deshalb wurde die Suche nach einem Job ein regelrechter Schock für sie, als sie aufs College kam. »Wegen meiner fehlenden Erfahrung wollte mich niemand einstellen, und sogar als ich endlich einen Job fand, verhielt ich mich dabei nicht professionell und wurde dementsprechend nach ein paar Monaten gefeuert«, schrieb sie. »Hätte ich während der Highschool gearbeitet, ganz gleich wo, hätte ich gewusst, wie man sich im Job benimmt. Hätte ich tatsächlich einen Job gehabt, hätte ich vermutlich Disziplin und Arbeitsmoral gelernt, die mir in vielen Gebieten meines Lebens geholfen hätten. Ich hätte gelernt, was es bedeutet, immer anwesend sein zu müssen – etwas, womit ich immer große Probleme habe, wenn es sich um Schule und Verabredungen dreht. Ich habe nie gelernt, wie es ist, wenn man etwas verdient.«

Jobs können außerdem für bestimmte Bevölkerungsgruppen von Vorteil sein. Eine Studie ermittelte, dass benachteiligte Jugendliche, die zufällig einem Sommerjobprogramm zugeteilt wurden, mit einer Wahrscheinlichkeit von 43 Prozent weniger in Gewalttaten verstrickt waren. Der Großteil dieser Wirkung trat ein, nachdem die achtwöchige Arbeitsperiode vorüber war, was nahelegt, dass die Beschäftigung einen längeren vorteilhaften Effekt hatte als nur den, die Zeit auszufüllen.

Für Jugendliche, die zum College wollen, kann ein Teilzeitjob dringend benötigtes Geld bedeuten, vor allem in Zeiten steigender Studiengebühren und der großen Schuldenlast, der sich viele Schüler nach ihrem Hochschulabschluss gegenübersehen. Ganz gleich also, ob gut oder schlecht: Arbeit ist noch eine weitere Erwachsenenaktivität, die die Jugendlichen auf später verschieben.

Kredit von der Mama-und-Papa-Bank

Ich treffe mich mit Ellie, 16, an einem sonnigen Herbsttag. Wir sitzen außerhalb ihres Klassenzimmers und reden kurz vor dem Mittagessen. Sie ist eine hübsche Jugendliche mit langen hellbraunen Haaren. Sie erzählt mir alles darüber, wie man Geotagging beim Posten auf Instagram benutzt. Sie hat es erst mal verschoben, den Führerschein zu machen, hofft aber, sich bald darum kümmern zu können, weil ihre Eltern sie immer noch zum Einkaufszentrum fahren müssen, wenn sie dort mit ihren Freundinnen abhängen will. Ich frage sie, ob sie einen Job hat, und sie sagt nein. Taschengeld bekommt sie auch nicht. »Also kaufen deine Eltern dir wohl die Sachen, die du haben willst – läuft es so bei euch?«, frage ich. »Klar, zum Beispiel, wenn ich Geld brauche, dann geben sie es mir, oder so. Meistens bitte ich sie. Sie geben nicht immer was, aber manchmal.«

Wenn weniger Teenager arbeiten, könnte man meinen, dass mehr von ihnen Taschengeld bekommen, um sich die Sachen zu kaufen, die sie haben wollen. Jedoch erhalten weniger Selfies Taschengeld. Als in den 1980ern die Jugendlichenarbeit zurückging, haben zunächst viele Eltern darauf reagiert, indem sie mehr Jugendlichen Taschengeld gaben. Doch nach dem Jahr 2000 bekamen weniger Teens ein solches Taschengeld, und noch viel weniger erhielten Geld aus einem Job, weshalb 20 Prozent der 17- und 18-Jährigen ohne eigenes Geld dastanden, über das sie verfügen konnten. Wenn sie Geld brauchen, müssen sie es, wie Ellie, von ihren Eltern erbitten. Ein weiteres Beispiel dafür, dass 18-Jährige heute wie 15-Jährige sind: Wie Kinder und Jugendliche bittet einer von fünf Highschoolabgängern seine

Eltern um das, was er sich wünscht, anstatt eigenes Geld zu verwenden.

Man kann nur schwer feststellen, ob diese elterliche Kontrolle über das Geld die Idee der Eltern oder der Teens ist. Falls sie von den Eltern stammt, würde das bedeuten, Eltern wären der Meinung, die Highschool-Seniors (Schüler des vierten Jahrgangs) könnten noch nicht mit eigenem Geld umgehen. Oder vielleicht haben die Teens bemerkt, dass sie von ihren Eltern mehr Geld erhalten, wenn sie darum bitten, als wenn sie ein festes Taschengeld erhielten. Wie auch immer: Im Ergebnis schließen immer mehr junge Menschen die Highschool ab, ohne erste Erfahrungen mit dem Geldverdienen machen zu können; herauszufinden, wie viel sie für Kino, Benzin und Essengehen ausgeben können –

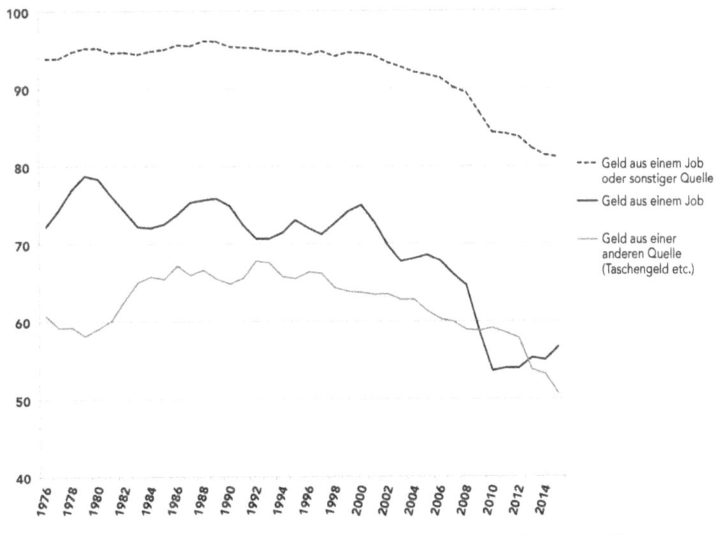

Prozentsatz der Zwölftklässler, die Geld aus Jobs, durch Taschengeld oder aus sonstigen Quellen beziehen. Quelle: Monitoring the Future, 1976–2015

eine Art Training für ihre spätere Aufgabe als Erwachsener, das Budget für Miete, Nebenkosten und Essen einzuplanen.

Wer säuft, verliert

Ich treffe Chloe, 18, mit ihrem Handy, als die Schule an einem Mittwoch, einem milden Frühlingstag, zu Ende geht. Sie ist im vierten Jahrgang an einer Highschool in einem Vorort von Cleveland, Ohio, und hat sich gerade entschlossen, im Staat Ohio ein College zu besuchen. »Ich bin ja soo aufgeregt«, meint sie. Als sie noch jünger war, glaubte sie, sie würde eine Karriere in der Modebranche machen, denkt nun aber darüber nach, Psychologie im Hauptfach zu studieren. Als ich sie nach ihren Lieblingsshows im Fernsehen frage, gibt sie leicht verlegen zu, dass sie *Keeping up with the Kardashians* mag – nicht wegen der Handlung, erklärt sie, sondern wegen der Einblicke in den schicken kalifornischen Lifestyle, die diese Reality-Soap erlaubt. Chloe sieht sich auch gerne witzige Tiervideos online an.

Meistens hängt sie mit ihren Freundinnen im Einkaufszentrum ab oder gönnt sich einen Frozen Yoghurt. Sie hat einen Freund, einen Teilzeitjob und einen Führerschein; andere Erwachsenenaktivitäten sind weniger reizvoll für sie. Als ich sie frage, ob sie zu Partys geht und zum Beispiel trinkt, zeigt sie sich der gesamten Szenerie gegenüber misstrauisch. »Die Leute, mit denen ich zusammenarbeite, würden sagen: ›Letztes Wochenende war ich auf einer Uniparty und war irgendwie total drauf und hab' mit so einem Typen rumgemacht‹ – das heißt doch, dass man Mist baut, weil man betrunken war«, meint sie. »Und das ist für dich nicht attraktiv?«, frage ich sie, womit ich sie herausfordern will. »Nein. Ich verstehe überhaupt nicht, warum die Leute sich und was sie tun nicht unter Kontrolle haben wollen«, sagt sie.

Chloe ist weitaus typischer für die Generation Selfie, als man vermuten möchte. Immer weniger von ihnen trinken Alkohol. Fast 40 Prozent der Highschool-Seniors, der vierten Jahrgänge, hatten 2016 noch nie Alkohol probiert. Die Anzahl der Achtklässler, die Alkohol probiert haben, ist fast auf die Hälfte zurückgegangen.

Der Rückgang beim Probieren von Alkohol ist bei den Gruppen der Jüngsten am stärksten, bei den jungen Erwachsenen am geringsten. Der Rückgang fällt geradezu steil ab bei den Achtklässlern; bei den Zwölftklässlern erscheint die Kurve wie ein

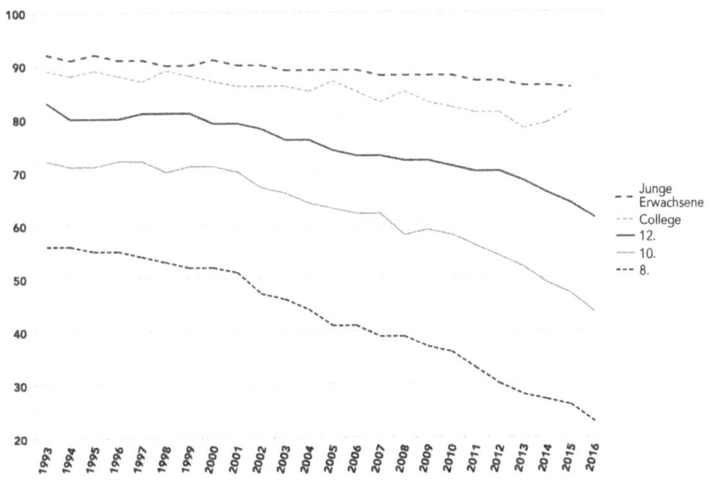

Prozentsatz derjenigen, die Alkohol probiert haben (mehr als nur einige Schlucke); Acht-, Zehnt- und Zwölftklässler, Collegestudenten und junge Erwachsene (im Alter von 19 bis 30). Quelle: Monitoring the Future, 1993–2016

Deutsche Jugendliche und Alkohol

In Deutschland haben immer weniger Jugendliche im Alter von zwölf bis 17 Jahren Erfahrung mit eigenem Alkoholkonsum. Im Jahr 2001 gab nur jeder zehnte männliche Jugendliche dieser Altersgruppe an, noch nie Alkohol getrunken zu haben – 2018 waren es bereits drei bis vier. Im selben Zeitraum stieg die Zahl lebenslang abstinenter weiblicher Jugendlicher von 14,5 Prozent auf 40,6 Prozent.[11]

leichter Hügel, bei den jungen Erwachsenen bleibt der Konsum fast auf gleicher Höhe. Fast alle jungen Erwachsenen haben Alkohol probiert, und das ist im Lauf der Jahrzehnte nur ganz leicht zurückgegangen. Was sich verändert hat, ist das Alter, in welchem sie das erste Mal getrunken haben. In den frühen 1990ern hatte bereits der durchschnittliche Achtklässler Alkohol probiert, 2014 dagegen hatte dies der durchschnittliche Zehntklässler noch nicht getan. Das heißt, dass die meisten Teens der Generation Selfie Alkohol erst zu Beginn der zehnten Klasse oder später probieren. Sie wachsen langsamer in den Erwachsenenhabitus des Alkoholtrinkens hinein. Ähnliche Trends zeigen sich für den Alkoholkonsum innerhalb des letzten Monats, und in weiteren Untersuchungen, so in der CDC Youth Risk Behaviour Surveillance Survey unter Teens.

Der starke Rückgang bei den jüngsten Teens ist besonders ermutigend. Die meisten Menschen würden wohl zustimmen, dass es keine gute Idee ist, wenn 13- und 14-Jährige trinken. Wenn es um die Zehnt- und Zwölftklässler geht und das Trinken nun zusätzlich mit dem Autofahren zusammenfällt, ist es ebenfalls ein großer Nutzen für die öffentliche Gesundheit, dass immer weniger junge Menschen trinken. Dies sind doch gewaltige und ermutigende Veränderungen.

Einen Nachteil gibt es aber bei diesen Trends: Immer mehr junge Menschen betreten die Erwachsenenwelt ohne Erfahrung im Trinken. Da sich jedoch das Trinken unter Studenten und jungen Erwachsenen nicht viel geändert hat, erhöht die Generation Selfie ihren Alkoholkonsum innerhalb einer viel kürzeren Zeit, als das bei früheren Generationen der Fall war. Viele steigern ihren Alkoholkonsum innerhalb kurzer Zeit von null auf hundert.

Das gilt vor allem für das Komasaufen, das meist als Konsum von fünf oder mehr Drinks hintereinander beschrieben wird. Komasaufen ist die gefährlichste Art des Alkoholkonsums, da es mit größter Wahrscheinlichkeit zu Alkoholvergiftung, verminderter Zurechnungsfähigkeit und zum Fahren in betrunkenem Zustand

Weniger Alkoholexzesse bei deutschen Jugendlichen

Von den männlichen 12- bis 17-Jährigen hatte 2004 jeder vierte in den letzten 30 Tagen mindestens einen Alkoholrausch gehabt, jeder zehnte sogar viermal oder häufiger – 2018 trank aus dieser Gruppe nur noch knapp jeder fünfte einmal monatlich bis zum Alkoholrausch, und nur noch vier Prozent häufiger als viermal.

Der Anteil weiblicher Jugendlicher mit einem Alkoholrausch binnen 30 Tagen halbierte sich von 2004 (knapp 20 Prozent) bis 2018 (zehn Prozent); mehr als vier Rauschzustände erlebten gegenüber 2004 (vier Prozent) im Jahr 2018 nur noch zwei Prozent.[12]

führt. Die Anzahl der 18-Jährigen, die das Komasaufen betreiben, hat sich seit den frühen 1980ern halbiert, das Komasaufen unter 21- bis 22-Jährigen ist dagegen ungefähr gleich geblieben.

Die schnelle Zunahme beim Komasaufen von 18- bis 21-Jährigen kann gefährlich sein. Eine Studie des National Institute of Health, der nationalen Gesundheitsbehörde der USA, die diesen Trend erforscht hat, kam zu dem Schluss: »Die Zunahme des übermäßigen Alkoholkonsums von 18 bis zum Alter von 21 oder 22 erhöht die Wahrscheinlichkeit negativer Folgen. Vermutlich gilt: je schneller die Zunahme, desto geringer die Erfahrung, die man mit übermäßigem Alkoholkonsum hat und desto mehr Risiken treten auf.«

Dieses Phänomen ist besonders akut bei denen, die aufs College gehen. Highschoolabsolventen, die das College besuchen wollen, trinken mit geringerer Wahrscheinlichkeit Alkohol als andere. Sind sie aber dort, ist die Wahrscheinlichkeit des Komasaufens höher als bei denen, die nicht das College besuchen. Was die Studenten angeht, geht die Erfahrungskurve sehr schnell von null auf hundert. Wie ein Student es ausdrückt: »Ich bin jetzt 21 und in meinen besten Trinkjahren, und das will ich voll ausnutzen!« Das kann zur Herausforderung für die werden, die beruflich den Studenten helfen, durch die Collegejahre zu kommen, da diese Studenten ja recht naiv den Campus betreten, was das Trinken angeht, dann aber schnell von der Kultur des übermäßigen Alkoholkonsums vereinnahmt werden.

Wie steht es mit dem Gebrauch von Drogen? Der Höhepunkt des verbotenen Drogenkonsums – zum allergrößten Teil Marihuana – war unter Jugendlichen in den späten 1970er und frühen 1980er Jahren zu verzeichnen. Danach sank der Konsum in den frühen 1990ern stark ab, ehe er in den 2000ern und 2010ern

Deutsche Jugendliche und illegale Drogen
In den letzten vier Jahrzehnten hat sich der Anteil der deutschen 12- bis 17-jährigen Jugendlichen mit eigener Cannabis-Erfahrung deutlich verändert: Nachdem er seit 1979 unter fünf Prozent lag, stieg der Anteil von 1986 bis 2004 auf 15 Prozent, sank dann aber wieder auf unter zehn Prozent ab (2007 bis 2018).
Während von 1973 bis 1997 in der Regel nicht mehr als 25 Prozent aller 18- bis 25-Jährigen über eigene Konsumerfahrung verfügten, kam es von 1997 bis 2004 zu einem Anstieg auf 43 Prozent. Danach zeichnet sich zwar ein Rückgang ab; nach einem erneuten Anstieg zwischen 2016 und 2018 liegt die Konsumerfahrung dieser Altersgruppe aktuell wieder über 40 Prozent.[13]

wieder anstieg. Zwischen den 18-Jährigen und den 21- bis 22-Jährigen besteht kein großer Unterschied, was den Drogenkonsum angeht, und dann steigt der Drogenkonsum beim Übergang zur Generation Selfie in den frühen 2010ern wieder leicht an.

Warum gibt es unterschiedliche Muster beim Alkohol- und beim Dogenkonsum? Drogenkonsum ist, zumindest in den meisten US-Staaten, in jeder Altersstufe illegal. Jeder Regelverstoß beim Drogenkonsum wird einigermaßen gleich geahndet – gleichgültig, ob man über oder unter 21 ist. Der Kauf von Alkohol wird jedoch mit 21 legal – vielleicht ist das der Grund, warum diese vorsichtige Generation ihn als Teenager eher noch vermeidet, sich ihn aber ab 21 reichlich gönnt. Wenn immer mehr Staaten den Marihuanakonsum für Erwachsene freigeben, mag sich dieses Muster ändern. (Mehr zu diesen Trends betrachten wir im Kapitel *Isoliert, aber nicht wirklich: Mehr Sicherheit, weniger Gemeinschaft.*) Gegenwärtig trinkt die Generation Selfie weniger, raucht dafür aber mehr Haschisch als die Millennials, die ihr vorausgingen.

Die Ausdehnung der Kindheit

Insgesamt gilt also: Verglichen mit ihren Vorgängern ist es für die Generation Selfie weniger wahrscheinlich, dass sie ohne ihre Eltern ausgehen, Sex haben, Auto fahren, arbeiten oder Alkohol trinken. Dies sind Dinge, die allesamt von Erwachsenen ge-

Prozentsatz der 18-Jährigen und der 21- bis 22-Jährigen, die unerlaubte Drogen innerhalb der letzten zwölf Monate benutzten. Quelle: Monitoring the Future, Nachfolgestudie, 1976–2015

tan werden, von Kindern nicht. Die meisten Menschen probieren dergleichen zum ersten Mal als Teens – in der Übergangszeit von der Kindheit zum Erwachsenenleben. Die Generation Selfie wird diese einst fast universalen wichtigen Entwicklungsstufen mit großer Wahrscheinlichkeit nicht als Highschoolabsolventen erfahren – diese atemberaubenden ersten Erfahrungen der Unabhängigkeit von den Eltern, was einem zum ersten Mal das Gefühl vermittelt, erwachsen zu sein. Sogar Selfies, die diese wichtigen Stufen während ihrer Highschoolzeit erreichen, tun das in höherem Alter als frühere Generationen. Dazu gehören etwa die Freuden des Erwachsenseins, wie Sex und Alkohol, aber auch die entsprechende Verantwortung, etwa Arbeiten und Autofahren.

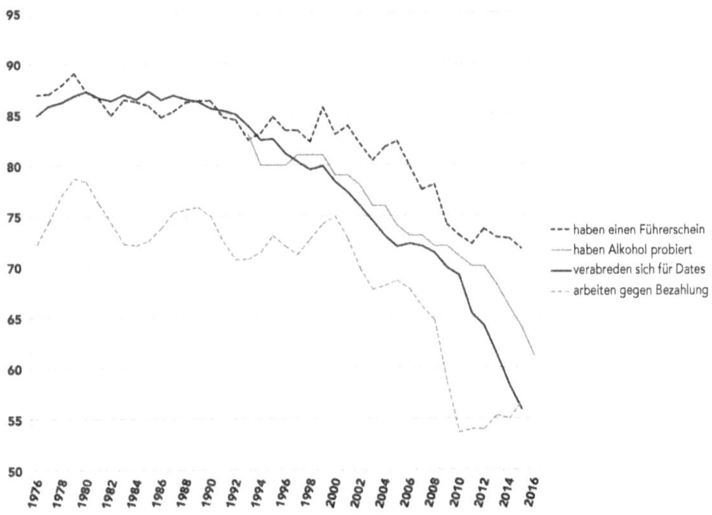

Prozentsatz der Zwölftklässler, die einen Führerschein besitzen, jemals Alkohol probiert haben, die sich für Dates verabreden und während des Schuljahres gegen Bezahlung gearbeitet haben. Quelle: Monitoring the Future, 1976–2016

Sei es gut oder schlecht: Die Generation Selfie hat es nicht eilig, erwachsen zu werden. 18-Jährige sehen heute aus wie früher die 14-Jährigen, 14-Jährige wirken wie Zehn- bis Zwölfjährige.

Die Geschichte des langsameren Erwachsenwerdens begann indes lange vor der Generation Selfie. Die ersten Veränderungen in der Entwicklungsgeschwindigkeit traten in den 1990ern nicht unter Teens auf, sondern unter jungen Erwachsenen der Generation X, die bereits damit anfingen, traditionell wichtige Stufen des Erwachsenseins wie den Beginn einer Berufskarriere, Heirat und Kinderkriegen nach hinten zu verschieben. Die durchschnittliche Babyboomer-Frau heiratete 1975 mit 21; die durchschnittliche Frau der Generation X heiratete 1995 dagegen mit 25. Auch die Arbeit in einem Vollzeitjob wurde auf später verschoben, da nun mehr junge Menschen aufs College gingen.

Doch die Teens der Generation X haben das Tempo nicht verlangsamt – mit der gleichen Wahrscheinlichkeit fuhren sie Auto, tranken Alkohol und verabredeten sich wie ihre Babyboomer-Kollegen; mit größerer Wahrscheinlichkeit hatten sie Sex und wurden als Teens schwanger. Doch danach warteten sie länger, um das volle Erwachsenenleben mit Berufskarriere und Kindern zu erreichen. Die Generation X hat es also geschafft, die Jugend über alle früheren Grenzen hinaus zu verlängern: Sie fing früher an, erwachsen zu werden und beendete diesen Prozess in höherem Alter.

Angefangen bei den Millennials und mit vollem Tempo bei der Generation Selfie wird die Jugendzeit nun wieder verkürzt – diesmal am vorderen Ende. Denn die Kindheit hat sich verlängert. Die Teens werden mehr wie Kinder behandelt, sind weniger unabhängig, werden mehr als früher von den Eltern beschützt. Der gesamte Entwicklungsgang von der Kindheit über die Jugend bis zum Erwachsenwerden hat sich verlangsamt. Die Jugend – die Zeit, wenn die Teens anfangen, Erwachsenendinge zu tun – findet nun später statt. 13-Jährige, selbst 18-Jährige verhalten sich weniger wahrscheinlich wie Erwachsene und verbringen dementsprechend ihre Zeit. Vielmehr verhalten sie sich mit größerer Wahrscheinlichkeit wie Kinder – nicht, weil sie notwendigerweise unreif sind, sondern weil sie die gewöhnlichen Aktivitäten der Erwachsenen nach hinten verschieben. Die Jugend ist heute eher eine Ausdehnung der Kindheit als der Beginn des Erwachsenwerdens.

Kommt das, weil Teens mehr Verantwortung übernehmen?

In einer Kolumne für die *Washington Post* argumentierte der Soziologe David Finkelhor 2014, dass Teens der Generation Selfie mit ihrem verringerten Alkoholkonsum, geringeren Kriminalitätsraten und ihrer begrenzten Sexualität »Tugenden an den Tag legen, die ihre Vorfahren vermissen ließen«. Er schloss daraus: »Eines Tages können wir auf die heutige Jugend zurückschauen als eine relativ tugendhafte, als diejenige, die das Blatt der Impulsivität und der Genusssucht gewendet hat.« Heutige Teens, so glaubt er, sollten gelobt werden, weil sie so verantwortungsvoll wären. Ein Artikel in der *Washington Post* 2016 führte dieses Thema fort und posaunte: »Heutige Teens benehmen sich weit besser als Sie damals.«

Andere Beobachter, wie die 20-jährige Autorin Jess Williams, haben die gleichen Trends eher negativ aufgefasst: Williams beschreibt die Generation Selfie als »langweilig«. Die Teens seien heute nicht mehr witzig, meint sie. Ein Magazin stimmte dem zu – mit der Überschrift eines Artikels aus jüngster Zeit: »Ankunft der Generation Gähn: 20 ist das neue 40«.

Nach meiner Ansicht verfehlen derartige Charakterisierungen das Wesentliche. Begriffe wie Tugend, Genuss, besseres Benehmen oder langweilig beziehen sich nur darauf, ob solche Trends »gut« oder »schlecht« sind. Dieser Ansatz ist aber unvollständig, da er nur ein paar Generationenunterschiede erfasst, während er andere vollkommen auslässt. So erwähnt etwa keiner dieser Artikel, dass Selfie-Teenager auch mit geringerer Wahrscheinlichkeit in einem Job arbeiten, einen Führerschein haben, alleine zu Hause bleiben oder mit eigenem Geld wirtschaften – alles Aktivitäten, die nicht notwendig damit verbunden sind, mehr (oder weniger) »tugendhaft« oder »verantwortungsvoll« zu sein, sich »besser zu benehmen« oder »langweilig« zu sein. Insgesamt stützen die Trends eindeutig nicht die Vorstellung, Jugendliche würden verantwortungsvoller, tugendhafter oder langweiliger werden (und auf diese Weise *mehr* den Erwachsenen ähneln). Die Trends zeigen vielmehr fast einheitlich, dass die Jugendlichen langsamer erwachsen werden (und damit weniger den Erwachsenen ähneln). Nur das langsamere Entwicklungstempo erklärt, warum Arbeiten, Autofahren, Alleinsein und das Haushalten mit eigenem Geld auch bei Teens zurückgehen. Weder »besseres Benehmen« noch »langweilig« erfassen, was wirklich mit der Generation Selfie los ist: Sie braucht einfach länger, um erwachsen zu werden.

Stattdessen ist es viel hilfreicher, die Begriffe der Life-History-Theorie einzusetzen, die ich früher erwähnt habe: Die Teens haben einen langsameren Lebensfluss angenommen; vielleicht wegen der kleineren Familien und der Erfordernisse, die ein wachsendes Einkommensgefälle bewirkt. Die Eltern haben Zeit, um jedes Kind zu erziehen, damit es der neuen, auf Wettbewerb ausgerichteten wirtschaftlichen Umgebung entsprechen kann. Was heute 21 Jahre dauern kann, während es früher nur 16 waren. Die kulturelle Veränderung in Richtung Individualisierung mag auch eine Rolle spielen: Kindheit und Jugend sind einmalige selbstzentrierte Stadien – wenn man länger in ihnen verweilt, ermöglicht das eine stärkere Ausbildung des individuellen Selbst. Sind weniger Kinder da und ist entsprechend mehr Zeit vorhanden, die für jedes Kind aufgewendet werden kann, wird jedes Kind stärker wahrgenommen und umsorgt. Sicherlich ist der kulturelle Individualismus mit einem langsameren Entwicklungstempo verbunden, über Länder und Zeiten hinweg. Überall auf der Welt wachsen junge Menschen in individualistischen Staaten langsamer auf als in kollektivistischen. Und weil die amerikanische Kultur von 1965 an bis heute immer individualistischer geworden ist, haben junge Erwachsene sich immer mehr Zeit genommen, um in die Berufstätigkeit und in Familienrollen von Erwachsenen einzutreten.

Es gibt noch einen weiteren Faktor: Viele weit verbreitete Studien zur Entwicklung des Gehirns haben gezeigt, dass die Entwicklung der frontalen Gehirnregion, dem Teil des Gehirns also, der für Urteile und Entscheidungen verantwortlich ist, erst im Alter von 25 Jahren abgeschlossen ist. Das hat die Vorstellung aufgebracht, dass Teens noch nicht vollständig in der Lage seien, erwachsen zu werden und deshalb mehr und länger Schutz bräuchten. Diese Forschungsergebnisse über unterentwickelte Jugendlichengehirne haben zahlreiche Bücher, Artikel und Online-Elternratschläge zur Folge gehabt. Interessanterweise ignoriert die Interpretation dieser Studien offenbar eine fundamentale Wahrheit der Gehirnforschung: Das Gehirn verändert sich durch Erfahrung. Vielleicht haben heutige Jugendliche und junge Erwachsene ja einen unterentwickelten Frontalcortex, weil man ihnen noch keine Erwachsenenverantwortung übertragen hat. Wenn es schon 1950 Gehirnscanner gegeben hätte – was hätten sie wohl von einer Generation gezeigt, die meist mit 18 zu arbeiten anfing, mit 21 heiratete und bald darauf Kinder bekam? So werden derartige Studien aber nie interpretiert, was die Eltern im Glauben lässt, ihren heranwachsenden Kindern seien schlechte Entscheidungen biologisch einprogrammiert. Daher denken sie, es sei besser, sie so lange wie möglich zu beschützen.

Partner, keine Gefangenen

Es folgt eine weitere grundlegende Frage: Wollen Jugendliche von sich aus langsamer erwachsen werden, oder halten die Erwachsenen sie in ihrer Entwicklung fest? Man kann sich sehr gut Teens vorstellen, die sich daran stoßen, wie Kinder behandelt zu werden. Wenn jedoch das langsame Aufwachsen eine natürliche Anpassung an die Kultur ist, könnte es sein, dass sie diesem Weg bereitwillig folgen.

Eltern haben heutzutage ein wachsameres Auge auf ihre Kinder. Mehr Jugendliche sagen, ihre Eltern wüssten *immer*, wo sie wären und mit wem sie abends ausgingen. Diese Überwachung wird vermutlich durch Tracking-Apps erleichtert, die Smartphones orten können und Eltern auf dem Laufenden halten, wo ihre jugendlichen Kinder gerade sind. Diese Apps können den Eltern zwar nicht berichten, mit wem ihre Kinder unterwegs sind, die Teens sagen aber, ihre Eltern wüssten auch das. Das ist ein weiteres Anzeichen dafür, langsamer erwachsen zu werden: Wie die Mutter auf dem Spielplatz, die weiß, ob ihr fünfjähriges Kind kurz davor ist, vor die Schaukel zu laufen, so wissen die Eltern mit größerer Wahrscheinlichkeit, wo ihre Kinder sind und mit wem.

Die meisten Erwachsenen erinnern sich daran, einmal Jugendliche gewesen zu sein und sich an dieser Art elterlicher Einmischung gestört zu haben: »Wer wird da auf der Party sein?« »Keine Ahnung – Leute?« Oder bei der Rückkehr aus der Stadt, wo man vielleicht, vielleicht auch nicht einen oder zwei Drinks hatte: »Wir waren beim Bowling, klar doch, beim Bowling.«

Angesichts der Neigung der Jugendlichen, Einschränkungen abzulehnen, möchte man meinen, dass Jugendliche und ihre

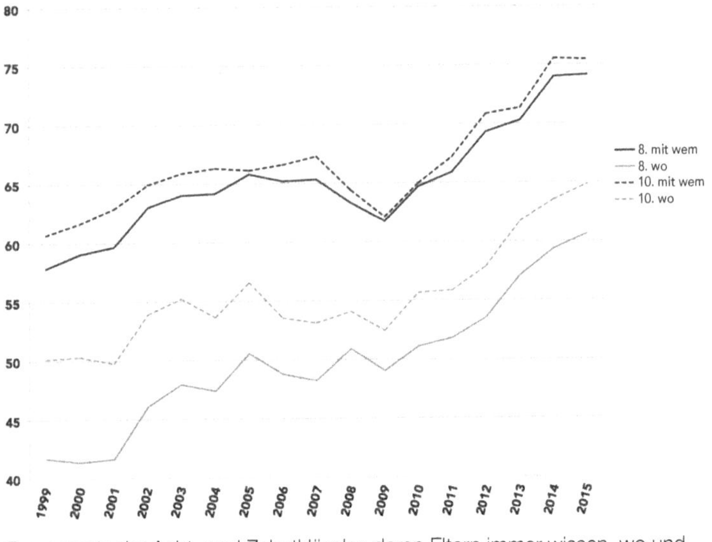

Prozentsatz der Acht- und Zehntklässler, deren Eltern immer wissen, wo und mit wem sie zusammen sind, wenn sie abends ausgehen. Quelle: Monitoring the Future, 1999–2015

Eltern mehr Kämpfe ausfechten. Besteht die einfachste Art, mit einem Jugendlichen einen Streit anzufangen, nicht darin, ihm den Wagenschlüssel abzunehmen? (Genau das passiert der Generation Selfie massenweise.) Wenn Jugendliche aus dieser Generation keine Einschränkungen mögen, dann sollte man annehmen, dass sie mehr als frühere Generationen mit ihren Eltern streiten. Jedoch streiten sich jugendliche Selfies *weniger* mit ihren Eltern. Der Prozentsatz derjenigen, die mehr als drei Mal pro Jahr ernsthaft Streit mit ihren Eltern hatten, fiel von 66 Prozent im Jahre 2005 auf 56 Prozent im Jahre 2015. Die Generation Selfie wird also nicht nur von ihren Eltern an der kürzeren Leine gehalten, sondern streitet sich auch weniger mit ihnen, was der Annahme der Babyboomer und der Generation X entgegensteht,

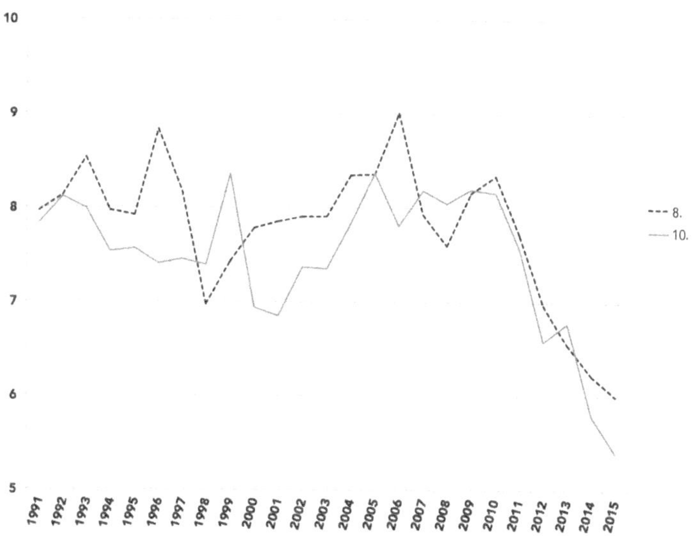

Prozentsatz der Acht- und Zwölftklässler, die versucht haben, innerhalb der letzten zwölf Monate von zu Hause wegzulaufen. Quelle: Monitoring the Future, 1999–2015

dass Teenager automatisch gegen elterliche Einschränkungen angehen. Selfie-Teenager und ihre Eltern stehen auf derselben Seite – der Seite, langsamer erwachsen zu werden.

In den extremsten Fällen des Widerstands gegen Eltern könnten die Teens in Betracht ziehen abzuhauen. Da die Idee wegzulaufen praktisch nie von den Eltern kommt, gibt es den Blick frei auf das, was Teens wirklich denken – auf ihre tiefsten Gefühle, frei von elterlicher Anleitung. Doch wie sich zeigt, ist das Abhauen von zu Hause bei der Generation Selfie wenig verbreitet: Die Anzahl der Teens, die sagen, sie hätten versucht, das Elternhaus zu verlassen, stürzte in den nur fünf Jahren von 2010 bis 2015 regelrecht ab. Glücklicherweise versuchen die Jugendlichen mit geringerer Wahrscheinlichkeit einen Bruch mit den Eltern herbeizuführen, um unabhängig zu sein.

Offensichtlich sind Jugendliche also auf langsameres Erwachsenwerden eingestellt, sie bleiben gerne länger Kinder. Eine neuere Studie fand heraus, dass Collegestudenten der Generation Selfie (verglichen mit Studenten in den 1980ern und 1990ern) in der Skala der »Reifungsängste« deutlich höher rangierten. Selfies stimmten mit größerer Wahrscheinlichkeit dem Satz zu: »Ich wollte, ich könnte zu der Sicherheit meiner Kindheit zurückkehren.« Und: »Die glücklichste Zeit im Leben ist die Kindheit.« Mit geringerer Wahrscheinlichkeit stimmten sie für »Ich wäre lieber ein Erwachsener als ein Kind« und »Ich bin froh, dass ich kein Kind mehr bin«. Anstatt sich daran zu stoßen, dass man wie ein Kind behandelt wird, möchte die Generation Selfie noch länger Kind bleiben.

Heute scheinen viele Menschen die Kindheit (im Gegensatz zur Erwachsenenzeit) mit weniger Stress und mehr Spaß zu assoziieren. So kam 2014 der Neologismus »adulting« auf (etwa:

Erwachsenwerden), was bedeutet, sich der eigenen Verantwortung bewusst zu werden. Die Adulting School in Maine bietet derzeit Klassen für junge Erwachsene an und bringt ihnen Dinge wie die Regelung der Finanzen oder das Falten von Wäsche bei. Der Twitter-Hashtag #adulting bringt Einträge wie »Eine Sache, die ich beim Erwachsenwerden hasse… Rechnungen bezahlen«, »Ich gehe jetzt ins Bett… mir ist heute nicht nach #adulting« und »Wisst ihr noch, als ihr Kinder wart und die Tage gezählt habt, bis die Schule vorüber war? #adulting braucht so etwas.« Das Wort »adult«, der Erwachsene, wird heute als Verb benutzt, und es scheint, als würde dies das Ende allen Spaßes bedeuten: »Wenn man um vier Uhr früh betrunken ist und merkt, dass man in fünf Stunden aufstehen #adulten muss« oder »Wenn alle im Bett rumkuscheln, und ich gehe aus dem Haus, um zu arbeiten – dann bin ich durch mit #adulting.« Bei vielen findet sich die Vorstellung, dass Älterwerden kein Spaß ist. Ein Twitter-User: »WIE KÖNNEN DIE LEUTE NUR SO SCHARF DARAUF SEIN, 18 ZU WERDEN????? ICH HABE TIERISCH VIEL ANGST VOR #ADULTING!!!« Ein anderer postete: »Ich vermisse die trivialen und jugendlichen Sorgen, die ich als Kind hatte, wie etwa einen Satz Buntstifte und schnuckelige Verabredungen zum Spielen. Erwachsenwerden ist scheiße. Ich will da aussteigen.« Wie genau soll man jedoch aus dem Erwachsensein aussteigen? Das wird nicht erklärt.

Die letzten Jahre brachten einen regelrechten Boom an Produkten wie »Erwachsenenmalbücher«, die erwachsene Menschen dazu auffordern, wie Grundschüler mit Farbstiften ein Buch auszumalen, wobei diese Aktivität als »entspannend« angepriesen wird. Ein Artikel in der Zeitschrift *Adweek*, 2016 erschienen, hielt fest, dass auch Marken »die Furcht der Millennials, erwachsen zu werden«, ausnutzen. Als ich Josie, eine 17-jährige Highschoolschülerin im vierten Jahrgang, die sich gerade für das College bewarb, interviewte, fragte ich sie, was ihre Lieblingsfilme wären. Ihre Antwort? *Rapunzel – Neu verföhnt* (*Tangled*, 2010) und *Die Eiskönigin – Völlig unverfroren* (*Frozen*, 2013), zwei Kinderfilme von Disney.

Anstatt sich danach zu sehnen, älter zu werden, so wie es viele frühere Generationen taten – man denke nur an Tom Hanks in dem Film *Big* von 1980 –, sind Kinder gerne Kinder. In einer Umfrage aus dem Jahr 2013 haben 85 Prozent der Acht- bis 14-Jährigen dem Satz zugestimmt: »Ich bin gerne so alt, wie ich bin«; 2003 waren es noch 75 Prozent. Als die siebenjährige Hannah gefragt wurde: »Möchtest du gerne älter sein?«, antwortete sie: »Nein. Ich bin gerne Kind. Da kann man mehr Sachen machen.«

Als ich 20 Angehörige der Generation Selfie fragte, warum es besser wäre, ein Kind als ein Erwachsener zu sein, antworteten fast alle, dass Erwachsensein zu viel Verantwortung bedeutete. Sie sagten, als sie noch Kinder waren, hätten ihre Eltern sich um alles gekümmert, und sie selbst hätten nur Spaß haben sollen. »Ich konnte mich mehr oder weniger um meine eigenen Wünsche kümmern, ohne dass ich mir Sorgen um die Logistik machen musste oder ganz praktisch darum, dass sie Wirklichkeit wurden«, schrieb Elizabeth, 22. »Außerdem war ich nie wirklich gezwungen, die Konsequenzen zu bedenken, wenn ich Spaß haben oder einen Tag freinehmen wollte. Ich tat es einfach.« Mit anderen Worten: Als Kinder konnten sie in einem Kokon leben, mit viel Spaß und wenig Arbeit. Ihre Eltern machten die Kindheit zu einer wundervollen Zeit mit viel Lob, der Betonung auf Spaß und wenig Verantwortung. Kein Wunder, dass sie nicht erwachsen werden wollen.

Selbst wenn sie dann aufs College gehen, behandeln die Eltern die Studenten weiterhin wie Kinder. Sie melden ihre erwachsenen Kinder für die Kurse an, erinnern sie an Termine und wecken sie rechtzeitig zum Unterricht, beobachtete Julie Lythcott-Haims, frühere Dekanin der Studienanfänger in Stanford. Handys würden das erleichtern. »Diese Studenten waren nicht gekränkt, als die Eltern all das machten – so wie es bei meiner Generation und denen davor gewesen wäre –, sie waren dankbar!«, bemerkt sie. »Dankbar dafür, mehrfach pro Tag mit einem Elternteil sprechen zu können, im Wohnheim, in den Speisesälen, in der Studentenvereinigung, wenn sie diesen Kurs besuchten oder jenen, wenn sie nach dem Kurs irgendwo hingingen, zum Beispiel in die Lobby der Beratungsstelle. Selbst in meinem Büro, wo sie es immerhin versuchten. ›Haben Sie was dagegen, wenn ich kurz den Anruf annehme? Es ist gerade … Mama?‹« Während des gesamten Jahrzehnts ihrer Tätigkeit, so Lythcott-Haims, bezeichneten die Studenten sich selber als »Kinder«.

Damit ist der Generationenumschwung komplett. Die Generation Selfie hat nie einen anderen elterlichen Erziehungsstil erlebt, deshalb rebelliert sie nicht gegen die Überfürsorglichkeit der Eltern – sie findet sie vielmehr gut. »Wir wollen, dass Sie uns wie Kinder behandeln, nicht wie Erwachsene«, erzählte ein Student einem erstaunten Mitglied des Lehrkörpers. Es mag diese Kokonmentalität sein, die hinter solchen neueren Campustrends wie der »Triggerwarnung« steckt. Sie soll Studenten warnen, dass Lesestoff oder Vorlesungsmaterial verstörend sein können; sie soll sie darauf hinweisen, dass es »Safe Spaces« (»sichere Orte«) gibt, die sie aufsuchen können, wenn sie der Vortrag eines Redners auf dem Campus verstört. In einem Safe Space gab es zum Beispiel Malbücher und Videos mit umhertollenden jungen Hunden, was die Vorstellung eines Safe Space hübsch mit der Kindheit verknüpft.

Ganz gleich, aus welchem Grund: Teenager werden langsamer erwachsen und meiden die Aktivitäten der Erwachsenen, bis sie älter sind. Das wirft die logische Frage auf: Wenn Jugendliche weniger arbeiten und weniger Zeit für die Hausaufgaben verwenden, dabei weniger ausgehen und weniger Alkohol trinken – was tun sie *stattdessen*? Für eine Generation, die man als Generation Selfie bezeichnen kann, ist die Antwort klar: nicht weiter schauen als bis auf das Smartphone in der Hand.

ONLINE-ZEIT

Internet – ach ja, und andere Medien

Die Polizeiwache im 33. Bezirk in New York warnte kürzlich die Bewohner vor einer Gefahr, die in ihren Betten lauerte: Handys und Smartphones. Mehrere Geräte hatten unter den Kopfkissen ihrer Besitzer Feuer gefangen, während diese schliefen. Reißerische Fotos von verschmorten Handys und Betten mit großen braunen Brandflecken waren die Folge. Etwas Ähnliches passierte in Texas, wo ein 13-jähriges Mädchen durch einen Brandgeruch aufwachte. Ihr Handy steckte unter ihrem Kopfkissen und hing gleichzeitig am Ladekabel; es hatte sich überhitzt und schmolz in die Bettwäsche hinein.

Es kam außerdem heraus, dass einige Samsung-Phones mit Batterien versehen waren, die sich spontan entzündeten. Für mich war das brennende Handy aber nicht das einzig Überraschende an diesen Geschichten. Als Teil der Generation X fragte ich mich: Warum sollte jemand sein Smartphone unter dem Kissen aufbewahren? Man kann schließlich nicht im Netz surfen, während man schläft. Und wer kann schon schlafen, wenn wenige Zentimeter entfernt ein Smartphone brummt? Neugierig geworden, stellte ich meinen jüngeren Studenten die Frage: »Was tut ihr mit eurem Smartphone, während ihr schlaft? Und warum?«

Ihre Antworten bezeugen eine regelrechte Obsession: Fast alle schlafen mit ihren Smartphones, legen sie unter ihr Kopfkissen, auf die Matratze oder zumindest in Reichweite des Bettes. Sie checken die Websites der sozialen Medien und schauen sich Videos an, kurz bevor sie zu Bett gehen; greifen nach ihrem Smartphone, sobald sie morgens aufwachen (das müssen sie auch – denn alle benutzen es als Wecker). Ihr Smartphone ist das Letzte, das sie vor dem Schlafen sehen und das Erste, was ihnen morgens ins Auge fällt. Wenn sie mitten in der Nacht aufwachen, schauen sie auch erst einmal auf ihre Smartphones. Sie reden darüber wie ein Drogenabhängiger über Crack: »Ich weiß, ich sollte das eigentlich nicht tun, aber ich kann einfach nicht anders«, meinte eine Jugendliche, als sie erzählte, dass sie auf ihr Smartphone schaut, wenn sie im Bett liegt. Manche sehen ihr Smartphone als Rettungsleine oder als Verlängerung ihres Körpers oder gar als Liebhaber an. »Wenn ich beim Schlafen mein Smartphone ganz dicht bei mir habe, ist das ein Trost für mich«, schrieb Molly, 20.

Smartphones sind anders als alle anderen früheren Medienformen. Sie durchdringen fast jede Minute unseres Lebens, selbst wenn wir ohne Bewusstsein sind, weil wir schlafen. Wenn wir wach sind, unterhält uns das Smartphone, kommuniziert und verschönert die Welt. Azar, die Highschoolabsolventin im vierten Jahr, die wir im Kapitel *Keine Eile* kennenlernten, ist ein gutes Beispiel dafür. Als ich sie frage, ob ich sie fotografieren darf, bringt sie ihre langen dunklen Haare nach vorne und zwitschert: »Ich muss doch hübsch sein!« Frage ich sie nach ihren Lieblings-Apps, nennt sie Instagram, Snapchat und eine, von der ich noch nie gehört hatte: iFunny. Als ich sie bitte, mir zu zeigen, wie iFunny funktioniert, ist sie sichtlich aufgeregt und meint: »Wirklich?

Soll ich mein Smartphone rausholen?«. Und sie zeigt mir sämtliche Funktionen der Site, plappert ununterbrochen über sämtliche witzigen Videos und Memes, kleine mediale Häppchen, die sich rasant im Internet verbreiten und zum Teil wahren Kultstatus erreichen. Als das Signal für den Wireless-Empfang flackert, seufzt sie frustriert: »Wo ist es? Mein Internet – oh nein …!« Ihr Smartphone-Tarif hat, wie sie mir erzählt, eine Daten- und SMS-Flatrate, bietet aber nur 100 Minuten Redezeit pro Monat, »weil ich nie Leute anrufe«. Für den Rest des Interviews behält sie ihr Smartphone draußen und zeigt mir Bilder sowie Apps.

Es ist offensichtlich, dass die Jugendlichen (und auch wir anderen) sehr viel Zeit mit den Smartphones verbringen – nicht, um zu telefonieren, sondern um Textnachrichten zu verschicken, im Normalfall über Messengerdienste oder SMS; sie sind online in den sozialen Medien, und sie spielen (alles als »neue Medien« bezeichnet). Irgendwann um das Jahr 2011 kam der Tag, da wir aufsahen, vielleicht von unseren Smartphones, und merkten, dass jeder um uns herum ebenfalls ein Smartphone in der Hand hielt. Aber vielleicht ist das, was wir vor dem Kaffeeautomaten oder am Esstisch sehen, nicht repräsentativ, und das schiere Entsetzen der Eltern und Medien über die Zeit, die wir am Display verbringen, ist gar nicht notwendig. Vielleicht ist die Smartphone-Besessenheit nur in bestimmten, privilegierten Bevölkerungsgruppen so ausgeprägt, und vielleicht bemerken wir die anderen Jugendlichen nur nicht, die nicht ständig mit ihrem Smartphone zu tun haben. Zum Glück können wir uns an die großen, national repräsentativen Umfragen halten, da sie ja die Jugendlichen befragen, wie viel Zeit sie online verbringen, mit dem Spielen und Schreiben von Textnachrichten. Wie viel ist es also?

Kurz gesagt: eine Menge Zeit. Highschool-Seniors aus der Generation Selfie (vergleichbar mit Zwölftklässlern in Deutschland) verbringen im Durchschnitt zweieinviertel Stunden pro Tag mit dem Schreiben von Textnachrichten auf ihren Smartphones, ca. zwei Stunden täglich im Internet, eineinhalb Stunden pro Tag mit elektronischen Spielen und ca. eine halbe Stunde mit dem Videochatten, alles laut der letzten Umfrage. Das beläuft sich auf insgesamt sechs Stunden pro Tag mit den neuen Medien – und das nur während der Freizeit. Achtklässler, die ja noch in der Middleschool sind, lagen nicht weit dahinter; sie verbrachten täglich eineinhalb Stunden mit dem Schreiben von Textnachrichten, eineinhalb Stunden online, eineinhalb Stunden mit Spielen, ca. eine halbe Stunde mit Videochats – insgesamt fünf Stunden pro Tag mit den neuen Medien. Das ändert sich auch kaum bei einem anderen Familienhintergrund: Sozial benachteiligte Jugendliche verbringen genau so viel oder mehr Zeit online als die bessergestellten. Die Ära des Smartphones hat in den USA tatsächlich die Lücke beim Internetzugang zwischen den sozialen Klassen geschlossen.

> »Offline sein wäre schon krass, man würde viel gar nicht mehr mitbekommen, wenn zum Beispiel der Lehrer krank ist. Ganz ohne Internet – das würde schon gar nicht mehr gehen.«
>
> *Finja, 16 Jahre, Deutschland*

Bedenkt man, dass Jugendliche pro Tag insgesamt ungefähr 17 Stunden in der Schule, mit dem Schlafen, mit Hausaufgaben und schulischen Aktivitäten verbringen, wird fast die gesamte Freizeit mit den neuen Medien verbracht. Die verbleibenden ein-

Deutsche Jugendliche und Online-Nutzung
In Deutschland hat sich die durchschnittliche tägliche Online-Nutzung der 12- bis 19-Jährigen in elf Jahren mehr als verdoppelt (2007: 106 Minuten; 2018: 214 Minuten): Bei den 12- bis 13-Jährigen betrug die durchschnittliche Online-Zeit zuletzt knapp eineinhalb Stunden, bei 14- bis 15-Jährigen bereits dreieinhalb Stunden; die 16 bis 17-Jährigen sind mit über vier Stunden täglich am häufigsten online, die Volljährigen liegen knapp dahinter (231 Minuten). Gymnasiasten sind täglich im Schnitt mit 197 Minuten eine Dreiviertelstunde weniger online als Jugendliche anderer Schulformen (244 Minuten).[14]

einhalb Stunden werden vom TV aufgebraucht, das die Teens täglich um die zwei Stunden lang sehen. Das erweckt den Anschein, als hätten die Jugendlichen mehr als 24 Stunden pro Tag zur Verfügung. Doch höchstwahrscheinlich betreiben sie Multitasking: Sie verschicken Textnachrichten, während sie im Netz surfen, schauen Fernsehen, während sie auf Instagram posten. (Vielleicht schlafen sie auch weniger; eine Möglichkeit, auf die wir im Kapitel *Unsicher: Die neue psychische Krise* zurückkommen.) Insgesamt verbringen Jugendliche weit mehr Zeit online als noch vor wenigen Jahren – Zwölftklässler verbrachten 2015 doppelt so viel Zeit online wie Zwölftklässler 2006.

Auch wenn das Multitasking mit einbezogen wird, sind sechs Stunden pro Tag eine gigantische Menge an Zeit. Was stellen die Jugendlichen mit dieser Zeit an? Sie verschicken sehr oft Textnachrichten – die Jugendlichen, mit denen ich sprach, sagten

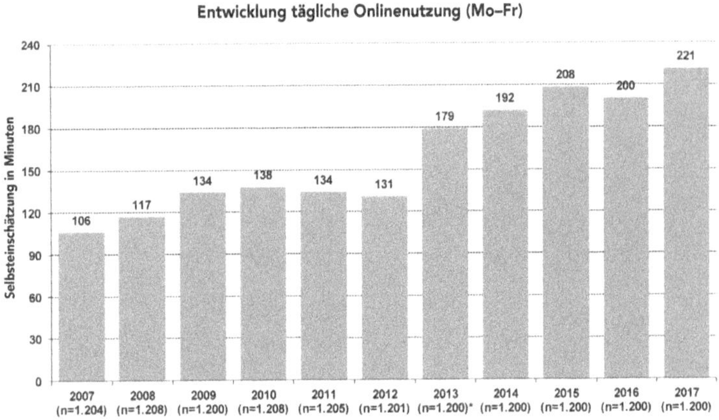

Tägliche Onlinenutzung der 12- bis 19-Jährigen in Deutschland. Quelle: JIM 2007–JIM 2017, *Änderung der Fragestellung. Basis: alle Befragten

alle, hauptsächlich auf diesem Weg würden sie mit ihren Freunden kommunizieren. Und worüber? Über viele der Dinge, über die auch Erwachsene schreiben, nur tun sie das öfter. »Meist schicke ich meiner Freundin Textnachrichten über irgendwas, Schulthemen und Beziehungskram. Ich schicke auch meinen Freunden Textnachrichten, einfach irgendwelche Witze, den ganzen Tag lang«, schrieb Victor, 18. »Ich schreibe meiner besten Freundin oder meinem Freund«, meinte Eva, 19. »Meist reden wir über irgendwas Witziges, das tagsüber passiert ist, oder wir checken einfach, wie es beim anderen so läuft oder ob was Neues passiert ist, seitdem wir das letzte Mal gesprochen haben.« Das Schreiben hat das Reden am Telefon weitgehend ersetzt: 2015 telefonierten Jugendliche ungefähr 45 Minuten pro Tag – etwa ein Drittel der Zeit, die sie für Textnachrichten brauchten.

In den Erhebungen wurde erst ab 2010 nach den Textnachrichten gefragt, als diese Praxis bereits fest etabliert war. Daher

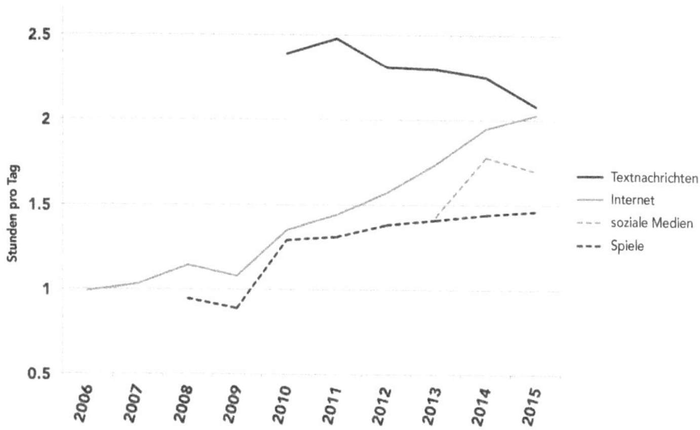

Anzahl der Stunden, die Zwölftklässler pro Tag mit den neuen Medien verbrachten (Textnachrichten, Internet, soziale Medien, Spiele). Quelle: Monitoring the Future, 2006-2015

können wir nicht wirklich erkennen, dass die Popularität der Textnachrichten von 1990, als sie noch nicht existierten, bis zur zweistündigen täglichen Aktivität 2010 steil anstieg. Von 2010 bis 2015 investierten die Jugendlichen für das Schreiben von Textnachrichten etwas weniger Zeit, nämlich ca. 13 Minuten pro Tag. Warum? Vermutlich, weil sie mehr Zeit in den sozialen Medien verbrachten.

Alle machen mit: Soziale Medien

An einem Sommertag rumpelt mein Mietwagen eine staubige Straße im ländlichen Minnesota entlang. Schon von Weitem sehe ich den Stall vor dem Panorama des blauen Himmels und grüner Kornfelder. An der Seehütte werde ich bereits von Emily und ihrer großen Familie erwartet, die sich am Wochenende des

Unabhängigkeitstages hier versammelt hat. Emily ist 14 Jahre alt und hat gerade ihr erstes Jahr an der Highschool abgeschlossen. Sie ist Mitglied des Leichtathletikteams, hat die schlanke Figur einer Läuferin, gewelltes, zu lockeren Zöpfen gebundenes blondes Haar und ein breites, fröhliches Lächeln, das ihre Zahnspangen sehen lässt. Die meisten Sätze beendet sie mit einem fröhlichen »So, yeah!«

Emily lebt in den »Twin Cities«, dem Ballungsraum der Großstädte Minneapolis und St. Paul, zwei Stunden von hier. Aber ihre beste Freundin lebt auf der Farm neben der Seehütte, und die beiden pendeln oft hin und her. Die erste Aufgabe des Tages für mich besteht darin, Emilys Kuh Liberty kennenzulernen, die vor zwei Jahren am Unabhängigkeitstag geboren wurde. Barfuß springt Emily über den Zaun an der Stalltür und holt Liberty. Sie lächelt, als wir sie neben dem großen schwarz-weißen Tier fotografieren, das uns mit seinen großen braunen Augen sanft anschaut.

Ein Mädchen auf einer Farm mit wehenden Zöpfen führt seine Kuh vor – eine zeitlose Szene, die sich während der letzten 200 Jahre jederzeit und überall abgespielt haben könnte. Doch jetzt ist nicht jederzeit, und Emily ist so wie die meisten jugendlichen Selfies in den 2010ern: Sie ist über die sozialen Medien mit ihren Freunden verbunden – auch deshalb, weil dies praktisch verpflichtend ist. »Alle benutzen sie«, meint sie. »Es ist, sage ich mal, eine gute Art, sich mit Leuten zu verabreden. Wenn man das nicht tut, verpasst man die Verabredungen, zu denen man hätte gehen können.« Emily bekam ihr erstes Smartphone ziemlich spät für eine Angehörige dieser Generation, zu Beginn der neunten Klasse, findet es aber nun unverzichtbar. Als ich sie frage, welche Apps sie benutzt, sagt sie: »Die wichtigsten sind Snapchat, Instagram und Twitter … Ich kriege die neuesten Nachrichten vom Leichtathletikteam und sehe mir lustige Videos an. Ich poste Bilder von meinen Sporttreffen oder auch, wenn ich mit meiner Familie oder meinen Freundinnen was Lustiges mache. Viele andere Leute posten tonnenweise Selfies – eigentlich ist jeder zweite Post ein Selfie.« Sie erzählt mir, wie man Fotos auf Instagram taggt (markiert). Wenn die anderen einen nicht markieren, heißt das, dass man »nicht mehr richtig befreundet ist, oder dass jemand sauer auf dich ist.« Das ist die neue Realität im sozialen Leben der Teens: Es geht online vonstatten, und alle können es sehen, mit eindeutigen Botschaften, wer in ist und wer out.

»Facebook und Twitter habe ich nicht. WhatsApp, Snapchat und Instagram brauche ich eigentlich auch nicht.«
Celina, 17 Jahre, Deutschland

Wie viel Zeit verbringen Jugendliche mit den sozialen Medien, und unterscheidet sich das wirklich von der Zeit vor zehn Jahren? Soziale Medien sind nicht neu. Die ersten Sites tauchten schon 1997 auf, MySpace kam 2003 und Facebook wurde 2006 für alle über 13 freigegeben. (Ich benutzte den Ausdruck soziale Netzwerke und soziale Medien synonym.) Die Erhebung Monitoring the Future fragte zuerst 2008 nach den sozialen Netzwerken (leider derartig spät, dass die ansonsten sorgfältig vorgehenden Verantwortlichen dieser Befragung hier geschlafen haben müssen). Die Frage nach der Nutzung der sozialen Medien ist sehr allgemein: Sie fragt, ob Jugendliche die Sites der sozialen Netzwerke »fast täglich«, »mindestens einmal pro Woche«, »ein bis zwei Mal pro Monat«, »einige Male pro Jahr« oder »gar nicht« nutzen. Auch wenn die Erhebung reichlich spät kam und eine

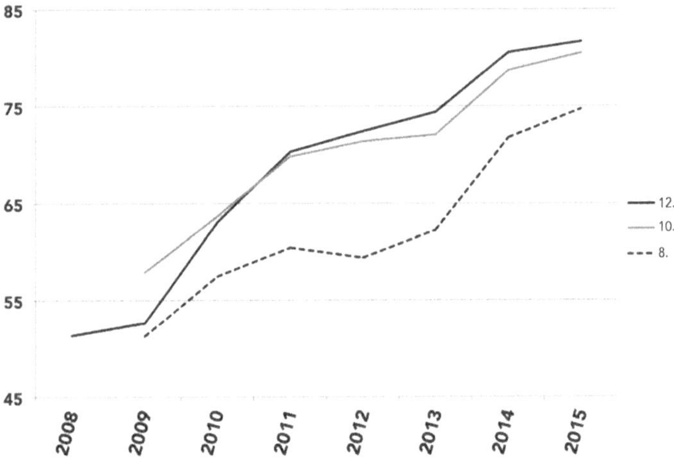

Prozentsatz der Acht-, Zehnt- und Zwölftklässler, die fast täglich soziale Medien benutzen. Quelle: Monitoring the Future, 2008–2015

so allgemeine Frage stellte, wird doch die wachsende Popularität dieser Sites sehr deutlich.

In sieben Jahren haben sich die sozialen Medien von einer täglichen Aktivität für die Hälfte der Jugendlichen zu einer solchen für fast alle entwickelt. Das gilt vor allem für Mädchen: 86 Prozent der Zwölftklässlerinnen benutzten 2015 fast täglich die sozialen Medien, verglichen mit 77 Prozent der Jungen. Die tägliche Nutzung sozialer Medien ist nun eine Erfahrung, die alle Teens gemeinsam haben, unabhängig vom sozioökonomischen Status. Und sie ist praktisch zur Pflicht geworden: Noch 2008 sagten 14 Prozent der Zwölftklässler, sie würden solche Sites niemals besuchen, was vielleicht noch genug wäre, um eine Gruppe für sich zu bilden; 2015 war die Zahl derjenigen, die niemals soziale Medien nutzten, auf drei Prozent geschrumpft. Nur zwei Prozent der Zwölftklässler-Mädchen sagten, sie würden »niemals« soziale

Medien nutzen. Damit besuchen 97 Prozent der Zwölftklässler und 98 Prozent der Zwölftklässlerinnen zumindest manchmal die sozialen Medien – ein Vorgang, der nicht universeller sein könnte.

Die sozialen Medien erfordern zudem eine bestimmte Strategie der Selbstdarstellung. Harper, 12, ist die jüngste Angehörige der Generation Selfie, die ich interviewe. Sie und ihre Tante kommen an einem sonnigen Frühlingsnachmittag zu uns nach Hause, und wir unterhalten uns, während ihre Tante mit meinen Kindern spielt. Harper sieht immer noch mehr wie ein Kind als wie eine Jugendliche aus, obwohl sie viel Make-up für die Cheerleader-Wettbewerbe auflegt, an denen sie fast jedes Wochenende teilnimmt. Sie lebt in einer kleinen Stadt in den Bergen Kaliforniens, wo sie manchmal bei ihren Großeltern wohnt, weil ihre Eltern sich haben scheiden lassen. Sie hat bereits ein iPhone und benutzt es häufig. Wie viele Jugendliche, mit denen ich sprach, hat sie bestätigt, dass in den sozialen Medien meist positive Dinge gepostet werden, was eine gewisse Imagepflege verlangt. »Normalerweise will man da ja nicht traurig aussehen«, meint sie. Sie benutzt die sozialen Medien meistens, um ihren Freundinnen auf Instagram zu folgen. »Wenn deine Freundin irgendwas macht, kannst du all die coolen Sachen sehen, die sie tut«, erklärt sie. »Niemand macht da was Schlechtes – wir schauen nur zu, was die anderen gerade tun.«

Unlängst hat die *Washington Post* Katherine vorgestellt, eine 13-Jährige, die in McLean, Virginia, lebt. Die Geschichte beschrieb, was sie mit ihrem iPhone während der zwölfminütigen Heimfahrt von der Schule machte: »Ihr Daumen ist auf Instagram, ein Meme der US-Moderatorin Barbara Walters auf dem Display. Katherine scrollt, und ein weiteres Meme erscheint. Dann noch eines, und sie schließt die App. Sie öffnet BuzzFeed.

Dort scrollt sie eine Geschichte über Rick Scott, den Gouverneur von Florida weg, um eine Story über Janet Jackson zu lesen, dann ›28 Dinge, die man versteht, wenn man sowohl Brite als auch Amerikaner ist‹. Sie schließt diese App. Und öffnet Instagram. Sie öffnet die NBA-App. Sie schaltet das Display aus. Schaltet es wieder an. Sie öffnet Spotify. Öffnet Fitbit, eine Fitness-App. Sie hat 7,427 Steps. Öffnet erneut Instagram. Öffnet Snapchat. Sieht, wie ein glitzernder Regenbogen aus dem Mund ihrer Freundin entsteht. Sie sieht sich einen YouTube-Star an, der in die Kamera schmollt. Sie schaut sich einen Kurs über Nageldesign an. Sie spürt eine Bodenwelle auf der Fahrbahn und blickt auf. Sie sind zu Hause.« Katherine hat 604 Follower auf Instagram und behält nur die Fotos, die genügend Likes erhalten. »Über 100 Likes sind gut, für mich«, meint sie. Als sie ihren Snapchat-Benutzernamen änderte, ging ihr Snapchat-Konto auf null zurück (Snapchat-User erhalten einen Punkt für jeden Klick, den sie senden oder empfangen). Also schickte sie 1000 Klicks an einem Tag, um ihren Punktestand zu erhöhen. Sie benutzt ihr Smartphone so viel, dass ihr Vater schon Mühe hatte, einen Datentarif zu finden, der das alles abdeckt.

Für ihr Buch *American Girls: Social Media and the Secret Lives of Teenagers* (2016) befragte die Reporterin Nancy Jo Sales Hunderte von jungen Mädchen aus den ganzen USA danach, was sie mit ihren Smartphones tun und wie es ihnen damit geht. Sie beschrieb Mädchen, die ständig auf der Suche nach Likes und positiven Kommentaren zu ihren Seiten sind – mit dem ständigen Druck, sexy und enthüllende Fotos zu zeigen. Schließlich erhalten diese Fotos die meisten Likes. An einem Frühlingstag interviewte sie eine Gruppe 13-jähriger Mädchen in Montclair, New Jersey. Die Mädchen empfanden, genau wie diejenigen, die ich interviewt hatte, eine Hassliebe gegenüber ihren Smartphones und den sozialen Medien. »Ich verbringe so viel Zeit auf Instagram und schaue mir die Fotos von Leuten an, und manchmal frag ich mich: ›Warum verbringe ich meine Zeit damit?‹ Und trotzdem mache ich weiter«, sagte Melinda. »Wenn ich mit meinem Smartphone auf Snapchat gehe, bleibe ich dort ungefähr eine Stunde. Ich verliere mich da regelrecht«, meinte Riley. »Sobald ich mit meinen Hausaufgaben anfange, muss ich mein Smartphone bei mir haben, um zu sehen, was meine Freundinnen schreiben ... Es ist, als würde dir ständig jemand auf die Schulter tippen, und du musst aufschauen«, sagte Sophia. Sie würden gerne damit aufhören, spüren aber, dass sie das nicht können. Als Melindas Eltern ihr als Strafe die Instagram-App für eine Woche entfernten, »war ich am Ende der Woche voll im Stress: Was ist, wenn ich Follower verliere?« »Ich wollte immer schon mein Instagram löschen«, meinte Sophia. »Aber dann denke ich: Ich sehe so gut aus auf all meinen Fotos.«

Eines Tages werden viele Selfies das Phänomen der sie jagenden Likes durchschauen – aber wahrscheinlich erst, wenn sie ihre Teenagerjahre hinter sich haben. James, 20, ist ein Student in Georgia. »Wenn du auf die sozialen Medien gehst, postest du einen Status oder ein Bild, und plötzlich kriegst du all die Likes, du kriegst Bestätigung von Leuten, und das kann dich süchtig machen, weil du ständig ein anerkennendes Schulterklopfen kriegst, wie ›Du bist toll‹, ›Du bist witzig‹, ›Du siehst klasse aus‹«, sagt er. Aber er muss auch zugeben: »Ich merke, dass das doch ziemlich hohl ist.«

Das ist natürlich eine andere Welt als die, in der die Generation X und auch noch die Millennials groß geworden sind. »Man spürt, wie ungesund die Verhältnisse heute sind, wenn man über das relative Tempo der Veränderungen nachdenkt«, sagt Paul Roberts, Autor von *The Impulse Society: America in the Age of Instant Gratification* (2015). »Hätte ich damals auf der Highschool zu den Leuten gesagt: ›Hier ist ein Bild von mir, sag, dass du mich magst‹, dann wäre ich verprügelt worden. Hätte ein Mädchen Nacktfotos von sich herumgezeigt, hätten die Leute gedacht, sie bräuchte eine Therapie. Aber heute ist eben Selfie-Sunday.«

Welche Seiten werden also von den Jugendlichen benutzt? Bestimmte soziale Medien sind eine Weile angesagt, danach nicht mehr, und wenn Sie dieses Buch lesen, werden vermutlich weitere neue aufgetaucht sein. Im Herbst 2016 hat die Managementfirma Piper Jaffray herausgefunden, dass nur 30 Prozent der 14-jährigen Facebook mindestens einmal pro Monat nutzten, verglichen mit den 80 Prozent, die Instagram, und den 79 Prozent, die Snapchat benutzten. Diese Plattformen wuchsen auch unter den jungen Erwachsenen: Im Frühjahr 2016 fand das Pew Research Center heraus, dass 59 Prozent der 18- bis 29-Jährigen Instagram und 56 Prozent Snapchat benutzten, eine gewaltige Zunahme seit 2015. Die Jugendlichen, mit denen ich gegen Ende des Jahres 2015 und 2016 sprach, erwähnten Instagram und Snapchat am häufigsten. Kürzlich wurden Gruppenvideo-Apps wie Houseparty bei der Generation Selfie beliebt, weil sie damit das tun kann, was sie »live chillen« nennt.

Matthew, der 19-jährige Student aus Pennsylvania, dem wir im Kapitel *Keine Eile* begegneten, benutzt ein Snapchat-Feature namens Snapstory. »Wenn ich beim Tennistraining oder mit ein paar Freunden im Speisesaal bin, nehme ich ein Video oder ein Bild und füge es zu meiner Snapstory hinzu und teile es mit Freunden. Ich schaue mir auch die Snapstorys von meinen Freunden an und sehe, was sie gerade machen«, erklärt er. Auf

Snapstory bleiben Fotos 24 Stunden lang sichtbar, verschwinden dann und bilden eine durchgehende, immer neu ergänzte Kette mit Fotos, die an jeden geschickt werden, den man als Freund getaggt hat. Es ist ganz leicht, meint Matthew, weil »die App im Wesentlichen eine Kamera ist«, und die Bilder werden viel schneller hochgeladen als bei Facebook. »Es hilft mir, am Ball zu bleiben und ganz einfach zu wissen, was bei den Leuten los ist.« Viele Jugendliche benutzen die reguläre Version von Snapchat, bei der Bilder und Messages automatisch verschwinden. (Laut der Firma löschen Snapchat-Server die »Snaps« automatisch, nachdem man sie angeschaut hat.) Jugendliche betrachten Snapchat als eine »sichere« Art, mit ihren Freunden zu reden, weil es hier keine permanenten, peinlichen Einträge gibt, die geteilt werden könnten. Ein relativ neues Feature benachrichtigt die User, wenn jemand versucht hat, die Message zu behalten, indem er einen Screenshot davon macht – »und dann sind sie sauer auf dich«, erzählte mir ein Jugendlicher.

> »Leute, die Snapchat haben, sind viel öfter an ihrem Handy und machen Fotos, weil sie jeden Tag neue Bilder für ihre Story brauchen.«
>
> *Lisa, 16 Jahre, Deutschland*

Wie wir bereits gesehen haben, verbringen Mädchen meist mehr Zeit in den sozialen Medien als Jungen. Was aber machen die Jungen stattdessen? Oft spielen sie Videospiele – was auch viele Mädchen tun. Jugendliche verbringen mehr Zeit mit Computerspielen als noch vor wenigen Jahren – Zwölftklässler verbringen rund eineinhalb Stunden pro Tag damit, verglichen mit dem Wert von weniger als einer Stunde im Jahr 2008. Mädchen haben, was die Zeit mit Videospielen angeht, schnell aufgeholt, vielleicht wegen der weniger gewalttätigen und eher Mädchen-freundlichen Spiele auf Smartphones wie etwa Candy Crush.

Computerspielen bewirkt das, was Statistiker als »bimodale Verteilung« bezeichnen: Manche Jugendliche spielen überhaupt nicht, andere dagegen sehr viel. Im Jahr 2015 haben 27 Prozent der Jugendlichen geäußert, sie spielten weniger als eine Stunde pro Woche Videospiele; neun Prozent meinten, sie spielten mehr als 40 Stunden pro Woche – was dem Zeitbedarf eines Vollzeit-Jobs entspricht.

Als ich Max, 16, in seiner Highschool in San Diego interviewe und frage, was er gerne tut, antwortet er: »Videospiele spielen.« Meist spielt er online gemeinsam mit anderen, wobei er über sein Headset mit den anderen Spielern sprechen kann, wie er erzählt. Ich habe solche Spiele nie gespielt, daher frage ich ihn, wie sie funktionieren, und er versucht, es mir zu erklären. »Man fängt an einem Punkt an, und man versucht, das Ding von seinem Feind zu fangen oder zu zerstören, und man hat Knechte und Leute, die gegeneinander kämpfen und dabei Türme einreißen«, sagt er. Er und seine Gruppe von vier Freunden sprechen auch über andere Dinge als das Spiel, aber als ich ihn frage, ob er sich persönlich mit seinen Freunden trifft, meint er: »Manchmal, aber nicht so oft.« Er unternimmt auch nicht viel auf den Sites der sozialen Medien. Als ich ihn nach anderen sozialen Aktivitäten frage, sagt er, dass er nicht viel ausgeht. Da wird mir klar: Außer Videospielen hat Max keinerlei soziale Aktivitäten.

Mark ist ein 20-jähriger Fachoberschüler aus Texas, der sich als »großer Spieler« bezeichnet. Er lernte seinen besten Freund kennen, als er hörte, wie dieser auf dem Flur seiner Highschool »Snapshot« sagte – ein Hinweis auf sein Lieblings-Videospiel

Halo. Sie tauschten ihre Xbox-Spielertags aus und spielen seitdem gemeinsam. Als ich Mark frage, was er sich von älteren Leuten an Verständnis für seine Generation wünscht, überrascht er mich mit der Aussage, das Wichtigste, das ältere Leute verstehen müssten, wäre, wie Videospiele funktionieren. »Wenn du online Xbox mit anderen Leuten spielst, kannst du das Spiel nicht einfach unterbrechen. Okay, wenn deine Eltern was von dir wollen, dann verlangen sie das hin und wieder. Und wenn du ihnen erklärst: ›Ich spiele gerade online mit anderen Leuten, ich kann doch nicht einfach unterbrechen und das tun, was ihr wollt‹, dann verstehen sie das nicht.«

Manche jungen Männer verbringen so viel Zeit mit Videospielen, dass sie sich schließlich regelrecht davon losreißen müssen. Der 20-jährige Darnell studiert im Hauptfach Management an der State University in Georgia. Auf der Highschool, so sagt er, »hatte ich das Problem, dass ich spielte und wirklich nichts anderes mehr machte. Gegen halb neun, neun Uhr kam ich vom Sporttraining nach Hause und hab sofort angefangen mit den Videospielen und hab vermutlich bis halb vier, vier Uhr morgens gespielt. Und ich musste doch so gegen halb sieben fertig für die Schule sein«, sagt er. Jetzt beschränkt er seine Spiele auf die Fe-

Computerspiel- und Internetabhängigkeit bei deutschen Jugendlichen

In Deutschland hat sich die Verbreitung der Computerspiel- und Internetabhängigkeit unter 12- bis 17-jährigen Jugendlichen von 2011 (3,1 Prozent) bis 2015 (5,8 Prozent) fast verdoppelt.[15]

rien und spielt nicht während der Vorlesungszeit. »Ich wollte nicht, dass das im College zum Problem wird. Da gibt es ja keinen, der einem sagt: ›Geh jetzt in den Kurs‹, also wäre ich auch nicht in den Kurs gegangen.«

Insgesamt verbringen Jungen und Mädchen sehr viel mehr Zeit online und mit ihren elektronischen Geräten. Und das ist der springende Punkt: Die Zeit muss von irgendwoher kommen – es muss etwas geben, das die Jugendlichen der Generation Selfie *nicht* tun, das frühere Generationen taten. Vermutlich gibt es mehreres, aber ein offensichtlicher Kandidat sind die anderen Arten, auf die die Menschen früher kommuniziert und sich unterhalten haben. Und damit meine ich nicht die Klapphandys.

Sind Bücher tot?

Die kühle Luft im Haus ist eine willkommene Abwechslung, als wir an einem feuchtwarmen Spätfrühlingstag das Haus in einer Vorstadtgegend in Virginia betreten. Der 13-jährige Sam öffnet behutsam die Tür zu seinem Zimmer – sein Arm, den er sich bei einer Balgerei mit einem Freund verletzt hat, liegt in einer schwarzen Schlinge. Sams Zimmer besteht aus einer Mischung aus Sportpostern und Schulsachen, Holzmöbeln und dunkelblauen Vorhängen. Er hat vor, in der Highschool Football zu spielen, vielleicht auch Ringkampf zu machen: »Ich mag körperbetonte Sportarten, bei denen man Leute zu Boden bringt«, erzählt er mir vollkommen sachlich. Am liebsten hängt er mit Freunden ab, und sie ärgern sich gegenseitig auf die lässige, freundliche Art, mit der nur Jungs durchkommen. Der zarte Oberlippenbart eines Freundes führte zu dem Spitznamen »Pube-stash« (sinngemäß: »Schamhaarversteck«), ein anderer hört auf den Spitznamen »Diabeto Torpedo«. Obwohl Sam seine Freunde gerne persönlich trifft, kommuniziert er auch über Snapchat mit ihnen, vor allem über ein Feature, mit dem man die Gesichter zweier Menschen auf einem Foto austauschen kann (nicht aber den Körper oder die Haare). »Meist wird es superlustig«, meint er. Wenn er eine halbe Stunde frei hat, schaut er SportsCenter auf dem Sportsender ESPN oder Sportvideos auf YouTube. Das wirft bei mir die Frage auf: Liest er *Sports Illustrated* oder den Sportteil einer Zeitung oder Bücher über Sport? »Nein«, sagt er. »Ich lese nur, was wir für ein Englisch-Projekt brauchen. Ich lese nicht gern nur aus Spaß.«

Ist Sams Aversion gegenüber Printmedien typisch für die Generation Selfie? Sie verbringt derart viel Zeit mit ihren Smartphones, dass man die Frage leicht mit Ja beantworten könnte. Auch wenn es typisch ist – vielleicht haben Jugendliche ja nie gerne gelesen. Wie immer bekommt man die Antwort am besten, wenn man Jugendliche desselben Alters quer durch die verschiedenen Zeiten vergleicht: Liest die Generation Selfie weniger als Generationen früherer Zeiten?

Das scheint tatsächlich der Fall zu sein. In den späten 1970ern hat die große Mehrheit der Jugendlichen fast jeden Tag ein Buch oder eine Zeitschrift gelesen, doch 2015 taten das nur noch 16 Prozent. Mit anderen Worten: Drei Mal so viele Babyboomer lasen jeden Tag ein Buch oder eine Zeitschrift. Weil die entsprechende Frage der Erhebung in den 1970er Jahren formuliert wurde, ehe es E-Books gab, fragt sie nicht spezifisch nach dem Format des Buchs oder der Zeitschrift, weshalb die Millennials oder die Generation Selfie, die in einem Kindle oder iPad lasen, mit einbezogen wurden.

Leser von E-Books schienen kurzzeitig das Buch zu retten: Die

Anzahl derjenigen, die angaben, sie hätten im vergangenen Jahr zwei oder mehr Bücher zum Spaß gelesen, stieg in den späten 2000ern wieder stark an – sank dann aber wieder, als die Generation Selfie (und die Smartphones) in den 2010ern die Bühne betraten. 2015 gab einer von drei älteren Highschoolschülern zu, im vergangenen Jahr kein Buch zum Spaß gelesen zu haben, dreimal so viel wie 1976. Selbst Collegestudenten, die danach an eine vierjährige Universität gehen – die jungen Leute also, die am wahrscheinlichsten Bücher lesen –, lesen weniger.

Dieser gewaltige Rückgang widerspricht ganz klar einer Studie aus dem Jahr 2014, die das Pew Research Center veröffentlichte und die von vielen im Verlagswesen sehr gelobt wurde. Diese Studie fand heraus, dass 16- bis 29-Jährige mit größerer Wahrscheinlichkeit Bücher läsen, als dies ältere Menschen täten. Woher kommt dieser Unterschied? Die Pew-Studie bezog auch Bücher ein, die für die Schule gelesen werden mussten, was auf jüngere Menschen mit großer Wahrscheinlichkeit zutrifft. Dadurch beging sie den klassischen Fehler einer Einmalstudie: Sie verwechselte Alter und Generation. In den hier vorliegenden Daten, wo alle Probanden das gleiche Alter haben, lesen die Jugendlichen der Generation Selfie mit viel geringerer Wahrscheinlichkeit Bücher als ihre Vorgänger bei den Millennials, der Generation X und den Babyboomern.

Warum? Vielleicht, weil Bücher nicht schnell genug sind. Bei einer Generation, die damit aufgewachsen ist, gleich auf den nächsten Link zu klicken oder innerhalb von Sekunden die nächste Seite herunterzuscrollen, können Bücher einfach nicht dauerhaft die Aufmerksamkeit fesseln. Die zwölfjährige Harper, der wir schon früher begegneten, bekommt in der Schule nur Bestnoten, meint aber: »Ich bin wirklich keine große Leserin. Es fällt mir schwer, ein und dasselbe Buch über eine lange Zeit zu lesen. Ich kann einfach nicht still sitzen und superruhig bleiben. Wir müssen zwanzig Minuten am Tag lesen, und wenn ein Buch erst eine gewisse Weile braucht, bis es interessant wird, fällt mir das Lesen wirklich schwer.«

Bücher sind nicht die einzigen Printmedien, die bei der Generation Selfie immer mehr an Bedeutung verlieren. Die Erhebungen bei den Acht- und Zehntklässlern untersuchen auch die Lektüre von Zeitschriften und Zeitungen, und der Niedergang ist auch hier stetig, umfassend und atemberaubend. Das Zeitunglesen fiel von fast 70 Prozent in den frühen 1990ern auf nur mehr zehn Prozent im Jahr 2015 (und das bezieht sich auf die Lektüre einmal pro Woche bzw. öfter, was ohnehin recht wenig ist). Die Zeitschriftenleserschaft schnitt etwas besser ab.

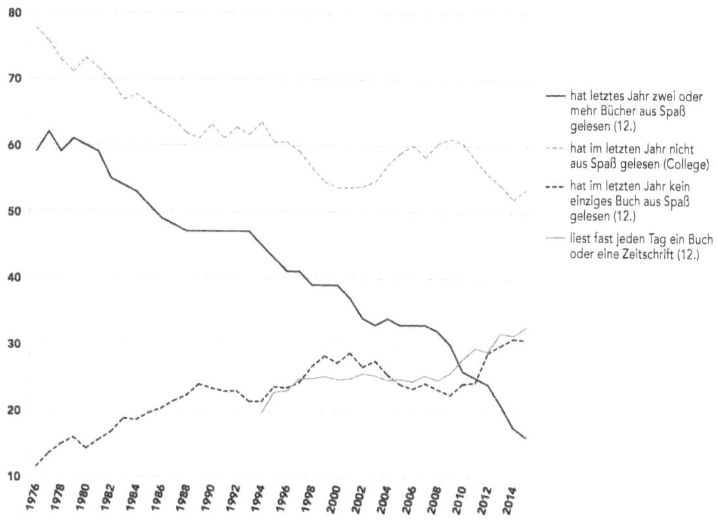

Prozentsatz der Zwölftklässler, die Bücher und Zeitschriften lesen (Quelle: Monitoring the Future), und College-Anfänger. Quelle: CIRP Freshman Survey, 1976–2015

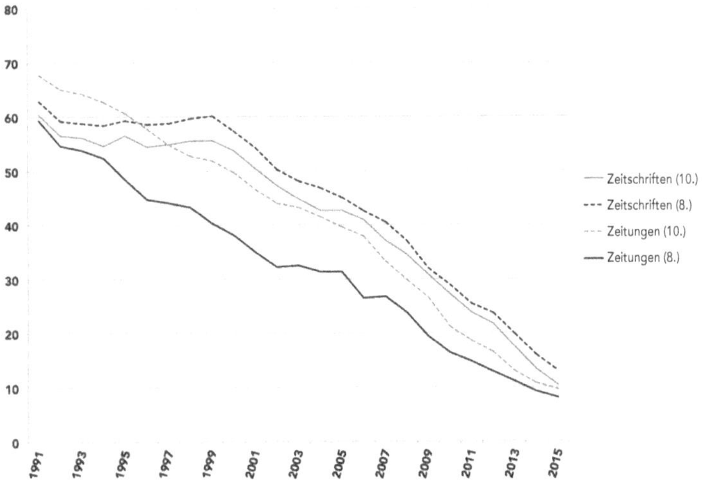

Prozentsatz der Acht- und Zehntklässler, die einmal pro Woche und mehr Zeitschriften und Zeitungen lesen. Quelle: Monitoring the Future, 1991–2015

Einige von Ihnen finden vielleicht: Stimmt, das ist wirklich nicht lustig. Doch bezüglich vieler herrschender Theorien zur Mediennutzung ist es ein überraschendes Ergebnis. Manche Forscher haben ja gesagt, die neue Technologie würde die alten Medien nicht ersetzen, sondern sie ergänzen. Menschen, die an einem Thema interessiert sind, recherchieren über dieses Thema nach Auffassung dieser Forscher oft in verschiedenen Medien. Zusätzlich macht die Technologie das Lesen von Büchern und Zeitschriften einfacher, weil die Informationen sofort auf iPads und Kindles geladen werden können. Doch das hat nicht ausgereicht, den Niedergang von gedruckten bzw. langen Texten aufzuhalten. (Eine Buchhändlerin sagt in einem Cartoon, als sie einem Jugendlichen ein Buch überreicht: »Betrachte es einfach als eine lange Textnachricht.«)

Lesen Jugendliche weniger aus Spaß, weil sie mehr Hausaufgaben und mehr außerschulische Aktivitäten haben? Nein – wie wir im Kapitel *Keine Eile* gesehen haben, verbringen Jugendliche ungefähr gleich viel oder weniger Zeit mit diesen Aktivitäten als in früheren Jahrzehnten. (Und wir erinnern uns, dass sie auch viel weniger Zeit für bezahlte Arbeit aufwenden.) Achtklässler sind das deutlichste Beispiel dafür: Sie verbringen zwei Stunden weniger pro Woche mit Hausaufgaben als noch in den frühen 1990ern, lesen wahrscheinlich aber auch viel weniger Zeitschriften und Zeitungen. Als die Neuntklässlerin Jamahri Sydnor aus Washington, D.C., in einem Radiointerview gefragt wurde, ob sie überhaupt liest, sagte sie: »Ich lese nicht wirklich zum Vergnügen … Ich sehe Netflix-Shows, oder Hulu-Shows, meistens Fernsehen. Mehr nicht.« Ihre Freundin Chiamaka Anosike meinte: »Ich lese auch nicht aus Spaß, höchstens für eine Schulaufgabe. Meistens benutze ich mein Smartphone oder schaue Fernsehen.«

Von den 200 Studenten im ersten und zweiten Jahrgang, die ich an der San Diego State University interviewt habe, sagten die meisten, sie läsen niemals eine Zeitung, und ihre Zeitschriftenlektüre war auf VIP-Klatsch und Modemagazine beschränkt. Eine Studentin machte sehr spezifische Angaben: »Ich lese Zeitschriften wie *Cosmopolitan*, wenn ich mit dem Flieger unterwegs bin.« Eine typische Antwort bezog sich auf die Anforderungen für eine Klassenlektüre: »Ich lese nur, wenn ich das für eine Schulaufgabe brauche, weil ich meine freie Zeit lieber nicht mit langem Lesen verbringe.«

Obwohl viele sagten, sie läsen gerne Bücher, waren die, die das nicht taten, in ihrer Ablehnung standfest: »Ich mag keine Bücher«, schrieb einer. »Sie sind langweilig und bringen mich zum

Einschlafen.« Ein anderer hielt fest: »Ich habe nicht die Geduld, Bücher zu lesen, die ich nicht lesen muss.« Einer meinte einfach nur: »Ich lese nie ein Buch.«

Um den Kultfilm *Die Braut des Prinzen* (*The Princess Bride*, 1987) aufzugreifen: Die Printmedien sind nicht tot – sie sind nur größtenteils tot. Vielleicht erhalten sie lebenserhaltende Maßnahmen. Da die Smartphones so viel von der Zeit der Jugendlichen beanspruchen, bleibt wenig übrig für weitere Freizeitvergnügungen. Wie es ein Jugendlicher in einem Interview des *Chronicle of Higher Education* ausdrückte: »Mein Vater ist immer noch voll auf dem Buch-Trip. Er hat noch nicht bemerkt, dass das Internet irgendwie dessen Platz eingenommen hat.«

Vielleicht ist diese Entwicklung weg von den Printmedien harmlos; vor allem, wenn Jugendliche weiterhin ihre akademischen Fertigkeiten beibehalten. Doch das tun sie nicht: Die SAT-Werte, mit denen in den USA die Qualifikation zum Studieren eingestuft wird, sind seit der Mitte der 2000er Jahre gefallen, vor allem, was das Schreiben und kritische Lesen angeht (jeweils 13 Punkte weniger seit 2005/2006). Leider bleiben die akademischen Fähigkeiten der Generation Selfie hinter denen ihrer Vorgänger, den Millennials, zurück, und zwar beträchtlich.

Rückgänge bei den SAT-Werten werden oft der Tatsache zugeschrieben, dass sich mehr Studenten dafür entscheiden, aufs College zu gehen: Wenn mehr Highschoolschüler den Test machen, wird im Laufe der Zeit derjenige Teil der Bevölkerung, der den Test macht, zu einer durchschnittlich weniger talentierten Gruppe werden. Vermutlich aus diesem Grund gingen die SAT-Werte zwischen den 1970er und den 1990er Jahren so sehr zurück, als die Einschreibungen für das College emporschnellten. Doch das trifft nicht für den Übergang von den Millennials zur

Generation Selfie in den späten 2000ern und frühen 2010ern zu, als die Immatrikulationen für das College einigermaßen stabil blieben. Es ist interessant, dass die Veränderung des Werts beim kritischen Lesen dem gleichen Muster folgt wie bei denjenigen, die zwei oder mehr Bücher pro Jahr zum eigenen Vergnügen lesen, eine Kurve, die zur Mitte der 2000er Jahre emporschnellte und danach wieder abfiel.

Offensichtlich sind das Schreiben von Textnachrichten und das Posten in den sozialen Medien anstelle des Lesens von Büchern, Zeitschriften und Zeitungen nicht vorteilhaft, was Leseverständnis und akademisches Schreiben angeht. Das kann auch mit der kurzen Aufmerksamkeitsspanne zusammenhängen, die die neuen Medien zu befördern scheinen. Für eine Studie wurde auf den Laptops von Studenten ein Programm installiert, das alle fünf Sekunden einen Screenshot anfertigte. Die Forscher fanden

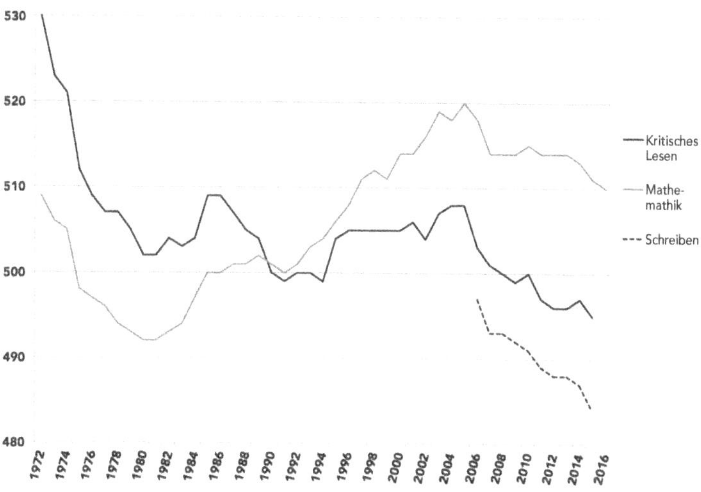

Durchschnittliche Studienqualifikation (SAT-Werte) in den USA, 1972–2016. Quelle: College Board

so heraus, dass die Studenten durchschnittlich alle 19 Sekunden zwischen den Aufgaben hin und her wechselten. Mehr als 75 Prozent der Fenster der Studentencomputer waren weniger als eine Minute geöffnet. Das ist eine grundsätzlich andere Erfahrung, als stundenlang dazusitzen und Bücher zu lesen.

Der Rückgang beim Lesen schafft neue Herausforderungen für sehr viele besorgte Ältere, einschließlich Eltern, Pädagogen und Buchverlage. Wie zum Beispiel sollen Studenten, die kaum Bücher lesen, ein Collegelehrbuch von 800 Seiten verdauen? Die meisten Fakultäten berichten, dass ihre Studenten schlicht und einfach das Lehrbuch nicht lesen, auch wenn es verlangt wird. Viele Verlage wechseln zu eher interaktiven E-Books, um die Studenten bei der Stange zu halten. Als Mitglied einer Universitätsfakultät und Autorin bzw. Co-Autorin von drei Collegelehrbüchern denke ich, dass das noch weiter gehen müsste. Die Generation Selfie braucht Textbücher, die interaktive Aktivitäten wie das Anschauen von Videos und Ausfüllen von Fragebögen einschließen. Sie brauchen aber auch Bücher, die kürzer und eher im Konversationsstil geschrieben sind. Die Studenten kommen mit sehr viel weniger Leseerfahrung aufs College. Wir müssen sie also dort abholen, wo sie sind, und ihnen das vermitteln, was sie wissen müssen. Das kann bedeuten, dass manches Detail ausgelassen wird – das ist aber besser, als wenn Studenten überhaupt nicht mit Büchern arbeiten.

Reguläre Bücher (im Vergleich zu den oben erwähnten Büchern) und Zeitschriften haben diesen Weg zum Teil bereits beschritten, indem sie die Artikel gekürzt und das Leseniveau gesenkt haben. Vielleicht werden sie auch einige Merkmale von Lehrbüchern einbeziehen, zum Beispiel Quizfragen und Abstimmungen, um die Leser zu motivieren, oder sie fügen Bilder und

Deutsche Jugendliche und Lesen

In Deutschland bewegt sich der Anteil der 12- bis 19-Jährigen, die in ihrer Freizeit täglich oder mehrmals pro Woche gedruckte Bücher zum Vergnügen lesen, seit 2007 um die 40-Prozent-Marke. Die 12- bis 13-Jährigen zählen am häufigsten zu den regelmäßigen Lesern, die 16- bis 17-Jährigen am seltensten. Der Anteil der Nichtleser ist unter Jungen (20 Prozent) fast doppelt so hoch wie bei Mädchen (11 Prozent).[16]

Der Nichtleseranteil steigerte sich von 2006 (14 Prozent) bis 2017 (18 Prozent) um 29 Prozent. Im selben Zeitraum nahm die Zahl der Nichtleser unter Gymnasiasten besonders stark zu – nämlich von sieben auf zwölf Prozent, also beinahe eine Verdoppelung in der Gruppe derjenigen, die mit größter Wahrscheinlichkeit ein Studium anstreben.[16a]

Videos hinzu, wie es auch Websites tun. Vielleicht wird dann die Generation Selfie – und auch wir anderen – wieder zum Lesen kommen.

Witzige Katzen-Videos 2018!

»Sie lassen da so einen Hund über ein Treppengitter steigen, und er hängt das Gitter irgendwie so aus, und man sieht, wie das Gitter zurückschwingt mit dem Hund obendrauf, und man sieht, wie der Hund so aus dem Rahmen fällt – das ist wirklich lustig, finde ich«, meint die 18-jährige Chloe, die Highschoolschülerin im vierten Jahrgang aus Ohio, der wir im Kapitel *Keine Eile* bereits begegnet sind. Sie und ihre Freundinnen sehen Videoclips auf Twitter, Buzzfeed, Facebook und YouTube – am liebsten Tiervideos. Es gibt noch eines auf YouTube, das sie mag: »Der Hund hat da irgendwas gemacht – haben Sie schon mal gesehen, wenn ein Hund in Schwierigkeiten ist und weiß, er hat was angestellt, und versucht, irgendwie zu lächeln? Der Hund hat irgendwie gelächelt, und im Video war diese komische, einfühlsame Musik. Ich war im Januar zwei Tage lang richtig verliebt in dieses Video – ich musste es einfach alle fünf Minuten ansehen.«

Diese Art kurzer Videoclips ist sehr beliebt, und es gibt sie seit dem Beginn von YouTube 2006. Obwohl keine der Langzeitbefragungen die Zeit gesondert aufführt, die die Jugendlichen mit dem Anschauen solcher Videos verbringen, wird ein gutes Stück

Anzahl der Stunden, die von Acht-, Zehnt- und Zwölftklässlern wochentags mit TV verbracht wurden. Quelle: Monotoring the Future, 1976–2015

ihrer Online-Zeit vermutlich darauf entfallen, entweder auf sozialen Medien oder auf Sites wie YouTube. Die Generation Selfie findet Videos auch auf Twitter – der 20-jährige Darnell sagt, er folgt mehreren Leuten auf Twitter, die nichts als Hundefotos hochladen. »Deswegen«, sagt Darnell, »gucke ich mir manchmal den ganzen Tag junge Hunde an.« Die beliebtesten Videos zeigen »Fails«, also Missgeschicke, oder Tiere, denen etwas missglückt. Lachende Babys, Kinder, die beim Zahnarzt eine Spritze kriegen, Musikvideos und tanzende Hühner sind gleichfalls beliebt. Wir haben heutzutage den umfangreichsten und außerdem schnellsten Zugang zu Informationen in der Geschichte überhaupt, und wir benutzen ihn, um lustige Katzenvideos anzuschauen.

Bei Jugendlichen haben Online-Videos viel von der TV-Zeit übernommen, auch wenn der Rückgang beim Fernsehschauen nicht so drastisch ausfällt wie beim Lesen. Jugendliche schauen 2015 ca. eine Stunde pro Tag weniger TV als in den frü-

Deutsche Jugendliche und Fernsehkonsum

Während 12- bis 19-jährige Nutzer von Video-Streaming-Diensten und Mediatheken in Deutschland einen anhaltenden Zuwachs verzeichnen, ist ihr Zuschaueranteil beim klassischen »linearen« Fernsehen zur Ausstrahlungszeit in den letzten 20 Jahren kontinuierlich gesunken: 1998 schauten noch 95 Prozent der Jugendlichen täglich oder mehrmals pro Woche fern[17], 2017 waren es nur noch 55 Prozent.[18] 2002 zählte Fernsehen noch für sechs von zehn Jugendlichen zu den fünf wichtigsten Freizeitbeschäftigungen; 2019 nur noch für jeden dritten.[19]

hen 1990ern. Auch bei neuen Fernsehoptionen wie Netflix und Amazon Prime sind lustige Katzen die Gewinner.

Wenn die Generation Selfie Fernsehen guckt, dann wahrscheinlich eher TV on Demand oder über Streaming-Dienste. »Ich weiß nicht einmal, wie man bei uns zu Hause den Fernseher anstellt, ich schaue mein ganzes ›Fernsehprogramm‹ auf meinem Notebook«, schrieb die 17-jährige Grace Masback in der *Huffington Post.*

Die Jugendlichen der Generation Selfie gehen auch nicht so oft aus, um Filme zu sehen. Der Kinobesuch blieb während der Zeit des Videoverleihs in den 1980ern und 1990ern einigermaßen konstant, verharrte bis Mitte der 2000er Jahre auf stabilem Niveau, bis er anschließend abfiel. Zumindest für Jugendliche gilt:

Prozentsatz der Acht-, Zehnt- und Zwölftklässler, die einmal pro Monat oder mehr ins Kino gehen. Quelle: Monitoring the Future, 1976–2015

Weder landesweite DVD-Verleihdienste noch der frühere Video-Mailservice von Netflix (ab 1997) konnten den Kinobesuch ersetzen. Doch das Streamen von Videos und andere Online-Aktivitäten haben das Kinosterben eingeleitet.

Als ich meine Studenten fragte, ob sie einen Film lieber im Kino oder zu Hause sehen würden, antworteten die meisten mit »zu Hause«; sie führten als Gründe Bequemlichkeit und Kosten an und die Tatsache, dass sie den Film im Pyjama anschauen könnten. Viele Angehörige der Generation Selfie möchten ihr Kinoerlebnis auf eine Weise persönlich gestalten, wie es im Kino nicht möglich wäre. »Ich verstehe die Leute nicht ganz, die sagen, sie bezahlen gerne dafür, einen Film im Kino anzuschauen«, schrieb Carmen, 22. »Mit der heutigen Technologie kann man den Film doch online streamen, dabei die ältesten Klamotten tragen (oder nicht einmal eine Hose), man kann sich Snacks aus dem Kühlschrank oder aus der Speisekammer holen. Und man kann eine Pause machen, den Film vor- und zurückspulen, wie man will – etwas, das du nie im Kino hast. Niemals.«

Die Generation Selfie verbringt also viel mehr Zeit online und mit dem Schreiben von Textnachrichten und viel weniger Zeit mit traditionellen Medien wie Zeitschriften, Büchern und dem Fernsehen. Diese Generation verbringt derartig viel Zeit mit ihren Smartphones, dass sie kein Interesse oder keine Bereitschaft mehr hat, Zeitschriften zu lesen, ins Kino zu gehen oder fernzusehen (es sei denn, auf ihren Smartphones). Das Fernsehen war wohl ein Vorbote der Display-Revolution, aber das Internet hat den Niedergang der Printmedien beschleunigt. Die Druckerpresse wurde 1440 erfunden; mehr als 500 Jahre auf Papier gedruckte Worte bildeten den Standard der Informationsübermittlung. Wir leben gerade in einer Zeit, in der sich das ändert.

Die Zukunft der Generation Selfie – und die von uns allen – wird durch diese Revolution gestaltet werden. Sie könnte sich gut entwickeln, mit Webseiten, die durch lange Textpassagen in Form von E-Books ergänzt werden, mit all den Informationen, die wir je brauchen werden, gespeichert auf unseren Laptops und im Internet. Keine Zeitung muss mehr dem Recycling zugeführt, keine Bücherkisten müssen mehr für den Umzug gepackt werden.

Oder es wird alles schlechter, wenn die Generation Selfie und weitere Generationen niemals lernen, die notwenige Geduld aufzubringen, um tief in ein Thema einzusteigen – mit dem Ergebnis, dass die Wirtschaftsleistung zurückgeht.

Ganz unmittelbar stellt sich noch eine weitere Frage: Wenn Jugendliche mehr Zeit online mit der Kommunikation mit ihren Freunden verbringen – wie oft treffen sie ihre Freunde persönlich? Hat die elektronische Interaktion diejenige von Mensch zu Mensch ersetzt? Das wollen wir herausfinden.

NICHT MEHR PERSÖNLICH
Ich bin bei dir, aber nur virtuell

Während der dritten Unterrichtsstunde sitzen Kevin und ich an zwei Tischen außerhalb seines Klassenzimmers in einer Highschool im Norden von San Diego. Er ist 17 Jahre alt und ein Amerikaner asiatischer Abstammung, hat stachelig abstehende Haare, eine modische Brille und ein mattes Lächeln. Er ist das älteste von drei Kindern, in ein paar Monaten erwarten seine Eltern ein weiteres Kind. Bis vor Kurzem lebte die Familie in einer Wohnung, wo der Krach seiner jüngeren Geschwister ohrenbetäubend war. Vielleicht liegt es daran, dass er für einen Teenagerjungen ein ungewöhnlich großes Einfühlungsvermögen zeigt. »Tun Sie das den ganzen Tag?«, fragt er, als ich einen Schluck Wasser trinke, ehe ich unser Interview beginne.

Kevin ist nicht gerade der bestorganisierte Student: Zunächst hat er versäumt, seinen Vater auf der Rückseite des Erlaubnisscheins unterschreiben zu lassen, und als ich später mit der Klasse spreche, vergisst er seine Frage, als ich ihn aufrufe. Als ich ihn aber frage, wodurch sich seine Generation von anderen unterscheidet, sagt er, ohne zu zögern: »Ich denke, wir machen nicht so viele Partys. Die Leute bleiben mehr zu Hause. Meine Generation hat kein Interesse mehr, sich persönlich zu treffen –

sie treffen sich nicht mehr physisch. Sie schreiben einander, und jeder kann dabei zu Hause bleiben.«

Kevin hat es erfasst: Selfie-Teenager verbringen weniger Zeit auf Partys als jede frühere Generation. Die Trends sind denen bei Studenten vergleichbar, die gefragt wurden, wie viele Stunden pro Woche sie während ihres letzten Highschooljahres auf Partys verbracht hätten. 2016 antworteten sie, zwei Stunden pro Woche – nur ein Drittel der Zeit, die 1987 die Generation X auf Partys verbrachte. Der Rückgang der Partybesuche kommt nicht etwa daher, dass diese Generation mehr studiert – wie wir im Kapitel *Keine Eile* sahen, ist die Zeit für Hausaufgaben die gleiche geblieben bzw. zurückgegangen. Er wurde auch nicht durch Zuwanderung oder Veränderungen in der ethnischen Zusammensetzung bewirkt.

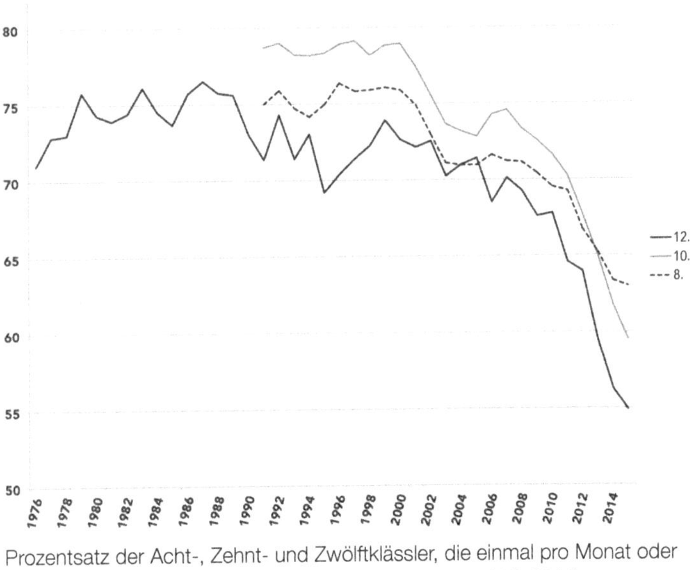

Prozentsatz der Acht-, Zehnt- und Zwölftklässler, die einmal pro Monat oder öfter zu Partys gehen. Quelle: Monitoring the Future, 1976–2015.

Deutsche Jugendliche und Partys
In Deutschland gingen 2018 dreieinhalb Prozent der 12- bis 19-Jährigen mindestens einmal wöchentlich auf eine Party (Mädchen: 3 Prozent; Jungen: 4 Prozent). Im Jahr 2006 waren es noch elf Prozent (Mädchen: 10 Prozent; Jungen: 12 Prozent).[20]

Priya, die Highschoolanfängerin, die wir im Kapitel *Keine Eile* trafen, war noch nicht auf Partys und will auch zu keiner gehen. »Was man immer in Büchern liest, ist: Oh mein Gott, die Highschool macht all diese Footballspiele und diese Partys, aber wenn man hingeht, dann ist eigentlich keiner da. Niemand hat daran wirklich Interesse – und das gilt auch für mich.« In der Anfängerbefragung an der San Diego State University (SDSU) haben mehrere Teilnehmer erklärt, die Highschoolpartys, auf denen sie waren, seien von Erwachsenen organisiert worden. Es waren eben nicht die ausgelassenen Partys, die in den Achtzigern in Filmen von John Hughes zu sehen waren, wo sich die Kids betrinken und ihr Elternhaus demolieren. »Die einzigen Partys, zu denen ich in der Highschool gegangen bin, waren Geburtstagspartys, und sie waren eigentlich immer von Erwachsenen beaufsichtigt, oder sie waren ohnehin dabei«, schrieb Nick, 18.

Warum sind Partys weniger beliebt? Kevin hat eine Erklärung dafür: »Die Leute machen Party, weil sie sich langweilen – sie wollen was zu tun haben. Jetzt haben wir Netflix – da kann man nonstop Serien anschauen. Man kann doch so viel im Netz machen.« Er könnte Recht haben. Wieso noch Party machen, wenn man zu Hause derart viel Unterhaltung hat? Jugendliche haben außerdem andere Wege, um sich zusammenzuschließen und zu kommunizieren, einschließlich der Websites der sozialen Medien, auf denen sie so viel Zeit verbringen. Die Party läuft ständig, und zwar auf Snapchat.

Einfach nur abhängen

Vielleicht sind Partys nichts für diese zurückhaltende, auf die Karriere fokussierte Generation. Vielleicht meidet sie Partys sogar – vor allem angesichts der geringeren Beliebtheit von Alkohol –, um stattdessen lieber mit Freunden abzuhängen.

Es sei denn, sie tut auch das nicht. Die Anzahl der Jugendlichen, die sich täglich mit ihren Freunden treffen, ist in gerade

Prozentsatz der Acht-, Zehnt- und Zwölftklässler, die sich täglich oder beinahe täglich mit Freunden treffen. Quelle: Monitoring the Future, 1976–2015.

Deutsche Jugendliche und Kontakt mit Freunden

Auch in Deutschland treffen sich Jugendliche seltener mit ihren Freunden als vor 20 Jahren. Der Rückgang fällt nicht so drastisch aus wie in den USA, aber er beschleunigt sich: Zwischen 1998 und 2013 trafen sich noch mindestens vier von fünf der 12- bis 19-Jährigen in Deutschland täglich oder mehrmals pro Woche mit ihren Freunden[21] – zwischen 2013 und 2018 fiel diese Quote deutlich von 83 Prozent auf 71 Prozent.[22]

mal 15 Jahren auf die Hälfte geschrumpft, mit besonders starken Rückgängen in jüngster Zeit. Das könnte der deutlichste Hinweis darauf sein, dass die Generation Selfie weniger Zeit für die persönliche Begegnung mit Freunden aufwendet als jede frühere Generation – nicht nur auf Partys zu gehen oder verrückte Sachen zu machen, sondern das ganz normale Treffen mit Freunden ist gemeint, bei dem man zusammen abhängt. Es ist etwas, das fast jeder tut: Sonderlinge und Sportskanonen, introvertierte Jugendliche und extrovertierte, arme Kids und reiche, schlechte und gute Schüler, Kiffer und »anständige« Kids. Es muss nicht bedeuten, dass Geld ausgegeben wird oder man irgendwo hingeht, weil es dort cool ist – man ist einfach nur mit Freunden zusammen. Und genau das tun Jugendliche immer weniger.

»Wir kommunizieren mehr über die sozialen Medien, als dass wir uns persönlich treffen. Ich glaube, dass viele auch zu faul sind, sich persönlich zu treffen, vielleicht weil das Wetter schlecht ist, und das dann lieber online machen.«
Julia, 16 Jahre, Deutschland

Die Erhebung unter den Studenten ermöglicht einen genaueren Blick auf persönliche Interaktionen, weil hier die Studenten befragt wurden, wie viele Stunden pro Woche sie mit derartigen Aktivitäten verbringen. 2016 haben Studenten (im Gegensatz zu den späten 1980ern) vier Stunden weniger damit verbracht, sich mit Freunden zu treffen, und drei Stunden weniger waren sie auf Partys – also sieben Stunden pro Woche weniger für persönliche Interaktionen. Das bedeutet, dass die Generation Selfie ihre Freunde eine *Stunde* weniger pro Tag sieht als die Generation X und die frühen Millennials. Ein Stunde weniger täglich, die mit Freunden verbracht wird, ist eine Stunde weniger, die mit dem Erwerben von sozialen Fähigkeiten verbunden ist, dem Bewältigen von Beziehungen und dem Umgang mit Gefühlen. Manche Eltern könnten das als eine Stunde pro Tag verbuchen, die für produktivere Aktivitäten verwandt wird, doch wie wir in den beiden vorangegangenen Kapiteln gesehen haben, wurde diese Zeit nicht durch Hausaufgaben ausgefüllt, sondern vor dem Display verbracht.

Jugendliche gehen zudem weniger mit ihren Freunden aus. Im Kapitel *Keine Eile* habe ich gezeigt, wie sehr viel seltener die Jugendlichen pro Woche ohne Eltern ausgehen. Die Kehrseite davon sind diejenigen, die mit ihren Freunden in einer typischen Woche gar nicht ausgehen – die also meistens am Freitag- und Samstagabend zu Hause sind. Nur ein sehr geringer Prozentsatz an Zwölftklässlern gehörte damals dazu – weniger als acht Prozent –, aber 2015 ging fast einer von fünf Schülern des vierten Highschooljahrgangs während einer typischen Woche nicht mit Freunden aus. Der Trend ist bei den Acht- und Zehntklässlern noch größer: Nur einer von fünfen ging in den 1990er Jahren selten aus, doch 2015 ist das auf einen von drei angestiegen.

»Am Wochenende gibt es eigentlich nichts Besonderes. Da sitze ich nur zu Hause herum und habe nichts zu tun. (...) Partys mag ich nicht so. Auf solchen Veranstaltungen wäre mir das zu viel Alkohol und auch zu laut. Ich mag es leise. Da sind auch zu viele Leute.«[23]

Deutschland, weiblich, 17 Jahre

Der Zeitpunkt des jüngsten, starken Rückgangs beim Ausgehen und persönlichen Treffen mit Freunden ist sehr verdächtig: Er stimmt exakt mit dem Zeitpunkt überein, als die Smartphones gängig wurden und der Gebrauch der sozialen Medien geradezu abhob. Die Zeit, die mit Freunden persönlich verbracht wurde, wurde durch die Zeit ersetzt, die online mit Freunden (und virtuellen Freunden) verbracht wurde. »Manche Kids sind von den sozialen Medien und den Spielen viel zu abhängig, um mit den Menschen in Beziehung zu treten, die tatsächlich um sie herum sind«, erklärt Kevin. »Sie befreunden sich online, aber machen da eigentlich falsche Freundschaften. Manche Leute machen dir online gute Laune, aber du kennst sie nicht wirklich, also kannst du nicht wirklich eine tiefe Beziehung zu ihnen haben.«

Lasst uns treffen (oder auch nicht)

Wenn Sie in den 1980ern und 1990ern ein Jugendlicher waren, erinnern Sie sich wahrscheinlich daran, wie Sie mit Ihren Freunden im Einkaufszentrum herumgelaufen sind, sich im Sportgeschäft die Sportsachen oder Ohrringe im Schaufenster angesehen und an die Tische im Essensbereich gesetzt haben. Auch das macht die Generation Selfie nicht mehr so viel: Immer weniger Jugendli-

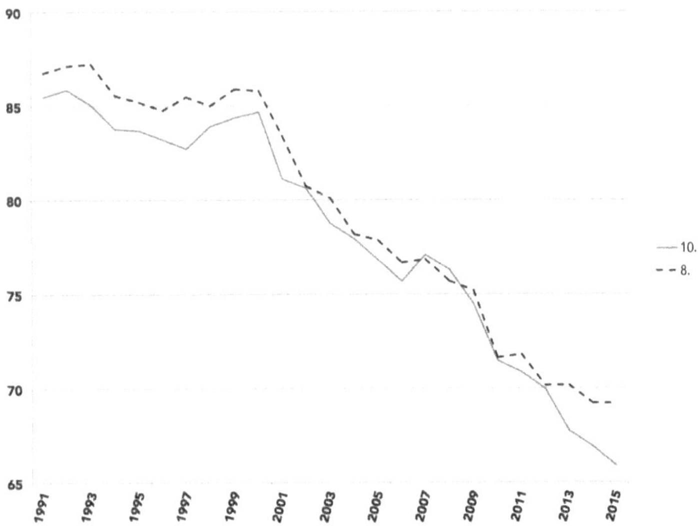

Prozentsatz der Acht- und Zehntklässler, die einmal oder mehrmals pro Monat ins Einkaufszentrum gehen, 1991–2015. Quelle: Monitoring the Future, 1991–2015

che treffen ihre Freunde im Einkaufszentrum, um dort abzuhängen.

Bei immer mehr Aktivitäten lässt sich beobachten, dass die Generation Selfie weniger sozial ist als die Millennials, die Generation X und die Babyboomer gleichen Alters. Wie wir im Kapitel *Keine Eile* gesehen haben, wird die Generation Selfie wahrscheinlich weniger ausgehen bzw. sich verabreden. Sie wird wahrscheinlich auch weniger »nur aus Spaß mit dem Wagen herumfahren« – die wichtigste Aktivität von Jugendlichen in Filmen aus vergangenen Zeiten wie *American Graffiti* (1973) und *Sommer der Ausgeflippten* (*Dazed and Confused*, 1993). Ein Abend im Kino war für mehrere Generationen eine Standardbeschäftigung – was wäre unsere Jugend gewesen, wenn es nicht ein paar unreife

Kids gegeben hätte, die mit Popcorn um sich warfen? Doch, wie wir im Kapitel *Online-Zeit* sahen, geht die Generation Selfie wahrscheinlich auch weniger ins Kino. Diese Jugendlichen besuchen vermutlich auch weniger Bars und Nachtclubs – schon seit 1988. Als damals das Mindestalter für den Alkoholgenuss in den gesamten USA auf 21 heraufgesetzt wurde, ging die Zahl der Highschoolschüler im letzten Jahrgang, die Bars oder Nachtclubs besuchten, um die Hälfte zurück. 2006 dokumentierte die *New York Times* den neuen Trend der sogenannten »Starter Clubs«, Nachtclubs für Jugendliche, darunter einige für Jugendliche unter 18. Doch im Jahr 2016 schrieben die *Times* und andere Zeitungen, dass viele Tanzclubs wieder geschlossen hätten.

Das heißt aber noch nicht, dass Jugendliche immer zu Hause bleiben und »auf Familie« machen. Die 13-jährige Athena, der wir im Einführungskapitel begegneten, erzählte mir, dass sie und ihre Freundinnen oft ihre Smartphones benutzen, wenn sie zu Hause sind. »Ich habe meine Freundinnen bei ihren Familien gesehen – sie reden gar nicht mit denen«, sagt sie. »Sie sagen immer nur: ›Okay, okay, meinetwegen‹, während sie ihr Smartphone benutzen. Sie beachten ihre Familie gar nicht.« Athena hat letztens viel Zeit allein verbracht: Nachdem sie sich den Sommer über mit Netflix, Textnachrichten und sozialen Medien in ihrem Zimmer verkrochen hatte, »hat jetzt mein Bett so einen richtigen Körperabdruck von mir«, erklärt sie. Wie ihre Sommeraktivität belegt, gibt es eine Beschäftigung, die die Generation Selfie mehr als ihre Vorgänger betreibt: Sie verbringt mehr Freizeit allein. Obwohl man es nicht mit Sicherheit sagen kann, scheint es doch zuzutreffen, dass die Zeit alleine online verbracht wird – mit den sozialen Medien, mit dem Streamen von Videos und mit Textnachrichten.

»Ich höre sehr viel Musik, hauptsächlich über mein Handy, auch zu Hause, über Spotify oder YouTube. Wenn ich irgendwo unterwegs bin, habe ich eigentlich fast immer mindestens einen Kopfhörer im Ohr. Teilweise sogar, wenn ich mich mit Leuten unterhalte. Die sind da schon dran gewöhnt.«

Julia, 16 Jahre, Deutschland

Wahrscheinlich treffen sich also die Jugendlichen dieser Generation weniger persönlich, wie vier Datensätzen aus drei verschiedenen Altersgruppen zu entnehmen ist. Zu diesen abnehmenden Interaktionen gehört alles, angefangen von Kleingruppen- oder Aktivitäten zu zweit wie zum Beispiel dem Treffen mit Freunden bis hin zu größeren Gruppenaktivitäten wie etwa Partys. Dazu gehören auch Aktivitäten ohne eigentliches Ziel, wie zum

Freizeitgestaltung deutscher Jugendlicher

Im Jahr 2002 benannte ein gutes Viertel (26 Prozent) der 12- bis 25-Jährigen in Deutschland »im Internet surfen« als eine ihrer fünf häufigsten Freizeitaktivitäten; 2019 war es schon jeder Zweite (50 Prozent). Schließt man die im Jahr 2019 zusätzlich und gesondert abgefragte Aktivität »Soziale Medien nutzen« (35 Prozent) mit ein, so zählen zusammengenommen mehr als zwei Drittel (70 Prozent) diese internetbezogenen Aktivitäten zu ihren wichtigsten Formen der Freizeitgestaltung. Im Gegenzug ging die Priorität »sich mit Leuten [zu] treffen« von 62 Prozent (2002) auf 55 Prozent (2019) zurück.[24]

Beispiel das Herumfahren mit dem Wagen, aber auch Beschäftigungen, die mehr zielgerichtet sind, etwa ins Kino gehen. Auch Aktivitäten sind gemeint, die durch Online-Aktivitäten ersetzt wurden, wie etwa der Besuch eines Einkaufszentrums, schließlich auch die, die nicht einfach durch Online-Aktivitäten ersetzt werden können, etwa das Ausgehen mit Freunden.

Stattdessen kommunizieren die Jugendlichen elektronisch. Die Schlussfolgerung ist unausweichlich: Das Internet hat gesiegt. Jugendliche sind mehr auf Instagram oder Snapchat, und sie schreiben sich mehr mit ihren Freunden, treffen sich dafür weniger persönlich. Die Online-Freundschaft hat bei der Generation Selfie die Offline-Freundschaft ersetzt.

Manche behaupten weiterhin, dass alle Aufregung über die

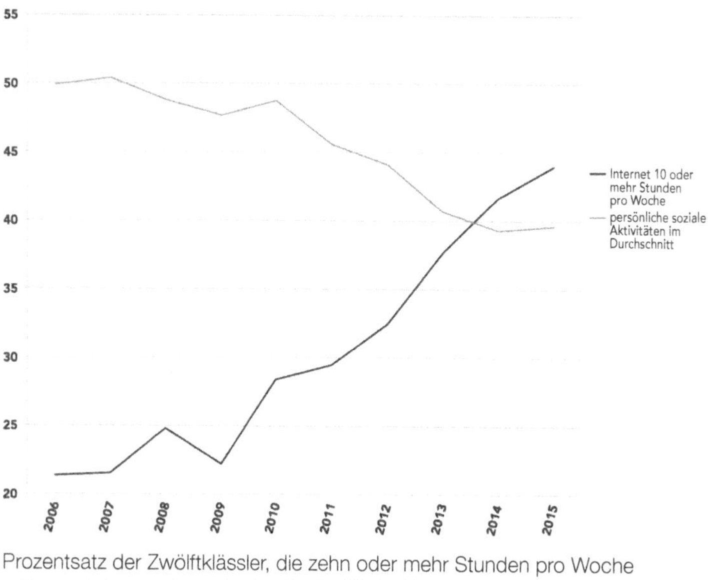

Prozentsatz der Zwölftklässler, die zehn oder mehr Stunden pro Woche online verbringen; dazu der durchschnittliche Prozentsatz vier persönlicher sozialer Aktivitäten. Quelle: Monitoring the Future, 2006–2015

Zeit, die vor dem Bildschirm verbracht wird, unnötig sei. Die Jugendlichen würden sich bloß online mit ihren Freunden verbinden, ihr übriges Leben wäre gleich geblieben. Diese Grafik zeigt aber sehr deutlich, dass das nicht stimmt. Mit der Ankunft der sozialen Medien und des Smartphones hat sich das soziale Leben der Jugendlichen entschieden von persönlichen Interaktionen weg entwickelt. Sie verbringen viel weniger Zeit mit ihren Freunden als die Jugendlichen früherer Jahrzehnte – ungefähr eine Stunde weniger pro Tag. Das Leben der Jugendlichen – und das von uns allen – wird womöglich nie wieder so sein wie früher, da der mobile Zugang zum Internet immer tiefer in unser Leben eingreift.

Andere haben gemeint, die sozialen Medien hätten die persönliche Interaktion nicht ersetzt, weil die Jugendlichen, die viel Zeit mit diesen Medien verbringen, auch mehr Zeit persönlich mit ihren Freunden verbrächten. Doch das sagt mehr über Unterschiede zwischen den Jugendlichen (sehr gesellige Kids vs. weniger soziale Computerfreaks) als über Veränderungen im Lauf der Zeit aus. Es ist ja auch keine Überraschung, dass sehr beziehungsfreudige Jugendliche sozialer sind, sowohl in den sozialen Medien als auch in der persönlichen Begegnung. Doch im Durchschnitt verbringen die heutigen Jugendlichen weniger Zeit gemeinsam, dafür mehr Zeit online, als dies bei Jugendlichen vor fünf Jahren der Fall gewesen war, was das Leben der Heranwachsenden fundamental verändert.

Wenn Sie nicht der Generation Selfie angehören, denken Sie zurück an Ihre Highschoolzeit: Woran erinnern Sie sich am lebhaftesten? Vielleicht an die Party nach dem Abschlussball, Ihren ersten Kuss oder an die Zeit, als Sie mit Ihren Freunden im Einkaufszentrum Schwierigkeiten bekamen? Vermutlich ist es etwas, das passierte, als Sie mit Ihren Freunden zusammen und Ihre Eltern nicht dabei waren. Derartige Erfahrungen werden für die heutigen Jugendlichen immer ungewöhnlicher. Woran werden sie sich erinnern – an die witzigen Textnachrichten, die sie ihrem Freund geschickt haben? An ihr bestes Selfie? An ein Meme, das sich als Virus entpuppte? Oder werden sie sich an die wenigen Male erinnern, die sie tatsächlich gemeinsam mit ihren Freunden verbracht haben?

Darnell, der 20-jährige Student in Georgia, verbindet die Smartphone-Nutzung innerhalb seiner Generation ausdrücklich mit ihrer fehlenden Neigung, Menschen persönlich zu treffen. »Die Generation vor uns will immer, dass wir persönlich anwesend sind; viele von uns sind aber nicht so drauf«, meint er. »Wir sind eher eine Technologie-Generation. Ohne mein Smartphone wäre ich buchstäblich verloren. Ich habe darin meinen Kalender, meine E-Mails, ich recherchiere nach verschiedenen Dingen, und ich lese immer über irgendetwas.« Der 20-jährige James, ein Student am selben College, meint, es wäre eben einfacher, soziale Medien zu benutzen, als die Leute persönlich zu treffen. »Es ist einfach eine Versuchung, jemandem was zu schreiben oder auf die sozialen Medien zu gehen und das Foto von irgendjemandem zu liken und zu kommentieren, anstatt anzurufen und zu sagen: ›Hey, willst du zum Essen ausgehen?‹ Das muss doch alles erst geplant werden.«

Selbst wenn sie ihre Freunde persönlich trifft, macht es die Technologie, vor allem das Schreiben von Textnachrichten, möglich, dass die Generation Selfie bestimmte soziale Interaktionen vermeidet. Henry, 23, findet es gut, dass Textnachrichten ihm womöglich schwierige Begegnungen ersparen. »Wenn ich bei einem Freund zu Hause ankomme, schreibe ich ihm einfach, dass ich da bin, anstatt an die Tür zu klopfen und persönlich seinen Zimmergenossen oder seinen Eltern zu begegnen«, meint er. Man kann sich leicht vorstellen, wie Henry am Bordstein einer Vorstadtstraße parkt, schnell eine Textnachricht schickt, während sein Smartphone im Dunkeln aufleuchtet, und sieht, wie sein Freund allein über den Rasen kommt. Er steigt ein, und schnell verschwindet Henrys Auto in der Dunkelheit – alle weiteren sozialen Interaktionen sind vermieden.

Die Displays werden dunkel: Psychische Gesundheit und Glück

Viele Menschen behaupten, dass die elektronische Kommunikation der Jugendlichen mit ihren Freunden nichts Besonderes sei – sie verbänden sich eben mit ihren Freunden. Wer schert sich also darum, wie sie das tun? Nach dieser Sichtweise ist die elektronische Kommunikation genauso gut wie die persönliche. Wenn das zutrifft, würde das auch für die psychische Gesundheit und das Glück gelten: Jugendliche, die über die sozialen Medien und Textnachrichten kommunizieren, sollten genauso glücklich sein, der Einsamkeit genauso entrinnen und auch der Depression – ganz wie die Jugendlichen, die ihre Freunde persönlich treffen oder sich bei anderen Aktivitäten engagieren, die ohne Display stattfinden.

Wir können überprüfen, ob das zutrifft – fangen wir mit dem Glück an. Bei den Untersuchungen von Monitoring the Future werden Jugendliche gefragt, wie glücklich sie im Allgemeinen sind (»sehr glücklich«, »ziemlich glücklich« oder »nicht sehr glücklich«) und auch, wie viel Zeit sie bei verschiedenen Aktivitäten in ihrer Freizeit verbringen, wozu auch Bildschirmaktivitäten wie soziale Netzwerke, das Verschicken von Textnachrichten und die Zeit im Internet sowie Nicht-Bildschirmaktivitäten wie die persönliche Begegnung, Sport und die Beschäftigung mit Printmedien zählen. So können wir erkennen, welche Aktivitäten Freude machen und welche vermutlich eher zu Traurigkeit führen.

Die Ergebnisse könnten nicht deutlicher sein: Jugendliche, die mehr Zeit mit Display-Aktivitäten verbringen, sind wahrscheinlich eher unglücklich, und die, die mehr Zeit mit Nicht-Display-Aktivitäten verbringen (die grauen Balken), sind vermutlich eher glücklich. Es gibt hier keine einzige Ausnahme: Sämtliche Display-Aktivitäten sind mit »weniger glücklich« verbunden; alle Nicht-Display-Aktivitäten sind mit mehr Glück verknüpft.

Beispielsweise sind Achtklässler, die zehn oder mehr Stunden pro Woche mit sozialen Medien verbringen, zu 56 Prozent eher unglücklich als die, die das nicht tun. Zugegeben, zehn Stunden pro Woche sind eine ganze Menge – was ist also mit denen, die nur sechs Stunden oder mehr mit sozialen Medien verbringen? Sie sagen immer noch mit 47-prozentiger Wahrscheinlichkeit, dass sie unglücklich sind. Das Gegenteil trifft auf die persönliche Interaktion zu: Diejenigen, die mehr Zeit persönlich mit ihren Freunden verbringen, sind mit 20-prozentiger Wahrscheinlichkeit *weniger* unglücklich (in der Tabelle mit –0,2 aufgeführt). Sollte man auf Grundlage dieser Grafik Ratschläge für ein glückliches Leben geben, wären diese sehr eindeutig: Legt das Smartphone weg, schaltet den Computer oder das iPad aus und macht etwas – irgendwas –, das nichts mit einem Display zu tun hat.

Diese Analysen können nicht eindeutig beweisen, dass die Zeit vor dem Bildschirm Traurigkeit bewirkt – es ist auch möglich, dass unglückliche Jugendliche einfach mehr Zeit online verbringen. Doch legen drei neuere Studien nahe, dass die Zeit, die vor dem Display verbracht wird (vor allem beim Gebrauch von sozialen Medien), in der Tat Traurigkeit hervorruft. Eine Studie forderte Studenten mit Facebook-Seiten auf, über zwei Wochen hinweg kurze Befragungen auf ihren Smartphones zu beantworten – sie erhielten fünfmal pro Tag eine Textbotschaft mit einem Link und berichteten über ihre Stimmung und wie oft sie Facebook benutzten. Je mehr sie Facebook nutzten, desto unglücklicher fühlten sie sich später. Facebook verursachte also Traurigkeit, jedoch führte das Gefühl, unglücklich zu sein, nicht zu vermehrter Facebook-Nutzung.

Eine weitere Studie von Erwachsenen kam zum gleichen Ergebnis: Je mehr die Menschen Facebook nutzten, desto schlechter stand es bei der nächsten Befragung um ihre psychische Gesundheit und ihre Lebenszufriedenheit. Nachdem sie jedoch persönlich mit ihren Freunden interagiert hatten, verbesser-

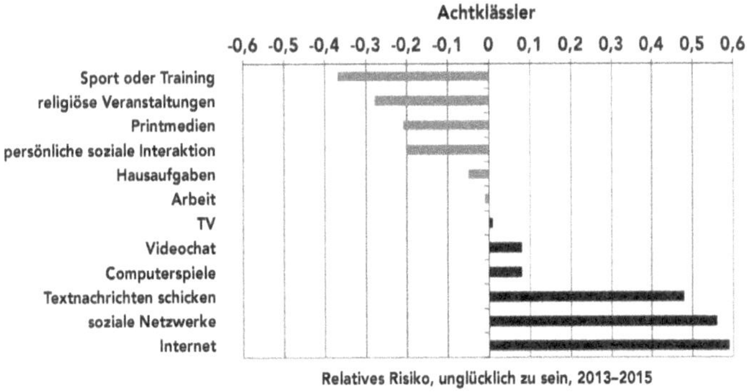

Relatives Risiko, unglücklich zu werden; bei Display- (schwarze Balken) und Nicht-Display-Aktivitäten (graue Balken). Quelle: Monitoring the Future, 2013-2015

ten sich ihr psychischer Zustand sowie ihre Lebenszufriedenheit. Eine dritte Studie hat 1095 zufällig ausgewählte dänische Erwachsene aufgefordert, eine Woche lang Facebook nicht zu benutzen; eine Kontrollgruppe nutzte Facebook inzwischen wie gewöhnlich weiter. Am Ende der Woche waren diejenigen glücklicher, die eine Auszeit von Facebook genommen hatten, dazu waren sie weniger allein und weniger deprimiert als die, die Facebook wie üblich genutzt hatten – und zwar mit ziemlich substanziellen Unterschieden: 36 Prozent weniger waren einsam, 33 Prozent weniger deprimiert, neun Prozent waren glücklicher. Diejenigen, die sich von Facebook fernhielten, fühlten sich mit größerer Wahrscheinlichkeit auch weniger traurig, wütend oder beunruhigt. Den Teilnehmern wurden per Zufall Konditionen auferlegt, was die Erklärung ausschließt, dass Menschen, die bereits unglücklich, einsam oder deprimiert sind, Facebook vermehrt benutzen. Diese Untersuchung belegt demnach als wirksames Experiment, dass Facebook tatsächlich Traurigkeit, Einsamkeit und Depression bewirkt.

Das Risiko, wegen des Gebrauchs sozialer Medien unglücklich zu werden, ist bei den jüngsten Jugendlichen am größten. Achtklässler, die zehn oder mehr Stunden pro Woche in sozia-

Wie einsam sind deutsche Jugendliche?

Nach PISA-Daten fühlen sich 15-jährige Jugendliche an deutschen Schulen zunehmend einsamer. Im Jahr 2003 stimmten 86 Prozent der Befragten der Aussage zu: »Es fällt mir leicht, Freundschaften mit Mitschülern zu schließen.« Im Jahr 2015 waren es nur noch 73 Prozent.[25]

len Netzwerken verbrachten, waren mit 56 Prozent Wahrscheinlichkeit unglücklicher, Zehntklässler mit 47-prozentiger und Zwölftklässler mit 20-prozentiger Wahrscheinlichkeit. Achtklässler sind immer noch damit beschäftigt, ihre Identität zu entwickeln und kämpfen oft noch mit dem Thema Körperbild. Kommt darüber hinaus das Cybermobbing hinzu, erhält man eine toxische Mischung. Wenn die Jugendlichen älter werden, mobben sie einander mit geringerer Wahrscheinlichkeit und werden mehr Selbstvertrauen haben, was bis zu einem gewissen Grad vor den Stolperdrähten und Giftpfeilen schützt, die Jugendliche in den sozialen Medien erwarten.

Vielleicht haben soziale Medien aber doch noch einige Vorteile. Zumindest theoretisch geht es bei den sozialen Medien darum, Menschen miteinander zu verbinden. Vielleicht führt der Gebrauch sozialer Medien nicht gerade zum Glücklichsein, doch er könnte den Jugendlichen helfen, sich von Freunden angenommen und umgeben zu fühlen und weniger allein. Das ist ja auch genau das, was die sozialen Netzwerke versprechen. Eine neuere Werbung für Facebook Live rät: »Wenn du mehr zu sagen hast, hole dein Smartphone raus und drücke hier«, – Facebook-Symbol – »tippe hier drauf« – Videokamera-Symbol – und leg los. Du bist nicht mehr allein. Deine Freunde hören dir zu.« Mit anderen Worten: Soziale Medien können uns dabei helfen, dass wir uns weniger allein fühlen und wir uns jeden Augenblick mit unseren Freunden umgeben. Wenn das stimmt, dann sollten Jugendliche, die viel Zeit mit den sozialen Medien verbringen, weniger einsam sein, und die sozialen Medien sollten genauso gut wie die persönliche Interaktion sein, wenn es darum geht, sich weniger einsam zu fühlen.

Leider stellt sich heraus, dass dies für die Generation Selfie, die immer online ist, nicht stimmt. Jugendliche, die jeden Tag die sozialen Medien aufsuchen, sagen tatsächlich mit *größerer* Wahrscheinlichkeit: »Ich fühle mich oft allein«, »Ich fühle mich oft ausgeschlossen« und »Ich wünsche mir oft, dass ich mehr gute Freunde hätte«; es gibt auf dieser Liste weniger Aktivitäten als für das Glücklichsein, weil das Ausmaß der Einsamkeit auf weniger Versionen des Fragebogens abgefragt wird. Im Gegensatz dazu sind diejenigen, die persönlich Zeit mit ihren Freunden verbringen oder Sport treiben, weniger einsam.

Ebenso wie beim Glücklichsein sind auch hier die Ergebnisse eindeutig: Display-Aktivitäten sind mit mehr Einsamkeit verbunden, Nicht-Display-Aktivitäten mit weniger Einsamkeit. Jugendliche, die viel Zeit persönlich mit ihren Freunden verbringen, werden wahrscheinlich viel weniger einsam sein (wobei das Risiko fast halbiert ist), und diejenigen, die jeden oder fast jeden Tag soziale Netzwerke benutzen, sind mit elf Prozent höherer Wahr-

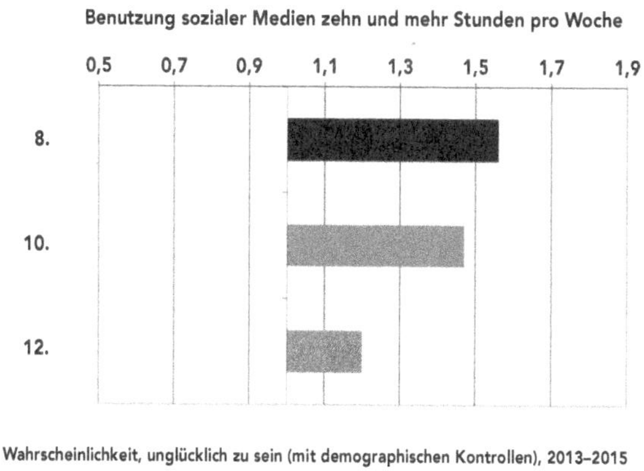

Relatives Risiko, unglücklich zu sein, wenn zehn oder mehr Stunden pro Woche mit sozialen Netzwerken verbracht wurden. Acht-, Zehnt- und Zwölftklässler. Quelle Monitoring the Future, 2013–2015

scheinlichkeit einsam. Es sind die Nicht-Display-Aktivitäten, die den Jugendlichen dabei helfen, weniger allein zu sein – nicht die sozialen Medien. Die einsamsten Jugendlichen sind die, die mehr Zeit mit sozialen Medien und weniger mit ihren Freunden persönlich verbringen. Wenn die Zeit für die sozialen Medien die persönliche Interaktion verringert, kann das gleichfalls zu vermehrter Einsamkeit führen.

Ähnlich wie im Falle des Glücklichseins kann es sein, dass einsame Jugendliche mehr die sozialen Medien nutzen. Jedoch zeigten zwei der erwähnten Studien vor Kurzem, dass die Nutzung sozialer Medien der Grund war, warum sich das Gefühl der Einsamkeit verstärkte.

»In der Schule sind die Leute ruhiger«, berichtet Olivia, 18, Highschool-Senior. »Sie sind alle auf ihre Technologie fixiert und ignorieren einander. Ich bin mit meinem Leben unzufrieden, weil viele meiner Freunde regelrecht von ihren Smartphones abhängig sind – es sieht so aus, dass sie nicht mit mir reden wollen, weil sie mit ihren Smartphones beschäftigt sind.«

Olivia hört sich nicht nur einsam an, sondern auch traurig und sogar deprimiert. Vielen Eltern und Erziehern bereitet es Sorge, dass Jugendliche, die ständig mit ihren Smartphones hantieren, damit den Grundstein für Depression und andere psychische Probleme legen. Diese Eltern befürchten, dass es womöglich nicht gesund ist, derartig viel Zeit vor einem Display zu verbringen.

Wir können herausbekommen, ob diese Sorgen begründet sind oder nicht. Monitoring the Future bemisst Depressionssymptome anhand von sechs Kennzeichen, wenn man den folgenden Aussagen zustimmt: »Das Leben erscheint oft bedeutungslos«, »Die Zukunft erscheint oft hoffnungslos«, »Ich habe das Gefühl,

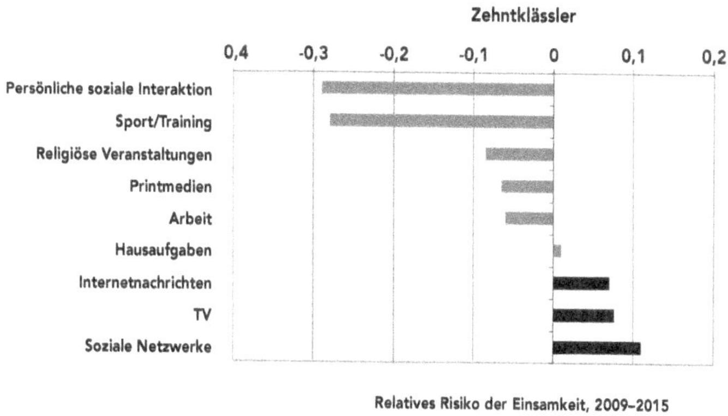

Relatives Risiko der Einsamkeit durch Display- (schwarze Balken) und Nicht-Display-Aktivitäten (graue Balken); Zehntklässler. Quelle: Monitoring the Future, 2009–2015

nichts richtig machen zu können«, »Ich habe das Gefühl, dass mein Leben nicht sehr nützlich ist«, bzw. folgenden Aussagen nicht zustimmt: »Ich genieße das Leben genauso wie andere« und »Es ist ein gutes Gefühl zu leben«. Ein Fragebogen wie dieser kann eine klinische Depression nicht diagnostizieren – das kann nur ein Profi, der ein strukturiertes Gespräch führt –, doch er bemisst klassische Symptome der Depression wie Hoffnungslosigkeit, Sinnlosigkeit und des Verlusts des Interesses am Leben.

Noch einmal, die Kluft zwischen Bildschirm- und Nicht-Bildschirmaktivitäten spricht eine deutliche Sprache: Jugendliche, die mehr Zeit vor Displays verbringen, werden mit größerer Wahrscheinlichkeit depressiv. Diejenigen, die mehr Zeit mit Nicht-Display-Aktivitäten verbringen, werden mit geringerer Wahrscheinlichkeit depressiv. Achtklässler, die soziale Medien intensiv nutzen, vergrößern ihr Depressionsrisiko um 27 Prozent, während die, die Sport treiben, religiöse Veranstaltungen besuchen oder auch nur Hausaufgaben machen, ihr entspre-

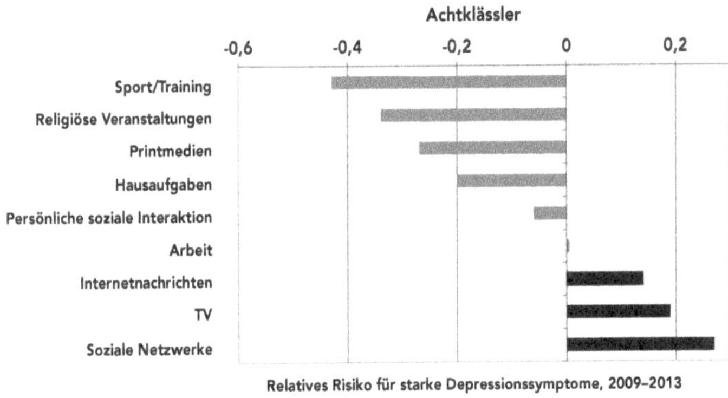

Relatives Risiko für starke Depressionssymptome von Bildschirm- (schwarze Balken) und Nicht-Bildschirm-Aktivitäten (graue Balken). Achtklässler. Quelle: Monitoring the Future, 2009–2015.

chendes Risiko signifikant senken. Die Jugendlichen, die in den sozialen Medien am aktivsten sind, sind auch diejenigen, die am meisten der Gefahr ausgesetzt sind, eine Depression zu entwickeln – ein psychisches Problem, das alljährlich Millionen von US-Teens zugrunde richtet.

Jüngere Jugendliche sind bei intensiver Nutzung sozialer Medien einem größeren Depressionsrisiko ausgesetzt. Was die Zehntklässler angeht, birgt die Nutzung sozialer Medien ungefähr die gleiche Gefahr einer Depression. Zumindest lassen die sozialen Netzwerke keine Freude aufkommen und schützen nicht vor Depression in dem Sinne, wie das Nicht-Display-Aktivitäten leisten. Sie helfen nicht, sondern verletzen tatsächlich, besonders jüngere Jugendliche.

Ben, 18, lebt in Champaign, Illinois, nicht weit vom Vorzeigecampus der University of Illinois. Als ich ihn an einem späten Augustmorgen treffe, steht er gerade vier Tage vor dem Beginn seines Anfängerjahres an einem Privatcollege. Er ist ein Bücherwurm und froh darüber, an einen Ort zu kommen, wo die wissenschaftlichen Fächer ernst genommen werden. Wir plaudern darüber, wie es ist, für das College zu packen, und kommen danach auf das Thema soziale Medien. »Ich hatte meine erste Facebook-Seite mit 13«, sagt er – das erlaubte Mindestalter. »Natürlich hatten alle anderen auch schon eine.« In dem Alter, meint er, waren die sozialen Medien eine nervenaufreibende Erfahrung. »Als ich etwas gepostet habe, war ich immer unglaublich ängstlich. Ich saß da und aktualisierte die Seite, um nachzusehen, ob da Likes und so'n Zeug waren«, sagt er. »Jetzt ist meine Beziehung zu den sozialen Medien ganz anders. Ich habe definitiv mehr Selbstvertrauen, deswegen kümmere ich mich jetzt weniger darum, was die Leute über meine sozialen Medien denken. Also benutze ich sie im Grunde nicht.« Er hat drei Wahrheiten über die sozialen Medien und Jugendliche benannt: Ihre Auswirkungen auf die psychische Gesundheit scheinen auf die jüngsten Teens am stärksten zu sein; soziale Medien können Angst unter denen bewirken, die dafür empfänglich sind; diejenigen, die sich nach den meisten Likes sehnen, sind oft die, die im Hinblick auf psychische Probleme am meisten gefährdet sind.

»Generell ist unser Alltag anders. Mir gefällt, wie leicht es im Vergleich zu früher ist, mit Freunden in anderen Städten in Kontakt zu bleiben oder unterwegs schnell eben etwas nachzugucken. Wir haben viel mehr Möglichkeiten, aber die kosten eben leider auch sehr viel Zeit. Und manche setzen sich einem ziemlichen Druck aus, dass man viele Likes oder Kontakte haben oder permanent erreichbar sein muss.«
Franziska, 16 Jahre, Deutschland

Wenn man »Facebook und Depression« googelt, erhält man eine lange Liste mit Seiten, einschließlich eines Chatboards zum Thema »Ich glaube, Facebook macht mich depressiv«. Missing-Girl, die ihr Alter zwischen 16 und 17 angibt, schreibt: »Definitiv macht es mich depressiv. Alle meine Freundinnen teilen die witzigen Details aus ihrem tollen Leben, und ich fühle mich dann wie ****. Irgendwie hasse ich FB.« Auf Reddit schrieb jemand: »Wenn ich durch meinen Feed scrolle und sehe, wie glücklich meine Freunde sind, macht mich das traurig. Auch weil ich keine Messages kriege. Der Anblick einer Messagebox ohne Nachrichten macht mich wirklich traurig und gibt mir ein Gefühl der Einsamkeit, das mir den Magen umdreht. Facebook deprimiert mich, weshalb ich es nicht mehr benutzen werde.«

Depression ist nicht nur eine traurige Stimmung: Wenn sie jemanden dazu bringt, einen Selbstmord ins Auge zu fassen, kann sie tatsächlich gefährlich sein. Die Highschoolumfrage YRBSS bestimmt das Selbstmordrisiko, gemessen an der Antwort »Ja« auf mindestens eine der folgenden Feststellungen: Man fühlt sich seit zwei Wochen sehr traurig und hoffnungslos; man erwägt ernsthaft, Selbstmord zu begehen; man macht einen entsprechenden Plan; man hat versucht, Selbstmord zu begehen. Noch einmal: Die Verbindung zwischen Zeit vor dem Display und psychischen Problemen ist erschreckend deutlich. Jugendliche, die mehr als drei Stunden täglich mit elektronischen Geräten verbringen, haben ein um 35 Prozent höheres Risiko, mindestens einen Selbstmordfaktor aufzuweisen. Das ist viel höher als das Risiko, das mit dem Fernsehen verbunden ist, wobei zugrunde gelegt wird, dass es nicht bloß die Bildschirme sind, sondern die neuen Medien wie Smartphone, Spiele und soziale Medien, die hinter dieser Verbindung stehen. Nicht-Bildschirm-Aktivitäten wie zum Beispiel ein Sporttraining senken die Selbstmordfaktoren. Daher sind Jugendliche, die viel Zeit damit verbringen, auf ihre Smartphones zu schauen, nicht nur einem höheren Depressionsrisiko ausgesetzt – sondern auch einem alarmierend höheren Selbstmordrisiko.

Diese Analysen zeigen, dass drei Stunden täglich vor dem Display die Gefahr vergrößern, dass ein Jugendlicher einem Selbstmordrisiko ausgesetzt ist. Wie viel Zeit vor dem Display ist also zu viel? Das Risiko erhöht sich ab einer Zeit von zwei oder mehr Stunden pro Tag und steigt danach weiter an, wobei ein sehr hoher Benutzungsgrad (fünf oder mehr Stunden) mit einem beträchtlich höheren Risiko für Selbstmord und Traurigkeit verbunden ist. Das legt die Vermutung nahe, dass Mäßigung – nicht notwendigerweise eine vollständige Vermeidung der elektronischen Geräte – im Leben der Jugendlichen hierzu der Schlüssel ist.

Warum ist der Gebrauch elektronischer Geräte mit einem

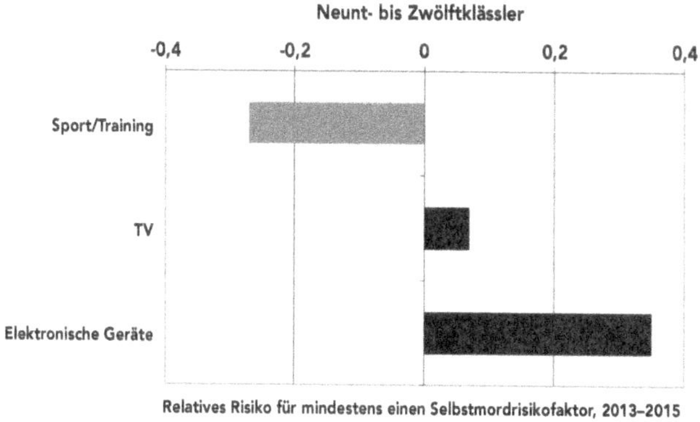

Relatives Risiko, mindestens einen Selbstmordrisikofaktor aufzuweisen, das auf Bildschirm- (schwarze Balken) und Nicht-Bildschirm-Aktivitäten (graue Balken) beruht, Neunt- bis Zwölftklässler. Quelle: Youth Risk Behavior Surveillance System, 2013-2015 (Zu den elektronischen Geräten zählen Smartphones, Tablets, Videospiele und Computer.)

derart erhöhten Selbstmordrisiko verbunden? Das hat übrigens nichts mit Demographie zu tun – die Risiken sind praktisch gleich, wenn Geschlecht, ethnische Herkunft und Klassenstufe mit einbezogen werden. Es könnte sein, dass Jugendliche, die einem Selbstmordrisiko ausgesetzt sind, sich zu elektronischen Geräten geradezu hingezogen fühlen. Vielleicht sollte man aber denken, dass Jugendliche, die oft deprimiert sind, mehr zu passiven Beschäftigungen wie dem Fernsehen, weniger interaktiven wie den sozialen Medien und Computerspielen tendieren. Was genau ist also so besonders schlecht an elektronischen Geräten, noch um einiges schlechter als Fernsehen? Ein Faktor ist das Cybermobbing.

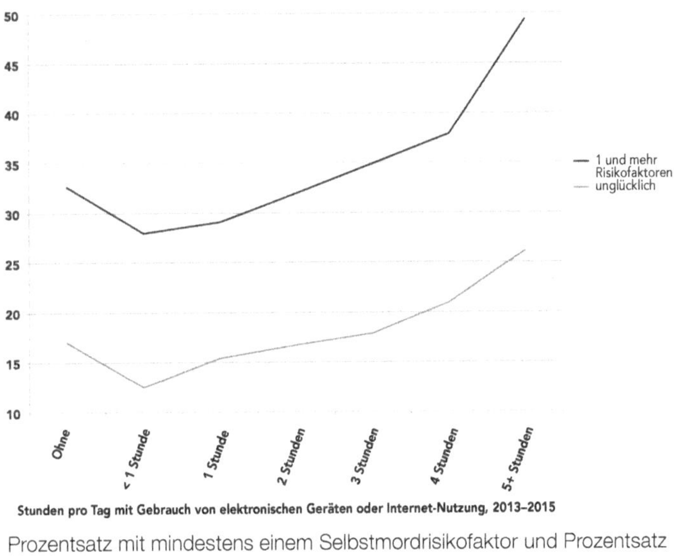

Prozentsatz mit mindestens einem Selbstmordrisikofaktor und Prozentsatz des Unglücklichseins durch Stunden, die mit Elektronikgeräten oder online verbracht wurden (Dosis-Wirkung-Kurve). Neunt- bis Zwölftklässler. Quelle: YRBSS, und Acht-, Zehnt- und Zwölftklässler. Quelle: Monitoring the Future, 2013–2015

Mobbing war schon immer einer der höchsten Selbstmordrisikofaktoren unter Jugendlichen. Insofern ist es keine Überraschung, dass Kinder, die in der Schule gemobbt werden, mit doppelt so hoher Wahrscheinlichkeit mindestens einen Selbstmordrisikofaktor aufweisen, zum Beispiel über Selbstmord nachdenken oder einen entsprechenden Plan machen. Doch Cybermobbing – das elektronische Mobbing über Textnachrichten, soziale Medien oder Chatrooms – ist noch schlimmer. Zwei Drittel (66 Prozent) der gemobbten Jugendlichen haben mindestens einen Selbstmordrisikofaktor, neun Prozent mehr als die, die in der Schule gemobbt wurden. Jugendliche, die im Netz gemobbt wurden, sagen oft, dass es keinen Ausweg gibt, seinen Peinigern zu entkommen – anders als beim persönlichen Mobbing, können sie nicht einfach bestimmte Leute meiden. Solange sie ihre Smartphones nicht vollständig aufgeben, bleibt das Mobbing bestehen.

»Sie haben gesagt: ›Niemand mag dich, also bring dich um‹«, berichtet die 15-jährige Sierra aus Virginia in *American Girls* über

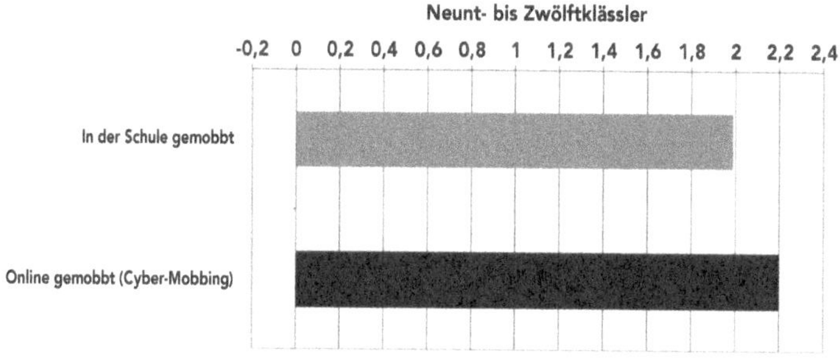

Risiko, mindestens einen Selbstmordrisikofaktor aufzuweisen, auf Grundlage von Cybermobbing (schwarze Balken) und Schulmobbing (graue Balken), Neunt- bis Zwölftklässler. Quelle: YRBSS, 2011–2015

Cybermobbing unter deutschen Jugendlichen

In Deutschland stieg der Anteil der 12- bis 19-jährigen Opfer von Cybermobbing (über die schon einmal falsche oder beleidigende Inhalte online verbreitet wurden) im Zeitraum von 2010 bis 2017 von durchschnittlich 15 auf 20 Prozent. Am häufigsten sind 16- bis 17-Jährige betroffen, nämlich fast jeder vierte (2010: 21 Prozent; 2017: 24 Prozent). Besonders stark war die Zunahme bei den jüngsten Befragten: In der Gruppe der 12- bis 13-Jährigen hat sich der Anteil der Cybermobbing-Opfer mehr als verdoppelt (2010: 6 Prozent; 2017: 16 Prozent). Auch der Bildungsgrad ist in diesem Zusammenhang relevant: Die Wahrscheinlichkeit selbst Opfer von Cybermobbing zu werden, ist an Haupt- und Realschulen (26 Prozent) deutlich höher als an Gymnasien (17 Prozent).[26]

die Mädchen, die sie im Netz gemobbt haben. Sie erhielt einen Kommentar auf Instagram, in dem stand: »Du hast keinen Arsch, Mädchen, also hör auf, Fotos zu machen, als hättest du einen. Das ist nicht witzig. Du siehst aus wie eine Nutte. Du siehst bescheuert aus … das Outfit lässt dich wie eine billige Prostituierte aussehen, die an der Ecke steht.« Das ständige Mobbing ließ Sierra innerlich abstürzen. »Ich fing an, die ganze Zeit Eis zu essen, damit die Sache nicht an mich herankommt, aber ich wollte auch nicht dick werden. Also habe ich das Problem durch Ritzen gelöst«, sagt sie, was sich auf ihre Selbstverletzung bezieht (dabei schneidet man sich absichtlich mit einem Messer oder einer Rasierklinge, meist in die Arme oder Beine). Schließlich versuchte sie sich selbst umzubringen, indem sie zunächst so viele Pillen schluckte, wie sie finden konnte, ein anderes Mal sprang sie vor ein herannahendes Auto. Ein Freund packte sie und zog sie zurück.

David Molak war im zweiten Jahr an der Highschool in San Antonio, Texas, als seine Klassenkameraden ihn unerbittlich per Textnachricht mobbten, indem sie ihn und sein Aussehen verunglimpften und ihm weitere Beleidigungen nachwarfen. Am 4. Januar 2016 beging er Selbstmord. »Ich sah drei Nächte vorher den Schmerz in Davids Augen, als er wieder einmal eine Gruppennachricht empfangen hatte. Sie machten sich über ihn lustig, um ihn dann zwei Minuten später rauszuschmeißen«, schrieb sein älterer Bruder Cliff in einem Facebook-Post. »Er starrte eine gefühlte Stunde lang in die Ferne. Ich konnte seinen Schmerz spüren… David hatte diesen Missbrauch schon lange Zeit erduldet. Heutzutage stecken dich Schlägertypen nicht mehr in den Schrank… sie verstecken sich hinter Usernamen und falschen Profilen, sind meilenweit entfernt und beschimpfen und missbrauchen gute, unschuldige Menschen ohne Ende.«

Selbst wenn Cybermobbing nicht zum Selbstmord führt, kann es dennoch Unglück und Depression zur Folge haben. Selbst berühmte und erfolgreiche Angehörige der Generation Selfie sind nicht immun dagegen. Gabby Douglas, die Olympia-Turnerin, die 2016 die Goldmedaille im Einzelmehrkampf gewann, wurde nach einer enttäuschenden Leistung 2016 im Netz gemobbt. »Ich weiß nicht mehr, wie oft ich geheult habe. Wahrscheinlich genug, um ganze Kübel mit Wasser zu füllen. Und es war irgendwie ein tiefes, emotionales Weinen, weil ich so verletzt war«, berichtete die 21-Jährige der Zeitschrift *People*.

> »Heutzutage stecken dich Schlägertypen nicht mehr in den Schrank… sie verstecken sich hinter Usernamen und falschen Profilen, sind meilenweit entfernt und beschimpfen und missbrauchen gute, unschuldige Menschen ohne Ende.«
> *Cliff, Bruder eines Mobbing-Opfers, USA*

Mehrere Studien am Cyberbulling Research Center legen die Vermutung nahe, dass sich das Cybermobbing noch weiter verbreitet: 34 Prozent der Jugendlichen waren 2016 betroffen, im Jahr 2007 waren es dagegen noch 19 Prozent gewesen. Das gesamte Leben der Jugendlichen findet online statt, und einer von dreien wird gemobbt, ganz egal, wo er oder sie lebt.

Ein letztes Detail der Daten belegt zwar indirekt, dafür umso

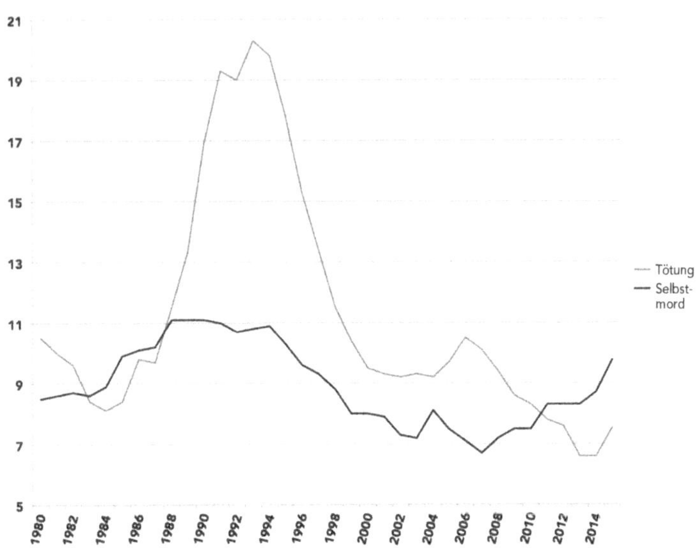

Tötungs- und Selbstmordraten pro 100 000 Einwohner bei 15- bis 19-Jährigen, 1980–2015: Quelle: Centers for Disease Control and Prevention

überwältigender die Bewegung weg von persönlichen Aktivitäten mit anderen und hin zu Einzelaktionen online. Seit 2007 hat die Tötungsrate bei Jugendlichen abgenommen, die Selbstmordrate dafür aber zugenommen. Der stete Rückgang von Tötungsdelikten durch Jugendliche von 2007 bis 2014 ist dem Rückgang der persönlichen Interaktionen sehr ähnlich. Da die Jugendlichen persönlich weniger Zeit miteinander verbracht haben, war auch die Wahrscheinlichkeit geringer, dass sie einander umbrachten. Im Gegensatz dazu begann die Selbstmordrate bei Jugendlichen nach 2008 anzusteigen. Der Anstieg wirkt wegen des Maßstabs auf der Grafik gering, ist es aber nicht – im Jahr 2015 brachten sich 46 Prozent mehr Jugendliche um als 2007. Der Anstieg fand gerade in dem Augenblick statt, als auch die Zeit vor den neuen Display-Medien länger wurde, die persönlichen sozialen Aktivitäten dagegen zurückgingen. 2011 war zum ersten Mal in 24 Jahren die Selbstmordrate unter Jugendlichen größer als die der Tötungen. Der Unterschied verstärkte sich noch von 2011 bis 2014, wobei 2014 die Selbstmordrate um 32 Prozent über der der Tötungen lag – der größte Unterschied seit Beginn der Aufzeichnungen (auch 2015 blieb der Unterschied groß, er lag bei 30 Prozent).

Eine überraschende, wenn auch nur eventuelle Möglichkeit ist, dass die Zunahme der Smartphones sowohl den Rückgang der Tötungen wie auch die Zunahme der Selbstmorde verursacht haben könnte. Da die Jugendlichen mehr Zeit mit ihren Smartphones und weniger mit ihren Freunden verbringen, werden mehr Jugendliche depressiv und begehen Selbstmord, und weniger töten andere Menschen. Um es platt auszudrücken: Jugendliche müssen mit anderen persönlich zusammen sein, um sie töten zu können; mithilfe ihrer Smartphones können sie aber andere in den Selbstmord mobben. Auch wenn es sich nicht unbedingt um Mobbing handeln muss, so kann die Kommunikation via Display dennoch zur Isolation führen, was wiederum Depression und manchmal auch Selbstmord nach sich zieht. Natürlich gibt es viele Ursachen für Depression und Selbstmord – zu viel Technologie ist natürlich nicht der einzige Grund (schließlich war die Selbstmordrate in den 1990ern noch höher, lange bevor es die Smartphones gab). Gleichzeitig ist es verstörend und inakzeptabel, dass so viel mehr Jugendliche Selbstmord begehen, als es noch vor wenigen Jahren der Fall war.

Steinzeitmenschen-Gehirne und soziale Kompetenz

Insgesamt ist die persönliche Interaktion der psychischen Gesundheit viel zuträglicher als die elektronische Kommunikation. Das scheint auch stimmig: Menschen sind von Haus aus soziale Wesen, und unser Gehirn hat sich durch persönliche Interaktion entwickelt. Als wir noch Jäger und Sammler waren, starben die Menschen, die aus dem Stamm ausgestoßen wurden, oft deshalb, weil sie niemanden hatten, mit dem sie die Nahrung teilen konnten. (Und niemanden, um sich zu reproduzieren – ein Einsiedler zu sein wurde uns im wahren Wortsinne weggezüchtet.) Das Erbe dieser Ära lebt in unseren Gehirnen weiter – sie sind sehr stark auf gesellschaftliche Akzeptanz bzw. Zurückweisung ausgerichtet. Das habe ich selber studiert: Ich verbrachte mein Forschungsstipendium damit, die Auswirkungen gesellschaftlicher Zurückweisungen in einer Reihe von Projekten zu untersuchen, die von dem prominenten Psychologen Roy Baumeister geleitet wurden. Wir fanden heraus, dass selbst eine kurze, zufällige

Erfahrung der gesellschaftlichen Zurückweisung Menschen ins Schleudern bringt, was zu vermehrter Aggression führt sowie Gefühle von Hoffnungslosigkeit auslöst, und sie (mein persönlicher Favorit) dazu bringt, mehr Kekse zu essen. Neurowissenschaftler haben herausgefunden, dass im Gehirn dieselbe Region aktiviert wird, die für körperlichen Schmerz zuständig ist, wenn Menschen durch andere Spieler aus einem Spiel ausgeschlossen werden. Offensichtlich ist es kein Zufall, dass viele Ausdrücke für Schmerz, der durch die Gesellschaft zugefügt wurde, tatsächlich Ausdrücke aus der Körpersphäre sind, einschließlich der »verletzten Gefühle« und des »gebrochenen Herzens«. (Es ist tatsächlich mehr so, als wäre das Gehirn gebrochen, doch dieser Ausdruck stammt aus alten Zeiten, als die Menschen noch glaubten, das Herz sei der Ausgangspunkt unserer Gedanken und Gefühle.)

Da unsere Gehirne (und jugendliche Gehirne vielleicht ganz besonders) so sehr auf gesellschaftliche Zurückweisung eingestellt sind, bilden Textnachrichten und soziale Medien einen fruchtbaren Nährboden für negative Gefühle. Auch wenn alles gut geht, kann das besondere Tempo der elektronischen Kommunikation problematisch sein. Anders als bei der Interaktion von Mensch zu Mensch gehört zur elektronischen Kommunikation eine Verzögerung zwischen dem eigenen Textbeitrag und der Antwort des Freundes. Denken Sie daran, was zum Beispiel passiert, wenn Sie eine Textnachricht senden. Schreibt die andere Person nicht gleich zurück, fragt man sich vielleicht, warum. Ist sie sauer? Findet sie nicht gut, was ich geschrieben habe? Das Gleiche passiert, wenn man etwas in den sozialen Medien postet – alle wollen die Likes sehen, und wenn es zu lange dauert, bis sie kommen bzw. eben nicht kommen, kann das Angst auslösen.

In einer Studie wurden Studenten gebeten, entweder online

oder persönlich zu interagieren. Diejenigen, die persönlich interagierten, fühlten sich emotional einander näher – angesichts der Bedingungen, unter denen sich das menschliche Gehirn entwickelt hat, erscheint das ganz sinnvoll. Betrachten Sie es einmal so: Die Menschen traten über 99,9 Prozent der Evolutionszeit persönlich miteinander in Beziehung, es war die einzige Form der Kommunikation, die sie kannten. Verglichen mit einer warmherzigen Person, die vor einem steht, ist elektronische Kommunikation nur ein schwacher Abglanz.

Viele Selfies sagen, ihr Online-Leben gebe ihnen das Gefühl, als würden sie auf einem Drahtseil gehen. »Ich finde die sozialen Medien eigentlich sehr stressig«, erzählte die 19-jährige Sofia Stojic der australischen Zeitung *The Age*. »Es reicht allein schon das Wissen, dass es sie gibt. Heutzutage ist es sehr schwer, sie einfach auszuschalten und mit den eigenen Gedanken allein zu sein.« Die anderen in diesem Artikel interviewten Selfie-Teenager sagten allesamt, dass sie versuchten, Benachrichtigungen auf ihrem Smartphone vollständig auszuschalten, damit sie sich auf andere Dinge konzentrieren könnten, zum Beispiel persönlich mit einem Freund zu reden. Aber sie stellen fest, dass sie das nicht können, aus Angst, etwas zu verpassen. »Es ist ja nicht so, dass man nie davon wegkommt. Du kannst dein Smartphone abschalten, aber dann ist es halt immer noch da«, sagte Amy Bismire, 19.

Auch wenn es mit den sozialen Medien gut läuft und sie einem das Gefühl geben dazuzugehören, sind sie kein Ersatz für die eigentliche Interaktion von Mensch zu Mensch. Wie der 17-jährige Kevin meint: »Wenn du von Mensch zu Mensch Kontakt hast, bekommst du echt wahre Gefühle, wenn du mit den Leuten abhängst. Wenn man was zusammen macht, irgendwas zusammen erreicht, dann fühlt sich das einfach gut an, oder? Man muss seine Gefühle mit anderen teilen, sich streiten und wieder vertragen können. In den sozialen Medien kriegst du keine solchen Gefühle.«

Noch sehnt sich die Generation Selfie nach persönlicher Interaktion. Fast alle der 18- und 19-Jährigen in der SDSU-Studienanfänger-Umfrage meinten, sie würden ihre Freunde lieber persönlich treffen, als elektronisch mit ihnen zu kommunizieren. »Es macht viel mehr Spaß, sich persönlich zu unterhalten«, schrieb Bailey, 19. Ähnlich sieht es Julian, 18: »Wenn du wirklich mit jemandem zusammen bist, fühlt sich das viel persönlicher und emotional wärmer an. Erinnerungen entstehen durch Erfahrungen, und die kann man mit dem Smartphone oder dem Computer nicht kriegen.«

> »Manchmal macht es uns zu Aliens. Wir wissen gar nicht mehr, wie man mit Menschen spricht.«
> *Athena, 13, USA*

Für Eltern, Lehrer, für alle, die mit Studenten zu tun haben, aber auch für Geschäftsleute lautet die große Frage: Wird der Rückgang an persönlichen Interaktionen dazu führen, dass die Generation Selfie weniger soziale Fähigkeiten entwickelt? Erste Hinweise legen dies nahe. Für eine Studie verbrachten Sechstklässler fünf Tage und Nächte in einem Naturcamp ohne Zugang zu Computern, Handys oder Fernsehen. Eine Kontrollgruppe fuhr mit den gewohnten Technologie-Aktivitäten fort. Danach unterzogen sich alle Jugendlichen zwei Tests zur sozialen Kompetenz: Zum einen benannten sie die Gefühle, die auf einer Reihe von Fotos dargestellt wurden (fröhlich, traurig, wütend, ängstlich), zum anderen sahen sie stumme Videos mit sozialen Interaktionen. Die Kinder, die fünf Tage ohne Bildschirm verbracht hatten, verbesserten ihre soziale Kompetenz gegenüber der Kontrollgruppe deutlich.

Athena, 13, meinte, dass die heutigen Kinder Erfahrungen verpassen, die ihre soziale Kompetenz steigern. »Wir sind mit iPhones aufgewachsen«, sagt sie. »Wir wissen gar nicht, wie man als normale Menschen kommuniziert oder anderen Leuten in die Augen schaut und mit ihnen redet.« Ihr Theaterdozent in der Middleschool erzählt seinen Schülern: »Legt eure Smartphones in die Kiste. Wir lernen jetzt, den Leuten in die Augen zu schauen.« Athena glaubt, dass Smartphones auch die Sprache der Jugendlichen beeinflusst haben: »Manchmal macht es uns zu Aliens. Wir wissen gar nicht mehr, wie man mit Menschen spricht.«

So wie Klavierspielen Übung erfordert, gilt das auch für die soziale Kompetenz. Die Generation Selfie hat die entsprechenden Fähigkeiten nicht so viel geübt wie andere Generationen. Wenn es also um ihre Sozialkompetenz geht, machen sie wahrscheinlich Fehler in Situationen, wo es darauf ankommt: in Collegeinterviews, wenn sie auf der Highschool Freundschaften schließen oder sich um einen Job bewerben. Die gesellschaftlichen Entscheidungen im Leben werden immer noch in erster Linie persönlich getroffen, und die Generation Selfie hat wenig Erfahrungen damit. In der kommenden Dekade werden wir mehr junge Menschen erleben, die wohl das richtige Emoji für eine Situation kennen – nicht aber den richtigen Gesichtsausdruck.

UNSICHER
Die neue psychische Krise

Ilaf Esuf, Studentin an der University of California in Berkeley, war während der Semesterferien zu Hause, als es sie erwischte. Als sie mit ihrer Mutter von einer Einkaufstour zurückkehrte, fühlte sie sich überwältigt von Traurigkeit und fing an zu weinen. »Ich fuhr in die Einfahrt, meine Ärmel waren nass, weil ich versucht hatte, unauffällig meine Tränen wegzuwischen,« schrieb sie im *Daily Californian.* »Meine Mutter stand da wie vor den Kopf gestoßen. Sie packte mich am Arm und fragte mich, warum ich weinte, aber ich konnte es ihr nicht sagen. Meine unerklärliche, plötzliche Traurigkeit blieb, wie auch die Sorge meiner Mutter, die todunglücklich an der Tür stand und darauf wartete, dass wieder etwas Sinnvolles passierte.« Ilaf weiß nicht immer mit Sicherheit, warum sie deprimiert ist, und sie versucht verzweifelt, ihren Eltern ihre Gefühle zu erklären. »Ich weiß nicht, was los ist und hab' auch keine Ahnung, warum ich mich so fühle, aber ich versichere ihnen, dass ich okay bin und es vorübergehen wird. Das sage ich mir auch selber, wenn ich die Straße entlanggehe und spüre, wie die Tränen über mein Gesicht rollen.«

Online sieht die Generation Selfie sehr glücklich aus. Die Jugendlichen schneiden alberne Grimassen auf Snapchat und lächeln auf ihren Instagram-Fotos. Gräbt man jedoch tiefer, dann ist die Wirklichkeit nicht so angenehm. Die Selfie-Teenager stehen kurz vor der ernsthaftesten psychischen Krise seit Jahrzehnten. Doch an der Oberfläche ist alles in Ordnung.

Alles ist (nicht) super

> »Hier ist alles super! Hier ist alles gut, denn du bist nicht allein!«
> *The Lego Movie (2014)*

Das Internet – und die Gesellschaft allgemein – befördern heutzutage eine unerbittliche Positivität. Die Posts in den sozialen Medien zeigen glückliche Momente, nur selten die traurigen: Alle lächeln auf ihren Selfies, es sei denn, sie machen einen Schmollmund, im Webslang »Duckface« genannt.

Diese Positivität hat ihre Wurzeln in einem Trend, der von der Babyboomer-Generation begonnen und von der Generation X weiterentwickelt wurde, dann zu voller Entfaltung bei den Millennials kam: Gemeint ist der wachsende Individualismus der westlichen Kultur. Individualistische Kulturen sind mehr auf das Ich fokussiert, weniger auf gesellschaftliche Regeln. Individualismus ist die Ursache für die meisten fundamentalen kulturellen Veränderungen innerhalb der letzten Jahrzehnte, angefangen bei den Trends, die für gewöhnlich als gut gelten (mehr Gleichberechtigung bezüglich Hautfarbe, Geschlecht und sexueller Orientierung), bis hin zu den Trends, die eher als negativ angesehen werden (zum Beispiel die Anspruchshaltung, die von vielen Menschen an den Tag gelegt wird). Der Individualismus ermuntert die Menschen außerdem, sich gut zu fühlen – nicht ganz so gut, wie es sein sollte, aber dennoch besser, als es eigentlich gerechtfertigt wäre. Positive Selbsteinschätzungen sind Kennzeichen von individualistischen Kulturen, die wiederum die Selbstdarstellung und das Selbstwertgefühl befördern. Als der Individualismus-Trend während der 1990er und 2000er Jahre aufkam, hatten die Millennials sehr schnell den Ruf, ein übermäßiges Selbstvertrauen zu haben und unrealistisch hohe Erwartungen an den Tag zu legen – aufgrund ihrer eher positiven Selbsteinschätzung, eines gesteigerten Narzissmus und erhöhter Erwartungen im Vergleich zu früheren Generationen. Diese Trends gingen mit den Selfies zurück, die ja nicht solch selbstsichere Optimisten sind wie die Millennials im selben Alter. Die Generation Selfie ist weniger narzisstisch, und sie hegt auch geringere Erwartungen, was die Vermutung nahelegt, dass die teilweise überzogenen Ansprüche der Millennials langsam aussterben.

Die Jugendlichen der Millennials waren im Jahr 2000 außerdem glücklicher als die Jugendlichen der 1990er, der Ära, als die Angehörigen der Generation X noch schwarze T-Shirts trugen und darüber sprachen, wie deprimiert sie waren. Mit seiner Betonung von Freiheit und Optimismus ist der Individualismus ein vorteilhaftes System für Jugendliche, was damals zu einer größeren Zufriedenheit führte.

Dann kam die Generation Selfie, und die Zufriedenheit der Jugendlichen begann zu bröckeln. Vor allem, was die Acht- und Zehntklässler angeht, wurden die Errungenschaften der 2000er in den Jahren ab 2011 geradezu ausgelöscht. Gerade in dem Moment, als diese Generation von den Befragungen erfasst wurde, fing diese Zufriedenheit an, ihren Millennial-Überschwang zu verlieren. Die Popkultur sah das kommen: Aus fröhlichen Ko-

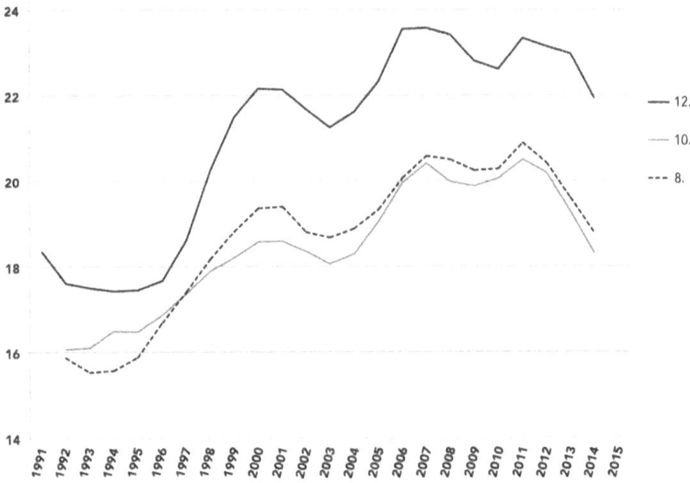

Prozentsatz der Acht-, Zehnt- und Zwölftklässler, die sich selbst als »sehr glücklich« bezeichnen (gleitender Durchschnittswert über drei Jahre). Quelle: Monitoring the Future, 1976–2015

mödien für Jugendliche über Party machende Highschoolschüler (*American Pie*, 1999; *Superbad*, 2007) wurden Geschichten über junge Menschen, die sich ihren Weg durch dystopische Landschaften erkämpfen (*Die Tribute von Panem*, 2012; *Divergent – Die Bestimmung*, 2014).

Natürlich ist die Frage nach dem Glück nur ein Thema von vielen, und der Rückgang ist wohl bemerkenswert, aber nicht extrem. Es lohnt sich also, die Trends zur psychischen Situation der Jugendlichen genauer anzuschauen.

Die ersten ernsthaften Erschütterungen als Vorboten des bald folgenden Zusammenbruchs der Lebensperspektiven tauchen in den Antworten der Generation Selfie auf Fragen zur Selbst- und zur Lebenszufriedenheit auf. Von den 1980ern bis zu den 2000ern sagten immer mehr Jugendliche, sie seien zufrieden. Als dann die ersten Selfies 2012 und 2013 den vierten Jahrgang in den Highschools erreicht hatten, fiel die Zufriedenheit plötzlich ab und erreichte 2015 einen Tiefststand. Während Jugendliche weniger Zeit persönlich mit ihren Freunden und mehr mit ihren Smartphones verbrachten, verringerte sich ihre Zufriedenheit mit erstaunlicher Geschwindigkeit.

Mit dieser plötzlichen, katastrophalen Abwärtsbewegung der Lebenszufriedenheit wurden die Errungenschaften von mehr als zwei Jahrzehnten in nur wenigen Jahren ausgelöscht. Und das ist, wie sich herausstellt, nur die Spitze des Eisbergs.

FOMO – Verlassen und einsam

Die 13-jährige Grace Nazarian öffnete eines Tages ihre Instagram-Seite und fand dort Bilder ihrer engsten Freundinnen auf einer Geburtstagsparty – zu der sie nicht eingeladen worden war. »Mir war, als wäre ich die Einzige, die nicht da war«, berichtete Grace in der *Today*-Show. »Sie schienen viel Spaß ohne mich zu haben. Und da ging es mir wirklich sehr, sehr schlecht.« Graces Erfahrung ist heute allgegenwärtig: Während Jugendliche früher durch Geflüster und Redereien in der Schule von sozialen Events hörten, können sie heute brandaktuelle Fotos exakt von dem erhalten, was sie gerade verpassen. Die Generation Selfie gebraucht dafür das Akronym »FOMO«, gebildet aus den Worten »Fear of missing out« – die Angst, etwas zu verpassen. Oft ein Rezept für Einsamkeit.

Natürlich kann elektronische Kommunikation auch den gegenteiligen Effekt haben, indem sie Jugendlichen hilft, sich miteinander verbunden zu fühlen, obwohl sie tatsächlich gerade

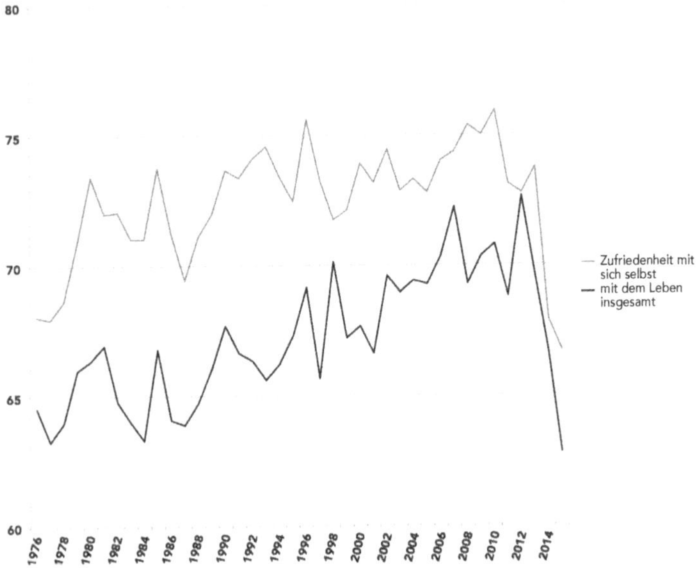

Prozentsatz der Zwölftklässler, die insgesamt mit ihrem Leben und mit sich zufrieden sind. Quelle: Monitoring the Future, 1976–2015

räumlich getrennt sind. Jugendliche bleiben über Textnachrichten und online eng mit ihren Freunden verbunden; sie tauschen lustige Snapchat-Bilder aus und updaten ununterbrochen, was sie gerade machen. Das lindert aber nicht ihre Einsamkeit: Tatsächlich sind sie heute einsamer als noch vor fünf Jahren. Erstaunliche 31 Prozent mehr Acht- und Zehntklässler fühlten sich 2015 einsamer als 2011; 22 Prozent mehr Zwölftklässler kommen noch hinzu. Das ist eine gewaltige Veränderung in nur wenigen Jahren. Jugendliche waren seit 1991, als die Erhebungen begannen, nie einsamer als heute.

Wie man im Zeitalter von FOMO erwarten kann, äußern Jugendliche vermutlich auch mehr, dass sie sich oft ausgeschlos-

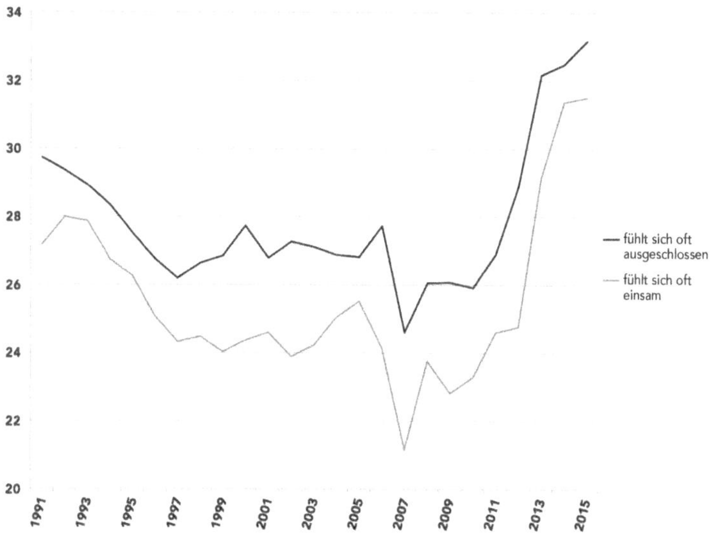

Prozentsatz der Acht-, Zehnt- und Zwölftklässler, die der Aussage überwiegend zustimmen oder immer zustimmen: »Oft fühle ich mich einsam« oder »Ich fühle mich oft ausgeschlossen«. Quelle: Monitoring the Future, 1991–2015

sen fühlen. Quer durch alle drei Altersgruppen hat das Gefühl des Ausgeschlossenseins eine Rekordhöhe erreicht. Wie die Zunahme der Einsamkeit ist auch das Gefühl, ausgeschlossen zu sein, rasch angestiegen und hat Höchststände erreicht, wobei nun viel mehr Jugendliche dieses Gefühl erfahren.

Derart große Veränderungen innerhalb einer kurzen Zeitspanne sind ungewöhnlich, was eine besondere Ursache mit einer entsprechend großen Nachwirkung nahelegt. Bedenkt man den Zeitpunkt, scheinen die Smartphones die vermutlichen Schuldigen zu sein, da sie die persönliche Interaktion ersetzen und dadurch sowohl direkt als auch indirekt die Einsamkeit vergrößern. Weil die Jugendlichen weniger Zeit mit Aktivitäten ver-

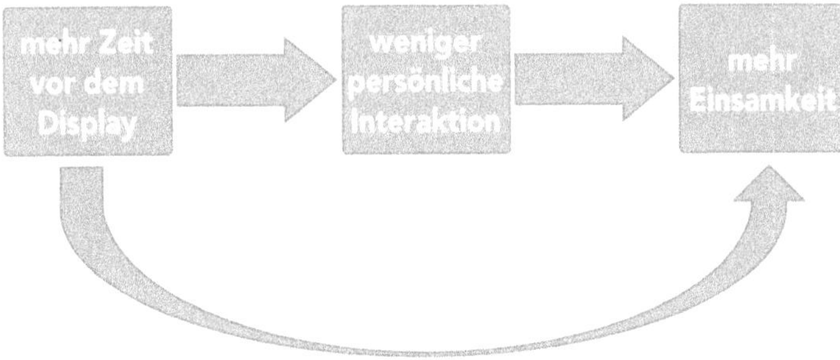

Ein mögliches Modell über den Ursprung der Einsamkeit der Generation Selfie

bringen, die die Einsamkeit lindern, stattdessen mehr Zeit mit denen, die das gerade nicht tun, ist es keine Überraschung, dass die Einsamkeit zugenommen hat.

Der Rückgang der persönlichen Interaktion gleicht einem Auftragsmörder, der von einem anderen angeheuert wurde: Er begeht das Verbrechen, auch wenn es nicht seine eigene Idee war. Die Zeit vor dem Display heuert den Auftragskiller an und gibt noch selbst ein paar Schüsse ab, um ganz sicherzugehen.

Eine wichtige Bemerkung: Dies ist kein Modell dafür, wie Bildschirmzeit und persönliche Interaktion bei einzelnen Menschen wirken, weil manche Jugendliche, die mehr Zeit mit sozialen Medien verbringen, auch mehr Zeit mit ihren Freunden persönlich verbringen – sehr kontaktfreudige Jugendliche sind in beiden Bereichen kontaktfreudiger, und weniger kontaktfreudige Jugendliche sind es eben weniger. Es ist vielmehr eine Hypothese dafür, wie sich diese Variablen bei den Generationen auswirken: Wenn Jugendliche als Gruppe mehr Zeit am Display und weniger mit der persönlichen Interaktion verbringen, dann wird die Einsamkeit im Durchschnitt zunehmen.

Es ist möglich, dass Einsamkeit die Benutzung von Smartphones zur Folge hat, anstatt dass Smartphones die Einsamkeit verursachen, doch die abrupte Zunahme der Einsamkeit macht diese Alternative sehr viel weniger wahrscheinlich. Denn wenn Einsamkeit den Gebrauch von Smartphones zur Folge hätte, würde eine plötzliche Zunahme an Einsamkeit ohne bekannten Grund dazu führen, dass Smartphones plötzlich populärer würden. Es scheint aber sehr viel wahrscheinlicher, dass, als Smartphones populär wurden, auch die Zeit vor dem Display zunahm, was ebenfalls für die Einsamkeit der Jugendlichen gilt. Und wie wir im letzten Kapitel sahen, haben mehrere Studien gezeigt, dass die Benutzung sozialer Medien eher negative Folgen nach sich zieht als umgekehrt.

Obwohl der Trend, sich ausgeschlossen zu fühlen, sowohl bei Jungen als auch bei Mädchen anzutreffen ist, war die Zunahme bei Mädchen besonders stark. Im Vergleich zu 2010 fühlten sich im Jahr 2015, verglichen mit 27 Prozent bei den Jungen, 48 Prozent mehr Mädchen ausgeschlossen. Mädchen benutzen die sozialen Medien öfter, wodurch sie mehr Gelegenheit haben, sich ausgeschlossen und einsam zu fühlen, wenn sie sehen, dass ihre Freunde oder Klassenkameraden sich ohne sie treffen. Soziale Medien stellen außerdem das perfekte Vehikel für verbale Aggressionen dar, was wiederum die Mädchen bevorzugen. Selbst vor dem Internetzeitalter tendierten die Jungen dazu, einander eher körperlich anzugreifen, die Mädchen gingen dagegen verbal aufeinander los. Soziale Medien bieten den Mädchen der Mittelstufe und der Highschool rund um die Uhr eine Plattform, ihre bevorzugten Verbalaggressionen loszuwerden, andere Mädchen zu ächten und auszuschließen. Mädchen erfahren mit doppelt so hoher Wahrscheinlichkeit wie Jungen diese Art der elektronischen Einschüchterung, besser bekannt als Cybermobbing. In der Highschoolstudie YRBSS äußerten 22 Prozent der Mädchen, sie hätten im vergangenen Jahr ein solches Mobbing erfahren, bei den Jungen waren es dagegen nur zehn Prozent. Die Mädchen der Generation Selfie leben ihr soziales Leben online aus, und als Ergebnis dessen ist es immer wahrscheinlicher, dass sie sich ausgeschlossen fühlen.

Die Angst, dass du leben musst: Depression

Auf Lauras Profilbild auf Tumblr ist sie ein Mädchen mit welligem braunem Haar und sieht nicht älter als 16 aus. Ihre Seite trägt den Titel: »Das Leben eines depressiven Menschen«. Ihre Posts lassen ihren Schmerz mit schonungsloser Offenheit erkennen, man liest dort etwa: »So trifft einen die Depression. Du wachst eines Morgens auf und hast Angst, dass du leben musst.« – »Ich weiß nicht, warum ich so dumm bin.« – »Ich weiß nicht, warum ich so traurig bin.« Und: »Die sehen für mich alle so verdammt glücklich aus. Warum kann ich nicht auch so aussehen?« Der Titel der Website besteht aus einem Wort: »Zerbrochen.«

Eine Depression wie die von Laura mag heute weiter verbreitet sein als früher. Viele Eltern, Lehrerinnen und Lehrer befürchten, der permanente Smartphone-Gebrauch durch Jugendliche, vor allem die Allgegenwart der sozialen Medien und Textnachrichten, könnte eine psychisch fragile, für Depressionen anfällige Generation hervorgebracht haben. Über diese Frage ist schon viel debattiert worden, und viel von dem, was in den Medien diskutiert wurde, stammt aus den Berichten derjenigen, die in den Beratungszentren von Colleges arbeiten. Diese Fachleute stellen fest, dass sich immer mehr Studenten Hilfe suchten und dass die

Probleme der Studenten schwerwiegender seien als noch vor wenigen Jahren. Ihre Wahrnehmung könnte aber auch durch eine Reihe äußerer Faktoren beeinflusst sein: Dazu könnte auch eine größere Bereitschaft der Studenten zählen, sich Hilfe zu suchen.

Um wirklich herauszufinden, ob psychische Probleme heute weiter verbreitet sind als früher, bräuchte man Daten aus anonymen Befragungen einer repräsentativen Auswahl von Jugendlichen (von allen Jugendlichen, nicht nur von denen, die Hilfe suchen); am besten, ehe sie ins College eintreten (um jegliche Verbindung zwischen Collegebesuch und psychischen Problemen auszuschließen); das Ganze über mehrere Jahrzehnte hinweg, damit man ihre Antworten mit denen früherer Generationen desselben Alters vergleichen kann. Glücklicherweise leistet das Sechs-Punkte-Raster der Monitoring-the-Future-Befragungen von Acht-, Zehnt- und Zwölftklässlern genau das. Diese Punkte messen eher Gefühle und Symptome, als dass die Jugendlichen direkt gefragt werden, ob sie sich depressiv fühlen. Das kann die Wahrscheinlichkeit verringern, dass sie mehr oder weniger vorschnell psychische Probleme zugeben. Und natürlich sind die MtF-Befragungen anonym, auch wird den Studenten explizit gesagt, dass ihre Antworten anonym bleiben. Dieses Erfassen von Depressionssymptomen entspricht zwar nicht der klinischen Diagnose einer größeren Depression, belegt aber die Gefühle und Überzeugungen, die größere Risikofaktoren für eine tatsächlich diagnostizierte Depression darstellen.

Die Daten aus diesen Befragungen sind aussagekräftig: Innerhalb sehr kurzer Zeit sind die depressiven Symptome der Jugendlichen emporgeschnellt.

Die Anzahl der Jugendlichen, die der Aussage zustimmten »Ich habe das Gefühl, nichts richtig zu machen«, erreichte in den

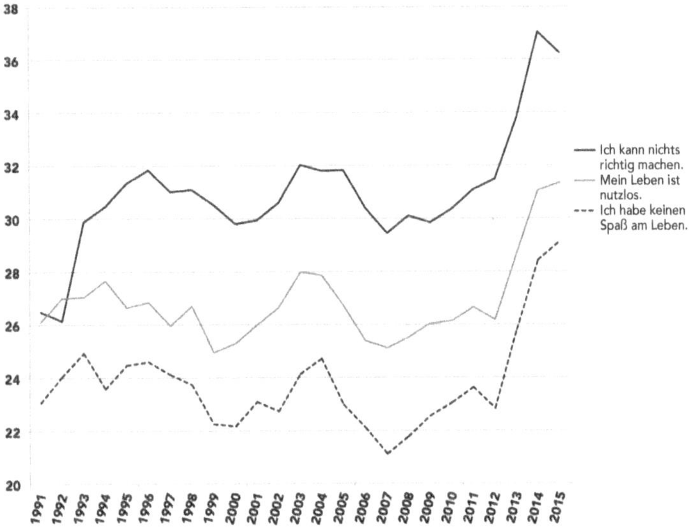

Prozentsatz der Acht-, Zehnt- und Zwölftklässler, die sich nicht festlegen oder meistens bzw. grundsätzlich den Aussagen zustimmen: »Ich habe das Gefühl, nichts richtig zu machen« oder »Mein Leben ist sinnlos« oder »Ich habe keinen Spaß am Leben«. Quelle: Monitoring the Future, 1989–2015.

letzten Jahren den Höchststand, wobei sie erst nach 2011 nach oben anstieg. In allen drei Altersgruppen erreichte das Gefühl, man könne nichts richtig machen, in den letzten Jahren ein Rekordhoch. Das ist nicht nur eine Welle – es ist ein Tsunami.

Die sozialen Medien könnten eine Rolle bei diesen Gefühlen der Unzulänglichkeit spielen: Viele Menschen posten nur ihre Erfolge online, daher merken viele Jugendliche nicht, dass ihren Freunden auch mal etwas misslingt. Wenn sie mehr Zeit persönlich mit ihren Freunden verbrächten, würden sie merken, dass sie selbst nicht die Einzigen sind, die Fehler machen. Eine Studie fand heraus, dass Studenten, die öfter Facebook nutzten, auch öfter deprimiert waren – doch nur, wenn sie gegenüber anderen

Neid empfanden. Die Forscher maßen Neid durch Aussagen, denen viele Nutzer von sozialen Medien zustimmen würden, zum Beispiel »Ich fühle mich generell anderen unterlegen«, »Viele meiner Freunde haben ein besseres Leben als ich« und »Viele meiner Freunde sind glücklicher als ich«. Megan Armstrong, eine Studentin an der Universität Missouri, die mit einer Depression kämpfte, beschrieb es so: »Man hört ständig darüber, dass das, was diese Person gemacht hat, wirklich fantastisch war. Da frage ich mich immer: Was tue ich eigentlich? Und was sollte ich eigentlich tun? Reicht es überhaupt aus?«

Azar, die Highschoolabsolventin im vierten Jahrgang, der wir bereits in früheren Kapiteln begegneten, hat sehr deutlich die positive Fassade der sozialen Medien bemerkt, die die hässliche Kehrseite der Wirklichkeit zudeckt. »Die Leute posten hübsche Instagram-Posts, etwa ›Mein Leben ist so toll‹. Ihr Leben ist aber scheiße! Sie sind doch Teenager«, sagt sie. »Sie posten: ›Ich bin so dankbar für meine beste Freundin.‹ Das ist doch Schwachsinn. Du bist nämlich nicht so dankbar für deine beste Freundin, weil sie dich in zwei Wochen mit deinem Freund betrügt, und dann hast du den großen Zickenkrieg, wobei man sich gegenseitig die Ohren abreißt. Genau so ist das Leben der Teenager.« Azars Einschätzung, witzig und traurig zugleich, nennt das Paradox der Generation Selfie beim Namen: Optimismus und Selbstvertrauen online überdecken eine tiefe Verletzlichkeit und sogar eine Depression im wirklichen Leben. Das ist die Lebensgeschichte der Selfies in den sozialen Medien, und es ist zunehmend auch die Geschichte ihrer Generation. Wie die Enten, die sie mit ihren Duckface-Schmollmündern nachmachen, sind die Mitglieder der Generation Selfie an der Oberfläche ruhig und gefasst, darunter aber rudern sie wie verrückt.

Das geht über ein bloßes Gefühl der Unzulänglichkeit hinaus. Mehr Jugendliche stimmen in den letzten Jahren mit der deprimierenden Feststellung »Mein Leben ist sinnlos« überein, wobei die Gefühle der Sinnlosigkeit Höchststände erreichen. Zusätzlich bejahen weniger Jugendliche die Aussage »Ich genieße mein Leben so wie jeder andere auch«. Mangelnde Zustimmung zu diesem Punkt ist ein klares Symptom für Depression, da Depressive fast immer sagen, dass sie ihr Leben nicht mehr so genießen, wie sie es früher taten. In den wenigen Jahren von 2012 bis 2015 sagten immer mehr Jugendliche, sie würden das Leben nicht genießen. In nur wenigen Jahren haben die Depressionen stark zugenommen – ein Trend, der in allen Ethnien auftaucht, in allen Regionen der USA, quer durch die sozioökonomischen Klassen, zudem in Kleinstädten, Vorstädten und großen Städten. Auf Tumblr, einer bei Jugendlichen beliebten Mikroblogging-Site, haben die Erwähnungen psychischer Probleme zwischen 2013 und 2016 um 248 Prozent zugenommen. »Wenn wir eine Umgebung schaffen wollten, die wirklich ängstliche Leute produziert – dann haben wir das erreicht«, meinte Janis Whitlock, Forscherin an der Cornell University. »Sie sind in einem Hexenkessel von Reizen gefangen, dem sie nicht entkommen können.«

Wie es auch für den Anstieg der Einsamkeit gilt, haben Mädchen die Hauptlast dieses Anstiegs depressiver Symptome getragen. Obwohl jugendliche Mädchen und Jungen früher mit gleich hoher Wahrscheinlichkeit Depressionssymptome entwickelten, erreichen die Mädchen darin heute deutlich höhere Ausprägungen. Depressionen bei Jungen stiegen zwischen 2012 und 2015 um 21 Prozent an, die der Mädchen dagegen um 50 Prozent – mehr als doppelt so viel. Und Mädchen verbringen mehr Zeit mit sozialen Medien als Jungen. »Wir sind die erste Generation, die den eigenen Problemen überhaupt nicht mehr entrinnen kann«, berichtete die 20-jährige Faith Ann Bishop der Zeitschrift *Time*.

Die psychische Gesundheit der Studenten verschlechtert sich gleichfalls. In einer größeren Langzeituntersuchung sagen heute Studenten mit größerer Wahrscheinlichkeit, sie verspürten eine überwältigende Angst und seien so deprimiert, dass sie nicht mehr voll handlungsfähig seien. Wie schon im Fall der Highschoolabsolventen stiegen auch hier Angst und Depression unlängst an – seit 2013.

Die US-Studienanfänger-Befragung von Collegestudenten weist ähnliche Trends auf. Jeder Indikator von psychischen Problemen in den Befragungen erreichte 2016 einen Höchststand – die emotionale Gesundheit schnitt dagegen unterdurchschnittlich ab (Zunahme seit 2009 um 18 Prozent). Das Gefühl, überfordert zu sein,

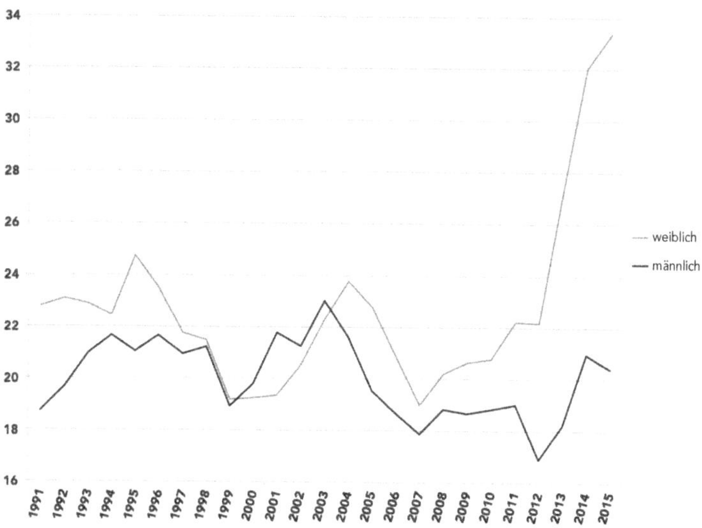

Depressive Symptome nach Geschlecht bei Acht-, Zehnt- und Zwölftklässlern. Quelle: Monitoring the Future, 1991–2015

verzeichnete eine Zunahme um 51 Prozent; die Absicht, eine Beratung in Anspruch zu nehmen, eine Steigerung um 64 Prozent; und – vielleicht am beunruhigendsten – das Gefühl, deprimiert zu sein, stieg um 95 Prozent an, fast eine Verdoppelung, mit beträchtlichen Sprüngen zwischen 2015 und 2016. Zum ersten Mal beschrieb 2016 die Mehrheit der Collegeanfänger ihren psychischen Zustand als unterdurchschnittlich. Insgesamt kämpfen immer mehr Studenten mit psychischen Problemen – nicht nur die, die in Beratungsstellen Hilfe suchen, sondern auch die aus den repräsentativen Stichproben, die die anonymen Befragungen ergänzen.

Der plötzliche starke Anstieg depressiver Symptome trat fast zur selben Zeit auf, als die Smartphones allgegenwärtig wurden

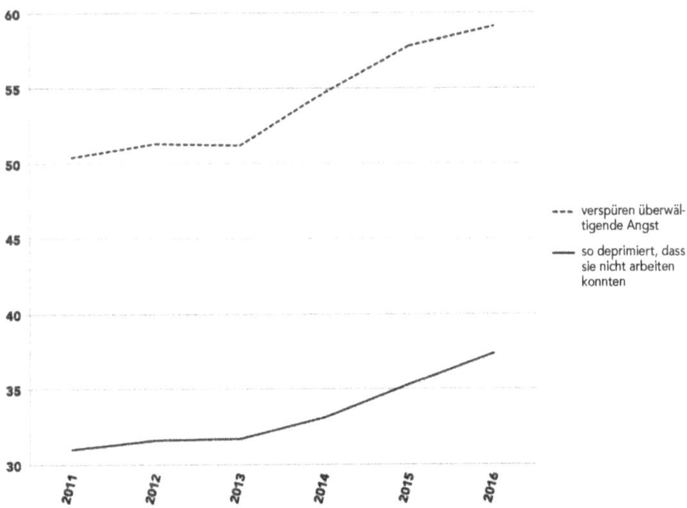

Prozentsatz der Vordiplomstudenten (College), die eine überwältigende Angst verspürten oder so deprimiert waren, dass sie innerhalb der letzten zwölf Monate nicht voll handlungsfähig waren, 2011–2016. Quelle: ACHA (American College Health Association)-Befragung von ca. 400 000 Studenten an 100 Campus

und die persönlichen Interaktionen zurückgingen. Solche Trends tauchen nicht zufällig zusammen auf, vor allem weil mehr Zeit in sozialen Medien und weniger persönlichen Interaktionen in Wechselbeziehung mit Depressionen steht. Bezieht man sich auf solche zusammenhängenden Daten, so könnte man daraus folgern, dass soziale Medien Depression verursachen, dass depressive Menschen möglicherweise mehr soziale Medien nutzen – oder dass ein dritter Faktor den Anstieg bei beiden Parametern erklärt. Selbst wenn die beiden Erklärungen für bestimmte Menschen zutreffen, können sie nicht sonderlich gut erklären, warum die Depression so plötzlich anstieg. Das lässt die Möglichkeit eines unbekannten, weiteren Faktors offen, der plötzlich vermehrte Depressionen bei Teenagern zur Folge hatte. Könnte die große Rezession 2007 bis 2009 dieser äußere Faktor sein? Sie kam sehr

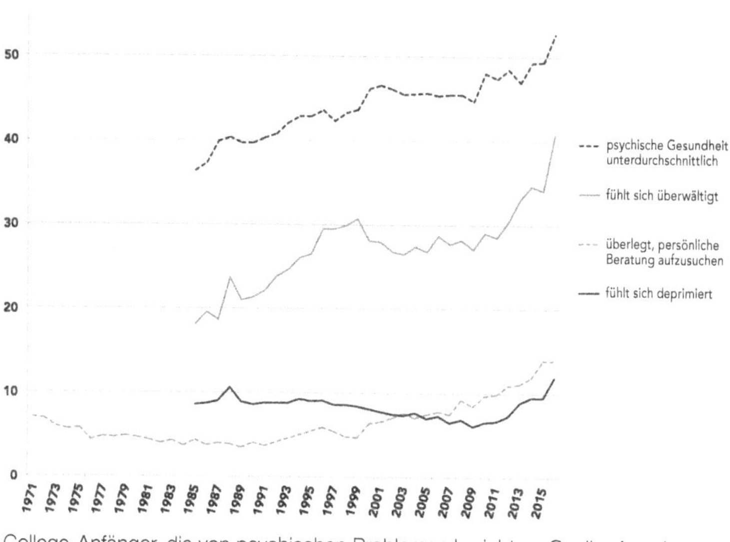

College-Anfänger, die von psychischen Problemen berichten. Quelle: American Freshman Survey, 1971–2016

plötzlich auf, doch der Zeitpunkt ist der falsche. Die Arbeitslosigkeit, einer der besten Indikatoren, der anzeigt, wie die reale Wirtschaft auf Menschen wirkt, erreichte 2010 ihren Höhepunkt und ließ dann nach – genau das gegenteilige Muster wie bei der Depression, die bis 2012 stabil blieb und danach zurückging. Smartphones jedoch legten in der gleichen Zeit an Beliebtheit zu.

Warum könnten Smartphones Depressionen bewirken? Zum einen kann mit hoher Wahrscheinlichkeit das Gefühl der Angst ausgelöst werden, wenn man auf die eigene Textnachricht oder Message in den sozialen Medien keine Antwort erhält – ein üblicher Vorläufer der Depression. Ein Gedankenaustausch von drei 16-jährigen Mädchen aus Los Angeles hielt das in *American Girls* fest: »Ich denke, wir alle analysieren das viel zu sehr«, meinte

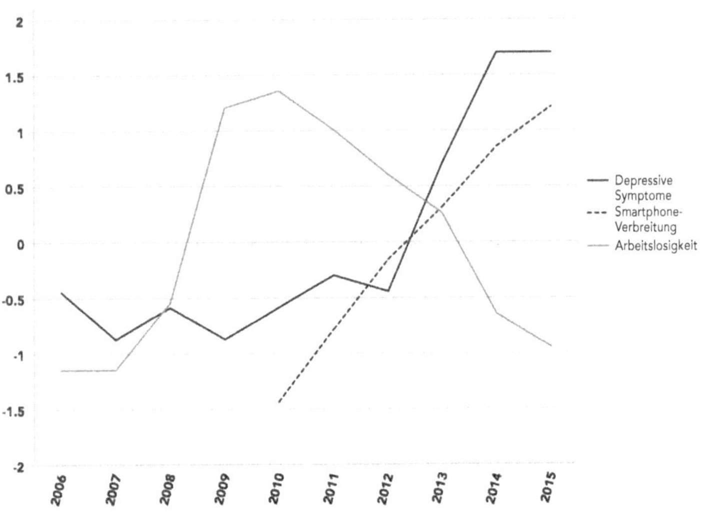

Smartphone-Besitz unter Amerikanern; jährliche Arbeitslosigkeitsrate und depressive Symptome bei Zehntklässlern. Quelle: Monitoring the Future, 2006–2015 (Variablen wurden standardisiert.)

Greta und bezog sich damit auf Jungen, die nicht auf eine Textnachricht oder Snapchats antworten. »Es funktioniert in beiden Richtungen. Ich finde das gut, denn wenn ich irgendwie sauer auf einen Jungen bin, dann kann er sehen, dass ich seine Botschaft gelesen habe, und er *weiß*, dass ich ihn ignoriere.« – »Es macht aber Stress, wenn man selbst davon betroffen ist«, meinte Melissa. »Und eine Depression«, ergänzte Padma. »Wenn sie deine Textnachrichten ignorieren, dann fragst du dich schon mal, ›Warum lebe ich überhaupt?‹«

Außerdem könnten Mädchen wegen der Auswirkungen der sozialen Medien auf ihren psychischen Zustand besonders verwundbar sein. Der Nachdruck auf perfekten Selfies hat das Thema Körperbild bei den Mädchen verstärkt, die oft regelrecht nach Likes jagen und dafür Hunderte von Fotos aufnehmen, um genau das richtige hinzukriegen, sich dann aber hinterher trotzdem so zu fühlen, als hätten sie es nicht geschafft. »Sie geben dir das Gefühl, dass du dich ändern musst, vielleicht abnehmen oder zunehmen, anstatt einfach so zu sein, wie du bist«, sagte eine 16-Jährige in *American Girls*. »Jeden Tag ist es so, als müsstest du aufwachen und eine Maske aufsetzen und versuchen, jemand anders zu sein, statt einfach du selbst zu bleiben«, meinte eine andere, »und du kannst nie glücklich sein.« Die 19-jährige Essena O'Neill, ein Model, das ihren Lebensunterhalt mit dem Posten ihrer Fotos auf Instagram verdiente, löschte im November 2015 plötzlich ihre Konten in den sozialen Medien. Sie postete ein Video auf YouTube, in dem sie erklärte: »Ich habe Stunden damit verbracht, perfekte Mädels online anzusehen und mir zu wünschen, ich wäre sie. Dann, als ich ›eine von ihnen‹ war, war ich immer noch nicht glücklich oder im Reinen mit mir selbst. Die sozialen Medien sind nicht das wirkliche Leben.« Ihre Fotos, die wie Schnappschüsse aussahen, brauchten tatsächlich mehrere Stunden zur Entstehung und bis zu Hunderten von Versuchen, bis sie gut waren. Die Sorge um die Anzahl ihrer Follower »hat mich erdrückt… ich fühlte mich elend.«

Doppelte Sexualitätsstandards sind ebenfalls online sehr klar zu erkennen. Mädchen haben oft das Gefühl, dass sie nicht gewinnen können – ein sexy Foto wird viele Likes nach sich ziehen, lädt aber auch zum Slut Shaming ein, zum »Schlampen-Dreschen«. Das übliche Dilemma der Mädchen, wer was zu wem gesagt hat und wer in wen verknallt ist, wird gleichfalls in den sozialen Medien ausgetragen, was die Mädchen rund um die Uhr dem Hin und Her einer oftmals toxischen Interaktion aussetzt, und zwar ohne jegliche Gesichtsausdrücke und Gesten. Die ständige Teenagerfrage von Mädchen: »Ist sie sauer auf mich?«, ist auf einem Smartphone viel schwieriger zu beantworten.

Eine Epidemie der Qualen: Schwere depressive Störung, Selbstverletzung und Selbstmord

Madison Holleran verkörperte alles, wie die meisten jungen Mädchen auch gern wären: Sie war schön, erfolgreich in der Uni und sportlich. Sie wuchs in New Jersey auf, war eines von fünf Geschwistern in einer Familie mit großem Zusammenhalt, und sie ging auf das College an der University of Pennsylvania, wo sie im Laufteam war. Wie viele Studentinnen postete sie Bilder von sich auf ihrer Instagram-Seite: Sportlertreffen, Freunde, Partys. »Madison, du siehst so aus, als wärst du auf dieser Party sehr glücklich«, sagte ihre Mutter zu ihr. »Mama«, gab Madison zurück, »das ist nur ein Bild.«

Madisons Instagram-Konto erfasste nicht, was tatsächlich in ihr vorging: Sie war depressiv. Sie hatte, wie sie ihrer Freundin Emma anvertraute, Angst erwachsen zu werden. Ihr graute davor, weil sie nicht wusste, was als Nächstes kommen würde. Und sie musste noch den Führerschein machen. Nach einem harten ersten Semester an der Uni suchte sie in der Nähe ihres Elternhauses in New Jersey einen Therapeuten auf. Eines Tages im Januar während ihres Anfängerjahres rief ihr Vater sie an und fragte sie, ob sie in Philadelphia einen Therapeuten gefunden hätte, damit sie die Behandlung dort fortsetzen könnte, wenn sie dort zur Uni ging. »Nein, aber mach dir keine Sorgen, Daddy, ich finde schon einen«, sagte sie. Wenige Stunden später sprang sie vom Dach eines neunstöckigen Parkhauses in den Tod. Sie war 19 Jahre alt.

Was wir bisher diskutiert haben, sind Symptomvariationen innerhalb der normalen Bevölkerung: beunruhigende Anzeichen, aber noch keine Beweise für eine Depression, die klinisch behandelt werden müsste. Diese Gefühle sind immer noch sehr wichtig, da sie eine größere Anzahl von Jugendlichen betreffen und zugleich Risikofaktoren für ernsthaftere Krankheiten sind. Meistens aber erreichen sie nicht den Grad einer lähmenden psychischen Krankheit. Daher darf man wohl fragen: Wurde der Anstieg des Gefühls der Einsamkeit, der Depression und der Angst begleitet von Veränderungen bei der diagnostizierbaren Depression und deren extremster Folge, dem Selbstmord?

Das US-Gesundheitsministerium erfasst seit 2004 amerikanische Jugendliche mit klinischen Depressionen in einem nationalen Drogenbericht (NSDUH). Das Projekt lässt ausgebildete Interviewer alljährlich eine repräsentative Stichprobe bei mehr als 17 000 Jugendlichen (im Alter von 12 bis 17) quer durch das ganze Land erheben. Die Teilnehmer hören die Fragen über Kopfhörer und tragen ihre Antworten direkt auf einem Notebook ein, wobei Privatsphäre und Vertraulichkeit gewährleistet sind. Die Fragen beruhen auf Kriterien für eine schwere depressive Störung, wie sie im Handbuch für Diagnose und Statistik (DSM – Diagnostic and Statistical Manual) der Amerikanischen Psychiatrischen Gesellschaft (APA – American Psychiatric Association), dem höchsten Diagnosestandard psychischer Störungen, dokumentiert sind. Zu den Kriterien gehören die Erfahrung einer depressiven Stimmung, Schlaflosigkeit, Erschöpfung oder eine deutlich verringerte Freude am täglichen Leben, die seit mindestens zwei Wochen anhält. Die Studie wurde speziell entworfen, um einen Maßstab zu erhalten, wie häufig psychische Störungen bei Amerikanern auftreten, unbeschadet der Frage, ob sie sich je einer Behandlung unterzogen haben. Eine Studie wie diese ist also denkbar verlässlich und aussagekräftig.

Die Untersuchung durch diese Studie zeigt einen erschreckenden Anstieg von Depressionen innerhalb kurzer Zeit: 56 Prozent mehr Jugendliche hatten 2015 eine größere depressive Phase als noch im Jahr 2010, und 60 Prozent mehr erlebten eine ernsthafte Beeinträchtigung.

Mehr junge Menschen erleben nicht nur depressive Symptome oder ein Gefühl der Angst, sondern eine klinisch diagnostizierbare schwere Depression. Angesichts von mehr als einem von neun Teenagern und einem von elf jungen Erwachsenen, die an einer schweren Depression leiden, ist das nicht gering zu achten. Mehr noch als die Daten zu ansteigenden Einsamkeits- und Depressionssymptomen belegen diese Daten, dass etwas im Leben der amerikanischen Teens gewaltig schiefläuft.

Wie schon im Fall der depressiven Symptome und der Einsamkeit ist der Anstieg schwerer depressiver Phasen bei Mädchen weitaus größer – bei dem Geschlecht also, das wahrschein-

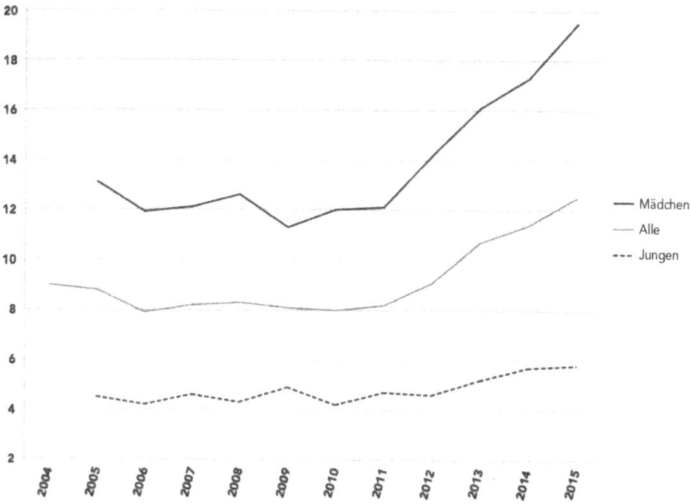

Prozentsatz der 12- bis 17-Jährigen, die innerhalb der letzten zwölf Monate eine größere depressive Periode oder eine größere depressive Periode mit ernsthafter Beeinträchtigung erlitten, insgesamt und nach Geschlecht. Quelle: National Survey on Drug Use and Health, US-Department of Health and Human Services, 2004–2015

Depressionen bei deutschen Jugendlichen

In Deutschland hat sich die Zahl der Kinder und Jugendlichen unter 15 Jahren, die aufgrund einer Depression stationär betreut wurden, seit dem Jahr 2000 (410 Fälle) verzehnfacht (2015: 4600 Fälle). Auch in der Altersgruppe der 15- bis 24-Jährigen war eine starke Zunahme zu beobachten: Während es im Jahr 2000 rund 5200 vollstationär behandelte Patientinnen und Patienten gab, war die Zahl im Jahr 2015 mit rund 34 300 fast siebenmal so hoch.[27]

lich die sozialen Medien zu viel nutzt. 2015 hatte eines von fünf jungen Mädchen während der vergangenen zwölf Monate eine schwere depressive Phase.

Depressive Jugendliche neigen mit größerer Wahrscheinlichkeit zur Selbstverletzung, zum Beispiel durch Ritzen. Fadi Haddad, ein Psychiater am Bellevue Hospital in New York City, äußerte sich gegenüber der Zeitschrift *Time*: »Jede Woche haben wir ein Mädchen, das in die Notaufnahme kommt, nachdem ein Gerücht oder ein Vorfall auf den sozialen Medien sie aufgewühlt hat.« Diese Einweisungen in die Notaufnahme sind fast immer dadurch verursacht, dass die Mädchen sich selbst verletzt haben. Zwischen 2011 und 2016 gaben (in der ACHA-Befragung) 30 Prozent mehr Studenten an, sich absichtlich selber verletzt zu haben. Manche Jugendliche besprechen ihre Selbstverletzung auf den sozialen Medien. Eine Studie fand heraus, dass der Hashtag »#selfharmmm« von 1,7 Millionen Erwähnungen auf Instagram 2014 auf 2,4 Millionen im Jahr 2015 anstieg. Die Extra-m's sollen offenbar witzig sein – eine grausame Ironie, entstanden aus dem Gefühl der Erlösung, von dem manche Selbstverletzende berichten. Viele Eltern haben keine Ahnung, was ihre Kinder in den sozialen Medien anstellen, und viele fühlen sich hilflos, so Haddad. Eine Mutter bekam heraus, dass ihre sich selbstverletzende Tochter 17 Facebook-Accounts hatte, die diese Mutter prompt schloss. »Wozu soll das gut sein?«, fragte Haddad. »Dann gibt es eben einen achtzehnten Account.«

Eine größere Depression, vor allem, wenn sie schwerwiegend ist, stellt den hauptsächlichen Risikofaktor für Selbstmord dar. Eine Highschoolschülerin vertraute Whitney Howard, einer anderen Schülerin im Staat Utah an, sie begreife überhaupt nicht, wie jemand Selbstmord begehen könne. Wie kann es nur so weit kommen? »Sie hatte keine Ahnung, dass mir selber nach Selbstmord war«, meinte Whitney. »Ich habe es mit einer Überdosis Schmerzpillen versucht.« Eine Depression, erklärt sie, »ist eine Leere, jegliches Fehlen von Gefühl. Sie betäubt dich und zieht alles Glück, alle Hoffnung und Freude aus dir heraus. Denk an die Dementoren bei ›Harry Potter‹.« Zwischen 2009 und 2015 hat die Anzahl der Highschoolmädchen, die ernsthaft einen Selbstmord in Betracht zogen, um 34 Prozent zugenommen, und die Anzahl derjenigen, die einen Selbstmord versuchten, stieg um 43 Prozent an. Die Zahl der Studenten, die ernsthaft einen Selbstmord erwogen, stieg zwischen 2011 und 2016 um 60 Prozent an.

Selbstmord, ein sorgfältig beobachtetes Verhalten, ist, ganz unabhängig von möglichen Unregelmäßigkeiten bei den Selbsteinschätzungserhebungen, die extremste und leider die objektive Folge einer Depression. Wenn die Selbstmordraten angestiegen sind, ist dies ein klarer Hinweis, dass die Depressionen einen problematischen Grad erreicht haben; leider trifft genau das zu. Nach einem Rückgang während der 1990er Jahre und einer Stabilisierung in den 2000ern ist die Selbstmordrate bei Jugendlichen wieder angestiegen. 46 Prozent mehr 15- bis 19-jährige Mädchen, verglichen mit 2007, haben 2015 Selbstmord verübt; zweieinhalb Mal mehr 12- bis 14-Jährige töteten sich selbst. Das sind erschütternde Zahlen.

Der Suizidanstieg ist bei Mädchen stärker. Obgleich die Zahlen bei beiden Geschlechtern anstiegen, haben sich 2015 drei Mal so viele zwölf- bis 14-jährige Mädchen getötet wie 2007, verglichen mit doppelt so vielen Jungen. Auch wenn die Selbstmordrate bei Jungen immer noch höher ist (vermutlich deshalb, weil sie eher tödliche Methoden anwenden), holen die Mädchen allmählich auf.

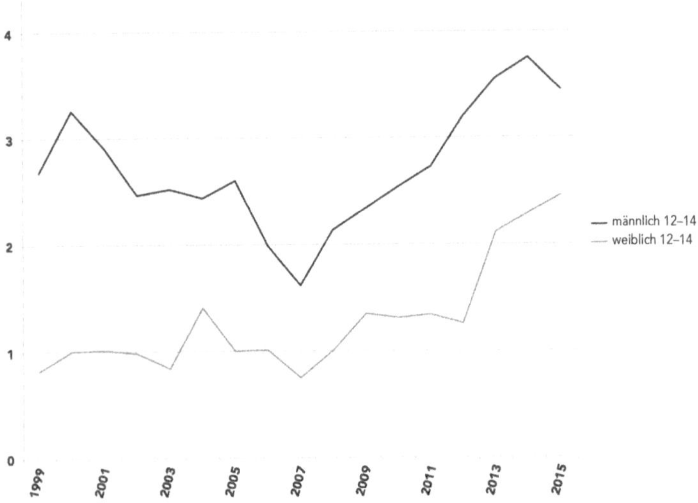

Selbstmordrate auf 100 000 in der Altersgruppe der Zwölf- bis 14-Jährigen, nach Geschlecht. Quelle: Fatal Injury Reports, Centers for Disease Control and Prevention, 1999–2015

Bei einer Tat wie Selbstmord – das Ende eines jungen und kostbaren Lebens – ist dies ein außerordentlich besorgniserregender Anstieg. Und er überrascht auch, weil heute mehr Amerikaner Antidepressiva einnehmen (im letzten Jahr einer von zehn, mehr als doppelt so viele wie zur Mitte der 1990er). Antidepressiva sind sehr wirksam bei einer ernsthaften Depression – bei dem Zustand also, der am stärksten mit Selbstmord verbunden ist. Doch sie waren nicht wirksam genug, um den Anstieg der Selbstmorde bei Jugendlichen aufzuhalten, der sich gerade um die Zeit ereignete, als die Smartphones sich verbreiteten. Wir können nicht mit Sicherheit behaupten, die Smartphones seien schuld, doch der Zeitpunkt ist immerhin sehr verdächtig. Bei doppelt so vielen Selbstmorden von jungen Menschen muss nun eindeutig etwas geschehen.

Selbstmord bei deutschen Jugendlichen
In Deutschland ist jede fünfte Todesursache bei Jugendlichen ein Suizid – nach den Verkehrsunfällen die zweithäufigste Todesursache. Rund zwei Drittel aller Fälle betreffen Jungen. In der Altersgruppe der 10- bis 14-Jährigen verdoppelte sich die Suizidrate von 2008 bis 2014 (0,4 auf 0,8 Todesfälle je 100 000 in der Altersgruppe). Bei 15- bis 17-jährigen Jugendlichen lag die Suizidrate im selben Zeitraum jährlich zwischen 3–4 Todesfällen (je 100 000 in der Altersgruppe).[28]

Woher kommt der Anstieg von psychischen Problemen?

Obwohl der Anstieg von Angst, Depression und Selbstmord sich zur gleichen Zeit wie das Aufkommen der Smartphones ereignet hat, scheint es sinnvoll, noch andere Ursachen in Betracht zu ziehen. Ein Artikel in der Literaturzeitschrift *The Atlantic* führte die psychischen Probleme bei Jugendlichen fast ausschließlich auf den akademischen Druck zurück. »Die Schüler sind gefordert, den anspruchsvollen Studiengang zu absolvieren, einen guten Notendurchschnitt zu bekommen ... Die Schule wird anspruchsvoller,« meinte ein Highschoolberater. Ein guter Indikator für den akademischen Druck ist das Ausmaß an Zeit, das die Schüler für Hausaufgaben verwenden, und wie wir im Kapitel *Keine Eile* gesehen haben, ist die Zeit, die die Schüler für Hausaufgaben verwandten, verglichen mit früheren Jahrzehnten geringer geworden oder ungefähr gleich geblieben, wobei zwischen 2012 und 2016 nur eine leichte Änderung zu verzeichnen war – es waren die Jahre, als die Zahl der Fälle von Depression in die Höhe schoss. Und wie wir im Kapitel *Nicht mehr persönlich* sahen, werden Schüler, die mehr Zeit für die Hausaufgaben verwenden, tatsächlich weniger wahrscheinlich depressiv. Es scheint daher höchst unwahrscheinlich, dass zu viel Zeit für das Studium den Anstieg von Angst und Depression verursacht haben könnte.

Andere Gründe scheinen ebenfalls weniger zuzutreffen, bezieht man sich auf die verfügbaren Hinweise. Wir können die möglichen Ursachen einem zweiteiligen Test unterziehen: Erstens müssen sie mit den psychischen Problemen oder dem Unglücklichsein in Beziehung stehen (vgl. Kapitel *Nicht mehr persönlich*); zweitens müssen sie sich zur selben Zeit und in dieselbe Richtung verändert haben. Die Zeit, die für Hausaufgaben verwendet wurde, fällt bei beiden Tests durch – sie hängt nicht mit der Depression zusammen, und sie hat sich während dieser Zeitperiode nicht wesentlich verändert. Das Fernsehen ist zwar mit Depression verbunden, doch Jugendliche sehen heute weniger fern als früher, weshalb es den zweiten Test nicht besteht. Die Zeit, die für Bewegung und Sport verwendet wurde, ist mit weniger Depression verknüpft, doch diese Zeit hat sich seit 2012 nicht sehr verändert, weshalb auch sie den zweiten Test nicht besteht.

Nur drei Aktivitäten bestehen definitiv beide Tests – an erster Stelle steht die Displayzeit bei den neuen Medien (zum Beispiel elektronische Geräte und soziale Medien): Sie steht mit psychischen Problemen und/oder dem Unglücklichsein in Verbindung, und sie stieg zur gleichen Zeit an. An zweiter und dritter Stelle sind persönliche Interaktionen und Printmedien mit weniger Unglücklichsein und weniger Depression verknüpft, und beide nahmen zur gleichen Zeit ab, als die psychische Gesundheit nachließ. Eine einleuchtende Theorie umfasst drei mögliche

Ursachen: 1. Mehr Zeit vor dem Display hat direkt zu mehr Unglücklichsein und Depression geführt;

2. mehr Zeit vor dem Display hat zu weniger persönlicher Interaktion geführt, was Unglücklichsein und Depression bewirkte;

3. mehr Zeit vor dem Display hat zu geringerer Nutzung von Printmedien geführt, was Unglücklichsein und Depression zur Folge hatte.

Am Ende führen alle genannten Mechanismen auf die eine oder andere Art auf die Zeit vor den Displays der neuen Medien zurück. In jedem Fall ist diese Zeit der Kern des Problems.

Natürlich können diese Daten, selbst bei diesen Hinweisen, nicht definitiv zeigen, dass die Entwicklung hin zu mehr Zeit vor dem Display mehr psychische Probleme bewirkt hat. Jedoch können andere Studien dies leisten. In Experimenten wurde Probanden zufällig mehr oder weniger Zeit vor dem Display zugeteilt und über eine bestimmte Zeitperiode hin ihr Verhalten beobachtet. Das Ergebnis in beiden Fällen: Mehr Zeit vor dem Display erzeugte mehr Angst, Depression, Einsamkeit und geringere emotionale Verbundenheit. Es scheint klar, dass zumindest ein Teil des unvermittelten und starken Anstiegs an Depressionen dadurch verursacht wurde, dass Jugendliche mehr Zeit vor ihren Displays verbringen.

Eine weitere Möglichkeit: Die Selfies sind auf die Adoleszenz und das frühe Erwachsenenleben nicht vorbereitet, und zwar aufgrund ihrer fehlenden Unabhängigkeit. Solange die Generation Selfie weniger wahrscheinlich arbeitet, mit eigenem Geld umgeht bzw. selber zur Highschool fährt, entwickelt sie vielleicht auch nicht jene Belastbarkeit, die entstehen kann, wenn man die Dinge selber tut. In einer Studie wurden Studenten gefragt, ob ihre Eltern »jede meiner Bewegungen überwachen«

würden, »sich einschalten, um meine Lebensprobleme zu lösen« und »mich nicht eigenständig meine Sachen erledigen« ließen. Schüler, deren Eltern diese Charakteristika an den Tag legten (oft werden sie »Helikopter-Eltern« genannt), verfügten über ein geringeres psychisches Wohlbefinden und eine höhere Wahrscheinlichkeit, Medikamente gegen Angst und Depression verschrieben zu bekommen. Eine verringerte Unabhängigkeit besteht also beide Tests: Sie ist mit psychischen Problemen verknüpft, und sie hat sich zur gleichen Zeit verändert.

Der Song »Stressed Out« (2016) von den Twenty One Pilots benennt diese mögliche Verbindung zwischen dem langsamen Erwachsenwerden und psychischen Problemen. In ihrem Musikvideo fahren die Bandmitglieder mit übergroßen Dreirädern auf einer Vorortstraße in Columbus, Ohio, und trinken Caprisonne mit Strohhalmen. Der Leadsänger Tyler Joseph sagt, er wünscht sich, sie könnten »die Zeit zurückdrehen zu den guten alten Tagen, als uns unsere Mama in den Schlaf sang«. Das Erwachsenenleben ist auch eine plötzliche, unerwartete Realität: Ihre Eltern, so sagen sie, »lachen uns ins Gesicht und sagen ›Wach auf, du musst Geld verdienen‹«. Tyler Joseph dachte, seine Ängste würden vergehen, wenn er älter würde, aber nun ist er unsicher und fragt sich, was die anderen Leute denken. Dieser Song war 2016 die Nummer zwei in den US-Charts, und das Video wurde auf YouTube mehr als 800 Millionen Mal angeklickt. Wie Alyssa Driscoll, Studentin an der Asbury University, schrieb, sagt der Song »genau das aus, was wir denken ... er packt uns wirklich«.

In dem Video trägt Tyler schwarzes Make-up an Hals und Händen, nach seinen Worten eine Metapher für Stress. Es stellt »ein Gefühl dar, als ob man ersticke«, wie er in einem Interview sagte. Das hört sich stimmig an: Den eigenen Weg als Heranwachsender zu finden kann schwierig sein, wenn die Kindheit ein schützender Kokon war und einem immer gesagt wurde, man solle sich keine Gedanken darüber machen, was andere Leute denken. Plötzlich ist es aber wichtig, was andere Leute denken, plötzlich muss man erwachsen sein, und das macht Stress. Bei der Wahl zwischen einem Studentendarlehen und Baumhäusern, singt er, würden wir doch alle das Baumhaus wählen.

Den Schlaf rauben

Ehe man zu Bett geht, schaut man noch einmal bei der jugendlichen Tochter nach. Es sieht so aus, als hätte sie ihr Licht ausgeknipst, aber man ist sich da nicht sicher. Dann sieht man es: das schwache blaue Licht ihres Smartphones, das sie im Bett anschaut.

Viele Selfies sind so süchtig nach den sozialen Medien, dass sie Schwierigkeiten haben, ihre Smartphones wegzulegen und dann zu schlafen, wenn sie es sollten. »Ich bleibe die ganze Nacht wach und schaue auf mein Smartphone«, gibt eine 13-Jährige aus New Jersey in *American Girls* zu. Jede Nacht versteckt sie sich unter ihrer Decke und schreibt Textnachrichten, so weiß ihre Mutter nicht, dass sie wach ist. Meist wacht sie müde auf, meint aber: »Ich trinke einfach ein Red Bull.« Die 13-jährige Athena erzählte mir das Gleiche: »Ein paar meiner Freundinnen gehen nicht schlafen, bis, na ja, zwei Uhr morgens.« – »Ich nehme an, nur in den Sommerferien?«, fragte ich. »Nein, auch während der Schulzeit«, sagte sie. »Und wir müssen schon um Viertel vor sieben aufstehen.«

Die Smartphone-Nutzung hat die Schlafzeit der Jugendlichen

verringert: Mehr von ihnen schlafen heute weniger als sieben Stunden. Schlafexperten sagen, dass Jugendliche nachts ungefähr neun Stunden schlafen sollten – ein Jugendlicher, der nachts weniger als sieben Stunden schläft, hat also einen signifikanten Schlafmangel. 57 Prozent mehr Jugendliche litten 2015 unter Schlafmangel als noch 1991. In den drei Jahren von 2012 bis 2015 hatten 22 Prozent mehr Jugendliche weniger als sieben Stunden Schlaf.

Wie immer kann man auch hier nur schwer sagen, was die Ursache eines Trends ist, der sich über eine bestimmte Zeit hinweg erstreckt. Dennoch ist der Zeitpunkt des Schlafrückgangs verdächtig: Er trat ein, als die meisten Jugendlichen sich Smartphones zulegten, um 2011 oder 2012. Der Rückgang ist außerdem bei Mädchen stärker als bei Jungen, und Mädchen sind in den sozialen Medien aktiver.

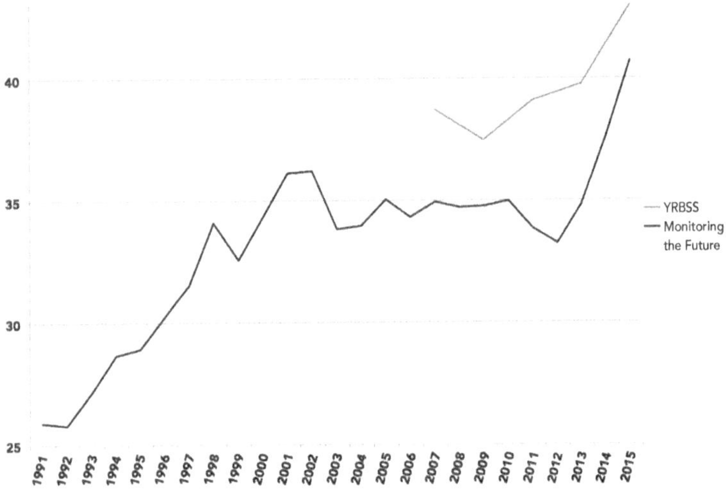

Prozentsatz der Jugendlichen, die durchschnittlich weniger als sieben Stunden schlafen; Acht-, Zehnt- und Zwölftklässler (Quelle: Monitoring the Future) und Neunt- bis Zwölftklässler (Quelle: YRBSS), 1991–2015

Wenn Jugendliche, die mehr Zeit online verbrachten, auch weniger schliefen, wäre dies ein weiterer Hinweis darauf, dass die neuen Medien und Smartphones hinter dem Schlafmangel stecken können. Und das ist tatsächlich der Fall: Jugendliche, die täglich drei oder mehr Stunden an ihren elektronischen Geräten verbrachten, hatten mit einer Wahrscheinlichkeit von 28 Prozent weniger als sieben Stunden Schlaf. Jugendliche, die täglich die sozialen Medien nutzten, bekamen mit einer Wahrscheinlichkeit von 19 Prozent nicht genügend Schlaf. Die Anzahl der Jugendlichen, die nicht genug schlafen, steigt nach zwei oder mehr Stunden täglicher Nutzung elektronischer Geräte an und steigert sich von da an extrem. Eine ausführliche Metaanalyse von Studien zum Gebrauch elektronischer Geräte unter Kindern ergab ähnliche Resultate: Kinder, die vor dem Schlafengehen ein elektronisches Gerät benutzten, schliefen wahrscheinlich weniger, als sie sollten; sie schliefen wahrscheinlich weniger tief, und mit doppelter Wahrscheinlichkeit waren sie während des Tages schläfrig.

Elektronische Geräte und die sozialen Medien scheinen eine deutlichere Auswirkung auf den Schlaf als alle älteren Medienformen zu haben. Jugendliche, die öfter Bücher und Zeitschriften lesen, werden wahrscheinlich weniger Schlafmangel haben – entweder lässt sie das Lesen einschlafen, oder sie können das Buch weglegen, wenn es Zeit zum Schlafen ist. Die Zeit vor dem Fernseher ist kaum mit der Schlafenszeit verbunden. Offenbar können Jugendliche, die viel fernsehen, den Apparat ausschalten und schlafen gehen, während diejenigen mit ihren Smartphones das nicht können. Die Faszination des Smartphones, sein blaues Licht, das im Dunkeln leuchtet, ist zu unwiderstehlich.

Andere Aktivitäten, die viel Zeit in Anspruch nehmen wie etwa Hausaufgaben oder eine bezahlte Arbeit, vergrößern gleichfalls

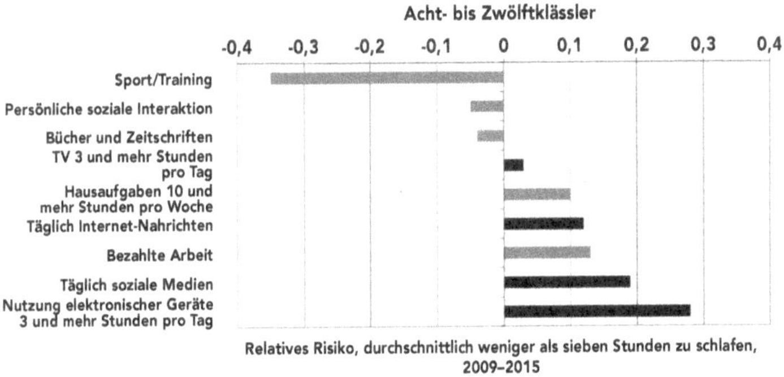

Relatives Risiko, durchschnittlich weniger als sieben Stunden zu schlafen, je nach Display- (schwarze Balken) und Nicht-Display-Aktivitäten (graue Balken)
Quelle: Monitoring the Future und YRBSS, 2009–2015

das Risiko, zu wenig Schlaf zu bekommen. Weil aber Jugendliche 2015 ungefähr die gleiche Zeit für Arbeit und Hausaufgaben verwandten wie im Jahr 2012, sind diese Aktivitäten mit geringerer Wahrscheinlichkeit die Ursache für den Anstieg des Schlafmangels seit 2012. Weitere zeitaufwändige Aktivitäten wie etwa das Training oder die mit Freunden persönlich verbrachte Zeit führen ebenfalls zum Ergebnis, mehr Schlaf zu bekommen. Die Nutzung der neuen Medien ist sowohl am stärksten mit dem Schlafmangel verbunden als auch die einzige Aktivität, die zwischen 2012 und 2015 signifikant anstieg. Somit scheinen Smartphones die Hauptursache für den jüngsten Anstieg des Schlafmangels zu sein. Die Benutzung dieser neuen Technologie hat also die physische wie auch die psychische Gesundheit nachteilig beeinflusst.

Schlafmangel kann ernsthafte Folgen haben. Schlafmangel ist mit unendlich vielen Problemen verknüpft, wozu auch eingeschränktes Denken und Urteilen, die Anfälligkeit für Krankheiten, gesteigerte Gewichtszunahme und Bluthochdruck gehören. Schlafmangel hat außerdem eine starke Wirkung auf die Stimmung: Menschen, die nicht genug schlafen, sind anfällig für Depression und Angst.

Hört sich das alles bekannt an? Schlafmangel kann ein weiterer Grund sein, warum die Generation Selfie mit größerer Wahrscheinlichkeit depressiv ist. Jugendliche, die nicht ausreichend schlafen, berichten mit doppelt so hoher Wahrscheinlichkeit von höheren Graden depressiver Symptome (was für 31 Prozent zutrifft, während die Rate bei denen, die mehr schlafen, nur 12 Prozent beträgt). Jugendliche, die weniger als sieben Stunden pro Nacht schlafen, weisen mit 68 Prozent größerer Wahrscheinlichkeit mindestens einen Risikofaktor für Selbstmord auf. Schlafmangel ist der ultimative Stimmungskiller, und im Lauf der Zeit kann sich das zu ernsthaften psychischen Problemen auswachsen.

Diese Risiken sind fast identisch quer durch alle Geschlechter, Hautfarben und sozioökonomischen Schichten; also sind diese Faktoren nicht der Grund dafür. Interessante neue Forschungen

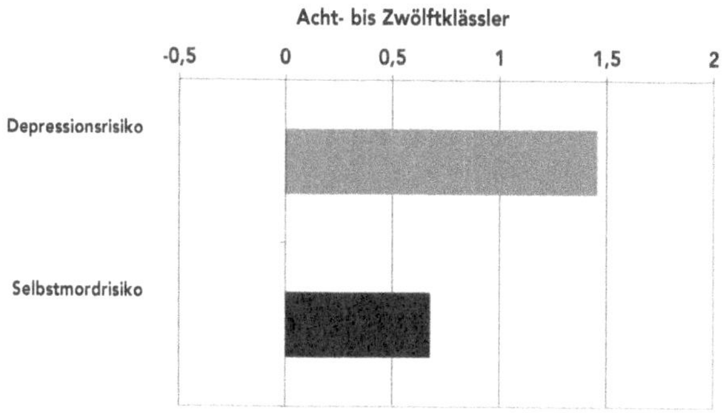

Relatives Risiko für Depression und Selbstmord durch weniger als sieben Stunden Schlaf in den meisten Nächten, 2009–2015

Relatives Risiko, ein hohes Ausmaß an depressiven Symptomen oder mindestens einen Selbstmordrisikofaktor aufzuweisen, durch weniger als sieben Stunden Schlaf in den meisten Nächten; Acht- und Zehntklässler (Quelle: Monitoring the Future) bzw. Neunt- bis Zwölftklässler (Quelle: YRBSS), 2009–2015

zeigen: Das blaue Licht, das die elektronischen Geräte ausstrahlen, vermittelt unserem Gehirn, es sei noch Tag. Somit braucht das Gehirn länger, um einzuschlafen. Es ist vermutlich auch nicht gerade hilfreich, dass der Austausch in den sozialen Medien, vor allem bei Mädchen, so dramatisch verläuft – nicht gerade die erste Wahl, wenn man versucht, vor dem Zubettgehen noch zu entspannen. Smartphones könnten demnach Schlafmangel verursachen, was Depression zur Folge haben kann, oder die Smartphones könnten Depression verursachen, was zu Schlafmangel führt. Alles wurzelt in der Faszination der Smartphones: Ihr Klingeln ist der reinste Sirenengesang, und die Jugendlichen gehen ihnen in die Falle (anstatt in ihre eigene).

Was können wir tun?

Brian Go, im dritten Studienjahr am California Institute of Technology, schrieb laut seinen Eltern eine E-Mail an eine Therapeutin am Beratungszentrum der Universität, worin er um Hilfe bat. Nach der Trennung von seiner Freundin wusste er nicht mehr, ob er »den Willen hätte weiterzumachen«. Die Beraterin antwortete ihm, dass sie ihm in den nächsten Tagen keinen Termin anbieten könnte. Kurz darauf brachte Brian sich um.

Das California Institute of Technology dementierte diese Darstellung und behauptete, Brian hätte Selbstmordgedanken abgestritten. Dennoch zeigt der Fall ein landesweites Problem: die oft ungenügenden Universitätsressourcen für Hilfe bei psychischen Problemen. Wartelisten für Termine mit Therapeuten können lang sein, und Budgetkürzungen bedeuten weniger Betreuungspersonal bei mehr hilfesuchenden Studenten. Viele universitäre Beratungszentren haben Limits dafür, wie oft die Studenten ihre Therapeuten aufsuchen dürfen. Nachdem Shefali Arora die zwölf Sitzungen der jedem Studenten erlaubten universitätsinternen Therapie durchlaufen hatte, gab ihr das Büro eine Liste mit Therapeuten außerhalb des Campus. »Aber ich hatte ja kein Auto«, sagte sie. Nachdem sie ein Semester aus medizinischen Gründen ausgesetzt hatte, unternahm sie einen Selbstmordversuch, der zum Glück nicht erfolgreich war.

Highschoolschüler und ihre Eltern suchen in bisher nie dagewesenem Ausmaß Hilfe bei psychischen Problemen. 1983 hatten (laut MtF-Erhebung) nur vier Prozent der Highschool-Seniors professionelle Hilfe bei psychischen oder emotionalen Problemen gesucht. Diese Zahl verdoppelte sich 2000 auf acht Prozent und stieg 2015 auf elf Prozent an. Damit schultern die entsprechenden Therapeuten eine größere Fallzahl als in den vergangenen Jahren – ein Trend, der sich vermutlich fortsetzen wird. Die Therapeuten müssen sich auf eine steigende Zahl von Selfie-Klienten einstellen.

Größere Probleme werden aber dann auftreten, wenn junge Menschen keine Hilfe mehr suchen. Die Generation Selfie schlägt selber Alarm und verlangt nach mehr Anerkennung von psychischen Krankheiten und nach weniger entsprechender Stigmatisierung. »Der Mangel an Verständnis in Gesprächen darüber, wie es einem persönlich geht, macht mir Sorgen«, schrieb Logan Jones in der Studentenzeitung des Staates Utah. »Einen Therapeuten aufzusuchen ist immer noch ein Tabu … Keiner mag die Vorstellung, in eine Schublade gesteckt zu werden mit einem Verhalten, das so leicht als eine Form von Unsicherheit abgetan werden kann – keiner will diagnostiziert werden.« Meistens bleibt eine Depression unbehandelt. Selbst in unserer Zeit mit einem größeren Bewusstsein für psychische Krankheiten, so Cooper Lund im *Daily Oklahoman*, wird die Depression immer noch stigmatisiert und zu wenig behandelt. »Wenn ich glauben würde, ich hätte Krebs, würde ich zum Arzt gehen, aber wenn ich glauben würde, ich hätte eine Depression, würde es mich vier Jahre kosten, bis ich schließlich einen Psychiater aufsuche«, gab er zu.

Hilfe für psychische Probleme ist wichtig, doch natürlich wäre es besser, Depression und Angst vorzubeugen. Dafür wäre es gut zu wissen, welche Ursachen diese psychischen Probleme überhaupt haben. Obwohl manche Menschen genetische Prädispositionen für Angst und Depression haben, legt der starke Anstieg der psychischen Probleme die Vermutung nahe, dass die Genetik dabei nicht die Hauptrolle spielt. Jüngere Forschungen bestätigen das und stellen fest, dass Genetik und Umgebung einander beeinflussen. Von denen, die für Depressionen anfällig sind, werden nur diejenigen, die einer bestimmten Umgebung ausgesetzt sind, tatsächlich depressiv. So ist etwa auch der Schlafmangel mit Depression verknüpft. Wie wir gesehen haben, erhalten Jugendliche nicht genug Schlaf, und das ist vermutlich einer der Gründe, warum mehr Jugendliche depressiv sind. Der Rückgang der persönlichen sozialen Interaktion und das Aufkommen der Smartphones sind vermutlich weitere Gründe. Mit anderen Worten: Es gibt einen einfachen und für jeden offenen Weg, seine psychische Gesundheit zu verbessern: Legt das Smartphone weg und tut irgendetwas anderes.

GOTTLOS
Verlust von Religion (und Spiritualität)

Jungen stürzen sich auf Sperrholzrampen, ihre Skateboards rattern unter ihnen, wenn sie abspringen. Draußen ist es kalt, und sie genießen es, einen Ort zu haben, wo sie drinnen skaten können. Doch es ist nicht irgendein Skatepark. Die Jungen fliegen unter gewölbten Decken durch die Luft, still beobachtet von einer steinernen St.-Johannes-Skulptur. Ihr Skateboard-Park ist die frühere St.-Joseph-Kirche in Arnheim, Niederlande.

Wie so viele andere Kirchen in ganz Europa schloss die St.-Joseph-Kirche ihre Pforten, als immer mehr Europäer sich von der Religion lossagten. Eine weitere holländische Kirche wird heute als Akrobatenschule benutzt, eine dritte wurde in ein nobles Damenmodegeschäft umgewandelt. Viele weitere Kirchen stehen leer. »Die Zahl ist so groß, dass die gesamte Gesellschaft damit konfrontiert wird«, berichtete die holländische Religionsaktivistin Lilian Grootswagers dem *Wall Street Journal*. »Jeder wird mit diesen riesigen leeren Gebäuden in der Nachbarschaft konfrontiert.«

Über Jahrzehnte waren die USA ein sehr viel religiöseres Land als die meisten europäischen Staaten. Auch als die Kirchen in Europa immer leerer wurden, blieben die Amerikaner im Vergleich dazu sehr religiös. Lange Zeit behaupteten amerikanische Religionswissenschaftler, dass die religiöse Praxis und der Glaube in den USA relativ stabil seien. Die wenigen Veränderungen, die aufkamen, auch unter jungen Menschen, wurden als »gering und unbedeutend« abgetan. Niemand würde in amerikanischen Kirchen Skateboard fahren.

Dann kamen die Millennials. Wie Studien des US-amerikanischen Pew-Meinungsforschungsinstituts zur Mitte der 2010er Jahre zeigten, äußerte einer von drei Millennials (damals zwischen 20 und 34 Jahre alt), keiner Religion anzugehören. Das ist ein deutlich höherer Prozentsatz als die zehn Prozent der Amerikaner, die älter als 70 Jahre sind und keiner Religion angehören. Doch jüngere Menschen waren schon immer weniger religiös, ältere Menschen dagegen mehr. Vielleicht sind die Millennials weniger religiös, weil sie noch jung sind. Da die Pew-Daten nur bis 2007 zurückreichen, kann diese Erhebung nichts darüber aussagen, ob die Millennials aufgrund ihres Alters oder einer tatsächlichen Generations- und Kulturveränderung weniger religiös sind.

Um wirklich zu erfahren, wie sich die religiöse Landschaft Amerikas verändert, benutzt man besser Daten, die mehrere Jahrzehnte umfassen, um die heutigen jungen Menschen mit denen früherer Generationen zu vergleichen. Da die Generation Selfie noch im Begriff ist, erwachsen zu werden, ist ihre religiöse Orientierung ein Vorbote dafür, wie die USA in den kommenden Jahrzehnten aussehen werden – ob mit verlassenen Kirchen oder einem Neuerwachen der Religion in Amerika. Da die meisten US-Jugendlichen, die sich als religiös bezeichnen, Christen sind – 2015 waren es 68 Prozent der Zehntklässler –, bezieht sich ein Großteil dieser Diskussion auf das Christentum und darauf, warum Jugendliche diese Religionsgemeinschaft verlassen. Jüdische, buddhistische und muslimische Jugendliche bleiben kleine Minderheiten in den USA (2015 jeweils unter zwei Prozent der Zehntklässler). In den kommenden Jahren wird es mehr Diskussionen über diese Glaubensrichtungen geben und darüber, wie sie die Generation Selfie beeinflussen.

Ein Teil der Herde: Öffentliche Religionsausübung

Ben, ein nachdenklicher 18-Jähriger aus Illinois, ist einer der wenigen aus der Generation Selfie, mit denen ich sprach, die Bücher aus Papier mehr als ihr Smartphone lieben. Als ich ihn frage, ob er jemals in die Kirche oder zu Gottesdiensten geht, sagt er: »Nö. Auch die meisten meiner Freunde tun das nicht.« Ich frage, ob er so erzogen wurde oder ob er die Religion zu einem bestimmten Zeitpunkt von allein aufgab. »Meine Eltern haben uns nie in die Kirche mitgenommen. Sie sind beide quasi religiös aufgewachsen, aber sie haben nie etwas in dieser Richtung von uns verlangt«, meinte er. »Ich weiß von ein, zwei Leuten, deren Eltern immer noch zur Kirche gehen und wollen, dass sie das auch tun, aber sie haben damit aufgehört.«

Einer Religion anzugehören war früher eine nahezu universelle Angelegenheit für junge Menschen. In den frühen 1980ern bezeichneten sich mehr als 90 Prozent der vierten Jahrgänge der Highschoolschüler als Angehörige irgendeiner religiösen Gruppe; also beantwortete nur einer von zehn die Frage nach der religiösen Zugehörigkeit mit »keine«. Noch 2003 bekannten sich 87 Prozent der Zehntklässler zu einer Religion.

Das änderte sich jedoch bald. Ab den 1990ern gehörten immer

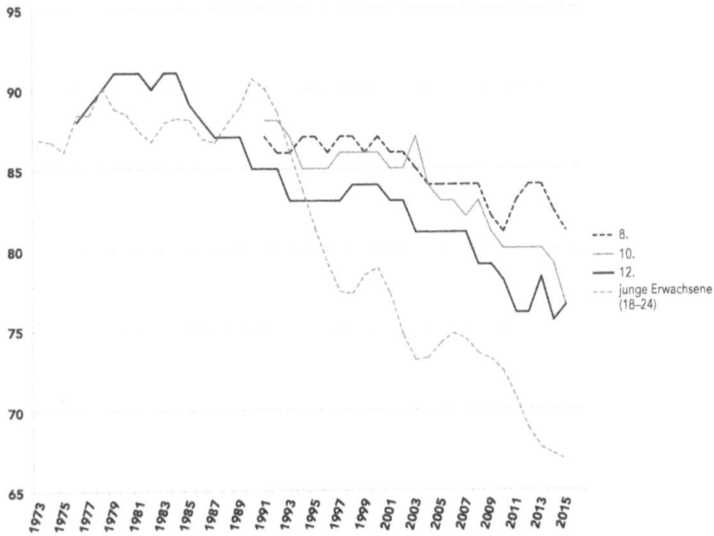

Religionszugehörigkeit in Prozent, Acht-, Zehnt- und Zwölftklässler (Quelle: Monitoring the Future) und der 18- bis 24-Jährigen (Quelle: General Social Survey), 1972–2016

weniger Jugendliche einer Religion an. Dieser Trend beschleunigte sich in den 2000er Jahren. Die Veränderung war unter den jungen Erwachsenen am größten: Bis zum Jahr 2016 sank dort der Anteil derjenigen mit einer religiösen Bindung auf 66 Prozent. Damit gehört ein ganzes Drittel der jungen Erwachsenen keiner organisierten Religion mehr an.

Doch es sind nicht nur die jungen Menschen: Die Generation Selfie wird mit größerer Wahrscheinlichkeit als jede Generation zuvor von Eltern ohne religiöse Bindung erzogen. In der Studentenbefragung 2016 gehörten 17 Prozent der Studenteneltern keiner Religion an; in den späten 1970ern hatte diese Zahl noch bei fünf Prozent gelegen. Der Rückgang der Religionsbindung bei den Studenten selber ist noch stärker: 2016 gehörten 31 Prozent

Deutsche Jugendliche und Religion

Der Anteil der 12- bis 25-Jährigen in Deutschland, die einer Konfession angehören, ist seit 2002 (74 Prozent) relativ stabil geblieben (2019: 76 Prozent). Auch der Anteil junger Menschen, die keiner Konfession angehören, blieb weitgehend konstant (2002: 24 Prozent; 2019: 22 Prozent). Allerdings haben sich die Anteile anderer Christen und von Muslimen unter Jugendlichen im selben Zeitraum knapp verdoppelt (2002: 2 Prozent bzw. 4 Prozent; 2019: 5 Prozent bzw. 9 Prozent).

Dem entspricht eine abnehmende »religiöse Praxis« (z. B. Beten) unter jungen Menschen: 2006 gaben noch 29 Prozent der 12- bis 25-Jährigen in Deutschland an, niemals zu beten; 2019 waren es bereits fast die Hälfte (47 Prozent).[29]

keiner Religion an. Der Abstand zwischen der religiösen Bindung der Eltern und ihrer studierenden Kinder hat sich in den letzten Jahren vergrößert. Auch wenn Studenten ohnehin weniger wahrscheinlich als ihre Eltern einer Religion angehörten, hat sich doch der Abstand in eine riesige Kluft verwandelt.

Das legt die Vermutung nahe, dass zwei Kräfte gleichzeitig daran arbeiten, die Generation Selfie von der Religion wegzuführen: Mehr Selfies wachsen in nichtreligiösen Haushalten auf, und mehr Angehörige dieser Generation als je zuvor haben beschlossen, keiner Religionsgemeinschaft mehr anzugehören. Das scheint irgendwann zwischen der achten Klasse und der Zeit als junger Erwachsener stattzufinden, wenn die Jugendlichen anfangen, mehr Fragen zu stellen und selber Entscheidungen zu treffen.

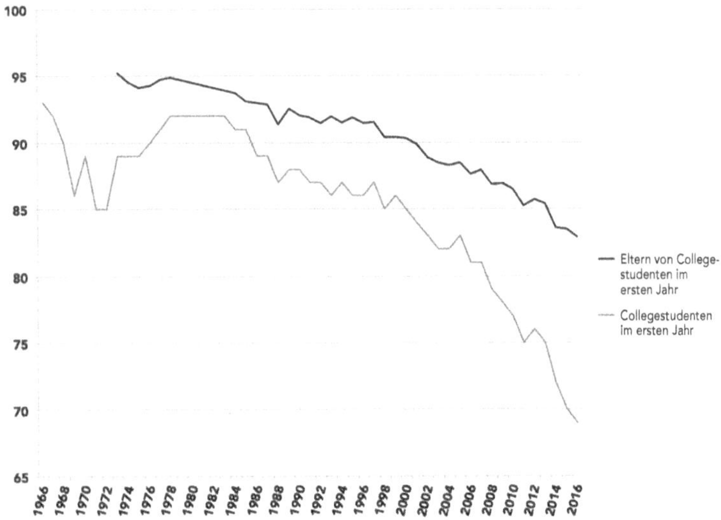

Prozentsatz der Collegestudenten und ihrer Eltern, die einer Religion angehören. Quelle: CIRP Freshman Survey, 1996–2016

Die Generation Selfie wurde in einer Zeit volljährig, als es gesellschaftlich deutlich akzeptabler war, religiöse Überzeugungen aufzugeben. 2009 war Barack Obama der erste US-Präsident, der »Nichtgläubige« in einer Antrittsrede ansprach, als er die religiösen Gruppen aufzählte. Immer mehr Amerikaner stellen die Religion öffentlich in Frage. »Im 21. Jahrhundert ist es deutlich geworden, dass die alten religiösen Texte von Menschen geschrieben wurden. Etwas anderes zu glauben hieße, sich einer Täuschung hinzugeben«, schrieb Brian Sheller aus Columbus, Ohio, 2015 auf der Website der *New York Times*. »Alles, was Religion anzubieten hat, kann man auch bei weniger illusionären Überzeugungen oder Verhaltensweisen vorfinden.«

Vielleicht meidet die Generation Selfie die Bindung an eine Religion, besucht aber dennoch ab und zu Gottesdienste. Früher haben viele Religionswissenschaftler argumentiert, die Amerikaner würden immer noch wie eh und je in die Kirche gehen – und dass jegliche Änderungen hierbei nur gering wären.

Doch das stimmt nicht mehr. Der Gottesdienstbesuch ging bis 1997 allmählich zurück und sackte danach vollkommen ab. 2015 sagten 22 Prozent der Zwölftklässler, dass sie »niemals« den Gottesdienst besuchen würden. Das ist eine recht niedrige Zahl – ein Kirchenbesuch pro Jahr würde schon als regelmäßiger Besuch zählen. Doch das Bild ist das gleiche, wenn man den häufigeren Gottesdienstbesuch betrachtet: Nur 28 Prozent der Zwölftklässler besuchten 2015 einmal pro Woche den Gottesdienst; 1976 waren es noch 40 Prozent gewesen.

Prozentsatz derjenigen, die Gottesdienste besuchen, Acht-, Zehn- und Zwölftklässler (Quelle: Monitoring the Future) und Erstsemesterstudenten (Quelle: American Freshman Survey), 1968–2016

»Ich gehe nur an Weihnachten in die Kirche.«
Finja, 17 Jahre, Deutschland

In einem Radiointerview meinte Pater James Bretzke vom Boston College, dass nur ein geringer Prozentsatz der Studenten zur Messe ginge; er betonte aber, dass seine Kirche im Vorort Bedford voller junger Familien wäre. »Sie kommen wieder in die Kirche, weil sie möchten, dass ihre Kinder eine religiöse Erziehung bekommen.« Das legt die Vermutung nahe, dass die Generation Selfie und die Millennials dem Gottesdienst fernbleiben, weil sie noch jung sind – unstet, kinderlos und weit entfernt von Themen wie Tod und Krankheit, bei denen die Religion Trost gibt. Vielleicht wird diese Generation später wieder zur Religion zurückkehren, wenn sie sich etabliert hat.

Doch das Alter kann nicht der Grund für den Unterschied bei diesen Daten im Verlauf der Zeit sein: Die Generation Selfie und die Millennials sind weniger religiös als die Generation X und die Babyboomer im gleichen Alter. Neuere Daten zu den Millennials, die mittlerweile Familien gründen, belegen, dass sie weniger wahrscheinlich Gottesdienste besuchen als die Babyboomer und die Generation X im gleichen Alter. Tatsächlich war der Rückgang beim Kirchenbesuch in dieser Hauptaltersgruppe genauso stark wie bei jungen Erwachsenen im Alter von 18 bis 24. Die Millennials sind in ihren Zwanzigern und Dreißigern nicht zu den religiösen Institutionen zurückgekehrt. Es erscheint also unwahrscheinlich, dass die Generation Selfie es tun wird.

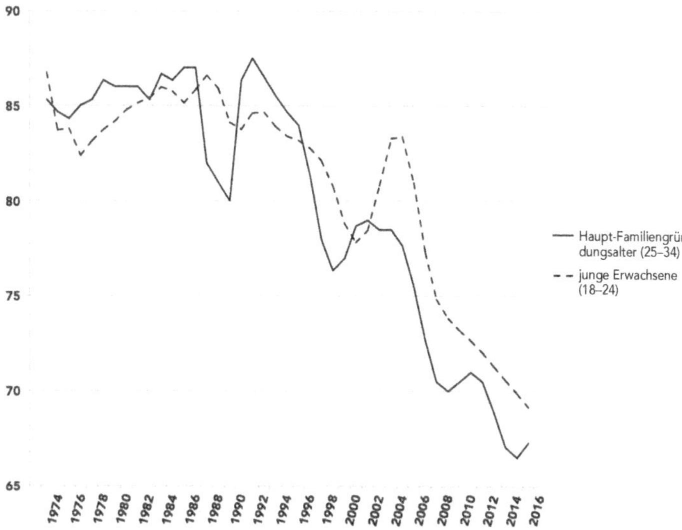

Prozentsatz junger Erwachsener und Erwachsener im Haupterwerbsalter, die überhaupt zur Kirche gehen. Quelle: General Social Survey, 1972–2016

Gläubig, aber anders

Es ist zwar schon zehn Uhr abends, aber der 20-jährige James ist noch hellwach und möchte reden. Gerade ist er aus einem BWL-Kurs an seiner Universität außerhalb von Atlanta gekommen. Als ich anrufe und frage: »Ist dort James?«, antwortet er mit einem fröhlichen »Das bin ich!« Nachdem wir ein paar Minuten über sein Hauptfach und seine Eltern geplaudert haben und woher er kommt, frage ich ihn, ob er als Jugendlicher in die Kirche gegangen ist. Er erzählt mir von der hauptsächlich weißen Baptistenkirche, die er mit seiner Familie in einem Vorort von Atlanta besuchte, zuerst jeden Sonntag, dann immer seltener. »Sie waren sehr konservativ. Sehr altmodisch. Was ja gut ist. Wir sind eine altmodische Familie. Wir haben altmodische Ideale«, meint er. Trotzdem gab es von Anfang an Probleme: »Unsere Familie hat harte Zeiten durchgemacht … mein Vater ist schwarz, meine Mutter weiß, und wir beide sind gemischtrassig, ich und mein Bruder. Wenn wir in die Kirche gehen, werden wir von allen Seiten angestarrt.«

Dann outete sich sein Bruder im Alter von 14 Jahren als transsexuell, was in der Kirche sofort zum Problem wurde. »Unsere Kirche war überhaupt nicht LGBT-freundlich«, sagt James. Einmal habe sich der Pastor über eine andere Kirche mokiert, die LGBT-Leute eher akzeptierte, und meinte, sie würden auch Betrüger und Mörder akzeptieren. »Warum feiert ihr die Sünde?«, fragte der Pastor. Ein paar Jahre später bekannte sich James vor seiner Familie als schwul, nachdem er während seiner Zeit an der Middleschool mit seinen Gefühlen gekämpft hatte. Er wusste, dass er sich von Männern angezogen fühlte, wusste aber auch, dass das in seiner Kirche nicht akzeptiert würde. »Es war ganz einfach Angst. Du kannst nicht einmal daran denken, weil du sonst in die Hölle kommst. In der Kirche musstest du dir regelrechte Masken aufsetzen, um akzeptiert zu werden. Du konntest nicht einfach offen zu den Dingen stehen, mit denen du kämpfst und konntest auch nicht offen zu dem stehen, woran du glaubst, sonst würde das niedergemacht werden.« So war es nicht überraschend, dass James und seine Familie nicht mehr zur Kirche gingen.

Und dennoch sagt er: »Heute sind wir alle vier immer noch sehr christlich. Wie haben alle vier unseren festen Glauben.« Sein Bruder ist »sehr eng zusammen mit seinen Freunden, die religiös sind. Ich habe das Gefühl, dass er sehr viel mehr spirituelle Erfahrung und Gespür von außerhalb der Kirche erhalten hat.«

Und obwohl James sich von der Kirche entfernt hat, sehnt er sich immer noch nach einer religiösen Bindung. »Für mich ist es sehr wichtig, dass meine Beziehung zu Gott und zur Religion in mir selbst begründet ist, statt dass ich versuche, Erfüllung durch die Kirche zu finden.«

Wären James und sein Bruder fünfzig Jahre früher geboren worden, wären sie vielleicht in der Kirche geblieben und hätten ihre Identität für sich behalten, zumindest eine gewisse Zeit lang. Doch sie sind Selfies, und deshalb werden sie nicht verbergen, wer sie sind. Jetzt besteht ihre Aufgabe darin, eine Kirche zu finden, die sowohl ihre Identität als auch ihren tiefen christlichen Glauben unterstützt. Das hat für James und seinen Bruder bisher noch nicht stattgefunden, aber er hofft, dass es klappt, wenn sie älter sind. »Jetzt, wo ich im College bin und viel zu tun habe ... Er ist achtzehn Jahre, ich zwanzig. Wenn ich erst einmal eine sichere berufliche Existenz habe, und mein Bruder auch, dann wäre es eine Aufgabe für uns, dauerhaft eine Kirche zu finden«, sagt er.

Ich verliere meine Religion: Private religiöse Überzeugungen

Als ich die 14-jährige Priya frage, ob sie an Gott glaube, sagt sie: »Ich weiß nicht, ob es da wirklich eine Person gibt oder ein paar Leute oder so. Deshalb lege ich mich nicht fest – ich werde es herausfinden.« Sie geht nur gelegentlich zum hinduistischen Gottesdienst. »Manchmal nimmt mich meine Mutter mit, wenn sie zum Tempel geht«, sagt sie, hört sich aber wenig interessiert dabei an. Als ich sie frage, ob sie jemals betet, sagt sie: »Nicht wirklich. Manchmal bete ich so etwas wie: ›Bitte gib mir für diesen

Aufsatz mindestens eine Zwei.‹ Ich bete also zum Lehrer, denke ich. Oder zu irgendeinem geheimnisvollen Gott der Aufsätze, der aber nicht existiert, da bin ich mir ziemlich sicher.«

> »Ich glaube schon irgendwie an Gott, also ich zweifle nicht daran, das ist schon in meinem Kopf drin. Aber ich würde meinen Glauben nicht so ausleben.«
>
> *Franziska, 16, Deutschland*

Seit zwanzig Jahren haben viele Schlagzeilen und akademische Artikel verkündet, dass immer weniger Amerikaner einer Religion angehören, aber ebenso viele beteten und glaubten an Gott. Die Amerikaner wären nicht weniger religiös, hieß es, sie würden nur mit geringerer Wahrscheinlichkeit ihre Religion öffentlich praktizieren. Mehrere Jahrzehnte lang traf das auch zu: Der Prozentsatz junger Erwachsener, der an Gott glaubte, hat sich zwischen 1989 und 2000 wenig verändert.

Doch dann stürzte er ab. 2016 sagte eine(r) von drei 18- bis 24-Jährigen, er/sie würde nicht an Gott glauben. Das Beten zeigte eine ähnliche steile Abwärtskurve. 2004 beteten 84 Prozent der jungen Erwachsenen zumindest manchmal, doch 2016 sagten mehr als einer von vieren, er/sie würde »niemals« beten. Immer weniger junge Menschen glauben, dass die Bibel das inspirierte Wort Gottes ist; 2016 meinte dagegen einer von vieren, die Bibel wäre eine altes Buch »mit Fabeln, Legenden, Geschichten und Moralvorschriften, die von Menschen aufgeschrieben wurden«.

Es stimmt also nicht mehr, dass die Amerikaner privat gleich religiös geblieben sind. Immer mehr Amerikaner, vor allem Millennials und die Generation Selfie, sind sowohl öffentlich wie privat weniger religiös. 2016 haben nur zwei von drei jungen Er-

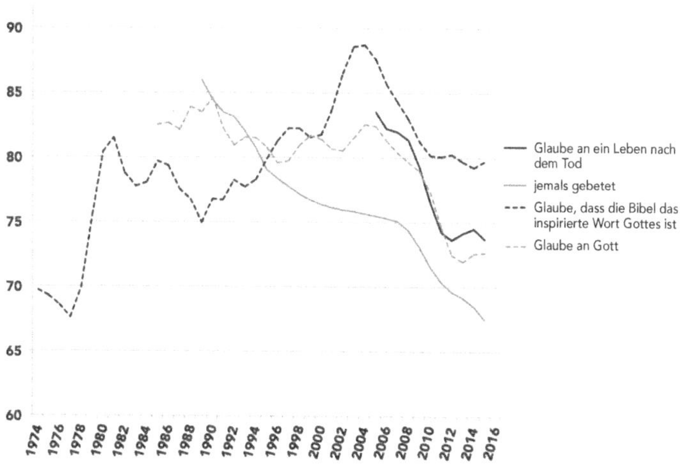

Private religiöse Überzeugungen der 18- bis 24-Jährigen. Quelle: General Social Survey, 1974–2016

wachsenen jemals gebetet, nur 60 Prozent glaubten an Gott. Der Rückgang des privaten religiösen Glaubens bedeutet, dass die Distanzierung jüngerer Generationen von der Religion nicht nur von ihrem Misstrauen in Institutionen herrührt. Immer mehr sagen sich von der Religion ganz los, auch zu Hause und selbst in ihren Herzen.

Ich treffe mich mit Max, 16, in seiner Highschool; wir sitzen direkt vor seinem Klassenzimmer, als die Mittagspause gerade anfängt. Mit seinem dunkelblonden Kurzhaarschnitt und dem grau-weißen Hemd wäre er zwischen den Teens einer Fünfzigerjahre-Schule nicht weiter aufgefallen. Obwohl seine Hobbys moderner sind – seine gesamte Freizeit verbringt er mit Videospielen. Als ich Max frage, ob er in die Kirche geht, antwortet er schlicht »Nein.« Dieselbe einfache Antwort gibt er, als ich ihn frage, ob er an Gott glaube oder bete. Als ich ihn frage, wozu seiner Meinung nach Religion gut ist, meint er: »Sie kann die Leute toll unterstützen, wenn sie, sagen wir mal, eine schwere Zeit haben. Wie das Sprichwort sagt: Wenn man im Schützengraben liegt und bombardiert wird, dann betet jeder.« Er sagt, dass einige seiner Freunde von ihren Eltern in die Kirche »gegangen werden«, aber seine eigenen Eltern seien nicht religiös.

Manche Selfies, die wirklich beten, tun das aber nicht mit einem traditionellen religiösen Gebet. »Ich bete nicht mehr, nur um Gott zu danken. Ich bete nur, wenn ich was brauche oder wenn jemand anders was braucht«, schrieb Tiara, 17. »Um ehrlich zu sein, ich vergesse ganz einfach zu beten, bis eine schwierige Situation da ist, und ich möchte, dass sich das ändert.« Andere nehmen eine religiösere Haltung ein, wenn auch auf ihre eigene Art. »Meine Art zu beten ist ganz einfach ein Gespräch mit Gott«, schrieb Marlee, 21. »Ich knie nicht etwa nieder oder benehme mich ›kirchenmäßig‹ dabei. Das Gebet ist etwas Persönliches.«

Seit mehreren Jahrzehnten war der Glaube an ein Leben nach dem Tod eine bemerkenswerte Ausnahme innerhalb des Trends, der von privaten religiösen Überzeugungen wegführte: Mehr junge Erwachsene glaubten in den 2000ern an ein Leben nach dem Tod als noch in den 1970ern. Vielleicht wollten einige junge Erwachsene an ein ewiges Leben glauben, auch wenn sie nicht in den Gottesdienst gehen oder an Gott glauben wollten. Doch auch der Glaube an ein Leben nach dem Tod begann nach 2006 abzunehmen. So sind die späten Millennials und die Generation Selfie deutlich weniger religiös als ihre engen Generationsnachbarn, die ersten Millennials; und das gilt für alle vier privaten religiösen Überzeugungen (das Gebet; der Glaube an Gott; der Glaube, die Bibel sei das Wort Gottes; der Glaube an ein Leben nach dem Tod).

Eine weitere private Überzeugung ist die Bedeutung der Religion für das eigene Leben – und auch hier sind weniger Jugendliche religiös. 2015 sagte fast ein Viertel der Zehnt- und Zwölftklässler, die Religion wäre in ihrem Leben »nicht wichtig«. Die große Mehrheit der Jugendlichen meinte, Religion wäre ihnen zumindest etwas wichtig – bis um das Jahr 2000, als diese Zahl zurückging. Insgesamt ist die Generation Selfie mit großer Sicherheit die am wenigsten religiöse Generation in den USA.

Der Glaube im Alltag deutscher Jugendlicher

Unter den 12- bis 25-Jährigen in Deutschland verliert Religion insgesamt an Relevanz für das tägliche Leben, es bestehen aber deutliche Unterschiede zwischen Ost und West: 2002 stuften 37 Prozent der Westdeutschen den Glauben an Gott für ihre Lebensführung als unwichtig ein; bis 2019 stieg ihre Zahl auf 46 Prozent. Im gleichen Zeitraum sank der Anteil der Ostdeutschen, die den Glauben an Gott für ihre Lebensführung als unwichtig einstuften, von 71 (2002) auf 65 Prozent (2019).[30]

Die meisten Selfies nehmen immer noch etwas Anteil an der Religion. Doch gibt es heute einen relativ großen Teil vollständig säkularer Ungläubiger, die überhaupt nicht an Religion teilhaben: Sie gehen nie zum Gottesdienst, beten nicht und glauben nicht an Gott. Dieses wachsende Segment besteht etwa aus einem Sechstel der Achtklässler, einem Fünftel der Zehntklässler und einem Viertel der Zwölftklässler, einem Drittel der Studenten und jungen Erwachsenen. Eine derart große Anzahl junger

Menschen, die keinerlei Verbindung mehr mit Religion hat, hat es noch nie gegeben. Es ist zudem wahrscheinlich ein Vorzeichen dessen, was mit der Religion in Amerika passieren wird: Es gibt immer weniger Gläubige; immer mehr Kirchen schließen. Noch sind wir nicht Europa, doch genau dorthin könnten wir gelangen.

Die Religion und das 21. Jahrhundert

Es ist Montag gegen Mittag, als ich Mark, 20, in seinem Elternhaus außerhalb von Fort Worth, Texas, treffe. »Ist noch genug Zeit zum Reden?«, frage ich. »Ja, Ma'am«, antwortet er. Seine Wortwahl bringt mich unmittelbar in die Zeit zurück, als ich selber in Texas aufwuchs. Mark ist in einem strenggläubigen christlichen Elternhaus aufgewachsen. »Meine Eltern sind Christen wie aus dem Lehrbuch. Alles durch die Bibel, alles für die Bibel«, sagt er. Er geht jeden Sonntag zur Kirche, entweder in die Kirche seiner Eltern oder mit seiner Freundin in eine Megakirche in Dallas. Als ich ihn frage, ob er betet, sagt er: »Ich bete jeden Tag. Ich bitte um den Segen für alle, die ich kenne. Um Schutz. Ich bete dafür, dass Gott mir Weisheit im Leben gibt und mich zu dem macht, der ich sein soll.« Er sagt, Ziel seines Lebens sei dies: »Ich möchte aus dem Bett steigen können, und wenn meine Füße den Boden berühren, sagt der Teufel so: ›Scheiße, er ist wach.‹« Ich lache laut auf und denke: Das ist wahrer Glaube.

Gleichzeitig aber ist Mark auch Angehöriger der Generation Selfie, und während der Stunde, die wir uns unterhalten, kann ich förmlich das Hin und Her sehen, wie sein evangelikaler christlicher Glaube mit der Welt des 21. Jahrhunderts ringt, der Welt der Generation Selfie, in der er lebt. Als wir über Politik sprechen, kommt das Thema der gleichgeschlechtlichen Ehe in seiner Liste der wichtigen Punkte nicht vor. Als ich schließlich ausdrücklich danach frage, sagt er: »Ja, ich weiß, dass eine gleichgeschlechtliche Ehe falsch ist, weil sie für die Reproduktion des Lebens körperlich ja nicht funktionieren kann. Aber jeder hat da seinen eigenen Standpunkt. Und wenn sie hingehen und sich einen gleichgeschlechtlichen Lover suchen, kann man nicht wirklich was dagegen machen. Man kann die Leute ja nicht zwingen, das andere Geschlecht zu lieben.«

Auch als er sich entscheiden soll, ob man Sex vor der Ehe haben sollte, ist er zweigeteilt. An seiner staatlichen Highschool hatte er mit der Kuppel-Szene nichts zu tun, doch zwei Jahre darauf begegnete er seiner Freundin – die er als die »richtige Person« beschreibt –, und sie beschlossen schließlich, Sex zu haben. Sie haben die Absicht, nach dem College zu heiraten, wie er mir erzählt. »Aber es ist ganz schön hart, denn wer weiß schon, wie lange man im College bleibt, oder?«, hake ich nach. »Genau«, meint er. »Ob es zwei Jahre nach dem Junior College sind, vier Jahre, sechs Jahre, acht oder zehn Jahre – ich weiß von Leuten, die schon zwölf Jahre im College sind.« Dennoch beschreibt er die Tatsache, nicht bis zur Ehe mit dem Sex gewartet zu haben, als ein Scheitern. »Neunzig Prozent der Leute scheitern, und ich war einer von denen«, sagt er. »Ich würde das nicht als Scheitern bezeichnen«, sage ich. »Du hast doch länger als die meisten gewartet.« – »Na ja, stimmt schon, aber ich würde das auch nicht gerade als Sieg bezeichnen. Meine Freundin hat gesagt, es wäre richtig, es zu tun, und es wäre nett gewesen zu warten, aber sie meinte: ›Ich bin froh, dass wir es getan haben‹.« (Es stellt sich heraus, dass er damit zur Mehrzahl gehört: Eine neuere Studie fand heraus, dass 80 Prozent der unverheirateten, jungen erwachsenen evangelikalen Christen Sex gehabt hatten.) Aber Mark ist sich dennoch nicht sicher. »Wenn ich etwa einem jüngeren Bruder, der in meiner Lage wäre, raten sollte, dann würde ich sagen, er soll bis zur Hochzeit damit warten«, erklärt er.

Mark ist seinem Glauben treu geblieben, hat aber auch die Realität der Welt seiner Generation Selfie anerkannt. Seine Ansichten stellen vielleicht die Zukunft des Christentums dar: Ausgehend davon, dass er und andere Angehörige der Generation Selfie ihren Glauben beibehalten, werden sie in eine neue, tolerantere Ära des christlichen Glaubens eintreten, weg von der Betonung dessen, was Menschen nicht tun sollten, hin zur Ausrichtung auf das, was sie stattdessen tun sollten.

Aus »spirituell, aber nicht religiös« wurde »nicht spirituell und nicht religiös«

Eine weitere, allgemein verbreitete Ansicht über Trends in den religiösen Überzeugungen der US-Amerikaner besagt, dass Spiritualität die Religion ersetzt hätte. In seinem Buch *Spirituell, aber nicht religiös* (*Spiritual but not Religious*, 2001) schrieb der Religionsforscher Robert Fuller, die meisten Amerikaner, die die organisierte Religion meiden, hätten immer noch ein tiefes und lebendiges spirituelles Leben. Diese Theorie wird oft im Hinblick auf junge Menschen angeführt – die Vermutung lautet, dass junge Menschen, die der offiziellen Religion misstrauen, dennoch spirituellen Fragen nachgehen möchten.

Das mag wohl früher zugetroffen haben, derzeit aber gilt es nicht mehr. Die Generation Selfie ist tatsächlich *weniger* spirituell und zugleich weniger religiös. Diese Generation und jüngere

Millennials zwischen 18 und 24 Jahren sagen von allen Alters- bzw. Generationengruppen mit der geringsten Wahrscheinlichkeit, sie wären »spirituelle Menschen«, was einen deutlichen Bruch selbst zu älteren Millennials in ihren späten Zwanzigern und frühen Dreißigern bedeutet. Die Alters- bzw. Generationenunterschiede ähneln sehr stark den Zahlen derjenigen, die sich als »religiös« bezeichnen – ältere Generationen werden sich mit größerer Wahrscheinlichkeit sowohl als religiös wie auch als spirituell bezeichnen, jüngere Generationen dagegen nur mit geringerer Wahrscheinlichkeit.

Natürlich könnten diese Unterschiede aus dem Alter resultieren, weniger aus der Generation. Vielleicht waren jüngere Menschen immer schon weniger spirituell. Jedoch bezeichneten sich von 2014 bis 2016 aus der Gruppe der 18- bis 24-Jährigen etwas weniger (48 Prozent) als gemäßigt spirituell oder sehr spirituell als im Zeitraum von 2006 bis 2008 (56 Prozent).

Weitere Daten bestätigen das: Im American Freshman Survey sank der Prozentsatz der Studenten, die sich als überdurchschnittlich spirituell bezeichneten, von 45 Prozent im Jahr 2000 auf 36 Prozent im Jahr 2016. Als der Soziologe Christian Smith in den späten 2000ern junge Menschen nach ihren religiösen Überzeugungen befragte, wussten die meisten nicht einmal, was er meinte, als er sie fragte, ob sie spirituell wären. »Was meinen Sie mit ›spirituelle Suche‹?«, wurde er von vielen gefragt. Die Vorstellung also, dass junge Amerikaner in den letzten Jahren weniger religiös, dafür aber spiritueller seien, lässt sich nicht aufrechterhalten: Sie sind *weniger* spirituell als ihre Vorgänger. Spiritualität hat Religion bei den jungen Menschen nicht ersetzt.

Jahrelang haben Religionsforscher und Beobachter der Szene behauptet, der Rückgang im religiösen Leben Amerikas sei durch

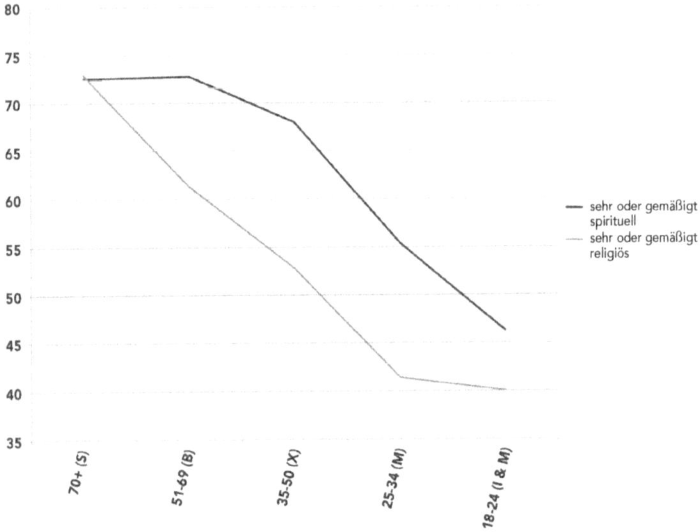

Prozentsatz derjenigen, die sich als »sehr« oder »gemäßigt« religiös bzw. spirituell bezeichnen, nach Alters- bzw. Generationengruppe. Quelle: General Social Survey, 2014–2016

andere Faktoren zu erklären bzw. sei unbedeutend. Der Rückgang rühre daher, dass diese Generation noch jung sei; diese Generation möge einfach keine Institutionen; Amerikaner würden wahrscheinlich immer noch an Gott glauben und beten; mehr junge Amerikaner seien stattdessen heute spirituell; die Veränderungen seien geringfügig. Doch die jüngsten Erhebungsdaten, die wir oben angeführt haben, machen jeden einzelnen der zitierten Erklärungsversuche zunichte: Nicht das Alter ist es, weil Babyboomer und die Generation X im jungen Alter durchaus und gerne religiös waren. Die Generation Selfie ist weniger religiös auch bei Glaubensfragen, die ohne religiöse Institutionen auskommen. Heute glauben weniger Amerikaner an Gott oder beten. Weniger –

und nicht mehr – junge Erwachsene sind spirituell. Die Anzahl derjenigen, die keiner Religion angehören, hat sich verdoppelt.

Die Generation Selfie ist weniger religiös und weniger spirituell, öffentlich wie privat. Sie unterscheidet sich deutlich von vorangegangenen Generationen, als diese jung waren. Die Bewegung weg von der Religion ist nicht mehr nur bruchstückhaft, geringfügig oder ungewiss – sie ist sehr stark und hat endgültigen Charakter. Mehr junge Amerikaner sind jetzt vollständig säkular. Sie haben sich von Religion, Spiritualität und den großen Fragen des Lebens vollständig gelöst. Diese »Ungläubigen« sind immer noch in der Minderheit, ihre Zahl ist jedoch innerhalb sehr kurzer Zeit beträchtlich nach oben gegangen. Mehr Angehörige der Generation Selfie, verglichen mit anderen lebenden Generationen, leben ohne jede Verbindung zur Religion. Die Frage drängt sich auf: Um wen handelt es sich hier?

Die Spaltung: Religiöse Polarisierung durch sozioökonomischen Status und Region

Noch in den 1990ern war Religion überall in den USA nahezu universell verbreitet: Ein Highschoolschüler konnte sich im Klassenraum umschauen und davon ausgehen, dass diejenigen, die um ihn oder sie herumsaßen, religiös waren. Religion war eine beinahe selbstverständliche Gegebenheit in Amerika. Ob weiß oder schwarz, reich, aus der Mittelklasse oder arm – in Boston oder Atlanta besuchten die Amerikaner Gottesdienste und identifizierten sich mit einer bestimmten Religion. Die jeweilige Religion oder Konfession mag unterschiedlich gewesen sein: Im Süden gab es mehr Baptisten, im Nordosten mehr Katholiken und

Juden, mehr Lutheraner im Mittleren Westen; dazu mehr gutbetuchte Episkopale; christliche Kirchen, nach Hautfarben getrennt – doch alle Gruppen besuchten in ungefähr gleichem Ausmaß den Gottesdienst.

Die Generation Selfie hat das verändert; sie setzte Trends fort, die von den Millennials begonnen wurden. Menschen sozioökonomischer Gruppen und Regionen unterscheiden sich im Besuch ihrer Gottesdienste weit mehr als noch vor wenigen Jahrzehnten. Die religiöse Landschaft ist nun weitaus mehr polarisiert, je nach Identität.

Die Wahl 2016 zeigte die Kluft zwischen Amerikanern aus Arbeiterhaushalten und denen mit Hochschulabschluss. Doch es gibt einen Unterschied zwischen den Schichten, der kaum diskutiert wird, vielleicht deshalb, weil er missverstanden wird: Im Gegensatz zur allgemeinen Überzeugung besuchen Jugendliche aus Familien mit einem Vater, der einen Hochschulabschluss hat, tatsächlich mit größerer Wahrscheinlichkeit Gottesdienste als diejenigen, deren Väter keine Hochschule besuchten. Das war nicht immer so: In den 1970ern und 1980ern gingen Jugendliche aus beiden Familiengruppen ungefähr im gleichen, sehr hohen Maß zum Gottesdienst. Das fing in den 1990ern an, sich zu verändern, und in den letzten Jahren gingen Jugendliche aus Familien mit höherem sozioökonomischem Status mit größerer Wahrscheinlichkeit in den Gottesdienst. Die jüngste Spaltung folgt dem Grundmuster der allmählich zunehmenden Polarisierung, wobei Jugendliche mit unterschiedlichem Hintergrund unterschiedliche religiöse Erfahrungen haben, während sie früher nahezu alle den Gottesdienst besuchten. Doch das traf nicht auf den Glauben zu: Der Rückgang beim Glauben an Gott war bei allen Erwachsenen ähnlich, unabhängig vom Ausbildungsstand.

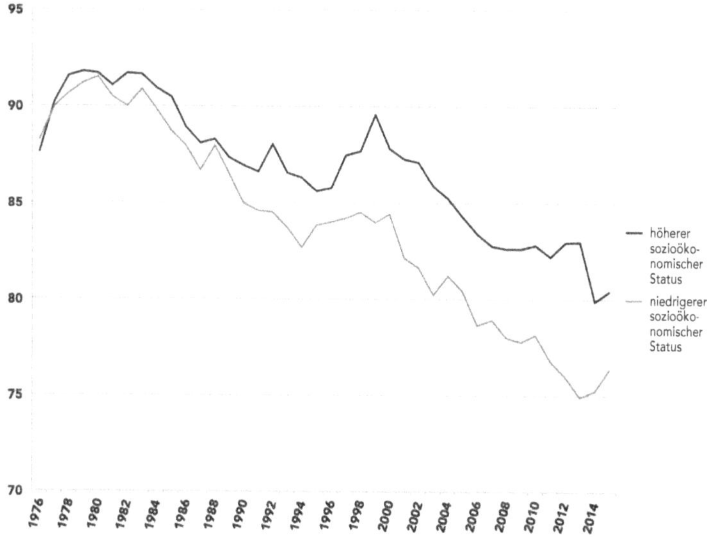

Prozentsatz der Zwölftklässler, die jemals Gottesdienste besuchen; nach niedrigem und höherem sozioökonomischem Status. Quelle: Monotoring the Future, 1976–2015

Die Regionen der USA haben ebenfalls eine starke Polarisierung erlebt. Der Süden wird oft als »Bible Belt«, als Bibelgürtel bezeichnet; ich habe das aus erster Hand erlebt, wuchs ich doch in Irving, Texas, auf. Diese Stadt nahm eine Zeit lang für sich in Anspruch, mehr Kirchen pro Kopf als jede andere Stadt im Land zu haben. Der Gottesdienstbesuch hat sich innerhalb der Regionen in den 1970ern und frühen 1980ern nicht sehr verändert. Doch 2015 gab es einen größeren Unterschied, was den Besuch von Gottesdiensten angeht, wobei eher die Jugendlichen aus den Südstaaten zumindest gelegentlich am Gottesdienst teilnahmen.[31]

Der Glaube an Gott entwickelte sich auch quer durch die Regionen unterschiedlich. In den 1990ern war der Prozentsatz derjenigen im Süden, die an Gott glaubten, ungefähr gleich groß wie im Rest des Landes, wobei die Südstaatenbewohner mit etwas größerer Wahrscheinlichkeit gläubig waren. Doch seitdem haben sich die Ansichten deutlich gewandelt – der Glaube an eine höhere Macht ging im Süden kaum zurück, während er im Nordosten, Mittelwesten und Westen abnahm. Im Jahr 2016 glaubte nur einer von fünf weißen Südstaatenbewohnern nicht an Gott, verglichen mit fast einem von drei weißen Nicht-Südstaatenbewohnern. Das Bild des gottlosen Nordens besteht vermutlich schon seit Langem, ist aber erst im 21. Jahrhundert (teilweise) zu einem genauen Abbild der Wirklichkeit geworden.

Diese religiöse Spaltung nach Regionen kann auch das Ergeb-

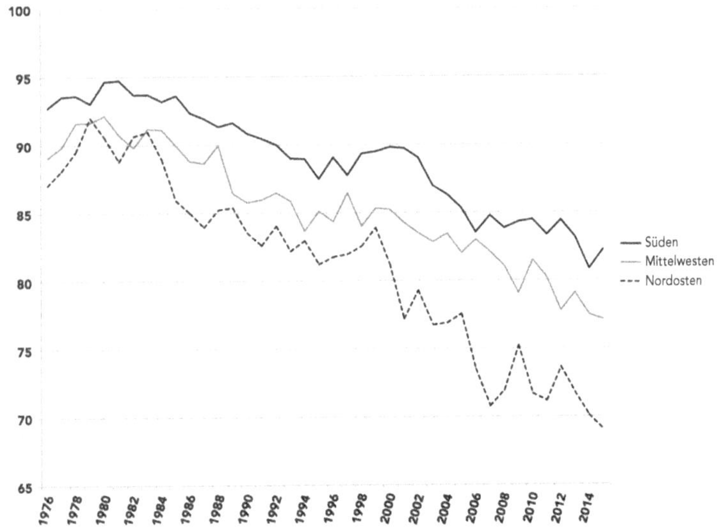

Prozentsatz der Zwölftklässler nach US-Region, die jemals Gottesdienste besuchen. Quelle: Monitoring the Future, 1976–2015

nis neuer Wahlmöglichkeiten sein, als die Amerikaner in den letzten Jahrzehnten dahin ziehen konnten, wohin sie wollten. Menschen tun sich mit solchen Zeitgenossen zu Nachbarschaften zusammen, die so sind wie sie selbst, was sie noch stärker von Menschen mit anderen Ansichten isoliert.

Zu viele Regeln: Warum Religion zurückgegangen ist

»Ich bete nicht, und ich glaube nicht an einen allwissenden Gott«, schrieb Brittany, 19. »Ich glaube nicht, dass das ganze Leben vorherbestimmt ist, sondern dass du mit deinen eigenen Entscheidungen festlegst, was aus dir wird.«

Warum ist die Ansicht von Brittany so weit verbreitet? Warum sind junge Amerikaner heute weniger religiös? Wie auch bei anderen Trends können wir Dinge ausmachen, die sich zur gleichen Zeit verändert haben und gleichzeitig mit weniger religiösem Engagement verbunden sind. Brittanys Vermutung weist auf einen möglichen Grund hin: Die amerikanische Kultur fokussiert sich zunehmend auf den Individualismus – oder wie Brittany sagt, auf die »eigene Entscheidung«.

Um die Verbindung von Religion und Individualismus über die Zeit hinweg genauer zu analysieren, habe ich die Indikatoren für Individualismus mit denen für den Gottesdienstbesuch der Jugendlichen pro Jahr verbunden (so dass jedes Jahr mit einem durchschnittlichen Grad von – sagen wir mal – individualistischer Sprache in Büchern mit der durchschnittlichen Anzahl an Gottesdienstbesuchen in Beziehung gesetzt wird). Der Anstieg bei diesen Individualismusfaktoren bewegte sich im Gleichschritt mit dem Rückgang der Religion: Individualistischere Zeiten waren zugleich weniger religiöse Zeiten. Das ergibt einen Sinn, bedeutet doch Religion per Definition den Glauben an etwas Größeres als den Gläubigen selbst. Oft bedeutet es zudem, gewisse Regeln zu befolgen und sich bestimmten Gruppen anzuschließen – zwei weitere Faktoren, die nicht so recht zu einer individualistischen Geistesausrichtung passen. In einer Gesellschaft, in der junge Menschen hören: »Wenn es sich gut anfühlt, mach es« und »Glaube an dich selbst«, scheint Religion fast schon gegen die herrschende Kultur anzugehen. Wie wir bei den Geschichten von James und Mark gesehen haben, bedeutet der Glaube der Generation Selfie oft eine sorgfältige Balance von individualistischen modernen Gegebenheiten und tradierten religiösen Doktrinen – vor allem, was Themen wie Sexualität, Geschlechts-Identität und sexuelle Orientierung betrifft.

Selbst religiöse Jugendliche hängen oft einem eher individualistischen Glauben an. Als Christian Smith für sein Buch *Suchende Seele* (*Soul Searching*, 2009) junge Menschen befragte, fand er heraus, dass viele von ihnen einem Glaubenssystem anhingen, das er als »moralistisch-therapeutischen Deismus« bezeichnete. Damit ist ein Glaube an Gott gemeint, der auch moderne Ideen einschließt wie zum Beispiel die Bedeutung des Glücklichseins, des Sich-gut-Fühlens sowie die Vorstellung, dass »Gott nicht besonders in das eigene Leben eingeschlossen sein muss, außer wenn er gebraucht wird, um ein Problem zu lösen«. Und Smith entdeckte auch, dass die meisten Jugendlichen einem »moralischen Individualismus« anhingen: Diese Vorstellung der Jugendlichen fasste er so zusammen, dass »wir alle unterschiedlich sind, und das ist gut so«. Die zwölfjährige Harper, der wir im Kapitel *Online-Zeit* begegneten, erkennt einen individualistischen Zweck für die Kirche: »Die Kirche ist für Leute da, die ihren Glauben ausdrücken wollen. Es gibt bestimmte Kirchen für bestimmte Leute, je nachdem, woran sie glauben. Es ist ein Ort, wo du Leute treffen kannst, die an dasselbe glauben wie du.«

In *Du hast mich verloren: Warum junge Christen die Kirche verlassen ... Eine Neubesinnung des Glaubens* (*You Lost Me: Why Young Christians Are Leaving Church ... and rethinking Faith*, 2011), seinem Buch über junge ehemalige Christen, berichtete David Kinnaman, dass viele junge Menschen keine Verbindung zwischen ihrer Kirche und dem verspüren, was sie »draußen« erleben, einschließlich Naturwissenschaft, Popkultur und Sexualität. So will zum Beispiel die Hälfte der 13- bis 17-Jährigen eine naturwissenschaftlich orientierte Berufslaufbahn einschlagen. Doch nur ein Prozent der Jugendpfarrer sagt, dass sie im vergangenen Jahr auch nur ein einziges naturwissenschaftliches Thema angesprochen hätten. Kinnaman erzählt die Geschichte von Mike, 20, der gebeten wurde, vor einer Versammlung von Pastoren zu berichten, warum er nicht länger dem Christentum angehört. »Ich bin so nervös wie ein Atheist bei einer Pastorenkonferenz«, fing er an. Doch dann erzählte er: »Ich war in der zehnten Klasse. Ich begann gerade, etwas über die Evolution zu lernen ... Ich wusste aus der Kirche, dass ich nicht an beides glauben konnte, an die Naturwissenschaft und an Gott. Damit war die Sache klar. Ich glaubte nicht mehr an Gott.« Wenn seine Kirche die Dinge nicht derartig schwarz-weiß dargestellt hätte, sagte er, wäre er vielleicht geblieben. Andere Selfies vertreten die gleiche Idee. »Mein Vater ist Atheist, meine Mutter Agnostikerin. Wir glauben an die Naturwissenschaft«, schrieb Timothy, 23. »Religion scheint zumindest für Leute meines Alters der Vergangenheit anzugehören«, meint Matthew, dem wir im Kapitel *Keine Eile* begegneten. »Sie ist nicht mehr modern.«

Dann ist da noch das große Tabuthema: Viele Millennials und Selfies misstrauen der Religion, weil sie der Meinung sind, sie befördere homophobe Haltungen. Immer mehr junge Menschen verbinden Religion heute mit Starrheit und Intoleranz – für die höchst individualistische und tolerante Generation zwangsläufig ein Gräuel. »Ich glaube, dass einige Leute von der schlimmsten Sorte religiös sind. Sie sind außerdem sehr bigott und engstirnig«, schrieb Sarah, 22. »Meine Stiefschwester schreibt ständig irgendwas auf Facebook darüber, wie gut sie und ihre Religion sind – dabei postet sie Hasstiraden über Schwule, über Leute, die Schweinefleisch essen und sonstige Themen, gegen die sie was hat.« Das hat einige Selfies auch persönlich getroffen. »Nein, ich bete nicht«, schrieb Ernest, 21. »Ich stelle die Existenz von Gott in Frage. Und ich gehe nicht mehr in die Kirche, weil ich schwul bin und Teil einer Religion war, die was gegen Schwule hat.«

Eine Befragung von 18- bis 24-Jährigen fand 2012 heraus, dass die meisten glaubten, das Christentum sei gegen Schwule eingestellt (64 Prozent), dazu einseitig verurteilend (62 Prozent) und scheinheilig (58 Prozent). 79 Prozent der Nicht-Religiösen waren der Meinung, das Christentum hätte etwas gegen Schwule. »Ich bin religiös, und ich liebe Gott«, schrieb Michelle, 22. »Aber die Regeln sind zu streng. Und manche sind auch ungerechtfertigt, wenn man zum Beispiel die Homosexualität nicht gut finden soll. Wie kann man alle lieben, außer Schwulen, Transsexuellen und Leuten, die nicht an unseren Gott glauben? Ich glaube, die Menschen wollen mit dieser Denkweise nicht länger leben. Es ist doch widerlich, andere Leute so zu behandeln.«

Diese Ansichten tauchten immer wieder auf, als ich Angehörige der Generation Selfie über Religion befragte. Kelsey, 23, erzählte die Geschichte eines schwulen Freundes, der »aus der Bibelschule in der Middleschool flog, weil er schwul war. Danach versteckte er jahrelang sein Schwulsein und fühlte sich schrecklich.« Sie kam zu dem Schluss: »Deshalb wollen die Menschen nichts mit Religion zu tun haben. Niemand will mit etwas zu tun haben, das den Leuten sagt, ihre sexuelle Orientierung sei eine Sünde. Gott liebt uns alle. Gott will, dass wir alle nett zueinander sind.« David Kinnnamans Buch *Unchristlich* (*unChristian*, 2012) berichtet, dass vier von zehn jungen Menschen, die außerhalb des Christentums stehen, »einen schlechten Eindruck« von Religion hätten. Warum? Wie Kinnaman es ausdrückt: »Wir sind bekannt für das, wogegen wir sind – weniger für das, wofür wir sind.«

Die Fachoberschülerin Haley, 18, ist selbst nicht religiös, arbeitet aber halbtags mit vielen religiösen Menschen zusammen. Als wir uns eines Tages zum Mittagessen in San Diego treffen, berichtet sie mir, dass viele ihrer Arbeitskollegen gegenüber Schwulen, Lesben und Transsexuellen intolerant seien. Gegen die religiöse Überzeugung ihrer Kollegen hat sie nichts, sehr wohl aber gegen deren Intoleranz. »Wenn du religiös bist und dir das hilft, ein besserer Mensch zu werden: okay. Genau das sollte Religion leisten – einem helfen, ein besserer Mensch zu werden und andere Leute besser zu behandeln«, meint sie. »Wenn das aber nicht eintritt und man Religion dazu einsetzt, um seinen Hass abzulassen, benutzt man sie nur für die eigenen gesellschaftlichen und moralischen Regeln. Mit solchen Leuten stimmt doch was nicht.«

Was also wünscht sich die Generation Selfie von der Religion? Viele Selfies entsprechen Kinnamans Feststellung, sie wünschten sich die Religion positiver, weniger negativ eingestellt. Sie solle sich auf das konzentrieren, was man tun und nicht darauf, was man unterlassen sollte; und sie solle jeden akzeptieren. Tess, 21, ist katholisch erzogen worden. »Mit 21 erfuhr meine Cousine, dass sie schwanger war, weshalb sie zur Beichte ging, damit ihr dort weitergeholfen würde. Aber der Priester erzählte ihr nicht von Gottes Vergebung, er machte ihr auch keine Hoffnung für sich und die Zukunft, stattdessen beschämte er sie, so dass sie auf dem ganzen Heimweg weinte«, schrieb sie. »Wie soll so etwas die Leute anziehen? Auch wenn nicht Gott selbst sie beschämt hat, sind doch die Kirchenführer immer noch der Weg, auf dem die Botschaft des Herrn uns erreicht. Gottes Wort sollte Glück und den Glauben fördern, nicht Selbsthass und Hoffnungslosigkeit.« Die Generation Selfie sieht keine Notwendigkeit, Regeln zur Sexualität durchzusetzen, da die meisten Selfies diese Vorschriften ohnehin als hoffnungslos überholt ansehen. Millie, 19, meinte, dass die »religiösen Ideale mit dem in Konflikt geraten, was die Menschen in der modernen Gesellschaft für normal halten. So sagt etwa die Bibel, dass man vor der Ehe keinen Sex haben sollte – aber in der heutigen Gesellschaft gilt Sex als normal, als gesunder Teil nichtehelicher Beziehungen. Die Leute empfinden es heute eher als merkwürdig, wenn man keinen Sex vor der Ehe hat. Verheiratet zu sein ist für uns nicht notwendig, sondern eher eine Wahlmöglichkeit von vielen.«

Die Generation Selfie will sich durchaus mit Religion beschäftigen, man soll ihr aber nicht sagen, was sie zu tun hat. Trevor, 20, schrieb: »Junge Erwachsene wollen Antworten auf ihre Fragen zum Leben haben, wer wir sind und warum das überhaupt wichtig ist, und was wir tun können. Stattdessen erzählt man uns nur, dass wir beten sollen, oder wir kriegen ein Merkblatt zu ein paar Bibelversen.« Vanessa, 21, bestätigt das: »Die Kirche sollte die ganze Sache interaktiver gestalten, um die Leute aktiv zum

Denken zu bringen, anstatt dass sie nur zuhören, wenn jemand zu ihnen spricht.«

Das legt die Vorstellung nahe, religiöse Organisationen sollten sich auf engagierte Diskussionen mit Angehörigen der Generation Selfie konzentrieren, die »wichtige Lebensfragen« stellen, Fragen zur Liebe, zu Gott und zum Sinn. Wie Kinnaman herausfand, waren 36 Prozent der jungen Erwachsenen mit einem christlichen Hintergrund nicht der Meinung, »meine drängendsten Fragen zum Leben in der Kirche« stellen zu können. So wie das Bildungswesen sich weg vom starren Frontalunterricht und hin zu interaktiven Gruppendiskussionen bewegt, so sollten religiöse Organisationen über Veranstaltungen nachdenken, die die Gemeindemitglieder dazu ermutigen, mitzumachen und Fragen zu stellen. Mark sagt, dass er die Megakirchen mag, die er besucht, weil »man in die Kirche geht, um mehr über Gott zu erfahren und zu erleben, dass man bei allem, was man erlebt hat, nicht alleine ist. Die Menschen legen ständig Zeugnis ab, und es ist gut zu wissen, dass auch noch andere genau das Gleiche durchgemacht haben wie man selbst; und es geht ihnen wieder gut, also wird es einem selbst auch wieder gut gehen.« Doch es gibt auch in manchen Punkten Fortschritte: Eine Kirche in Oregon fordert Gemeindemitglieder dazu auf, jegliche Fragen zum Glauben zu stellen – und die Fragen können via SMS und Twitter gestellt werden.

Die Generation Selfie will nicht, dass man ihr vorschreibt, wie sie ihr Leben zu führen hat und was sie glauben soll. Doch das kann sich zu einer Stärke entwickeln – denn wenn sie dazu kommt, aus sich selbst heraus zu glauben, wird sie vermutlich diesen Glauben auch beibehalten.

Wie Europa, nur mit größeren Autos: Die religiöse Landschaft der Zukunft

Viele Amerikaner sehen den Trend, der von der organisierten Religion wegführt, als zutiefst negativ an. »Das ist Familie«, sagte Lorraine Castagnoli. Sie besuchte eine der acht katholischen Kirchen, die in Westchester und Rockland, New York, im Jahr 2015 geschlossen wurden. »Als diese Kirche geschlossen wurde, ist etwas von meiner Seele und meinem Herzen gestorben. Wir kommen die ganze Zeit über zusammen, und es ist einfach traurig.« Religionsführer beklagen den Verlust an Gemeinschaft und sagen, dass religiöse Menschen meist gesünder und glücklicher seien. »Zu guter Letzt werden die meisten von uns verstehen, dass es eine Dimension gibt, die uns über uns selbst hinausführt«, meint Pater James Bretzke vom Boston College. »Es gibt einen transzendenten Zug in unserem Leben, und die Religion hat hierfür eine tiefere Bedeutung und manche tiefer gehenden Antworten anzubieten.« Laut der Befragung des Pew-Forschungszentrums von 2012 halten die meisten US-Amerikaner (56 Prozent) den Rückgang der Religion für schlecht und nur zwölf Prozent für gut.

Andere sehen etwas Positives an diesem Rückgang, so etwa Ronald Lindsay vom Center for Inquiry, einer nichtkommerziellen amerikanischen Erziehungsorganisation, die daran arbeitet, den Einfluss der Religion auf die öffentliche Politik zu verringern. Lindsay hat die Theorie, dass die Amerikaner »die Kirche auf vielen Gebieten nicht länger als Autorität ansehen. Es sind dies Gebiete, auf denen sie gerne selber entscheiden … Die Menschen suchen immer noch die Gemeinschaft, aber sie suchen sie nicht mehr im Kontext einer organisierten Religion.« Wenn der Rückgang der Religion online diskutiert wird, erwähnen viele Teilnehmer ihre negative Geschichte in Bezug auf Verfolgung und Hass, wobei sie oft gerade das Thema LGBT vorbringen.

In Europa wendet sich die Hälfte der Bevölkerung von Religion ab – viele Kirchen sind leer, und da immer mehr Kirchen auch in den USA schließen, fangen auch allmählich die sozialen Programme zu bröckeln an, die von Kirchen durchgeführt werden. Wenn die Selfies selber Kinder haben, wird sich die Art und Weise, wie das Land mit Religion umgeht, sehr gewandelt haben.

Werden überhaupt irgendwelche Religionen überleben? Evangelikale Kirchen haben in den letzten Jahrzehnten nicht so viele Mitglieder verloren wie andere christliche Konfessionen. Das könnte auch daher rühren, weil sie erkannt haben, dass die Generation Selfie und die Millennials die Religion durchaus als Teil ihres Lebens wollen – um ihre Beziehungen zu stärken und ihnen ein Gespür für den Sinn des Lebens zu geben. Einige dieser Kirchen werden beginnen, ihre Ansichten zu vorehelichem Sex, zu gleichgeschlechtlichen Ehen und zu Transsexuellen zu lockern, da diese Dinge nun mehr und mehr zum Mainstream gehören, selbst unter religiösen Menschen.

Die Religion wird überleben, aber sie wird eine flexible, offene und auf Gleichberechtigung beruhende Religion sein, die den Menschen ein Gefühl für Zusammengehörigkeit und Sinn gibt. Derzeit erreicht das aber weniger als die Hälfte der US-Amerikaner. Es ist unklar, wo die Generation Selfie eine gemeinschaftliche Interaktion finden wird, die die Religion ersetzt. Vielleicht wird sie sie auch nicht finden und begnügt sich mit dem Netzwerk ihrer sozialen Medien und all ihren schädlichen Auswirkungen auf die psychische Gesundheit. Vielleicht wird die Generation

Selfie sich auch mit anderen zusammentun, die ihre Interessen teilen und eben nicht versuchen, Gemeinschaft durch Religion aufzubauen. Wie auch immer: Die Struktur der amerikanischen Gemeinschaft wird sich fundamental verändern.

ISOLIERT, ABER NICHT WIRKLICH

Mehr Sicherheit, weniger Gemeinschaft

Die Sonne hat gerade die grauen Morgenwolken vertrieben, als ich an einem Junitag kurz vor Mittag an meinem Lieblings-Sushi-Restaurant in San Diego ankomme. Haley, 18, ist schon da, sie steht auf, um mich zu begrüßen, als ich das Restaurant betrete. Sie ist halb weißer Abstammung, halb Asiatin und hat ein warmes Lächeln, das ihre Augen hinter den Brillengläsern strahlen lässt.

Bei Garnelen-Tempura und einer Drachenrolle reden wir über alles, von Jobs und Psychologie bis hin zu Beziehungen. Haley hat gerade ihr erstes Jahr an einer Fachoberschule abgeschlossen und lebt derzeit zu Hause bei ihren Eltern. Sie hat einen Halbtagsjob, besucht aber während des Sommers keinerlei Kurse. »Ich brauche meinen Sommer«, erklärt sie. »Wenn ich den nicht hätte, würde ich verrückt werden.« Wie immer mehr junge Menschen raucht Haley nicht, trinkt nicht und hat nur begrenzte Erfahrungen mit Liebesbeziehungen.

Interessant ist der Grund dafür. Kurz gesagt rührt es daher, weil nach ihrer Meinung solche Dinge keine sichere Angelegenheit seien. »Auszugehen und Party zu machen, wenn man betrunken ist – da ist man in einem so anderen Geisteszustand, dass man sich so benimmt, wie man es nüchtern nie tun würde«, sagt sie. »Manche Leute fahren betrunken Auto – und manche nutzen dich aus, wenn du betrunken bist. Da ist man nicht sicher. Man schadet sich dabei nur selber, oder ein anderer fügt einem Schaden zu. Das ist nicht mein Ding.«

Haleys Sicherheitsstreben geht in einem Ausmaß über körperliche Unversehrtheit hinaus, wie ich es erst kürzlich durch die Generation Selfie erfahren habe: Es geht um emotionale Sicherheit. So glaubt Haley etwa, auf der Highschool wäre man zu jung, um eine Liebesbeziehung zu haben, vor allem eine sexuelle. Sie verweist auf wissenschaftliche Forschungen, um ihre Position abzusichern: »Mit der Freisetzung von Oxytocin [beim Sex] schafft man emotionale Verbindungen zu jemandem, gleichgültig, ob man das gut findet oder nicht«, sagt sie. »Ich finde es gefährlich, von jemandem emotional abhängig zu sein, besonders in einem Alter, in welchem sich das Gehirn noch entwickelt.«

Pass auf dich auf

Wie die meisten Generationentrends war die Ausrichtung auf das Thema Sicherheit keine spezielle Idee der Generation Selfie. Dieses Thema war in der Kultur längst präsent, lag geradezu in der Luft, als diese Generation groß wurde. Die Kindheit der Selfies spielte sich auf Autositzen ab, sie wurden von der Schule abgeholt, anstatt selber zu Fuß nach Hause zu gehen, es war eine Kindheit der keimfreien Plastikspielplätze. Die Babyboomer und die Kinder der Generation X, die noch die Freiheit hatten, in ihrer Nachbarschaft herumzuziehen, wurden durch die dauerüberwachten Selfie-Kids abgelöst. Selbst in unserer Sprache zeigt sich das wachsende Bedürfnis nach Sicherheit: In amerikanischen Büchern zog der Gebrauch solcher Wendungen wie »Keep safe« oder »Stay safe« (»Pass auf dich auf« oder »Sei vorsichtig«) seit Anfang bis zur Mitte der 1990er stark an, gerade als die ältesten Angehörigen der Generation Selfie geboren wurden.

Dieses wachsende Interesse an Sicherheit beruht vielleicht auch auf dem langsameren Entwicklungstempo dieser Generation: Jüngere Kinder werden mehr behütet als ältere, Kinder werden mehr behütet als Jugendliche. Wir haben gesehen, wie Haley sofort die Gefahr beim Teenagersex mit der Vorstellung einer langsamen Gehirnentwicklung verbunden hat – sie griff auf exakt die Studie zurück, die alle Eltern parat haben, wenn sie einem Jugendlichen den Autoschlüssel nicht aushändigen wollen. Jetzt zitieren auch schon die Kinder diese Studie.

Dieses Streben nach Sicherheit hat sich in mehrfacher Hinsicht ausgezahlt. Zunächst einmal sind die Selfie-Teenager sicherheitsbewusste Autofahrer. Weniger ältere Highschoolschüler sind in Autounfälle verwickelt, und weniger erhalten Strafmandate. Dies ist ein neuerer Trend, der erst in den frühen 2000er Jahren anfing, was die Strafzettel betraf, in den mittleren 2000ern, was die Unfälle angeht. Noch 2002 hatte mehr als einer von drei Zwölftklässlern bereits einen Strafzettel erhalten, doch 2015 war es nur einer von fünfen.

Für die Generation Selfie ist es auch selbstverständlich, immer den Sicherheitsgurt anzulegen. Mehr Selfies als Angehörige früherer Generationen verhalten sich dementsprechend – 2015 sagten doppelt so viele ältere Highschoolschüler wie 1989, sie würden »immer« den Gurt anlegen. 2016 befragte eine Untersuchung Jugendliche aus dieser Generation, was sie sich am meisten bei einem Auto wünschten. Dabei wurden junge Millennial-

Prozentsatz der Zwölftklässler (von allen, die im letzten Jahr Auto gefahren sind), die ein Strafmandat erhielten oder in einen Verkehrsunfall verwickelt waren. Quelle: Monitoring the Future, 1976–2015

Erwachsene zum Vergleich herangezogen, die ihre Vorlieben als Jugendliche beisteuerten. Welche Eigenschaft aber wünschte sich die Generation Selfie weit mehr als die Millennials? Sicherheit. Und vergessen wir nicht: Es waren Jugendliche, also nicht unbedingt die Gruppe, die dafür bekannt ist, Volvo fahren zu wollen. So ist diese Generation eben.

Selfie-Teenager steigen wahrscheinlich auch weniger bei einem Autofahrer ein, der betrunken ist. Die Anzahl derjenigen, die das taten, halbierte sich von 40 Prozent im Jahr 1991 auf 20 Prozent im Jahr 2015. Einer von fünf Jugendlichen, der in ein Auto steigt, das von einem potentiell beeinträchtigten Fahrer gesteuert wird, ist dennoch ein zu hoher Prozentsatz. Möglicher-

Deutsche Jugendliche und Verkehrsunfälle
In Deutschland verzeichnete die Zahl der unter 18-Jährigen, die als Autofahrer an Verkehrsunfällen mit Personenschaden beteiligt waren, in 25 Jahren einen Rückgang um 70 Prozent (1993: 950; 2018: 285); bei 18- bis 21-Jährigen im selben Zeitraum einen Rückgang um über 60 Prozent.[32]

weise ein Haken: Da ein Selfie weniger wahrscheinlich einen Führerschein besitzt und sich betrinken wird, könnten sich einige dieser erwähnten 20 Prozent zu Mama ins Auto setzen, die kurz zuvor – ein bis zwei Glas Wein intus – die Textnachricht erhielt: »Kannst du mich bitte bei Tyler's abholen?«

Die Gefahren des Trinkens und die Sicherheit des (Haschisch-)Rauchens

Wie wir im Kapitel *Keine Eile* gesehen haben, probieren weniger Selfies jemals Alkohol. Alkohol nur zu probieren ist nicht gefährlich, doch das Komasaufen – meist definiert als fünf oder mehr Drinks direkt hintereinander – ist sehr wohl gefährlich. Es ist diese Art des Trinkens, vor dem die Eltern die Jugendlichen warnen.

Selfies veranstalten weniger wahrscheinlich ein Komasaufen – die entsprechenden Zahlen für Zwölftklässler sind auf mehr als die Hälfte zurückgegangen. Denken die Jugendlichen vielleicht, dass es ungefährlich ist? Hier werden die Trends interessant. Bis vor Kurzem war die Gruppe der Jugendlichen, die beim Komasaufen mitgemacht hat, größer als die Gruppe, die das für ungefährlich hielt. Jugendliche gehen Risiken ein, und sie wollen ein wenig den Abgrund unter sich spüren, wollen sturzbesoffen sein und Spaß haben. Nun ja: Jugendliche gingen Risiken ein – bis die Generation Selfie die Szene betrat. Da haben sich erstmalig die Linien auf der Grafik überkreuzt: Weniger Jugendliche machten beim Komasaufen mit als Jugendliche, die dies für ungefährlich hielten. Anstatt ein Stück über die Sicherheitsgrenze hinauszugehen und Risiken auf sich zu nehmen, übertreten die Selfie-Teenager nicht die Schwelle dessen, was sie für ungefährlich halten. Dies ist eine Haltung, die viele von uns eher mit älteren Menschen als mit Jugendlichen assoziieren, und es ist zugleich eine anschauliche Darstellung der Ausrichtung dieser Generation auf Sicherheit.

Manche schreiben den Rückgang des Komasaufens bei dieser Generation deren Angst zu, dass man im angeduselten Zustand auf Instagram lächerlich gemacht wird. Ein erster Hinweis auf ein zukünftiges Thema: Für die Generation Selfie geht Sicherheit über die bloße körperliche Sicherheit hinaus und umfasst auch den möglichen Schaden an der eigenen Reputation und selbst an den Gefühlen. »Ich trinke nicht, und der Grund ist das Sicherheitsrisiko«, schrieb Teagan, 20. Das Trinken, so schrieb sie, »kann zu Strafverfolgung und Peinlichkeiten in den sozialen Medien führen. Arbeitgeber könnten einen nicht anstellen, weil man unzuverlässig und peinlich ist.« Auffällig daran: Die körperliche Sicherheit zählt nicht zu Teagans Gründen für das Vermeiden von Alkohol; stattdessen konzentriert sie sich auf die Gefühle und wirtschaftliche Aspekte, die zu den wichtigsten Sicherheitsaspekten der Generation Selfie gehören.

Wie wir im Kapitel *Keine Eile* gesehen haben, greifen Selfies

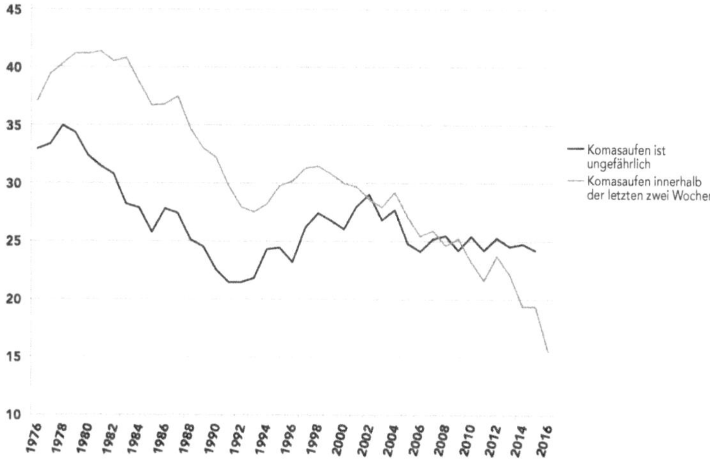

Prozentsatz der Zwölftklässler, die bei einer Gelegenheit fünf oder mehr Drinks auf einmal (Komasaufen) innerhalb der letzten beiden Wochen konsumiert hatten; der Prozentsatz derjenigen, die glauben, das Komasaufen berge »kein« oder nur ein »geringes« Risiko. Quelle: Monotoring the Future, 1976–2016

mit gleicher Wahrscheinlichkeit zu Marihuana wie die Millennials. Wenn die Generation Selfie aber so sehr an Sicherheit interessiert ist, warum ist dann ihr Marihuanakonsum gleich hoch wie bei den Millennials? Ganz einfach: Die Generation Selfie ist tatsächlich der Meinung, Marihuana sei ungefährlich und hält den regelmäßigen Marihuanagenuss für sicherer als das Komasaufen – damit ist sie die erste Generation überhaupt, die so denkt. Das könnte der Grund sein, warum deutlich weniger Jugendliche Alkohol trinken; ihre Zahl entspricht ungefähr der Anzahl derjenigen, die sich Marihuana hingeben.

»Ich glaube, dass der Konsum von Marihuana vollkommen sicher ist, solange man keine Maschine bedient oder ein Auto fährt«, schrieb Brianna, 20. »Es ist weit weniger schädlich als

Prozentsatz der Zwölftklässler, die sagen, dass Komasaufen und Marihuanagenuss sehr gefährlich seien. Quelle: Monitoring the Future, 1976–2015

Alkohol, der ja völlig legal ist, dabei aber zu viel mehr Problemen führt als Marihuana.« Einige aus der Generation Selfie hegen die Vorstellung, dass Marihuana nicht nur ungefährlich, sondern sogar heilsam ist. »Gras ist erwiesenermaßen gesundheitsfördernd«, schrieb Ethan, 19. »Es hilft bei Schmerzen, Krebs und vielen anderen Krankheiten. Es kann die Menschen davon abhalten, von anderen Drogen abhängig zu werden, die viel schädlicher sind.« Manche Selfies nehmen selber aus medizinischen Gründen Marihuana. »Ich halte Marihuana für eine sehr ungefährliche Substanz. Ich benutze es seit drei Jahren wegen chronischer Rückenschmerzen, Depression, Angst und Schuppenflechtenarthritis«, schrieb Nellie, 21. »Der Entzug von meinen Schmerzmitteln gehört zu den schlimmsten Erfahrungen meines Lebens, aber ich konnte Marihuana einsetzen, um sowohl den Entzug als auch den stärker gewordenen Schmerz zu dämpfen. In all den Jahren des intensiven Gebrauchs habe ich nie eine schädliche Nebenwirkung gespürt.« Leider scheinen sich aber nur wenige Selfies der Risiken des Langzeitgebrauchs von Marihuana bewusst zu sein, der zu verminderter Intelligenz und einem höheren Schizophrenierisiko führen kann, vor allem, wenn der Gebrauch schon in der Jugend einsetzt. Marihuana ist zudem heute viel wirkungsvoller als das Haschisch, das die Babyboomer in den 1970er Jahren rauchten.

Dennoch bleibt die Generation Selfie vorsichtig. Auch wenn sie Marihuana eher als ungefährlich ansieht, ist dessen Konsum nicht angestiegen. Historisch gesehen ist das Grasrauchen aufgetreten

Prozentsatz der Zwölftklässler, die jemals Marihuana geraucht haben; Prozentsatz derjenigen, die glauben, das Rauchen von Marihuana berge »kein« oder ein »geringes« Risiko. Quelle: Monotoring the Future, 1976–2016

und auch wieder verschwunden, je nachdem, als wie gefährlich es wahrgenommen wurde. Doch die Generation Selfie durchbricht dieses Muster, indem sie das Rauchen von Gras als ungefährlicher bezeichnet, als sie es ihrer eigenen Meinung nach tun müsste. Genau wie beim Alkohol ist die Generation Selfie die erste, in der die Gruppe derjenigen, die Marihuana rauchten, kleiner ist als die Gruppe derjenigen, die es für ungefährlich halten. Ein weiteres Mal kreuzen sich die entsprechenden Linien in der Grafik.

Sowohl bei Alkohol wie bei Marihuana fragt sich die Generation Selfie zuerst: Ist es ungefährlich? Selbst mit der gefassten Meinung, es sei ungefährlich, halten sich viele zunächst zurück – eine ungewöhnliche Haltung in einem Alter, das traditionell mit riskantem Verhalten verbunden wird. Jugendliche wollen einfach keine Risiken mehr eingehen – daher bleiben sie zu Hause, fahren vorsichtig und nehmen nur Substanzen in Mengen zu sich, die sie für ungefährlich halten – oder sie benutzen sie gar nicht erst … weil es besser ist, auf der sicheren Seite zu sein.

Rückgang der Prügeleien und Abnahme der sexuellen Übergriffe

Die meisten Babyboomer und Angehörigen der Generation X können sich daran erinnern, einen Kampf an den allgemeinbildenden Schulen mitbekommen zu haben – eine Rauferei auf dem Gang, eine Schlägerei nach der Schule; Fäuste, die einen Streit schlichten sollten. Unter den Siebt- und Achtklässlern meiner Junior High School in den frühen 1980ern wurde der Fehdehandschuh immer auf die gleiche Weise geworfen: »Wir treffen uns nach der Schule hinter Kentucky Fried Chicken.«

Heute aber erlebt das KFC-Gelände weit weniger solcher Aktionen. Die Generation Selfie prügelt sich weniger. 1991 war gut die Hälfte der Neuntklässler innerhalb der letzten zwölf Monate in einen Kampf verwickelt, doch 2015 galt das nur für einen von vieren.

Viele aus der Generation Selfie empfinden einen körperlich ausgetragenen Streit angesichts einer möglichen körperlichen Verletzung als bedenklich und zudem sinnlos. »Es hat doch keinen Sinn, körperlich zu kämpfen«, schrieb Aiden, 20. »Ich will selber auf keinen Fall verletzt werden und will das auch bei keinem anderen sehen.«

Extreme Gewalt ist gleichfalls weniger verbreitet: Wie wir im Kapitel *Nicht mehr persönlich* gesehen haben, hat die Tötungsrate von Jugendlichen und jungen Erwachsenen 2014 den tiefs-

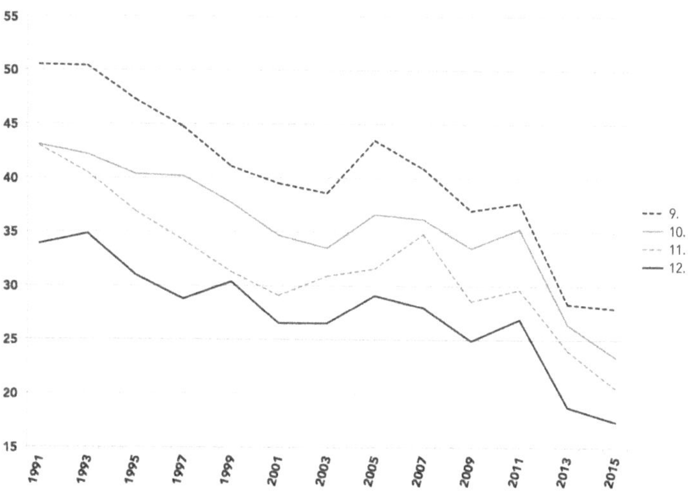

Prozentsatz der Highschoolschüler, die innerhalb der letzten zwölf Monate in eine körperliche Auseinandersetzung verwickelt waren. Quelle: Youth Risk Behavior Surveillance System, 1991–2015

ten Stand seit 40 Jahren erreicht. In der YRBSS-Erhebung macht zudem die Anzahl der Jugendlichen, die eine Waffe mit in die Schule nehmen, nur ein Drittel der Zahl aus, die in den frühen 1990ern festgestellt wurde.

Angesichts der Aufmerksamkeit, die in den letzten Jahren den sexuellen Übergriffen galt, könnte man denken, dies wäre die Ausnahme vom Trend der abnehmenden Gewalt. Das stimmt aber nicht: Sexuelle Gewalt ist de facto heute weniger verbreitet als früher. Von 1992 bis 2015 ging die Vergewaltigungsrate in der Kriminalstatistik des FBI, die auf Meldungen an die Polizei beruht, auf fast die Hälfte zurück. Natürlich ist Vergewaltigung ein bekanntermaßen zu selten angezeigtes Verbrechen – die meisten Studien gehen davon aus, dass die Mehrheit der Betroffenen dies der Polizei nicht melden. Um also die wahre Verbreitung von Vergewaltigung zu erkennen, verlässt man sich besser auf die Ergebnisse repräsentativer Befragungen. Eine davon ist die Verbrechensopfererhebung NCVS (National Crime Victimization Survey) des US-Justizministeriums. In einem Bericht von 2014 hat das Justizministerium die Daten nach Alter und Studentenstatus erfasst. Die Grafik zum Ausmaß an Vergewaltigungen bzw. sexuellen Übergriffen zeigt deren Häufigkeit von Vergewaltigungen bei 18- bis 24-Jährigen, die an einer Hochschule eingeschrieben waren – ein wichtiger Bevölkerungsanteil angesichts der Aufmerksamkeit, die sexuelle Übergriffe auf dem Campus in jüngster Zeit erregt haben. Auch hier waren Vergewaltigungen in den letzten Jahren rückläufig, wobei die Zahlen zwischen 1997 und 2013 auf weniger als die Hälfte zurückgingen (von 9,2 auf 4,4 pro 100 000 Einwohner).

Die Werte der NCVS beziehen sich auf je 1000 Einwohner, die FBI-Zahlen dagegen auf 100 000 Einwohner; daher weist die erste

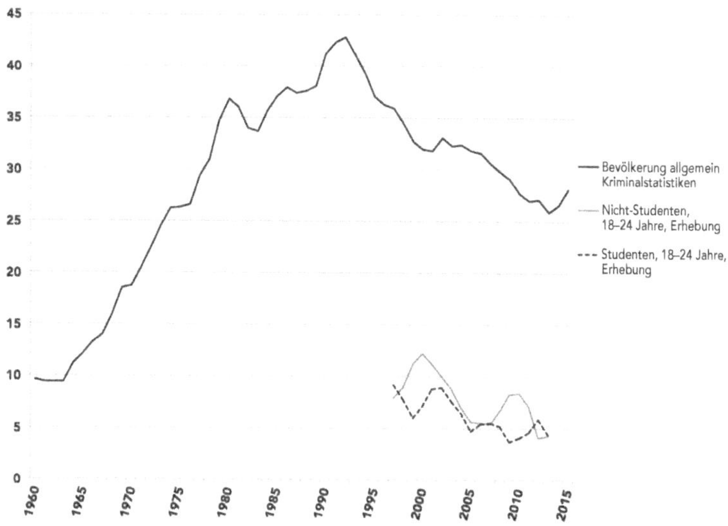

Ausmaß an Vergewaltigungen bzw. sexuellen Übergriffen im vergangenen Jahr (1) laut Polizeiberichten pro 100 000 Einwohner (Quelle: FBI Uniform Crime Reports, 1960–2015) und (2) Opferbefragungen von Studenten bzw. Nicht-Studenten von 18 bis 24 Jahren, auf jeweils 1000 Einwohner (Quelle: National Crime Victimization Survey, 1997–2013)

Erhebung eine viel höhere Zahl auf als die FBI-Kriminalstatistik. Doch selbst diese Rate (ca. ein halber Prozentpunkt) ist niedriger als die in der US-Erhebung zur Intimpartnerschaft und zu sexuellen Übergriffen (National Intimate Partner and Sexual Violence Survey) des Centers for Disease Control and Prevention (CDC) aus dem Jahr 2011.[33] Diese ergab, dass 1,6 Prozent der US-amerikanischen Frauen im vergangenen Jahr vergewaltigt wurden, wobei eine breitere Auslegung des sexuellen Übergriffs zugrunde gelegt wurde. Durch diese Erhebung wurde auch bekannt, dass 19,3 Prozent der Frauen – also fast eine von fünf – irgendwann in ihrem Leben vergewaltigt worden ist (diese Zahl ist weit höher, da sie Vorfälle aus dem gesamten Leben berücksichtigt, nicht nur aus einem Jahr). Andere Aufstellungen, zum Beispiel die vom Crimes Against Children Research Center an der Universität von New Hampshire, zeigen ebenfalls Rückgänge bei sexuellen Übergriffen an Kindern und Jugendlichen.

Insgesamt ist eine große Diskussion um die Frage entstanden, wie man sexuellen Übergriff definiert und bemisst; die hierzu vorliegenden Daten beruhen notwendigerweise auf ihrer jeweiligen Definition. Das Ausmaß an sexuellen Übergriffen ist ohne jede Frage immer noch zu hoch; der anscheinende Rückgang ist jedoch ermutigend – und ein weiterer Beleg dafür, dass die Generation Selfie heutzutage sicherer lebt.

Bitte kein Risiko

Die Abneigung der Generation Selfie gegenüber allem, was mit Risiko zu tun hat, ist noch stärker als ihr tatsächliches Verhalten im Sinne einer grundsätzlichen Vermeidung von Risiko und Gefahr. Acht- und Zehntklässler stimmen weniger wahrscheinlich Aussagen zu wie »Ich möchte mich ab und zu ausprobieren und etwas Riskantes unternehmen«. Fast die Hälfte der Jugendlichen fand dies in den frühen 1990ern noch reizvoll, doch 2015 galt das nur noch für weniger als 40 Prozent.

Die Generation Selfie stimmt auch mit geringerer Wahrscheinlichkeit der Aussage zu: »Mir macht es großen Spaß, Dinge zu tun, die etwas gefährlich sind«. Noch 2011 hat die Mehrheit der Jugendlichen zugegeben, dass Gefahren sie reizen, doch innerhalb von wenigen Jahren teilte nur noch eine Minderheit diese Ansicht.

Im Großen und Ganzen ist dieser Zug in Richtung Sicherheit ein positiver Trend: Für uns alle ist es gut, dass weniger Jugendliche Autorennen veranstalten oder Sachen anzünden. Die feinen Abstufungen kommen dann, wenn wir nicht nur über körperliche Risiken reden, sondern auch über intellektuelle, soziale und emotionale – also über jenen Vertrauensvorschuss, den junge Menschen auf dem Weg zu ihren größten Abenteuern zuweilen in Anspruch nehmen. Manche fragen sich, ob das Streben der Generation Selfie nach Sicherheit auch die Lust am Erforschen und die Kreativität hemmt. Richard Goldstein, ehemaliger Rockmusikkritiker der Zeitschrift *Village Voice* und derzeit Dozent am Hunter College (New York City), beobachtet, dass seine Studenten sehr viel vorsichtiger sind als seine eigene Babyboo-

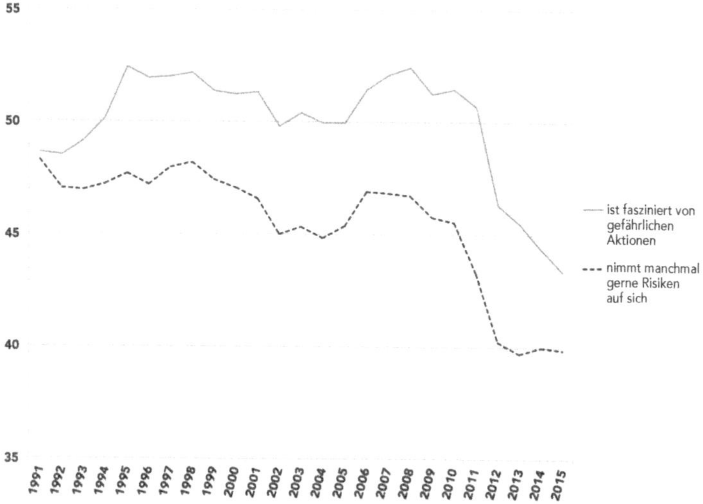

Prozentsatz der Acht- und Zehntklässler, die gerne gefährliche Sachen machen oder Risiken auf sich nehmen. Quelle: Monitoring the Future, 1991–2015

mer-Generation. Er lobt den Ehrgeiz seiner Studenten, schreibt jedoch: »Ich verstehe, dass es wichtig ist, in Sicherheit zu leben, aber ich sorge mich um die Folgen, die daraus entstehen, wenn man dieser Haltung Priorität einräumt. Wenn man keine Risiken eingeht, wie kann man sich dann selbst erfinden? Wenn man sich im Unbeständigen nicht wohl fühlt, wie kann man dann Veränderung herbeiführen?«

Sich ständig sicher fühlen zu wollen kann auch den Wunsch wecken, sich vor emotionalen Überraschungen zu schützen – es ist das starke Interesse an »emotionaler Sicherheit«, das die Generation Selfie auszeichnet. Das kann auch die Vermeidung schlechter Erfahrungen bedeuten oder Situationen, die unbequem sind: Menschen aus dem Weg zu gehen, die andere Vorstellungen haben als man selbst. Dann wird es brenzlig – sowohl für die Generation Selfie als auch für ältere Generationen, die sich abmühen, diese Generation zu verstehen.

Ein Safe Space für alle Studenten

Als die Schriftstellerin Claire Fox eine englische Mädchen-Highschool besuchte, um mit den Schülerinnen zu diskutieren, rechnete sie mit Widerspruch gegen einige ihrer Aussagen. Womit sie jedoch nicht rechnete, waren Tränen. Claire Fox war schockiert: Als die Mädchen anderer Meinung waren als sie, begannen sie zu weinen und sagten: »Das dürfen Sie nicht sagen!«, anstatt rationale Argumente für ihre Positionen vorzubringen.

Claire Fox bezeichnet die Generation Selfie als »Generation Schneeflocke«, die wegen ihrer extrem zarten Beschaffenheit schon bei leichtestem Druck zerschmilzt. Das ist die Kehrseite des Strebens dieser Generation nach Sicherheit: die Vorstellung, dass man nicht nur vor Autounfällen und sexuellen Übergriffen sicher sein sollte, sondern auch vor Menschen, die anderer Meinung sind als man selbst. Man nehme zum Beispiel die jüngste Version des »Safe Space«, heutzutage als der Ort bekannt, den Menschen aufsuchen können, um sich vor Vorstellungen zu schützen, die sie als verletzend empfinden. In den letzten Jahren sind, als Reaktion auf Auftritte kontroverser Redner, Safe Spaces auf Collegecampus populär geworden. Wenn Studenten sich über die Botschaft eines Redners aufregen, können sie sich an einem gesonderten Ort treffen, um einander zu beruhigen. Safe Spaces sind nicht nur das Echo auf das Streben der Generation Selfie nach Sicherheit, sondern auch auf die Verbindung, die sie zwischen Sicherheit und Kindheit herstellt. Greg Lukianoffs und Jonathan Haidts vieldiskutierter Artikel über Safe Spaces und weitere Campuskontroversen, publiziert im September 2015 im *Atlantic*, trug den Titel »The Coddling of the American Mind – Die Verhätschelung der amerikanischen Seele«. Als Illustration diente das Bild eines verwirrt dreinblickenden Kleinkindes, das ein T-Shirt mit der Aufschrift »College« trug. Wie Josh Zeitz es im *Politico Magazine* ausdrückte: »Gestern wollten studentische Aktivisten noch wie Erwachsene behandelt werden – die heutigen wollen wie Kinder behandelt werden.«

Safe Spaces wurden zuerst als Orte angelegt, wo sich zum Beispiel LGBT- oder Minderheiten-Studenten akzeptiert fühlten – wo sie sich miteinander oder mit Gleichgesinnten ohne die Angst treffen konnten, verurteilt zu werden. Doch in den letzten Jahren wurde der Ausdruck »Safe Space« weiter gefasst und beschreibt nun den Schutz, den jedermann vor jeglichem Standpunkt genießen kann, der ihn beleidigen oder verletzen könnte. Diese

Entwicklung hat Spott von vielen Seiten nach sich gezogen, einschließlich der US-Animationsserie *South Park* mit dem Song »In My Safe Space« (»Everyone likes me and thinks I'm great in my safe space / We can face almost everything, but reality we can do without« – Alle mögen mich und finden mich ganz toll in meinem Safe Space / Wir können uns fast allem stellen, aber auf die Realität können wir verzichten).

James, der Student aus Georgia, glaubt, es sei nützlich, Safe Spaces zu haben, wo sich LGBT-Leute nicht verurteilt fühlen, aber er lehnt Safe Spaces ab, die Studenten vor strittigen Meinungen bewahren sollen. »Nur weil jemand anders denkt als man selbst oder etwas sagt, das man als beleidigend empfinden könnte oder das einen selbst reizen könnte oder so – das gehört doch zum Leben«, meint er. »Wenn man das College verlässt, gibt es keine Regel, die die Gefühle schützt.« Er ist der Meinung, dass die gegenwärtige Vorstellung von Safe Spaces die ursprüngliche Idee dahinter verzerrt: »Safe Spaces sollen doch für Menschen sein, die einen Ort brauchen, an dem sie sich ohne die Angst ausdrücken können, verbal oder körperlich verletzt zu werden. Ein Safe Space soll aber nicht für Leute da sein, die bloß Angst haben, beleidigt zu werden. Diese Art von Empfindlichkeit kann die eigene Fähigkeit behindern, in unserer Welt zu funktionieren.« Damit ist eine verblüffende Umkehrung erreicht: Der ursprüngliche Safe Space beförderte Toleranz gegenüber der Identität oder Überzeugung anderer Menschen – die neue Version unterstellt jedoch, dass Studenten nicht die Identität oder Überzeugungen anderer Menschen tolerieren sollten.

Der 18-jährige Ben, der Erstsemesterstudent, dem wir im Kapitel *Online-Zeit* begegneten, sieht Safe Spaces als eine Frage der psychischen Gesundheit an. »So wie Safe Spaces ursprünglich benutzt werden sollten, zum Beispiel wenn man mitten in einer Panikattacke steckt, wenn man sich unglaublich deprimiert oder gestresst fühlt oder so, dann könnte man in einen Safe Space gehen und sich dort einfach ein bisschen entspannen«, meint er. Daher sieht er die Einrichtung von Safe Spaces als individuelles Recht an. »Ich finde, die Leute wissen am besten, was für sie gut ist, und wenn sie sagen, sie brauchen jemanden, zu dem sie gehen können, weil sie einen Zusammenbruch erleben – wer sind wir dann, ihnen zu erzählen, dass sie keinen Zusammenbruch haben?«

Meine Graduiertenstudentin Hannah VanLandingham und ich waren gespannt, wie verbreitet diese neuen Ansichten zum Safe Space sind – sind es nur ein paar Studenten mit Extrempositionen, die Safe Spaces als Rückzugsorte vor gegenteiligen Ansichten befürworteten? Wir befragten mehr als 200 Studenten der San Diego State University, die sich für die Einführung in Psychologie eingeschrieben hatten, wobei wir uns auf die Selfie-Studenten konzentrierten, die 21 Jahre oder jünger waren. Es zeigte sich, dass die Befürwortung von Safe Spaces weit verbreitet war: Drei von vier Studenten stimmten der Aussage zu: »Wenn viele Studenten mit den Ansichten eines Gastdozenten nicht übereinstimmen, dann sollen die Studenten einen Safe Space schaffen, den sie während des Vortrags aufsuchen können.« Immerhin 86 Prozent stimmten der folgenden Aussage zu: »Es liegt in der Verantwortung der Universitätsverwaltung, einen Safe Space einzurichten, damit alle Studenten erfolgreich sein können.« Die große Mehrheit stimmte also der Idee von Safe Spaces zu – als Rückzugsort während des kontroversen Vortrags und als generelles Ziel für jeden Campus. Und das sind keine randständigen Ideen. Sie werden vielmehr von der Mehrheit der Generation Selfie getragen.

Die andere allgemeine Reaktion auf kontroverse Redner besteht darin, einen Redner »auszuladen«. Er soll überhaupt nicht erst erscheinen. Viele Ausladungen sind in dem Sinne abgefasst, die »Gesundheit« oder »Sicherheit« der Studenten bewahren zu wollen – für gewöhnlich ist damit nicht die körperliche Gesundheit oder Sicherheit gemeint, sondern die psychische. Als das Williams College (Massachusetts) einen Redner »auslud«, veröffentlichte die Campuszeitung einen Leitartikel mit dem Hinweis, dass die Anwesenheit des Redners auf dem Campus bei den Studenten – und es folgt ein typischer Generation-Selfie-Ausdruck – eine »emotionale Verletzung« bewirkt. Die Studenten vor Aufregung zu schützen gilt als wichtiger, als eine Diskussion über potentiell unbequeme Ideen zu führen. Wenn einige Menschen sich darüber aufregen könnten, so diese Denkweise, dann schließen wir eher den Redner aus. Und warum können Studenten, die dem Redner nicht zustimmen wollen, nicht einfach beschließen, nicht zu diesem Vortrag zu gehen? Ich stellte diese Frage einigen Selfies, erhielt aber keine befriedigende Antwort darauf.

Das Streben nach Sicherheit und Schutz weitet sich sogar auch auf Vorlesungen aus, die erst einmal zensiert werden müssen – es muss alles entfernt werden, was jemanden verletzen könnte. In seinem Artikel »I'm a Liberal Professor, and my Students Terrify Me« (»Ich bin ein liberaler Professor, und meine Studenten machen mir Angst«) schrieb Edward Schlosser, dass viele Fakultätsmitglieder ihre Lehrpläne geändert hätten, aus Angst davor, gefeuert zu werden, wenn Studenten sich an anstößigem Material in den Vorlesungen störten. Ein Lehrbeauftragter, so Schlosser, wurde entlassen, nachdem »Studenten sich beklagt hatten, er habe sie ›anstößigen‹ Texten von Edward Said und Mark Twain ausgesetzt. Seine Antwort, dass diese Texte durchaus ein wenig aufregen sollten, befeuerte nur den Zorn der Studenten und besiegelte sein Schicksal.« Schlosser meint, der Fokus der Studenten sei heute eher auf ihren emotionalen Zustand als auf ihre intellektuelle Entwicklung ausgerichtet; herausfordernde Diskussionen würden der bloßen Möglichkeit geopfert, dass ein Student sich aufregen könnte.

Die Überzeugungen der Selfie-Studenten und die Vorfälle auf dem Campus haben mehrere Berührungspunkte. Einer ist die Gleichsetzung von Sprache mit körperlicher Gewalt. Wenn Sicherheit auch auf den psychischen Bereich ausgedehnt wird, kann Sprache verletzen. Wie Laura Kipnis, Professorin an der Northwestern University (Illinois), schrieb: »Emotionales Unbehagen gilt heute als gleichbedeutend mit materieller Verletzung, und alle Verletzungen müssen geheilt werden.« Weil sie vielleicht im Vergleich zu früheren Generationen körperlich so sicher ist, vielleicht auch, weil sie so viel Zeit online verbringt, sieht die Generation Selfie Sprache als den Ort an, wo die Gefahr lauert. In ihrem Leben, das ständig online stattfindet, können Worte verletzen und Schaden anrichten, selbst wenn man allein ist. Im Jahr 2016 war der Hit Nr. 1 des Jahres »Stitches«, gesungen vom 18-jährigen Shawn Mendes aus der Generation Selfie. »Deine Worte schneiden tiefer als ein Messer«, singt er, »ich muss genäht werden.« Das Musikvideo zeigt, wie Mendes von einer unbekannten Kraft angegriffen wird, die ihn zu Boden wirft, seinen Kopf gegen eine Autoscheibe schlägt und ihn durch eine Wand drückt, was sichtbare Blessuren und Schnitte in seinem Gesicht hinterlässt. Nachdem er sich das Gesicht gewaschen hat und wieder aufsteht, um in den Spiegel zu schauen, sind die Verletzungen weg. – Obgleich der Song oberflächlich von einer Trennung berichtet, kann er auch als Generationsmetapher für die schneidende Kraft von Worten angesehen werden – für den Schmerz, der eher mental als körperlich ist (nach Ansicht der Generation Selfie), aber genauso verletzt, auch wenn er keine körperlichen Narben hinterlässt. Da die Generation Selfie bereits wegen höherer Depressionsgrade psychisch verwundbar ist, sind Worte verletzend. Anders als die rosafarbenen Brillen, die die Millennials trugen, sind die Linsen, durch die die Generation Selfie die Welt sieht, viel trüber.

Um einen kleinen Einblick in diese Denkweise zu bekommen, habe ich zehn Selfies gefragt, ob sie meinten, zur Sicherheit gehöre auch die »psychische Sicherheit«. Alle waren tatsächlich der Meinung, psychische Sicherheit wäre wichtig, und alle konnten es begründen. »Sicherheit hat damit zu tun, Gefahr zu vermeiden. Es gibt körperliche Gefahr, und es gibt psychische Gefahr. Traumatische Erfahrungen können den Geist betreffen und psychisches Leid verursachen, das sich genau so schlecht wie körperliches Leid anfühlen kann«, schrieb Owen, 20. Ivy, 20, hält psychische Sicherheit für wichtiger als körperliche Sicherheit. »Sicher heißt, dass man sich um seine körperlichen wie emotionalen Bedürfnisse kümmert«, schrieb sie. »Man kann sich selber psychisch ernsthaft schädigen, was noch viel schädlicher ist als körperliches Leid.«

Die Schwierigkeit besteht laut den befragten Selfies darin, dass es schwieriger ist, den Geist als den Körper zu schützen. »Ich glaube, niemand kann emotionale Sicherheit garantieren. Man kann immer Vorsorge dafür treffen, dass man nicht von jemandem körperlich verletzt wird, aber wenn jemand mit dir spricht, kann man es nicht wirklich vermeiden, sondern nur zuhören«, sagte Aiden, 19. Dies ist eine faszinierende, vielleicht typische Idee der Generation Selfie: Die Welt ist ein von Natur aus gefährlicher Ort, weil jede soziale Interaktion das Risiko von Verletzungen birgt. Man weiß nie, was der andere sagen wird, und es gibt keine Möglichkeit, sich davor zu schützen.

Manche Studenten haben diese Vorstellung noch weiter ausgedehnt – über eine offensive oder extreme Sprache hinaus auf alles, was ihnen Unbehagen bereitet oder sie veranlasst, ihre Handlungen in Frage zu stellen. Everett Piper, Präsident der Wesleyan University in Oklahoma, berichtete, ein Student hätte ihm gegenüber geäußert, er fühle sich durch eine Predigt über einen Absatz aus dem Korintherbrief, in dem es um Nächstenliebe ging, »schikaniert«. Wieso? Sie hat ihm »ein schlechtes Gefühl bereitet, weil er keine Liebe gezeigt hätte! Nach seiner Vorstellung war der Redner im Irrtum, weil er ihm und seinen Kommilitonen Unbehagen bereitet hätte.« Nach dieser Denkweise sollte kein Mensch jemals irgendetwas sagen, das einem Studenten ungute Gefühle bereiten könnte, selbst wenn es ihn dazu veranlasst, dass es ihm oder ihr besser geht. Seine Universität, so Piper, »ist kein Safe Place, sondern ein Ort des Lernens« – wie man etwa für andere Sorge trägt, und wie man ungute Gefühle zur Selbstvervollkommnung verarbeitet. »Dies ist ein Ort, an dem man schnell lernt, dass man erwachsen werden muss!«, so seine Schlussfolgerung. »Dies ist keine Kindertagesstätte, sondern eine Universität!«

Die Vorstellung, unzufriedene Studenten seien wie Kleinkinder, sollte aber nicht überall zugrunde gelegt werden. Viele Campusproteste und Studentenklagen betreffen tatsächlich legitime Dinge, und durch Proteste wurde immer schon Unbehagen ausgedrückt. Doch wenn Studenten alles ausschließen wollen, was sie herausfordert, stellen sie das Wesen der akademischen Ausbildung in Frage und beanspruchen, in einer geschützten Kinderwelt zu leben. Eine Universität ist ein Ort, der nicht auf Schutz ausgerichtet ist, sondern auf das Lernen und In-Frage-Stellen. Pipers Beispiel zeigt, wie weit die Bewegung hin zu Safe Spaces bereits vorangeschritten ist: Es legt die Vermutung nahe, jegliches Unbehagen müsse um jeden Preis vermieden werden – gleichgültig woher es stammt, selbst wenn das eigene Fehlverhalten der Grund ist. Das aber ist nicht richtig, vielmehr nennt man diesen Vorgang »lernen«.

Die Sicherheit des Elternhauses – überall

Im Oktober 2015 hat die Verwaltung der Yale University den Studenten nahegelegt, sie sollten keine Halloween-Kostüme tragen, die Anstoß erregen könnten. Erika Christakis, gemeinsam mit ihrem Ehemann Nicholas Resident Master[34], schrieb damals an die Studenten in ihrem Studentenwohnheim, nach ihrer Meinung sollten die Studenten selber entscheiden, welche Kostüme sie tragen, und nicht die Verwaltung. »Amerikanische Universitäten waren einst ein Safe Space, nicht nur für den Reifungsprozess, sondern auch für eine bestimmte regressive, sogar transgressive Erfahrung. Zusehends hat es aber den Anschein, dass diese Universitäten zu Orten der Zensur und der Verbote geworden sind. Und diese Zensur und die Verbote kommen von oben, nicht von Ihnen! Sind wir denn alle mit diesem Machttransfer zufrieden? Haben wir denn das Vertrauen in die Fähigkeit junger Menschen verloren – in Ihre Fähigkeit –, Selbstzensur durch soziale Normen auszuüben, und auch in Ihre Fähigkeit, Dinge zu ignorieren oder zurückzuweisen, die Sie stören?«

Die Studenten forderten Erika Christakis zum Rücktritt auf

und meinten, sie würde keine sichere Umgebung für Minderheitenstudenten schaffen. Danach konfrontierte eine Gruppe protestierender Studenten auch Nicholas Christakis; sie fingen ihn auf einem Gehweg ab. Eine Studentin sagte, Christakis sollte »hier einen Safe Space für alle Studenten schaffen«. Als er antworten wollte, blaffte sie ihn an: »Seien Sie still!«, und fuhr fort: »Es ist Ihr Job, einen Ort der Annehmlichkeit und ein Zuhause für die Studenten zu schaffen, die in Silliman leben ... Durch das Verschicken dieser E-Mail haben Sie gegen Ihre Stellung als Master verstoßen.« »Nein, dem stimme ich nicht zu«, antwortete Christakis. Da begann die Studentin loszubrüllen: »Warum, verdammt noch mal, haben Sie diese Position dann angenommen? Wer hat Sie, zum Teufel, überhaupt angestellt? ... Es geht hier nicht darum, einen intellektuellen Ort zu schaffen! Ganz und gar nicht! Es geht darum, hier ein Zuhause zu schaffen!«

Dieser Fokus auf eine Hochschule als »Zuhause« könnte, wie erwähnt, mit der langsamen Entwicklungsgeschwindigkeit der Generation Selfie zusammenhängen. Wie zwei Mitglieder der Fakultät von Yale in der *New York Times* schrieben: »Anstatt die Idee eines Colleges als Übergang vom Schutz der Familie in die Autonomie als Erwachsener und in die Verantwortung zu befördern, haben Universitäten wie Yale der stillschweigenden Vorstellung nachgegeben, dass sie so etwas wie ein Zuhause schaffen sollten.« Mit anderen Worten: den Fokus auf Schutz, Sicherheit, Behaglichkeit und ein Zuhause zu richten ist die Kehrseite des langsameren Erwachsenwerdens heutiger Jugendlicher. Sie sind nicht darauf vorbereitet, unabhängig zu sein und wollen daher auf dem College zu Hause sein. Sie sind von der Idee der Freiheit als Erwachsener fasziniert, die ihnen das College bietet (keine Ausgangssperre!), aber wollen sich dennoch ständig »sicher« fühlen.

Es ist Ihr Job, uns zu schützen und für unsere Sicherheit zu sorgen

Ein ständig wiederkehrendes Thema bei vielen Campusvorfällen ist die Berufung auf eine höhere Autorität, die die Situation lösen soll, anstatt dass die Studenten selber etwas dafür tun. Das war in Yale der Fall, wo die Studenten sich allein schon durch die Vorstellung angegriffen fühlten, ihre Angelegenheiten selber erledigen zu müssen. Die Frage lautet: Warum gelten solche Themen heute als Aufgabe der Verwaltung und nicht der Studenten? Die offenkundige Antwort ist die lange Kindheit der Generation Selfie: Sie wollen, dass sich die Hochschulverwaltung verhält wie ihre Eltern, die von den Kindern als allmächtig angesehen werden. Aber es könnten noch weitere kulturelle Veränderungen am Werk sein. In ihrem Artikel »Mikroaggressionen und eine veränderte Kultur der Moral« argumentieren die Soziologen Bradley Campbell und Jason Manning, die USA hätten sich von einer Kultur der Ehre, in der die Menschen selber auf eine wahrgenommene Kränkung reagieren, zu einer Opferkultur entwickelt, wo Menschen die direkte Konfrontation meiden und sich stattdessen an Dritte wenden und/oder das »public shaming«, (die öffentliche Beschämung in sozialen Netzwerken) benutzen, um Konflikte zu benennen.

Als zum Beispiel zwei Studenten am Dartmoor College von einem dritten Studenten beleidigt wurden, der meinte, sie würden nur »Unsinn reden«, stellten die beiden Studenten den »Angreifer« nicht selbst zur Rede. Stattdessen berichteten sie den Vorfall dem Office of Pluralism and Leadership (»Büro für Pluralismus und Leitung«) in Dartmoor. Danach starteten das Department of Safety and Security (»Abteilung für Sicherheit und Schutz«) sowie das Bias Incident Response Team (»Team für die Reaktion auf Hassvorfälle«) eine Untersuchung. »In anderen sozialen Zusammenhängen wäre diese Beleidigung auf eine aggressive Antwort gestoßen, sei es eine direkte Beschwerde gegenüber dem Angreifer, eine vergeltende Beleidigung oder körperliche Gewalt«, schreiben Campbell und Manning. »Doch in einer Situation, in der eine mächtige Organisation für Gerechtigkeit sorgt, greifen die Beschwerdeführer lieber auf eine Klage als auf eine Aktion zurück. Insgesamt fördert die Verfügbarkeit von gesellschaftlich Höhergestellten – vor allem hierarchisch Höhergestellten wie etwa gesetzlichen oder privaten Vertretern – die Tendenz, sich auf dritte Parteien zu stützen ... Auch wenn keine Aktion von Seiten der Autorität erfolgt, können dennoch Klatsch und public shaming, die öffentliche Beschämung, machtvolle Sanktionen darstellen.« Diese Art von Kultur, so die Autoren, entsteht wahrscheinlich vor allem unter Individuen mit einem relativ hohen gesellschaftlichen Status, die nicht intensiv miteinander verbunden sind, einander aber als gleichrangig ansehen – gewissermaßen die Selfie-Definition eines Collegecampus.

Der Fokus dieser Generation auf Sicherheit spielt hier gleichfalls eine Rolle. Ich habe Darnell, den Studenten aus Georgia, gefragt, was er tun würde, wenn ein anderer Student ihn wegen seiner Hautfarbe beleidigen würde. Würde er diese Person zur Rede stellen oder sich an ein Mitglied des Lehrkörpers wenden? Darnell sagte, er würde Letzteres tun. »Jemanden zur Rede stellen ist nie gut, weil man nicht weiß, was passieren kann oder wohin dieses Zur-Rede-Stellen führt«, sagte er. »Ich finde, es ist allgemein unsicher für andere Studenten und weitere Leute drum herum. Es könnte zu einem Kampf kommen, und als Nächstes kommen andere Leute dazu, um mitzumischen, und vielleicht haben sie ein Messer dabei – man weiß ja nie, und ich bin nicht gerne in Situationen, die ich nicht kontrollieren kann. Also trete ich lieber einen Schritt zurück und bringe eine dritte Partei ins Spiel.«

Darnell meinte, er wollte keine Diskussion mit dem anderen und dem Mitglied des Lehrkörpers haben. »Ich will, dass sie kapieren, dass ich nicht gut fand, was sie getan haben, dass es mich beleidigt hat und sie das besser nicht noch mal machen, aber weil ich ihnen das nicht selber sagen kann, sollen sie tun, was sie wollen, nur nicht in meiner Gegenwart. Oder in Gegenwart von Leuten wie mir. Wenn es etwas Rassistisches war und ich es als Beleidigung empfunden habe, gibt es vermutlich andere Leute, die so aussehen wie ich und es gleichfalls beleidigend finden.«

Darnells Hinweis auf die Beleidigung, die hinter jeder rassistischen Bemerkung steckt, ist ein guter Hinweis, und seine Angst vor Kämpfen wird von vielen aus der Generation Selfie geteilt. Es gibt aber auch deutliche Nachteile, wenn man einer Autorität Bericht erstattet. Wenn man die Verwaltung einschaltet, lässt das gewöhnlich den Konflikt eher eskalieren, anstatt ihn zu lösen, was oft dazu führt, dass der Angreifer zum eigenen Schutz mit Feindseligkeit reagiert. Und es kann den Menschen Furcht davor einflößen, überhaupt etwas zu sagen, und Diskussionen über wichtige Themen werden nicht geführt. In der Zeitschrift *The Atlantic* argumentierte Conor Friedersdorf, es trage zur Infantilisierung der Studenten bei, wenn Mikroaggressionen (Kommentare, die unabsichtlich verletzend gegenüber Frauen oder Minderheiten sind) an Autoritätsfiguren weitergetragen werden, weil die Studenten nicht lernten, wie man solche Situationen selber löst, und zwar »in einer Umgebung, wo es noch leichter ist als bei einem ersten Job oder in einer Wohngemeinschaft oder in einer Ehe.«

Im März 2016 wachten Studenten der Emory University (Georgia) eines Morgens auf und sahen, dass jemand mit Kreide »Trump 2016« auf die Gehwege um den Campus geschrieben hatte. Einige Studenten sagten, diese Botschaft würde sie verunsichern, und Protestierende riefen den Campusverwaltern zu: »Sie hören ja überhaupt nicht zu! Kommen Sie heraus und reden Sie mit uns, es belastet uns!« Der Vorfall sorgte weithin für Spott, auch in der Show von Larry Wilmore, wo einer der protestierenden Studenten mit den Worten parodiert wurde: »Ich hatte keine Ahnung, dass ich mit Leuten zur Schule gehe, die eine andere Meinung haben als ich. Es ist schrecklich.«

Der Fokus der Generation Selfie auf eine höhere Autorität zog diverse Campusproteste gegen Universitätsverwaltungen nach sich, als nämlich die Beleidigung durch Dritte begangen wurde – durch solche, die nicht direkt mit dem Campus verbunden waren. Das war der Fall an der Universität von Missouri im Herbst 2015, wo der Universitätspräsident schließlich zurücktrat, obwohl er selbst bei den Vorfällen, die die Proteste hervorgerufen hatten, gar keine Rolle gespielt hatte – Männer in einem vorbeifahrenden LKW hatten einem Studenten rassistische Schimpfwörter zugerufen. Die Studenten erklärten daraufhin, der Präsident sorge nicht für eine sichere Umgebung.

Ein weiterer Vorfall trug sich auf meinem eigenen Campus an der State University San Diego zu. Im April 2016 waren Studenten aufgebracht, als eine Pro-Israel-Organisation, die nicht dem Campus angehörte, auf diesem Campus Flugblätter verteilte. Darauf wurden bestimmte Studenten und Mitglieder des Lehrkörpers beim Namen genannt, die »sich mit palästinensischen

Terroristen zusammengeschlossen haben, um auf diesem Campus den Hass auf die Juden aufrechtzuerhalten.« Die erste Antwort des Universitätspräsidenten war eine E-Mail, in der er die freie Rede unterstützte, dabei aber festhielt, dass diese Flugblätter besser nicht Einzelne beim Namen genannt hätten.

Die protestierenden Studenten waren der Meinung, diese E-Mail wäre der Gruppe gegenüber, die die Flugblätter verteilt hatte, nicht kritisch genug; sie hissten ein großes Spruchband mit dem Text: »SDSU hält uns für Terroristen«. Später blockierten die Studenten den Polizeiwagen, in dem der Universitätspräsident saß, und hinderten ihn mehr als zwei Stunden daran wegzufahren. Sie verlangten eine Entschuldigung. »Ich wollte, dass Sie mich verteidigen«, sagte ein Student zum Präsidenten. »Man hat uns Terroristen genannt, und Sie haben uns nicht verteidigt.« Der Vorfall ließ viele Fragen offen, zum Beispiel, warum sich die Proteste nicht auf die Gruppe konzentrierten, die die Flugblätter zu verantworten hatte, sondern sich gegen die Verwaltung richteten.

Unsere Befragung von Studenten der SDSU ließ – genau zwei Wochen vor diesem Vorfall – den Fokus der Protestierenden auf den Präsidenten ihrer Universität bereits ahnen. Denn zwei von drei Studenten stimmten der Aussage zu: »Wenn sich negative rassistische Vorfälle auf dem Collegecampus ereignen, muss sich der Präsident der Universität entschuldigen, auch wenn er keinen Anteil an den Vorfällen hatte.« Damit befürwortete die klare Mehrheit der Studenten zusammen mit den Protestierenden, dass von Seiten der Verwaltung eine Entschuldigung folgen sollte, nicht von der verantwortlichen Person oder Gruppe. Die Studenten aus San Diego waren zudem eindeutig der Meinung, dass es Aufgabe der Verwaltung sei, unter den Studenten verschiedener Hautfarben für eine positive Atmosphäre zu sorgen.

Vier von fünf Kommilitonen bekräftigten, dass, »wenn Minderheitenstudenten sich auf dem Campus nicht willkommen fühlen, es in der Verantwortung der Universitätsverwaltung liegt, etwas dagegen zu tun.«

In ihrem Aufsatz im *Atlantic* meinten Lukianoff und Haidt, der Fokus auf Safe Spaces, Triggerwarnungen und Mikroaggressionen hätte die Dinge zurückgedreht: Der Nachdruck auf den Schutz der Gefühle der Studenten würde tatsächlich ihrer psychischen Gesundheit schaden. Die kognitive Verhaltenstherapie, die am meisten verbreitete und empirisch gestützte Gesprächstherapie bei Depressionen, vermittelt den Menschen, die Dinge nach Möglichkeit objektiver zu sehen. Doch das Reden über Safe Spaces, Triggerwarnungen und Mikroaggressionen unterstützt eher das Gegenteil – man überlässt den eigenen Gefühlen die Interpretation der Wirklichkeit.

Es wurde argumentiert, dieses Klima bereite die Studenten schlecht auf das Arbeitsleben vor, wo sie Menschen mit anderen Meinungen begegnen – und sie würden dort wohl nicht freundlich empfangen, wenn sie sich bei ihrem Boss beschwerten, dass jemand ihre Gefühle verletzt hätte. In einer Kolumne in der *New York Times*, in der Safe Spaces kritisiert wurden, schrieb Judith Shulevitz: »Während es sich für die Hypersensiblen gut anfühlen mag, Diskussionen auf Hochschullevel ›sicher‹ zu halten, ist es tatsächlich schlecht für sie und auch für alle anderen. (…) Wenn man sie vor ungewohnten Ideen schützt, (…) wird sie der soziale und intellektuelle Gegenwind unvorbereitet treffen, sobald sie den Campus verlassen, dessen Klima sie so sorgfältig kontrolliert haben.« Einige Selfies stimmen dem zu. Der Student James glaubt, dass Menschen, die auf bestimmte Themen empfindlich reagieren, sich vielleicht anders entscheiden müssten. »Wenn man ständig durch Kurse getriggert wird, die man für das Hauptfach braucht«, meint er, dann sei es vielleicht nicht das richtige Hauptfach. »Mein Bruder studiert im Hauptfach Strafjustiz – die Kurse dort beinhalten Triggerwarnungen, weil es um Mordfälle geht. Schön und gut, aber in der realen Welt kann die Polizei so was nicht vermeiden. Man kann aber auch mit Polizisten zu tun haben, die nicht auf alle möglichen Situationen hin trainiert worden sind, weil sie im College getriggert worden sind. Das geht dann allerdings zu weit.«

Ben, der 18-jährige Studienanfänger, dem wir schon begegnet sind, sieht die Bewegung hin zu Safe Spaces und Triggerwarnungen schlicht als eine Sache der psychischen Gesundheit. »In der allgemeinen Wahrnehmung scheint unsere Generation verhätschelt, weinerlich und einfach nur dünnhäutig zu sein. Aber ich finde, da werden Dinge falsch interpretiert«, meint er. »Die Entwicklung geht nun einmal hin zu mehr Verständnis für die Gefühle und die Gesundheit der Menschen. Das sieht nach Verhätschelung aus, weil die Leute früher unterdrückt wurden, als meine Eltern noch Kinder waren. Es war damals wirklich gefährlich, schwul zu sein. Damals hat man PTBS [posttraumatische Belastungsstörung] nicht als wirkliche Störung erkannt. Auch das Thema Angst wurde noch nicht richtig verstanden. Die Tatsache, dass wir versuchen, mehr Verständnis dafür aufzubringen, ist ja nicht schlecht.« Es ginge um Sicherheit und Hilfe für die, die verwundbar seien, sagte er: »Wir glauben, dass PTBS eine Krankheit ist, die behandelt werden muss, und wir meinen auch, dass Menschen, die Angst haben, verstanden werden müssen und man sie nicht nur dünnhäutig nennt.« Für Ben – und ich vermute, für viele weitere Selfies – gilt, dass sie für die Bedürfnisse anderer sensibel sind, wenn sie Triggerwarnungen und Safe

Spaces unterstützen, und es scheint eher als grausam zu gelten, wenn man das nicht tut.

Wie sind wir da hingekommen?

Das Sicherheitsstreben der Generation Selfie mag teilweise auch in ihrer langen Kindheit begründet sein. Wenn Eltern ihre Kinder als jünger behandeln, beschützen sie sie auch mehr. Generell gilt: Je jünger das Kind, desto weniger lassen wir es aus den Augen. Je größer der Autositz, desto mehr fühlen wir uns verantwortlich für die Sicherheit der Kinder. Wenn Zehnjährige wie Sechsjährige behandelt werden, 14-Jährige wie Zehnjährige und 18-Jährige wie 14-Jährige, verbringen Kinder und Jugendliche mehr Jahre in dem Bewusstsein, sie säßen sicher und behütet im Kokon der Kindheit. Wenn sie aufs College gehen, fühlen sie sich plötzlich ungeschützt und verletzlich und versuchen, das Gefühl von Zuhause und Sicherheit, in dem sie einige Monate vorher noch gelebt haben, neu zu erschaffen. Babyboomer und die Generation X, die wahrscheinlich mehr Freiheit erfahren haben, ehe sie aufs College gingen, mussten eine weniger irritierende Umgewöhnung durchmachen. Nun gehören sie selbst dem Lehrkörper und der Verwaltung an und wundern sich, wenn Selfie-Teenager wie Kinder behandelt werden wollen und schon bei der bloßen Vorstellung zusammenzucken, emotional aufgewühlt zu werden.

Insgesamt werden Kinder viel sorgfältiger beschützt als früher. Wie Hanna Rosin in *The Atlantic* schrieb: »Handlungen, die in den Siebzigerjahren als paranoid gegolten hätten – dass man Drittklässler zur Schule bringt, den Kindern verbietet, auf der Straße Ball zu spielen, mit den Kindern auf dem Schoß auf der Rutsche runterrutscht –, sind heute Routine. Sie gelten in der Tat als Kennzeichen von guten, verantwortungsbewussten Eltern.« Und das sind nicht nur vereinzelte Wahrnehmungen. 1969 gingen 48 Prozent der Grund- und Middleschool-Schüler zu Fuß oder fuhren mit dem Fahrrad zur Schule. 2009 taten das nur noch 13 Prozent. Selbst von denen, die weniger als eineinhalb Kilometer von der Schule entfernt lebten, gingen 2009 nur 35 Prozent zu Fuß zur Schule oder fuhren mit dem Rad; 1969 waren es noch 89 Prozent. Auch die Schulpolitik legt das oft fest. In der Schule meiner Kinder dürfen nur Viert- und Fünftklässler mit dem Rad zur Schule fahren. Ihre Eltern müssen ein Formular unterschreiben, das ihnen die Erlaubnis dazu erteilt und worin bestätigt wird, dass sie auch die Verantwortung für die Sicherheit der Kinder übernehmen. Solche Regeln sowie die entsprechenden Formulare waren in der Kindheit der Babyboomer und der Generation X noch unbekannt.

Eine Grundschule in Michigan verbot das Lieblingsspiel der Kinder, das Fangen, und sagte, es wäre gefährlich. Eine andere Schule verbot das Radschlagen, es sei denn, es würde durch einen Betreuer überwacht. Viele Städte haben Straßenhockey verboten (das mit Stöcken und einem Gummiball auf der Straße gespielt und mit dem Ausruf »Auto!« unterbrochen wird, wie im Film *Wayne's World* von 1992). Einer der wenigen Beamten der Stadt Toronto, der das Straßenhockey wieder zurückbringen will, hat eine geschützte Arena mit einer ganzen Reihe von Regeln geschaffen – ein vollkommen anderes Spiel als das aus den 1980er Jahren in der Tradition selbstgemachter Tore und Stöcke, ohne Helme oder Polster, und mit Regeln, die anstelle von Erwachsenen die Kinder selbst festlegten.

In einer neueren Umfrage meinten 70 Prozent der Erwachsenen, die Welt sei für Kinder unsicherer geworden, seit sie selbst

Kinder waren – obwohl alle Indizien darauf hindeuten, dass Kinder de facto heute sicherer sind. Wir schützen Kinder vor Gefahren, realen wie imaginären, und sind dann überrascht, wenn sie aufs College gehen und sich dort Safe Spaces schaffen, die dazu dienen sollen, sich von der realen Welt zurückzuziehen.

Vor- und Nachteile des Beschützens

Ist also das Streben nach Sicherheit gut oder schlecht? Wie bei vielen Kultur- und Generationentrends gilt wahrscheinlich beides. Das Streben nach Sicherheit begann mit dem erstrebenswerten Ziel, Kinder und Jugendliche vor Verletzung oder Tod zu schützen. Die prominenteste dieser Kampagnen galt der Sicherheit im Auto, einschließlich der Gesetze, die Kindersitze und das Anlegen der Sicherheitsgurte vorschrieben. Dazu kamen »abgestufte« Führerscheingesetze, die die Privilegien jugendlicher Fahrer beschränkten. Außerdem wurden die Wagen selbst sicherer, was sich auf alle Altersstufen auswirkt: Mit zusätzlichen Airbags, Antiblockiersystemen und weicheren Materialien im Fahrzeuginneren. Diese Maßnahmen waren außerordentlich erfolgreich: Die Todesrate bei Kraftfahrzeugunfällen ist dramatisch gesunken. Bei den jüngeren Bevölkerungsgruppen war der Rückgang am größten: Im Vergleich zu 1980 starben im Jahr 2014 weniger als ein Drittel Kinder und Jugendliche bei Verkehrsunfällen.

Das ist ohne jede Frage erfreulich – weniger Kinder und Jugendliche sterben in Autos. Kindersitze retten Leben, bei aller Mühe, die sie den Eltern bereiten. Das Gleiche gilt für Sicherheitsgurte und eine sicherere Fahrweise der Jugendlichen. Eindeutige Vorteile des Strebens nach Sicherheit also – und da gibt

Jugendliche Unfalltote in Deutschland
In Deutschland ist die Zahl der unter 21-jährigen Kinder und Jugendlichen, die bei Verkehrsunfällen ums Leben kamen, seit 1980 um über 90 Prozent gesunken. (1980: 4463; 2016: 321).[35]

es eigentlich keine Nachteile. Es stört mich immer, wenn Babyboomer und die Generation X über Kindersitze und Sicherheitsgurte sagen: »So etwas hatten wir nicht, und wir haben auch überlebt.« Sicher – ihr habt überlebt, aber die, die nicht überlebt haben, sind nicht mehr unter uns und können nicht mehr nostalgisch von den Tagen schwärmen, als sie auf den Rücksitzen von Kombis durch die Landschaft fuhren.

Andere Sicherheitsmaßnahmen haben gemischte Reaktionen hervorgerufen. So haben zum Beispiel die heutigen Spielplätze einen Plastikuntergrund, eine weiche Oberfläche, und nach Aussage mancher sind sie langweilig und für Kinder nicht besonders interessant. Hanna Rosin hat im *Atlantic* geschrieben, der Fokus auf Sicherheit habe das natürliche Bedürfnis der Kinder, ihre Umwelt zu erforschen und durch ihre eigenen Erfahrungen zu lernen, unterdrückt. Sie entwarf in England einen alternativen Spielplatz, der aussieht wie ein verlassenes Grundstück von früher oder ein Schrottplatz, wo die Kinder frei umherstreifen konnten. Die Kinder lassen Reifen von Hügeln herabrollen, schaukeln an einem Schwingseil, das sie gelegentlich in einem Bach landen lässt, und sie machen Feuer in einer Blechtonne. »Wenn ein Zehnjähriger auf einem amerikanischen Spielplatz ein Feuer machen würde, würde jemand die Polizei rufen, und das Kind würde zur psychologischen Beratung gebracht«, meinte sie. Ein Dokumentarfilm über Spielplätze zeigt ein Kind, das wie acht Jahre aussieht und ganz allein ein wackelndes Brett zersägt. Ich bin vermutlich nicht die Einzige der heutigen Eltern, die sofort denkt: »Er wird sich noch die Finger abschneiden.« Tut er aber nicht.

Rosin ist nicht die Erste, die beobachtet hat, dass wir unsere Kinder beschützen, bis sie regelrechte Weicheier geworden sind. In ihrem Buch *A Nation of Wimps* (»Eine Nation voller Feiglinge«, 2008) schrieb die Herausgeberin Hara Estroff Marano, ein zu starker Schutz durch die Eltern und das ständige Beaufsichtigen habe die Kinder verletzlich gemacht, weil sie nicht gelernt haben, Probleme selber zu lösen. »Man schaue sich die vollkommen keimfrei gemachte Kindheit an, ohne aufgeschürfte Knie und die gelegentliche Vier in Geschichte!«, schrieb sie. »Kinder müssen lernen, dass man sich manchmal schlecht fühlen muss. Wir lernen durch Erfahrung, und vor allem durch schlechte Erfahrungen.« Leonore Skenazy plädierte für eine gegenteilige Auffassung von Erziehung, die sie als »freilaufende Kinder« in ihrem Buch gleichen Titels bezeichnete. Wie sie auf ihrer Website erklärt, kämpft sie »gegen die Überzeugung, unsere Kinder seien ständig in Gefahr – wegen unheimlicher Gestalten, Keimen, Noten in der Schule, Exhibitionisten, Frustration, Versagen, Kidnappern, Insekten, Schlägertypen, Männern, Pyjamapartys und/oder den Gefahren von Weintrauben, die nicht kontrolliert biologisch angebaut wurden.« Nach ihrer Ansicht hat das obsessive Sicherheitsstreben zur Folge gehabt, dass Kreativität und Unabhängigkeit der Kinder regelrecht erstickt worden sind. »Die Gesellschaft hat uns dazu gezwungen, immer den schlimmsten Fall zuerst anzunehmen und dann davon auszugehen, als würde er auch eintreten«, berichtete sie 2016 dem *Guardian*. »Alles ist auf das Worst-Case-Szenario ausgerichtet, und die Eltern sind zu Tode geängstigt. Als Reaktion darauf halten sie ihre Kinder ständig unter Überwachung... was gar nicht lustig ist.« Wegen der Angst der Generation Selfie, ihrer Vorsicht und ihrer Neigung zu Safe Spaces riet mir ein Freund, ich sollte sie doch lieber »Generation P« nennen – mit P für Pussy. (Ich sagte ihm, dass das meiner Meinung nach nicht viel Anklang finden würde.)

Warum also hat diese Zunahme an Sicherheit nicht zu einer Generation von risikobereiten Menschen geführt – von Kids, die sich sicher fühlen und daher Risiken eingehen können? Weil der menschliche Geist nicht so funktioniert. Grundsätzlich überwinden die Menschen ihre Ängste, indem sie sich ihnen stellen und sich nicht davor verstecken. So besteht die effektivste Behandlung von Phobien darin, dass die Person mit einer Phobie daran arbeitet, sich ihrer größten Furcht zu stellen. Wenn nichts Schlimmes passiert, lässt die Furcht nach und verschwindet allmählich. Ohne solche Erfahrungen bleibt die Furcht bestehen – und das wird wohl auch auf die Generation Selfie zutreffen.

Wie viele Generationentrends hat das Streben nach Sicherheit eine Kehrseite. Die Generation Selfie ist, sämtlichen Berichten zufolge, die am sichersten lebende Generation in der Geschichte der USA, auch wegen ihrer eigenen Entscheidung, weniger zu trinken und sich weniger zu prügeln, sich anzuschnallen und sicherer zu fahren. Die Generation Selfie ist deutlich vorsichtiger, und als Ergebnis dessen wird sie mit geringerer Wahrscheinlichkeit bei Verkehrsunfällen getötet oder kommt durch Totschlag um. Aber sie stirbt mit größerer Wahrscheinlichkeit durch Selbstmord, vielleicht ein Anzeichen ihrer ausgeprägten Zerbrechlichkeit. Wie im Kapitel *Unsicher* gezeigt wurde, haben Angst und Depression in den letzten Jahren sprunghaft zugenommen. Diese Generation scheint verängstigt zu sein – nicht nur wegen körperlicher Gefahren, sondern wegen der emotionalen Gefahren durch soziale Interaktion unter Erwachsenen. Ihre Vorsicht lässt sie in Sicherheit leben, macht sie aber auch verletzlich, weil schließlich jeder einmal verletzt wird. Nicht alle Risiken können immer ausgeschlossen werden – vor allem nicht für Angehörige einer Generation, die sich schon durch andersdenkende Menschen emotional verletzt fühlen.

Nicht mehr intrinsisch

Ich schaue auf die Uhr in meinem Seminarraum, in dem ich Persönlichkeitspsychologie unterrichte. Es ist noch genügend Zeit für eine kleine Diskussion. Ich habe den 200 Studenten (die meisten Anfang 20) gerade von den beiden Arten von Lebenszielen erzählt – denjenigen, die von Psychologen als intrinsisch (Sinn, anderen helfen, lernen) und als extrinsisch (Geld, Ruhm und das Image) bezeichnet werden. »Welches dieser beiden Ziele ist Ihrer Meinung nach für Ihre Generation wichtiger?«, frage ich. Ein junger Mann, der weiter hinten sitzt, hebt die Hand. »Geld«, meint er. »Wegen des Einkommensgefälles.« Mehrere Studenten nicken mit dem Kopf, und eine Frau meldet sich. »Es ist heute schwerer, sich das zu leisten, was unsere Eltern sich leisten konnten. Wir haben Bildungskredite, und alles ist so teuer«, sagt sie. Mit anderen Worten: Geld ist wichtiger als Sinn.

Hätten Sie in den Medien Porträts dieser Generation gesehen, würden diese Ansichten Sie überraschen – denn sind die jungen Leute heutzutage nicht immer mehr daran interessiert, den Sinn in ihrem Leben zu finden? So hat etwa 2013 eine Kolumne in der

New York Times von einer Umfrage berichtet, die zeigte, dass junge Erwachsene den Sinn als das Wichtigste ansahen, was sie in ihrer Berufskarriere finden wollten. Doch für diese Umfrage wurden nur heutige junge Menschen befragt, es gab keinen Vergleich zu früheren Generationen, als diese jung waren – nicht mal einen Vergleich mit heutigen älteren Menschen. Der Datenvergleich der Generationen erzählt nämlich eine andere Geschichte.

Kurz gesagt: Geld ist in, und der Sinn ist out. Anfängerstudenten auf der Hochschule sagen mit größerer Wahrscheinlichkeit, es sei sehr wichtig, finanziell gut dazustehen (ein extrinsischer Wert); weniger wahrscheinlich sagen sie, es sei wichtig, eine sinnvolle Lebensphilosophie zu entwickeln (ein intrinsischer Wert). Selbst ohne diese Korrektur sind die Unterschiede groß: 82 Pro-

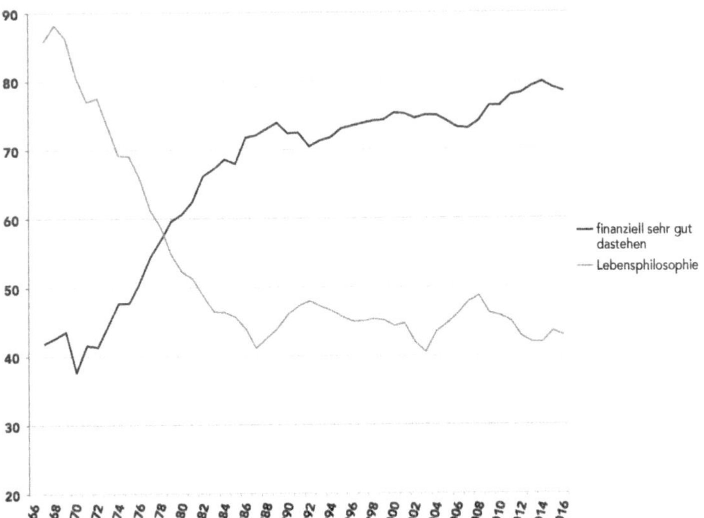

Prozentsatz der Erstsemesterstudenten, die glauben, Lebensziele seien »wesentlich« oder »sehr wichtig«; korrigiert nach relativer Zentralität[36].
Quelle: CIRP Freshman Survey, 1967–2016

zent der Studenten sagen 2016, es sei wichtig, »finanziell gut dazustehen«, gegenüber 47 Prozent, die meinen, die »Entwicklung einer sinnvollen Lebensphilosophie« sei wichtig.

Der Großteil dieser Veränderung trat zwischen den Babyboomern (in den 1960ern und 1970ern im College) und der Generation X auf (in den 1980ern und 1990ern im College). Die Überzeugungen der Millennials stabilisierten sich weitestgehend auf dem Niveau der Generation X in den 2000er Jahren. Doch danach setzten sich die Zunahme der Bedeutung, finanziell gut dazustehen, sowie der Rückgang der Bedeutung von Sinn durch. Noch mehr als die Millennials, die vor ihnen kamen, hält die Generation Selfie es für wichtig, viel Geld zu verdienen – das wirtschaftliche Rennen zu gewinnen. Das ist weit entfernt von der Vorstellung, durch die Rezession würde die Kultur wieder auf mehr Sinnhaftigkeit und auf weniger Materialismus zurückgeführt – stattdessen trat das Gegenteil ein.

In der boomenden Wirtschaft der 1960er stellten sich die Babyboomer vor, sie konnten darauf zählen, direkt nach der Hochschule einen guten Job zu bekommen, und damit die Gelegenheit, über die Philosophie des Lebens nachzudenken. Die Generation Selfie hat diesen Glauben an einen mühelosen wirtschaftlichen Aufstieg nicht. Sie denkt vielmehr daran, die Rechnungen zu bezahlen, wozu auch ein erdrückender Haufen an studentischen Schulden gehört. Das macht es schwierig, lange über den Sinn des Lebens nachzudenken.

Ein weiterer wahrscheinlicher Einfluss auf das Verlangen nach Wohlstand ist die Zeit, die vor dem Display verbracht wird. Fernzusehen und durch das Netz zu surfen setzt die jungen Leute mehr Werbung und mehr Glitzerweltluxus aus und bietet wenig intellektuelle Stimulation. Im Allgemeinen offerieren das heutige

Fernsehen und Internet kurze, knackige Meinungshäppchen, oft ohne jegliche Nuancierung; im Gegensatz zum Inhalt eines Buches. »Wir lenken uns online mit unwichtigen Dingen ab und werden ständig ›unterhalten‹«, schrieb Vivian, 22. »Wir haben aufgehört, auf das Leben und seine tiefere Bedeutung zu schauen und sind stattdessen eingetaucht in eine Welt, wo die meisten Leute darüber nachdenken, dass es wichtig ist, wie viele Likes sie für ihren Instagram-Post kriegen.«

Sich auf Geld, Ruhm und das eigene Image auszurichten ist ein normales Verhalten von Menschen mit ausgeprägtem Narzissmus. Doch anders als die Millennials rangiert die Generation Selfie nicht besonders hoch, was den Narzissmus angeht. In den Umfragen erreichten die entsprechenden Werte 2008 ihren Gipfelpunkt und gehen seitdem zurück. Die Generation Selfie ist nicht so vertrauensvoll, so anspruchsvoll und »grandios« wie die Millennials im gleichen Alter, was in mehrfacher Hinsicht eine positive Entwicklung ist. Anstelle dieses Narzissmus haben sich jedoch mangelndes Engagement und Zynismus breitgemacht – Phänomene, die zunächst im Klassenzimmer auftauchen.

Ich bin nur hier, weil ich es muss: Einstellungen gegenüber Schule und College

Ein Schüler sitzt tief versunken auf seinem Stuhl, halb eingeschlafen oder dösend – nicht nur heute, sondern jeden Tag. Ein anderer sitzt aufrecht da, ist engagiert und voller Interesse. Jeder Lehrer würde lieber den zweiten Schüler in der Klasse haben. Wer von beiden gehört zur Generation Selfie?

Leider sind heute mehr Schüler wie der erste: ohne jedes

Engagement und nicht sicher, ob sie überhaupt hier sein wollen. Das Interesse der Jugendlichen an Schule ging ungefähr um das Jahr 2012 plötzlich stark zurück; immer weniger Schüler sagten, sie fänden die Schule interessant, angenehm oder sinnvoll. Der starke Schub Richtung Technologie im Klassenzimmer scheint in den 2000ern die Langeweile der Schüler verdrängt zu haben, doch in den 2010ern kann im Klassenzimmer nur wenig mit der ständigen Versuchung durch das Smartphone konkurrieren.

Die Generation Selfie ist nicht einmal davon überzeugt, dass ihre Erziehung und Ausbildung ihnen gute Jobs verschaffen oder die Informationen vermitteln, die sie später brauchen. Weniger Zwölftklässler glauben heute, dass ihnen die Schule später im Leben helfen wird, und weniger glauben, dass es wichtig ist, in der Schule gut abzuschneiden, um einen guten Job zu kriegen. Highschoolschüler verstehen immer weniger den Sinn, überhaupt

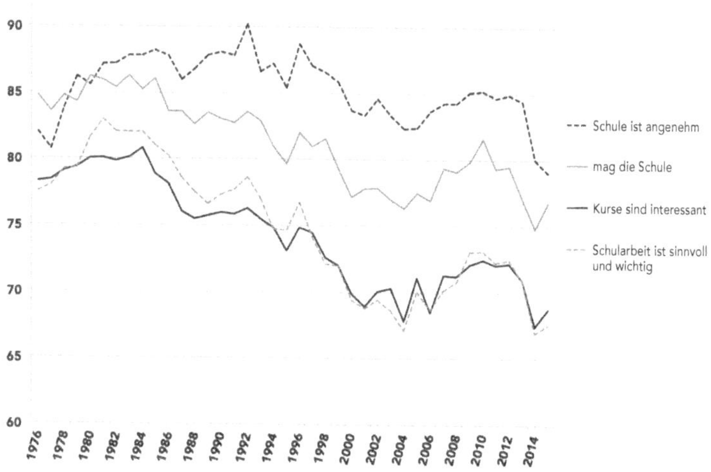

Intrinsische Motivation von Zwölftklässlern, zur Schule zu gehen.
Quelle: Monitoring the Future, 1976–2015

in die Schule zu gehen. Highschoollehrer, deren Job ohnehin schon schwer genug ist, sehen sich nun Schülern gegenüber, die der Meinung sind, dass das, was sie lernen, für ihr Leben und ihre zukünftige Karriere irrelevant ist. Innerhalb weniger Jahre sind sowohl die intrinsische wie die extrinsische Motivation, in die Schule zu gehen, erloschen.

> »Eigentlich interessiert mich Schule jetzt nicht wirklich viel, also eigentlich überhaupt nicht. Ich mache es halt nur, dass meine Eltern nicht erfahren, dass ich… keine Ahnung, die Hausaufgaben zum Beispiel. Ich habe keinen Bock, dass die Lehrer jeden Tag anrufen und sich beschweren über irgendwas.«[37]
>
> *männlich, 15, Deutschland*

Extrinsische Motivation für den Schulbesuch bei Zwölftklässlern.
Quelle: Monitoring the Future, 1976–2015

Die Schulen versuchen, mit der Technologie Schritt zu halten, aber alles verändert sich derart schnell, dass sie das niemals schaffen können. Die Schüler wissen das. Die 13-jährige Athena aus einer Middleschool in Houston, Texas, erzählt: »Sie wollen von uns, dass wir alles aus Büchern lernen, so wie sie schon vor 50 Jahren unterrichtet haben, aber so lernen wir heute nicht mehr. Bücher helfen uns nicht mehr beim Lernen, weil es vielleicht nicht mehr stimmt, was da drinsteht.« Sie führt mehrere Fälle an, bei denen sich das Lehrbuch und die Websites bei mehreren Aspekten der texanischen Geschichte – die in der siebten Klasse unterrichtet werden muss – unterschieden. »Was hat deiner Meinung nach öfter Recht, das Buch oder das, was online steht?«, frage ich. »Online«, antwortet sie. »Und warum?«, frage ich sie. »Weil Bücher 50 Jahre alt sind und sich inzwischen herausgestellt hat, dass die Dinge anders waren,« meint sie. In ihrem Sachkunde-Unterricht, sagt sie, »ist alles online. Wir kriegen Tablets – man gibt uns die Websites, die wir anschauen können, und dann sehen wir alles online, und was immer auf diesen Seiten erscheint, die wir anschauen dürfen – davon gehen wir aus«, meint sie. Ihre Mathematikbücher erhalten jedes Jahr ein Update, aber »wir benutzen sie nicht – wir benutzen nur unsere Tablets. Wir haben das Buch für den Fall, dass das Tablet abstürzt.« Wie Athena scheinen viele Selfie-Schüler von ihrer Schule anzunehmen, sie sei in der Zeit zurückgeblieben, sie sei irrelevant in der schnelllebigen Welt der sich stetig wandelnden Technologie.

Sogar auf der Hochschule, wo die Studenten doch eher freiwillig sind, tritt ein ähnliches Muster auf: Verglichen mit früheren Generationen ist die Generation Selfie eher darauf aus, einen besseren Job zu erhalten, weniger darauf, eine allgemeine Ausbil-

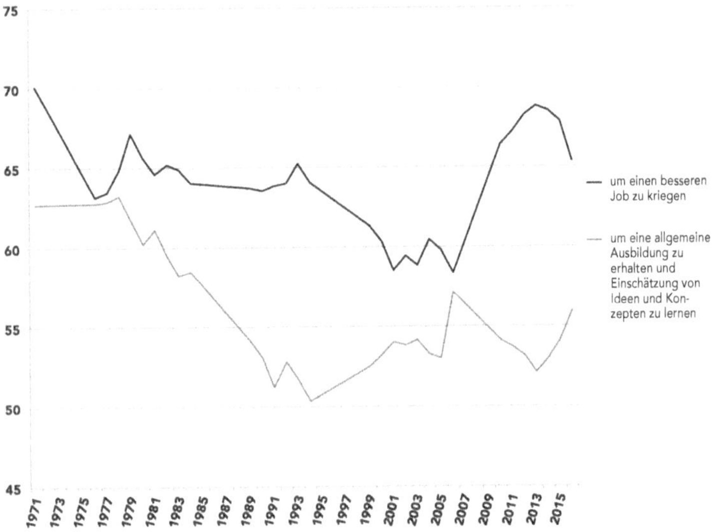

Gründe, auf das College zu gehen (korrigiert nach relativer Zentralität), Erstsemesterstudenten. Quelle: CIRP Freshman Survey, 1971–2016

dung zu bekommen. Selfie-Studenten glauben, sie seien in einem Kurs, um einen besseren Job zu kriegen, wenn sie eines Tages den Kurs verlassen. Das Lernen ist weniger wichtig.

Insgesamt ist die Generation Selfie praktischer veranlagt als die Generationen vor ihr. Beförderung der Karriere war immer schon ein wichtiger Grund, auf die Hochschule zu gehen, doch deren Bedeutung ist in den letzten Jahren größer geworden. Mehr Selfies haben keinen Spaß an der Schule; mehr sind zynisch eingestellt, was die Bedeutung von Schule angeht. Schule und College sind heute ein Mittel zum Zweck – und Highschoolschüler bezweifeln, ob es überhaupt noch das richtige Mittel ist.

Diese Haltungen haben zu den Kontroversen auf dem Collegecampus der letzten Jahre beigetragen. Für Mitglieder des Lehrkörpers und der Verwaltung aus der Generation der Babyboomer, der Generation X und sogar vielfach von den Millennials ist die Hochschule ein Ort des Lernens und des Erforschens, und das bedeutet auch, dass man anderen Vorstellungen als den eigenen ausgesetzt ist. Das, so meinen sie, sei der springende Punkt, um überhaupt aufs College zu gehen. Doch die Generation Selfie widerspricht dem: Die Hochschule ist ihrer Meinung nach ein Ort, der einen in sicherer Umgebung auf eine Karriere vorbereitet. Nicht nur sind andere Vorstellungen potentiell verstörend und daher ein Unsicherheitsfaktor – es ist zudem sinnlos, diese Vorstellungen überhaupt zu studieren, weil es viel wichtiger ist, einen guten Job zu erhalten. Diese »Konsumhaltung« von Studenten kam in den 1990er Jahren der Generation X auf; wenn aber die Generation Selfie dies mit ihrem Sicherheitsstreben verbindet, ist das doch etwas anderes. Als das Erforschen von Ideen und Vorstellungen noch etwas war, das ihr Babyboomer-Professor ausdrücklich wollte, konnten die Generation X und die Millennials damit klarkommen. Das Sicherheitsstreben der Generation Selfie aber lässt sie vor der Vorstellung zurückschrecken, sie würden sich auf dem College neuen und anderen Ideen aussetzen – denn was ist, wenn diese ein »emotionaler Unsicherheitsfaktor« sind? Und was hat das damit zu tun, einen guten Job zu kriegen und Geld zu verdienen? Diese so ganz anders gelagerten Werte bei den jeweiligen Generationen (die Babyboomer bevorzugen Ideen, die Generation Selfie Sicherheit und Praktikabilität) können eine Erklärung dafür liefern, warum diese beiden Generationen Schwierigkeiten damit haben, den Standpunkt der anderen zu verstehen, wenn kontroverse Ideen auf dem Campus auftauchen.

Fürsorge und Gemeinschaft

Auf dem Höhepunkt der Rezession im Jahr 2009 hat das *Time Magazine* die Theorie aufgebracht, der wirtschaftliche Zusammenbruch würde das »Ende des Überflusses« und einen Neuanfang für die Kultur bedeuten, die den übertriebenen Luxus der mittleren 2000er verbannen und in eine neue Ära der Fürsorge und der Gemeinschaft eintreten würde.

Die Selfies waren damals Kinder und Jugendliche. Viele Beobachter sahen in ihnen nach der Rezession deshalb den Silberstreif am Horizont: Sie würden mit mehr Achtung für andere aufwachsen und mehr mit ihrer Gemeinschaft verbunden sein. Die Generation Selfie ist auch die erste vollständige Post-Internet-Generation, und viele Menschen hoffen, dass die Macht der Online-Gemeinschaft uns zusammenführt und einen Wechsel herbeiführt. Schließlich kann man (im Internet) wertvolle Dinge leichter publizieren, und man kann einer Wohltätigkeitsorganisation spenden, indem man eine SMS sendet. Das hat manche Analysten zur Annahme verleitet, die Generation Selfie wäre mehr dazu geneigt, anderen zu helfen.

Und das stimmt auch – verglichen mit den Millennials, die direkt vor ihnen kamen, sagen mehr Selfie-Erstsemesterstudenten, es sei wichtig, »anderen zu helfen, die in Schwierigkeiten sind«; mehr Highschoolschüler sagen, einen »Beitrag für die Gesellschaft zu leisten« sei wichtig. Mehr Highschool-Seniors (Schüler des vierten Jahrgangs) sagen, sie wollten Berufe, in denen sie anderen helfen können und die der Gesellschaft nützen, was die entsprechenden Werte wieder auf das Niveau der Babyboomer in den 1970ern bringt. Ausgehend von diesen Daten könnte man zum Schluss kommen, dass die Generation Selfie durchaus in der Welt etwas bewegen will. Sie träumt groß, und in diesem Träumen steckt eine altruistische Vision.

Doch sie hat es noch nicht geschafft, diese Träume in die Realität zu überführen. Weniger Selfies drücken Empathie für die aus, die anders sind als sie. Zum Beispiel nehmen mehr aus dieser Generation eine zustimmende (oder zumindest neutrale) Haltung zu der ignoranten Aussage ein: »Es ist nicht wirklich mein Problem, wenn andere in Schwierigkeiten sind und Hilfe brauchen« und »Vielleicht werden manche Minderheitengrup-

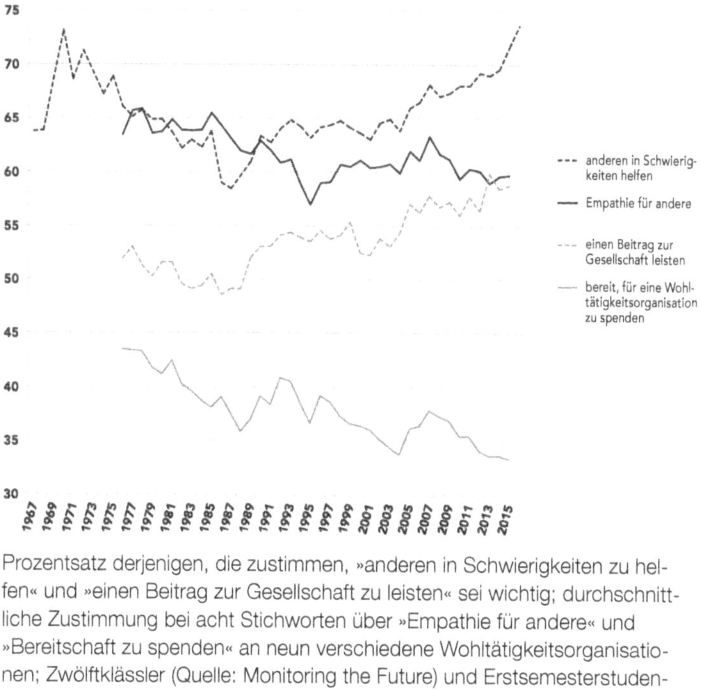

Prozentsatz derjenigen, die zustimmen, »anderen in Schwierigkeiten zu helfen« und »einen Beitrag zur Gesellschaft zu leisten« sei wichtig; durchschnittliche Zustimmung bei acht Stichworten über »Empathie für andere« und »Bereitschaft zu spenden« an neun verschiedene Wohltätigkeitsorganisationen; Zwölftklässler (Quelle: Monitoring the Future) und Erstsemesterstudenten (Quelle: CIRP Freshman Survey), 1968–2016

pen unfair behandelt, aber das kümmert mich nicht.« Sie sagen, es sei wichtig, anderen zu helfen, aber zumindest unter gewissen Umständen sind sie nicht der Meinung, dass die Hilfe von ihnen kommen muss.

> »Spenden könnte man, aber das würde echt nichts helfen. Wenn ich jetzt zum Beispiel 100 Euro dahin spende, dann wären jetzt 100 Euro für mich weg, und da würde sich null dran ändern. Man müsste da echt schon so mit Millionen oder so hinkommen. Aber wirklich dahin, aber alleine schon, wenn du dahin fährst, da geht schon die Hälfte von dem Geld weg.«[38]
>
> *männlich, 15, Deutschland*

Die fehlende Übereinstimmung von Aussagen und tatsächlichen Handlungen erscheint noch ausgeprägter bei der Bereitschaft, für Wohltätigkeitsorganisationen zu spenden. Die Unterstützung für solche Organisationen erlebte während der Rezessionsjahre einen kurzen Wiederanstieg, ging dann aber stetig zurück und erreichte 2015 ihren Tiefpunkt.[39]

Insgesamt will die Generation Selfie durchaus einen Beitrag leisten, ist aber nicht unbedingt zum tatsächlichen Handeln geneigt. Offenbar stimmt diese Generation wohl zu, dass Altruismus wichtig ist, hat aber Probleme damit, dementsprechend zu handeln. Ihr ständiges Online-Leben mit viel Gerede, aber wenig Taten, mag etwas damit zu tun haben. »Die Leute posten in den sozialen Medien darüber, dass ›mehr geholfen‹ werden sollte, aber ein Post in den sozialen Medien ist eben noch überhaupt keine Hilfe«, schrieb Chris, 21. Online wird ein solches Verhalten zuweilen als »Slacktivism« bezeichnet (abgeleitet vom englischen Adjektiv »slack« – schlapp, lustlos). Andererseits hat die Generation Selfie das Kunststück fertiggebracht, auf den Zug der sozialen Medien aufzuspringen, die sich wie ein Virus verbreitet haben – was zumindest ein Bewusstsein für bestimmte Themen mit sich bringt. Selfies werden zu Erwachsenen mit der Fähigkeit heranwachsen, Links zu wichtigen Themen zu verschicken, aber weniger die andere Fähigkeit ausbauen, sich tatsächlich zu engagieren. Das kann sich durchaus ändern – ändert sich vielleicht auch schon, wenn diese Generation angehalten ist, zur Verteidigung der Gleichberechtigung aktiv zu werden. Wenn der Marsch der Frauen und die Proteste gegen Trumps Politik 2017 der Anfang einer neuen Bewegung sein sollten, könnte die Generation Selfie tatsächlich den Schritt in Richtung Aktion tun, nicht nur in Richtung Reden.

Was lernen sie online?

Das Internet hat ein gewaltiges Potenzial, Informationen anzuhäufen und Aktionen vorzubereiten. 2011 benutzten junge Menschen im Mittleren Osten die sozialen Medien, um Proteste zu organisieren und während des Arabischen Frühlings einen Wandel in ihren Ländern herbeizuführen. Viele Menschen hatten gehofft, das Internet würde ebenso das soziale Engagement unter US-Jugendlichen befördern, weil es ihnen einen leichten Zugang zu Nachrichten und Information ermöglicht und sie durch Interaktionen mit Menschen in aller Welt zudem Empathie für andere gewinnen.

Ist das tatsächlich eingetreten? Um diese Frage zu beantworten, betrachten wir die Verbindungen zwischen der online verbrachten Zeit einerseits und wichtigen Werten und Verhaltensweisen andererseits. Wir können dem gesellschaftlichen Engagement, insbesondere der Hilfe für andere (soziale Themen, Bereitschaft, Umweltprobleme zu lösen, Aktionen zur Hilfe für andere) jeweils einzelne Standpunkte gegenüberstellen, die sich um individuelle Rechte und Vergnügen drehen (Unterstützung von Geschlechtergleichheit; Wunsch, Freunde anderer Hautfarbe zu haben; Reichtum zu erwerben, ohne sich anzustrengen, Wertschätzung von Materialismus – ein Mix aus dem, was die meisten als »gut« oder »schlecht« bezeichnen, was dennoch alle Merkmale von individualistischen Gesellschaften aufweist).

Die Ergebnisse sind eindeutig: Jugendliche, die mehr Zeit mit den sozialen Medien verbringen, werden wahrscheinlich individualistische Einstellungen wertschätzen und weniger wahrscheinlich gesellschaftliches Engagement befürworten. Intensive Nutzer sozialer Medien sind mit 45 Prozent höherer Wahrscheinlichkeit der Meinung, es sei wichtig, teure materielle Güter wie etwa neue Autos und Ferienhäuser zu besitzen. Mit 14 Prozent geringerer Wahrscheinlichkeit denken sie über soziale Themen nach, die die USA und die Welt betreffen. Insgesamt sind Jugendliche, die soziale Medien nutzen, weniger mit den großen sozialen Themen befasst. Die gute Nachricht: Sie unterstützen die Gleichbehandlung von Menschen verschiedener Hautfarbe und Geschlecht – eine folgerichtige Konsequenz des Individualismus. Sie sind aber auch weniger sozial engagiert und erheben Ansprüche auf materielle Güter, selbst wenn sie nicht dafür arbeiten.

Die gesamte Online-Zeit ist weniger mit Werten verbunden. Das gesellschaftliche Engagement derjenigen, die viel Zeit online verbringen, liegt im Durchschnitt: Sie denken wahrscheinlich etwas mehr als gelegentliche Internetnutzer über soziale The-

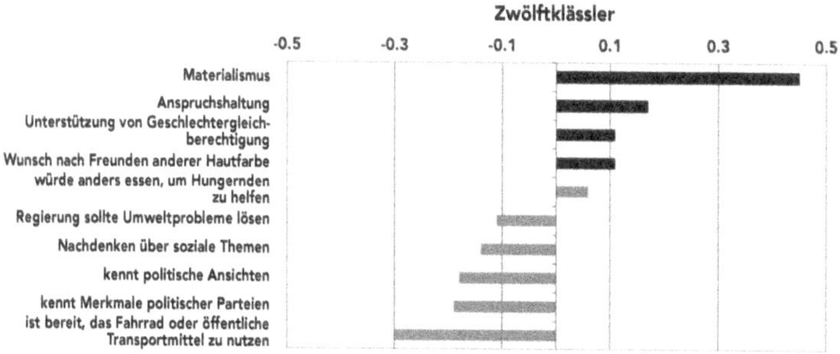

Relative Wahrscheinlichkeit für individualistische (schwarz) und soziale (grau) Einstellungen und Verhaltensweisen, nachdem zehn und mehr Stunden pro Woche mit sozialen Medien verbracht wurden; Zwölftklässler (Quelle: Monitoring the Future), 2013–2015

men nach; weniger wahrscheinlich engagieren sie sich andererseits für die Umwelt, helfen hungernden Menschen oder wissen, welcher politischen Partei sie zuneigen. Intensive Nutzung des Internets ist nicht so stark mit geringem sozialem Engagement verbunden, wie es für die intensive Nutzung sozialer Netzwerke gilt, erhöht allerdings auch nicht das Interesse am gesellschaftlichen Engagement. Wie die Nutzung der sozialen Medien ist auch

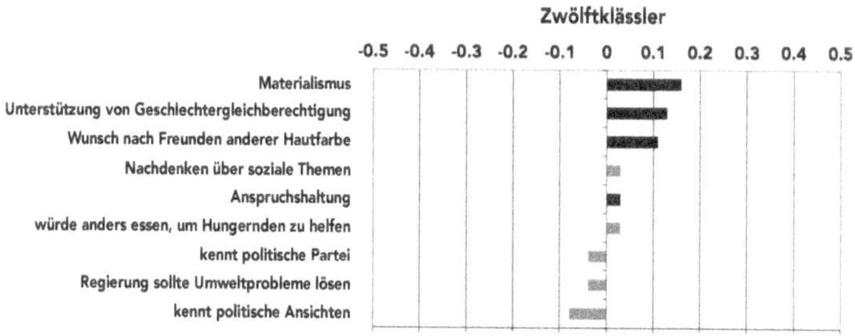

Relative Wahrscheinlichkeit individualistischer (schwarz) und sozialer Überzeugungen und Aktivitäten (grau), nachdem in der Freizeit 20+ Stunden im Internet verbracht wurden; Zwölftklässler. Quelle: Monitoring the Future, 2013–2015

die Nutzung des Internets mit einer individualistischen Haltung verknüpft.

Insgesamt bedeutet die Nutzung des Internets nicht automatisch ein hohes gesellschaftliches Engagement. Und das gilt auch, wenn man längere Zeiträume betrachtet: Wie wir im Kapitel *Ungebunden: Politik* sehen werden, ist die Generation Selfie, die immer online ist, weniger an Nachrichten und aktuellen Ereignissen interessiert als frühere Generationen. Die Generation Selfie kann das Internet sicherlich für ihr gesellschaftliches Engagement benutzen, und viele aus dieser Generation tun das auch. Aber diejenigen, die die meisten Stunden online verbringen, tun das eben nicht. Sie spielen mit ihren Freunden Videospiele, tauschen witzige Bilder auf Snapchat aus und sehen sich YouTube-Videos von Katzen an, die in Toiletten fallen. Das Bild bei den sozialen Medien und ihren Sites ist noch schlimmer: Sie sind keine Brutstätte für gesellschaftliches Engagement, sondern werden am häufigsten von Jugendlichen benutzt, die weniger an Politik, sozialen Themen und Umwelt interessiert sind.

Die nachhaltigste Folge dessen, wie sich die Generation Selfie an der Online-Welt beteiligt, ist vielleicht ihre größere körperliche Sicherheit. Sie verbringt mehr Zeit mit ihren Smartphones und Computern und weniger Zeit mit Autofahren und dem persönlichen Treffen mit Freunden. Das Resultat ist körperliche Sicherheit bisher unerreichten Ausmaßes. Sie sind weniger bereit, Risiken einzugehen, und ihre Definition von Sicherheit betrifft ihre Gefühle genauso wie ihren Körper. Je mehr sie mit Worten kommunizieren, desto weniger setzen sie ihre Körper einem Risiko aus, aber umso mehr setzen sie wiederum ihre Gefühle dem Risiko aus. So ist es nicht verwunderlich, dass die Generation Selfie nach einem sicheren Ort, einem Safe Space verlangt, wo sie sich beschützt fühlen kann. Innerhalb dieses Raumes befürworten sie mit größerer Wahrscheinlichkeit die Idee, anderen zu helfen, trauen sich aber mit geringerer Wahrscheinlichkeit, diese Hilfe tatsächlich auch zu leisten.

EINKOMMENSUNSICHERHEIT

Arbeiten für Geld – aber nicht, um zu shoppen

Darnell, 20, schmunzelt, als ich ihn frage, ob er sich einen Job suchen muss, um sein Studentendarlehen abzuzahlen. »Auf jeden Fall«, meint er dann mit einem Lachen, das mich an Eddy Murphy erinnert, freundlich und ironisch zugleich. Er studiert im Hauptfach Betriebswirtschaft im dritten Jahr an einer staatlichen Universität nahe Atlanta. Er wuchs in einer mittelgroßen Stadt nahe der Grenze von Georgia und Florida auf und besuchte eine private Highschool, die ihm ermöglichte, ein Praktikum bei einer Bank zu machen. Als ich ihn frage, warum er BWL als Hauptfach gewählt hat, meint er: »Ich hatte das Gefühl, ich könnte danach einen Job finden. Ich wollte nicht irgendein Hauptfach studieren und danach keinen Job in dem Bereich kriegen, den ich studiert habe.« Ich frage, ob er immer schon ins Geschäftsleben hatte gehen wollen. »Irgendwann wollte ich tatsächlich mal Schauspieler werden, aber das ist wirklich ein sehr umkämpfter Markt, und es gibt da keine Garantie, dass man einen Job kriegt. Also musste ich mich dagegen entscheiden«, sagte er.

Als ich die 18-jährige Haley zum Mittagessen in San Diego treffe, erzählt sie mir gleich zu Beginn, sie sei Künstlerin und Schauspielerin, und sie rattert die Titel der Stücke und Musicals herunter, an denen sie in der Laienschauspielgruppe und in der Highschool mitgewirkt hat. Sie und eine Freundin schreiben seit zwei Jahren an einem Videospiel. Kreative Arbeiten sind ganz eindeutig ihre Leidenschaft. »Wirst du Kunst oder die Schauspielerei als Karriere anstreben?«, frage ich. »Nein«, antwortet sie. »Ich wollte auf die Kunsthochschule gehen, um Trickfilm zu lernen, aber meine Eltern meinten: ›Na ja, du solltest dir vielleicht was Praktischeres aussuchen.‹ Und es stimmt, es ist ein sehr harter Wettbewerb, und wenn du nicht unglaublich gut und toll bist und schon Leute aus der Branche kennst, hast du keinen Erfolg. Also habe ich beschlossen, das Zweitbeste zu tun. Ich will Gerichtspsychologin werden.« Sie arbeitet immer noch an ihrem Videospiel und zeichnet auch, aber diese Beschäftigungen werden Hobbys bleiben und nicht ihre Karriere bestimmen.

Ahmed, der 19-jährige Student im zweiten Jahr aus Cincinnati, Ohio, hat sich entschieden, im Hauptfach Buchhaltung zu studieren und kann auch genau sagen, warum. »Die Jobsicherheit ist wirklich etwas sehr Gutes für Buchhalter«, sagte er. »Man ist eigentlich nie derjenige, der von der Jobliste gestrichen wird oder wegen Neustrukturierung rausfliegt, weil man an den wichtigen betrieblichen Daten sitzt und nicht so leicht ersetzt werden kann.«

Die Generation Selfie ist praktisch ausgerichtet, sie blickt nach vorne und ist sicherheitsbewusst, weit entfernt von dem »Du kannst alles werden« und »Folge deinen Träumen« der Millennials. Haben sich Manager in den letzten Jahrzehnten auf Millennial-Angestellte fokussiert, so ist bislang wenig Zeit für das Verständnis aufgewendet worden, was die Generation Selfie bei ihren Karrieren antreiben könnte. Das wird sich bald ändern: Die Generation Selfie stellt bereits jetzt den Großteil der Hochschulabsolventen und wird bald auch den Großteil der Berufsanfänger ausmachen. Angesichts der wesentlichen Unterschiede zwischen den Selfies und den Millennials könnten die Strategien der Führungskräfte, junge Bewerber anzustellen und auch zu halten, ins Leere laufen. Das Gleiche gilt für das Selfie-Marketing. Sie weisen ein deutlich anderes psychologisches Profil auf, und der Verkauf an diese Generation unterscheidet sich beträchtlich von dem an Millennials. Unternehmen und Manager müssen zur Kenntnis nehmen: Eine neue Generation steht vor der Tür, und sie könnte womöglich anders sein als erwartet.

Das Beste am Job

Es ist der Tag nach Neujahr, als ich beim Haus meiner Freundin außerhalb von Los Angeles ankomme. Ihre Eltern besuchen sie in den Ferien, und sie klappern mit Töpfen und Pfannen in der Küche, während meine Freundin und ich mit ihrem Sohn Leo, 14, und ihrer Tochter Julia, 16, im Wohnzimmer sitzen. Julia und Leo besuchen eine private Highschool, die ziemlich weit vom Elternhaus entfernt ist, und Julia nutzt ihren neu erworbenen Führerschein, um sie beide zur Schule und wieder zurück zu fahren. Beide sind ruhig und wirken selbstreflektiert, aber schließlich kriege ich sie doch zum Reden, als ich frage, was sie von einem Job erwarten, wenn sie älter werden. »Ein Job, in dem ich Geld verdienen kann – genug Geld, es muss nicht zu viel sein«, meint Julia. »Ich möchte meinen Job genießen«, sagt Leo. »Ich will ihn auch nicht gerade hassen«, entgegnet Julia. »Ich möchte einen Job haben, der nicht mein ganzes Leben bestimmt, aber trotzdem genug Geld einbringt. Ich möchte keinen Job, wo ich so lange arbeiten muss – wie ein Anwalt«, fährt sie fort. Beide sagen, dass sie von ihrem Job in erster Linie Geld erwarten.

Dies ist ein anderes Bild, als man es gewöhnlich von jungen Arbeitnehmern wahrnimmt. Das vorherrschende Bild ist, dass die Millennials interessante Jobs wollen, die sich lohnen. Die jungen Angestellten von heute, so die Annahme, werden wieder aussteigen – es sei denn, sie haben in ihren Jobs viel Spaß.

Doch die langfristigen Daten zeichnen ein viel pragmatischeres Bild der Generation Selfie – und selbst der Millennials. Verglichen mit früheren Generationen derselben Altersstufe sind etwas weniger Selfies und jüngere Millennials auf intrinsische Belohnungen aus, etwa auf einen interessanten Job, in dem man Neues lernen kann und wo man die Ergebnisse dessen sehen

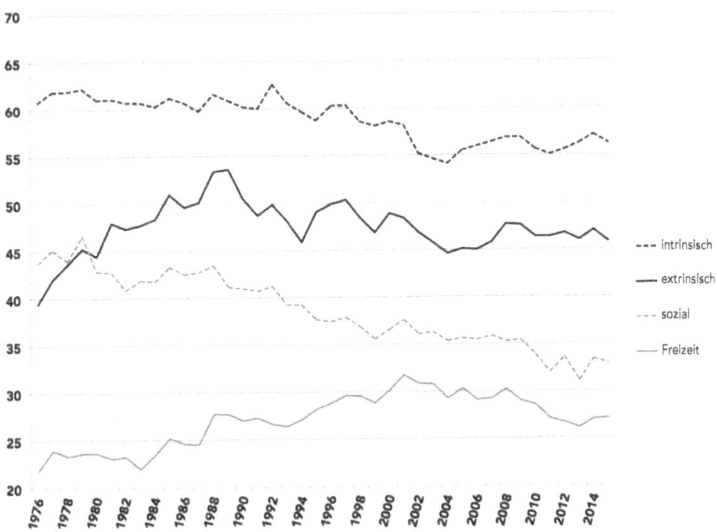

Job-Attribute, die von Zwölftklässlern als sehr wichtig bezeichnet werden.
Quelle: Monitoring the Future, 1976–2015

Berufserwartungen deutscher Jugendlicher

Laut der 18. Shell Jugendstudie (Untertitel: »Eine Generation meldet sich zu Wort«) dominiert bei den Berufserwartungen der heute 12- bis 25-Jährigen in Deutschland das Bedürfnis nach Sicherheit: 93 Prozent der Befragten bezeichnen einen sicheren Arbeitsplatz als (sehr) wichtig. Im Vordergrund stehen außerdem ein hohes Einkommen, gute Aufstiegsmöglichkeiten und genügend Freizeit sowie die Sinnhaftigkeit des eigenen Handelns, »die Möglichkeit, sich um andere zu kümmern, und (...) etwas Nützliches für die Gesellschaft zu tun.«[40]

kann, was man tut. Wie Julia wollen viele aus der Generation Selfie ihren Job einfach bloß nicht hassen.

Das andere große Thema ist der Bedeutungsrückgang der sozialen Attribute eines Jobs, wie etwa Freunde bei der Arbeit zu finden oder einen Job zu haben, in dem man mit vielen Menschen zu tun hat. Die Generation Selfie ist darauf weniger fokussiert; so wie sie in ihrer Freizeit weniger mit ihren Freunden persönlich interagiert, ist sie auch weniger an persönlicher Interaktion in der Arbeit interessiert. Dies ist vermutlich für viele Generationenberater eine Überraschung, die sich auf Einmalstudien beziehen, wonach die Millennials und die Generation Selfie mehr an den gesellschaftlichen Aspekten der Arbeit interessiert sind. Doch das Interesse junger Angestellter an gesellschaftlichen Aktivitäten erklärt sich eher durch ihr Alter als aufgrund ihrer Generation: Unverheiratet und ohne Kinder haben die jungen Menschen mehr Zeit und mehr Bedürfnisse nach gesellschaftlichen Aktivitäten. Vergleicht man sie aber mit früheren Generationen gleichen Alters, ist die Generation Selfie weniger daran interessiert, Freunde in der Arbeit zu finden.

Insgesamt sind die Dinge, die viele Babyboomer und die Generation X am meisten bei ihren Jobs genießen – eine interessante Arbeit, Freunde –, für die Generation Selfie nicht so wichtig. Sie wollen einfach nur den Job. »Wir sollten alle weniger an Jobs interessiert sein, die interessant sind oder die Kreativität fördern, weil sie sich finanziell nicht lohnen. Deshalb sieht man so viele Leute in meinem Alter, die 100 000 Dollar Schulden haben und bei Starbucks arbeiten«, schrieb Jordan, 23.

Die praktische Ausrichtung der Generation Selfie ist auch bei der Work-Life-Balance zu finden – die Vorstellung, dass die Arbeit nicht das gesamte Leben bestimmen sollte. Als meine Kollegen und ich die Daten von 2006 analysierten, machte die Bedeutung, die der Freizeit eingeräumt wurde, den größten Generationenunterschied aus: Millennials sagten sehr viel wahrscheinlicher, dass sie einen Job mit mehr Zeit für Ferien, wenig Hektik und wenig Kontrolle durch Vorgesetzte wollten, der dafür aber viel Zeit für andere Dinge im Leben ließe. Die Generation Selfie hat diese Wünsche etwas zurückgestellt und ist zur Work-Life-Balance zurückgekehrt, wie sie in den frühen 1990ern herrschte. Weil sie in der Rezession aufwuchs, ist die Generation Selfie vielleicht realistischer in Bezug auf Arbeit und deren Anforderungen.

Diese Generation könnte zudem einen der auffälligsten Trends in der Einstellung junger Menschen zur Arbeit korrigieren – ihre abnehmende Überzeugung, Arbeit werde in ihrem Leben eine zentrale Rolle einnehmen. Die Millennials waren nicht der Meinung, dass Arbeit für sie so wichtig werden würde wie den Babyboomern; sie wollten sich mehr auf andere Dinge in ihrem Leben ausrichten. Die Generation Selfie hat das umgedreht und die Arbeit wieder ins Zentrum gestellt, in dem Maße, wie es die Generation X in den 1990er Jahren getan hatte – obwohl die Bedeutung der Arbeit als ein Lebensmittelpunkt bei der Generation Selfie immer noch beträchtlich niedriger eingestuft wird als bei den Babyboomern in den 1970ern. Die fehlende Zustimmung zur Aussage »Arbeiten heißt nichts anderes als den Lebensunterhalt zu verdienen« zeigt einen ähnlichen Trend auf, obgleich hier die Generation Selfie den Trend aufgehalten, wenn auch nicht umgedreht hat. Wie Julia wollen viele Selfies keine Jobs haben, die »mein Leben bestimmen«.

Was ist mit der Arbeitsmoral? Babyboomer-Manager beklagen

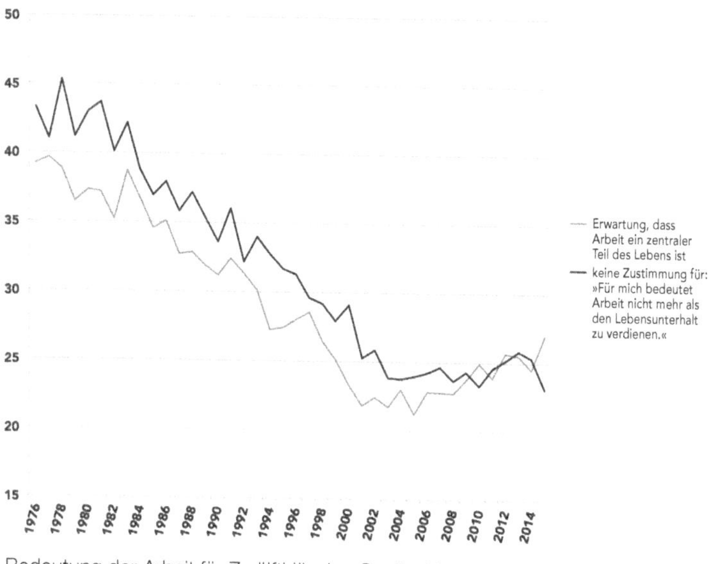

Bedeutung der Arbeit für Zwölftklässler. Quelle: Monitoring the Future, 1976–2015

sich oft, ihre Millennial-Angestellten seien nicht so auf die Arbeit fokussiert wie sie selbst. Aber vielleicht haben Manager das schon immer von ihren jungen Mitarbeitern gedacht – schließlich will fast jede(r) Manager(in), dass die Angestellten sich mehr auf ihre Arbeit fokussieren, und fast jeder ältere Erwachsene neigt dazu, seine eigenen früheren Tugenden überzubewerten. 2016 war in einem Artikel im *Forbes Magazine* die kühne Behauptung zu lesen, es gäbe keine Beweise für Generationenunterschiede bei der Arbeitsmoral. Doch es wurden nur einige kleinere Studien zitiert, einschließlich einer, in der das Alter nicht von der Generation getrennt werden konnte; eine weitere wies überhaupt keine Generationen-Vergleichsgruppe auf, und eine dritte informierte über die Arbeitsstunden, mit denen BWL-Studenten rechneten – nicht aber darüber, wie viele Arbeitsstunden sie sich wünschten. Keine besonders guten Daten, um entscheiden zu können, ob es einen Generationenunterschied hinsichtlich der Arbeitsmoral gibt.

Tatsächlich gibt es klare Beweise für eine Generationenveränderung bei der Arbeitsmoral, und sie stützt die Wahrnehmung der Manager. Die Arbeitsmoral der Millennials war geringer als die der Babyboomer und der Generation X im gleichen Alter – weniger hatten Lust, Überstunden zu machen; weniger wollten arbeiten, wenn sie genug Geld hatten; und mehr sagten, der »Wunsch, nicht hart arbeiten zu wollen« könnte sie davon abhalten, ihren Traumjob zu kriegen. Zu bedenken ist: Das beruht auf Aussagen junger Menschen über sich selbst – es sind keine Urteile anderer. Wie Highschoolschüler aus dem vierten Jahr in den 2000ern sagten fast 40 Prozent der Millennials, sie wollten nicht so hart arbeiten (eine Meinung, die nur von 25 Prozent der Babyboomer geteilt wird), und weniger als die

Hälfte sagte, sie wären bereit, Überstunden zu machen, um gute Arbeit abzuliefern.

Doch es könnte Hilfe für die Manager nahen: Die Generation Selfie, die gerade vor der Türschwelle steht, weist eine stärkere Arbeitsmoral auf. 55 Prozent der Highschoolschüler im vierten Jahrgang würden Überstunden machen; 2004 waren es noch 44 Prozent gewesen. Weniger Selfies würden mit der Arbeit aufhören, wenn sie genug Geld hätten. Doch die Generation Selfie hat den Trend der Millennials mit dem Bekenntnis fortgeführt, dass sie nicht hart arbeiten wolle. Die Generation Selfie weiß offenbar, dass sie vielleicht Überstunden machen muss, glaubt aber, dass viele Jobs, die sie gern hätte, zu viel Anstrengung erfordern. Erfolg ist schon heute schwer genug, scheint ihre Aussage zu sein.

Diese Haltung fängt vielleicht schon mit dem Druck an, den

Arbeitsmoral von Zwölftklässlern. Quelle: Monitoring the Future, 1976–2015

die Generation Selfie spürt, wenn sie einen Hochschulabschluss anstrebt. Als ich meine Studenten an der San Diego State University frage, inwiefern sich ihr Leben von dem ihrer Eltern unterscheide, berichten die meisten von der Notwendigkeit eines Hochschulabschlusses. Viele ihrer Eltern waren Einwanderer, die trotz ihrer schlechtbezahlten Jobs Häuser kaufen und für ihre Familien sorgen konnten. Heute, so meine Studenten, müssen sie einen Hochschulabschluss haben, um das Gleiche zu erreichen, was ihre Eltern mit nur einem Highschoolabschluss oder sogar noch weniger geschafft haben. »Meine Generation ist viel gestresster als man glaubt – wegen des Colleges! Wenn man die Highschool abschließt, wird man gedrängt, danach aufs College zu gehen, den Master zu machen und dann diesen irren Job zu kriegen«, schrieb Jasmine, 21. »Die Generation meines Vaters war da ganz anders. Er wurde in den Siebzigerjahren geboren, und obwohl er nie aufs College gegangen ist, hat er einen sehr gut bezahlten Job. Für meine Generation ist das nicht mehr realistisch. Man hat nicht einmal mehr die Garantie, einen Job zu kriegen, nachdem man auf dem College war! Und wenn wir einen Abschluss machen, sind wir bis über beide Ohren verschuldet!«

Es stimmt: In Jasmines Aussagen schwingt ein Hauch von Anspruchsdenken mit. (»Was soll das heißen, ich habe keine Jobgarantie?«). Aber ihre Kommentare zeigen auch eine unterschwellige Erschöpfung – sie hat das Gefühl, doppelt so schnell rennen zu müssen, um gerade einmal halb so weit zu kommen. Meine Studenten schienen auf ihre ungebildeten Eltern neidisch zu sein, die Jobs kriegen konnten, ohne sich durch vier (oder mehr) teure Jahre auf dem College kämpfen zu müssen.

Damit haben sie Recht: Die Löhne der Amerikaner, die nur einen Highschoolabschluss haben, gingen zwischen 1990 und

2013 um 13 Prozent zurück; umso mehr war eine Hochschulausbildung nötig, um weiterhin der Mittelklasse anzugehören. Gleichzeitig aber ist das College teurer geworden: Wegen der Kürzungen bei der staatlichen Unterstützung für Bildung und durch weitere Faktoren sind die Kosten für eine Hochschulausbildung stark angestiegen; viele Studenten waren dazu gezwungen, Kredite aufzunehmen. Der durchschnittliche Student, der 2016 seinen Abschluss machte, hatte beim Examen 37 173 Dollar Schulden; 2005 waren es noch 22 575 Dollar gewesen, 1993 »nur« 9727 Dollar. Die Generation Selfie steckt in einem Dilemma: Sie muss eine Hochschulausbildung haben, um voranzukommen, muss dabei aber hohe Bildungskredite aufnehmen, um die Ausbildung bezahlen zu können. Kein Wunder also, dass sie erschöpft ist und nur noch einen Job will – jeden Job, mit dem sie den Kredit abzahlen kann.

Ein Ort zum Arbeiten

Viele Beobachter vertraten die Annahme, Firmen würden Schwierigkeiten bekommen, Selfies und junge Millennials anzustellen, weil sie alle ihr eigener Boss sein und eigene Firmen aufmachen wollten. Ein Bericht der Werbefirma Sparks & Honey kam zu dem Schluss: Das »Unternehmertum ist in der DNA« der Generation Selfie angelegt. Man hatte herausgefunden, dass mehr Highschoolschüler (im Gegensatz zu Collegestudenten) eines Tages eine Firma eröffnen wollten. Das aber könnte auch am Alter liegen – Highschoolschüler waren vielleicht immer schon optimistischer als Collegestudenten, dass sie eines Tages ihre eigene Firma besitzen würden (ganz zu schweigen davon, dass manche der tatsächlichen Unternehmer de facto die Hochschule inzwischen wieder verlassen haben könnten). Dennoch sind viele Experten der Meinung, der gleiche Unternehmergeist komme auch bei den Millennials auf. »Millennials merken, dass sie beim Aufbau einer Firma – selbst wenn sie dann total zusammenbricht – in zwei Jahren mehr lernen, als wenn sie 20 Jahre in einer Arbeitskabine im Großraumbüro säßen«, berichtete der Management-Professor Fred Tuffile dem *Forbes Magazine*. »Sie wissen zwar um ihre geringen Chancen, ein weiteres Facebook zu gründen, dafür glauben sie, es sei ziemlich leicht, ein cooles Start-up aufzubauen.« Tuffile gründete seine Ausführungen auf eine Untersuchung der Bentley University (Massachusetts), die belegte, dass 67 Prozent der jungen Menschen eine eigene Firma aufmachen wollten. Man bedenke aber, dass diese Untersuchung nur eine Generation befragte; es gibt keine Vergleichsgruppe. Vielleicht wollten die Babyboomer und die Generation X mit gleicher oder größerer Wahrscheinlichkeit Unternehmer sein, als sie noch jung waren.

Indes zeigt sich: Selfies wollen weniger wahrscheinlich als die Angehörigen der Generation X und der Babyboomer ihre eigene Firma haben. Das setzt den Trend fort, der von den Millennials begonnen wurde. Die Generation Selfie ist also mit Firmengründungen ebenso vorsichtig wie beim Autofahren, beim Trinken und beim Dating.

Bei Erstsemesterstudenten zeigt sich der gleiche Trend: 2016 sagten nur 37 Prozent, es sei wichtig, »mit meiner eigenen Firma erfolgreich zu sein«; 1984 waren es noch 50 Prozent gewesen (korrigiert nach relativer Zentralität). Verglichen also mit den Studenten der Generation X wird die Generation Selfie *weniger* wahrscheinlich zu Unternehmern werden.

Diese Überzeugungen beeinflussen ihr tatsächliches Verhalten. Eine Analyse im *Wall Street Journal* der US-Notenbank belegte, dass nur 3,6 Prozent der Haushalte, die von Erwachsenen (jünger als 30 Jahre) geführt werden, 2013 mindestens einen Teil eines Privatunternehmens besaßen; im Vergleich zu 10,6 Prozent im Jahr 1989. Alles Gerede, die junge Generation fühlte sich vom Unternehmertum angezogen, hat sich als genau das erwiesen – als Gerede.

Woher kommt der Rückgang des Unternehmertums? Eine eigene Firma zu eröffnen ist riskant, das liegt in der Natur der Sache. Und wie wir im Kapitel *Isoliert, aber nicht wirklich* gesehen haben, sind Risiken für die Generation Selfie tabu. »Ein fester Job bedeutet sicheres Einkommen. Man kann kaufen, was man will, und man fühlt sich sicher«, meint Kayla, 22, die eine Woche vor ihrem Abschluss als Krankenschwester steht. Für sie bedeutet ein fester Job nicht, dass man eine eigene Firma aufmacht. »Wir haben ja gesehen, dass viele Firmen im letzten Jahrzehnt oder so pleitegegangen sind«, erklärt sie. »Ich möchte nicht auf der Straße leben. Und andere wollen das auch nicht.«

Die Generation Selfie fühlt sich auch weniger dazu hingezogen, einen Job in einem Großunternehmen zu haben; sie ist mehr als die Millennials an Bereichen interessiert, die sie als stabiler empfindet, zum Beispiel am Militär (das Ende der Kriege im Irak und in Afghanistan kann etwas damit zu tun haben). Sie zeigt außerdem auch mehr Interesse daran, bei der Polizei zu arbeiten. Auch wenn diese Jobs potentiell körperlich gefährlich sind, bieten sie doch ein festes Gehalt, und nur wenige Mitarbeiter werden entlassen. Insgesamt zeigt sich die Generation Selfie eher neutral gegenüber unterschiedlichen Arbeitsmöglichkeiten, wo-

Prozentsatz der Zwölftklässler, die meinen, bestimmte Arbeitssituationen seien »begehrenswerte« Arbeitsplätze. Quelle: Monitoring the Future, 1976–2015

bei sie beliebte Branchen durchaus schlechter bewertet als die Babyboomer, weniger populäre Branchen dagegen besser. Im Vergleich zu früheren Generationen betrachtet die Generation Selfie diese sehr unterschiedlichen Arbeitsmöglichkeiten offenbar als gleichwertig; mit geringerer Wahrscheinlichkeit wird sie sie hoch oder auch niedrig einstufen. Sie scheint sich nicht sonderlich darum zu kümmern, wo sie arbeiten wird. Sie will einfach nur … einen Job.

Zumindest manche von ihnen.

Arbeit ist was für alte Leute

»Jedes Mal, wenn ich diese Zahl sehe, haut sie mich um«, sagte 2016 der Wirtschaftswissenschaftler Erik Hurst von der Universität Chicago. Die Zahl, auf die er sich bezog, war der Prozentsatz junger Männer ohne Hochschulabschluss zwischen 20 und 30 Jahren, die während des letzten Jahres überhaupt nicht gearbeitet hatten: Laut seinen Berechnungen nach offiziellen Arbeitsmarktstatistiken in den USA war es einer von vieren. Fast im gesamten 20. Jahrhundert waren Männer in diesem Alter die am verlässlichsten Beschäftigten aller demographischen Gruppen – mit fast 85 Prozent in der gesamten Belegschaft. Aber das gilt heute nicht mehr.

Ich habe mich gefragt, ob dieser Trend für alle Männer gilt, ganz gleich, welche Ausbildung sie haben. Und wirklich, er gilt für alle: Der Beschäftigungsgrad von Männern Anfang 20 erreichte 2010 einen Tiefststand; 2016 arbeitete einer von vier Männern Anfang 20 nicht. Der jüngste Rückgang kam nicht daher, dass mehr Männer aufs College gingen. Die Anzahl derjenigen, die sich an einer Hochschule einschrieben, blieb einigermaßen stabil, doch weniger junge Männer arbeiteten. (Hurst schloss zudem, dass der Beginn von Schulausbildungen nicht für den Rückgang bei der Beschäftigung verantwortlich sei.) Auch auf die große Rezession lässt sich das nicht allein zurückführen; der Rückgang bei der Beschäftigung junger Männer begann vor der Rezession (um das Jahr 2000) und hat sich danach fortgesetzt; mit Beschäftigungsraten, die 2016 (73 Prozent) immer noch einige Prozentpunkte unter der Rate von 2007 lagen (79 Prozent). Es sind dies Jahre mit vergleichsweise niedrigen Arbeitslosenzahlen; die Arbeitslosenrate schließt allerdings nicht diejenigen ein, die sich überhaupt nicht um einen Job bemühen.

Es ist meist schwieriger, die Beschäftigung von Männern und Frauen über die Jahre hinweg zu vergleichen, weil in den letzten Jahrzehnten viele junge Frauen mit ihren Kindern zu Hause blieben, was heute weniger verbreitet ist. Wahrscheinlich deshalb stieg der Prozentsatz der Männer und Frauen (gemeinsam), die Arbeit hatten, zwischen 1960 und 2000 stetig an. Doch um das Jahr 2000 begann dieser Trend sich zu verändern. In den eineinhalb Jahrzehnten zwischen 2000 und 2016 hatten immer weniger junge Menschen einen Job. Der Rückgang entspricht fast vollständig den Altersgruppen, wobei bei den jungen Teenagern der größte Rückgang zu verzeichnen war; es folgten die älteren Teenager, denen wiederum diejenigen Anfang 20. US-Amerikaner, die älter als 25 waren, arbeiteten andererseits 2016 in ungefähr gleichem Maß wie vor der großen Rezession; die Beschäftigungszahlen vor der Rezession wurden nur um wenige Prozentpunkte verfehlt. Diese Grafik zeigt eine auffallende Ähnlichkeit mit der über den Alkoholgenuss im Kapitel *Keine Eile*: Der Rückgang ist bei den Jüngsten am stärksten und wird dann immer weniger steil, was eine Verschiebung der jeweiligen Aktivität bis ins höhere Alter nahelegt. Arbeiten ist – wie das Alkoholtrinken – heute eher etwas für Menschen über 21, vielleicht auch über 25.

Wie die Trends, die ausschließlich auf Männer zutreffen, scheint das nicht auf die Hochschuleinschreibungen zurückführbar zu sein, die in den 1980er und 1990er Jahren signifikant zunahmen, nach der Mitte der 2000er Jahre dagegen gleich blieben. Die Einschreibung an der Hochschule kann auch nicht den starken Rückgang bei der Beschäftigung der 16- und 17-Jährigen erklären, der am größten von allen war.

Prozentsatz der beschäftigten Amerikaner, nach Altersgruppe. Quelle: Current Population Survey, Bureau of Labor Statistics, 1948–2016

Was also tun diese jungen Nicht-Arbeitenden statt ihrer Arbeit oder des Schulbesuchs? Hurst fand eine einfache Antwort, zumindest für die Männer: Sie spielen Videospiele. Junge Männer hatten vier Stunden mehr Freizeit pro Woche als in den frühen 2000ern, und sie benutzten drei dieser vier Stunden, um Videospiele zu spielen. 25 Prozent spielten drei oder mehr Stunden täglich Videospiele, zehn Prozent spielten mindestens sechs Stunden pro Tag. »Das Leben dieser nicht arbeitenden, schlecht ausgebildeten jungen Männer sieht so aus, wie mein Sohn sich sein Leben derzeit wünscht: nicht zur Schule gehen, nicht arbeiten und jede Menge Videospiele«, meinte Hurst. Wie wir im Kapitel *Online-Zeit* sahen, beanspruchen Videospiele immer mehr Zeit der jungen Männer – ungefähr elf Stunden pro Woche durchschnittlich im Jahr 2015.

Spielen junge Männer Videospiele, weil sie nicht arbeiten, oder arbeiten sie nicht, weil sie Videospiele spielen? Hurst nimmt an, das Letztere sei der Fall – wieso soll man arbeiten, wenn man zu Hause bleiben und Videospiele spielen kann? »Diese technologischen Neuerungen haben die Freizeitgestaltung noch angenehmer gemacht … Für niedrig qualifizierte Arbeitnehmer mit niedrigen Löhnen ist es jetzt attraktiver geworden, sich eine Auszeit zu nehmen«, meinte er.

Darnell, 20, der Student aus Georgia, berichtet mir, er habe während der Sommerferien im letzten Jahr viel Zeit mit Videospielen verbracht, »was meinen Daddy nicht gefreut hat. Ich war aber so drauf: Das ist doch die einzige Pause, die ich kriege, und die will ich jedenfalls genießen.« »Wollte dein Vater denn, dass du dir stattdessen einen Job besorgst?«, frage ich. »Oh mein Gott, na klar. Jedes Mal, wenn er vom Job nach Hause kam, fragte er: ›Hast du einen Job gekriegt?‹ Und ich meinte: ›Kannst du bitte rausgehen?‹« Am Ende bestand Darnells Vater darauf, dass Darnell pro Tag mindestens eine Bewerbung abschickte. Eine Ladenkette stellte Darnell schließlich ein, aber das geschah so spät im Sommer, dass er dort überhaupt nicht zum Arbeiten kam, weil er schon wieder aufs College musste. Dort, so meint er, muss er sich von Videospielen fernhalten. Sonst würde er nie in die Kurse gehen.

Kann ich das schaffen?

Manche aus der Generation Selfie bleiben der Arbeit vielleicht aus der Überzeugung fern, dass das, was sie tun, in einem degenerierten System wenig zählt. Nehmen wir zum Beispiel Amber, 20, die über ihre Generation in einem Tonfall schreibt, der nach einem verzweifelten Stoßseufzer klingt: »Wenn wir ein erfolgreiches Leben haben wollen, müssen wir aufs College gehen, aber das College ist wirklich teuer, und wir müssen entweder Kredite aufnehmen oder die ganze Zeit arbeiten, um das zu bezahlen. Wenn wir Kredite aufnehmen, macht das unsere Zukunft nur noch komplizierter und stressiger, deshalb versuchen wir, einen Job zu kriegen. Aber für die meisten gut bezahlten Jobs brauchst du entweder Erfahrung oder einen Ausbildungshintergrund, weshalb wir oft auf einer minimal bezahlten Teilzeitstelle bleiben, weil unsere Arbeitgeber uns keine günstigen Konditionen anbieten, was wiederum bedeutet, dass wir Kredite aufnehmen müssen.« Mit anderen Worten: Wir haben schlechte Karten.

Wie Amber fühlen sich viele aus der Generation Selfie zunehmend entmutigt und bezweifeln, dass sie Erfolg haben werden.

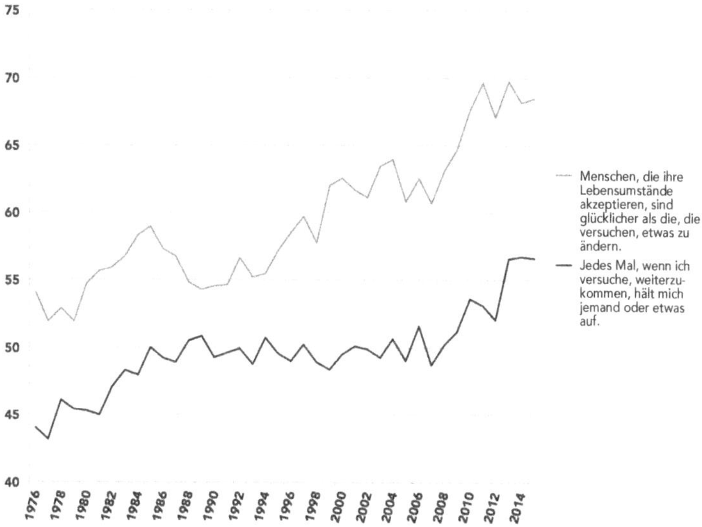

Externe Kontrollüberzeugung von Zwölftklässlern. Quelle: Monitoring the Future, 1977–2015

Psychologen bezeichnen eine solche Einstellung als »externe Kontrollüberzeugung«. Jemand mit einer internen Kontrollüberzeugung meint, er oder sie würde das eigene Leben kontrollieren; jemand mit einer externen Kontrollüberzeugung denkt, das eigene Leben würde durch äußere Kräfte kontrolliert. Die Generation Selfie ist, was ihre Kontrollüberzeugung angeht, deutlich externer ausgerichtet. Mehr Selfies sagen, man solle einfach die eigenen Lebensumstände akzeptieren, und mehr sagen, dass sie fortwährend daran gehindert werden voranzukommen.

Eine wachsende Zahl von Jugendlichen denkt somit, Erfolg sei einfach unerreichbar. Das könnte vom Einkommensgefälle herrühren und auch eine Nachwirkung der großen Rezession sein: Die Generation Selfie sah, wie ihre Eltern und älteren Geschwister sich abmühten, während des wirtschaftlichen Niedergangs gute Jobs zu finden – und sie rechnen damit, dieselben Probleme vor sich zu haben. Der Trend ist vielleicht auch mit dem eher negativen psychischen Zustand dieser Generation verknüpft: Wie wir im Kapitel *Unsicher* gesehen haben, berichten sie von mehr Ängsten und Depressionen – also psychischen Problemen, die mit pessimistischen Einstellungen verbunden sind, wie etwa der externen Kontrollüberzeugung.

Verglichen mit früheren Generationen sieht die Generation Selfie auch mehr Hindernisse auf ihrem Weg zum Erfolg. Mehr glauben, dass ihre mangelnden Fähigkeiten sie von ihrem Wunschberuf abhalten; dass sie nicht die richtigen Leute kennen, was ihre Erfolgschancen beeinträchtigt; auch denken sie, dass ihnen ihr familiärer Hintergrund im Weg steht. Und wie wir früher gesehen haben, sagt eine wachsende Anzahl außerdem, ihrer Meinung nach sei es mit zu viel Arbeit verbunden, den Job zu bekommen, den man sich wünscht.

Die Generation Selfie sieht noch ein weiteres Hindernis auf dem Weg zum Erfolg: Sexismus. Viel mehr als die Millennials ist sie der Meinung, dass Frauen in Jobs diskriminiert werden. Der Trend ist noch stärker bei der Annahme, Frauen würden bei der Hochschulausbildung diskriminiert: Verglichen mit der Generation X in den späten 1980er Jahren sind doppelt so viele Selfies dieser Meinung.

Die Überzeugung, es herrsche Geschlechterdiskriminierung, war Mitte der 1990er auf dem Höhepunkt, als Geschlechterthemen durch mehrere hochkarätige Fälle im Mittelpunkt des öffentlichen Interesses standen, an erster Stelle die bitterböse, sexistische Attacke gegen die damalige Staatsanwältin Marcia Clark während des Prozesses gegen O. J. Simpson. Das neuerlich

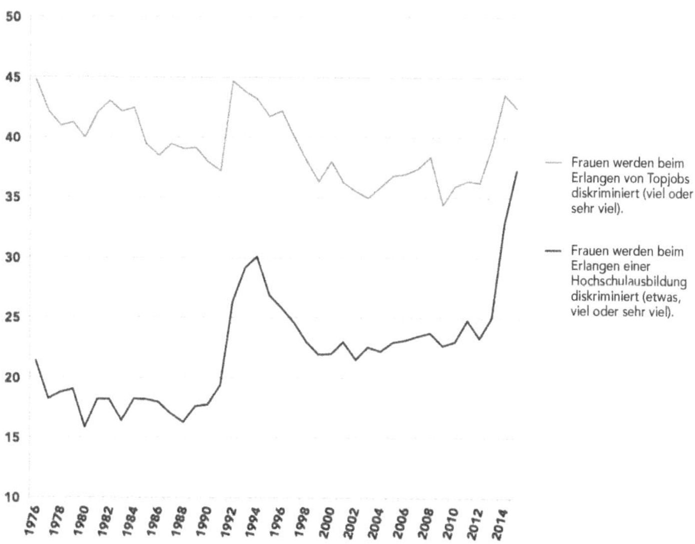

Meinung von Zwölftklässlern zur Geschlechterdiskriminierung.
Quelle: Monitoring the Future, 1976–2015

gesteigerte Interesse für die Geschlechterdiskriminierung legt ein Bewusstsein dafür nahe, dass der Sexismus fortbesteht; vielleicht auch wegen der neuesten Aufmerksamkeit gegenüber sexuellen Übergriffen auf dem Campus und den Ungerechtigkeiten, die in Sheryl Sandbergs Buch *Lean In – Frauen und der Wille zum Erfolg* (*Lean In*, 2013) geschildert werden. Doch da Frauen in den USA 57 Prozent der Personen mit Hochschulabschluss stellen, ist es schon überraschend, dass Jugendliche eine Diskriminierung beim Erlangen einer Hochschulausbildung wahrnehmen. Der Fortschritt bei den Topjobs war dagegen bedeutend langsamer – hier ist die Gleichberechtigung längst noch nicht in Wirtschaft, Medizin und Politik angekommen. So fand zum Beispiel eine neuere Studie heraus, dass Ärztinnen 20 000 Dollar jährlich weniger verdienen als ihre männlichen Kollegen, selbst wenn man die Fachärzte hier mit einbezieht (manche Menschen sprechen hier vom »Dr. Paid-Less«-Effekt.) Die Generation Selfie ist sich dieser Diskrepanzen offenbar deutlicher bewusst und eher bereit, sie der Geschlechterdiskriminierung zuzuschreiben.

Erwartungen: Ist die Blase endlich geplatzt?

Die Millennials waren eine Generation der hohen Erwartungen, aufgewachsen mit dem Mantra: »Du kannst alles werden, was du sein willst.« Sie erscheinen zu ihren Bewerbungsgesprächen mit der Überzeugung, sie wüssten bereits alles; wenn sie gefragt wurden, wo sie ihrer Meinung nach in fünf Jahren sein würden, antworteten sie: »CEO dieser Firma.« (Zumindest antworteten genug von ihnen in diesem Sinne, dass diese Geschichte hier berichtet werden kann.) Fakten stützen diese Wahrnehmung: Die Millennials glaubten mit größerer Wahrscheinlichkeit, sie würden Hochschulabschlüsse erwerben, während der Prozentsatz derjenigen, die tatsächlich diese Abschlüsse erhielten, sehr viel langsamer anstieg. Die Erwartungen der Generation Selfie sind dagegen etwas bescheidener und realistischer geworden: Ungefähr die gleiche Anzahl erwartet einen Abschluss nach vier Jahren oder einen Hochschul- bzw. Berufsabschluss, wie es für die Millennials vor zehn Jahren galt, während die Zahl derjenigen, die tatsächlich diese Abschlüsse erhielten, zugenommen hat. Noch immer hat die Generation Selfie hohe Erwartungen, sie stimmen aber etwas mehr mit der Realität überein als bei den Millennials.

Bei den Erwartungen der Generation Selfie bezüglich der Jobs, in denen sie arbeiten, wenn sie älter sind, wird das Bild noch eindeutiger. Zuerst sollte jedoch der Trend bei den Millennials diskutiert werden: Der Prozentsatz der Highschool-Seniors, die die Erwartung hatten, mit 30 Jahren Experte oder Manager zu sein, stieg zwischen der Ära der Babyboomer in den 1970ern und der Ära der Millennials in den 2000ern raketenartig an – obwohl der Prozentsatz derjenigen, die tatsächlich diese Jobs erreichten, ungefähr gleich blieb. Die Studenten wurden auch nach den Chancen gefragt, die sie sich ausrechneten, den gewünschten Job zu bekommen. Da es weitaus schwieriger ist, einen Job als Experte bzw. Manager zu erhalten als einen auf niedrigerem Niveau, hätten die Millennial-Zwölftklässler eigentlich weniger Zuversicht an den Tag legen müssen, dass sie es schaffen würden, den erwünschten Job zu kriegen. Stattdessen waren sie sogar etwas zuversichtlicher als die Babyboomer. Zuversicht ist schließlich ihre Visitenkarte.

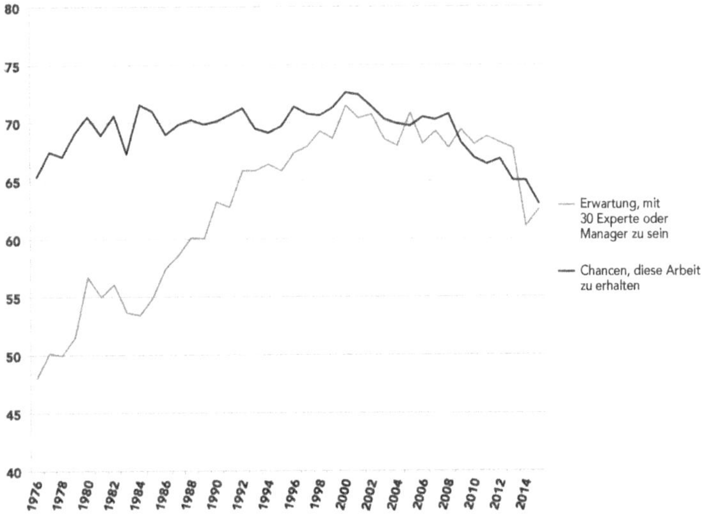

Erwartungen der Zwölftklässler bezüglich Jobs. Quelle: Monitoring the Future, 1976–2015

Dann kam die Generation Selfie. Nachdem sie in den Zwölftklässler-Umfragen 2011 auftauchte, begann der Prozentsatz derjenigen, die erwarteten, Experten zu werden, zurückzugehen, um dann 2014 steil abzufallen. Die Generation Selfie hat einen lang anhaltenden Trend der hohen Erwartungen in mehr Realismus überführt.

Die Schüler wurden auch immer unsicherer, ob sie die Arbeit ihrer Wahl tatsächlich erhalten, wobei das diesbezügliche Vertrauen 2014 wieder das Niveau der 1970er erreichte und dann 2015 erneut abfiel. Alles in allem sind die Erwartungen der Selfies moderater als bei den Millennials gleichen Alters, und sie sind auch weniger davon überzeugt, das zu bekommen, was sie sich wünschen.

Diese Veränderung in der Einstellung könnte sich als ausgezeichnete Gelegenheit für Firmen erweisen, die junge Talente anheuern wollen. Verglichen mit den Millennials direkt vor ihnen ist die Generation Selfie geradezu begierig: Sie weiß, sie muss es in einer immer mehr auf Wettbewerb ausgerichteten Welt schaffen, hat dabei aber nicht das übertriebene Draufgängertum der Millennials. Sie bezweifelt, dass sie erfolgreich sein wird, ist dafür aber weniger enttäuscht von einem Job auf mittlerer Ebene als die Millennials. Ihre Arbeitsmoral ist außerdem etwas stärker. Da die Selfies in den nächsten Jahren auf den Arbeitsmarkt drängen, werden sie angesichts ihrer größeren Unsicherheit bezüglich der eigenen Person und ihrer Perspektiven mehr Ermutigung als die Millennials brauchen. Die Generation Selfie ist von Angst getrieben – sie will Sicherheit in einer unsicheren Welt. Manager, die ihnen Sicherheit zusammen mit einer gewissen Förderung bieten können, könnten damit auf die Gruppe der am härtesten arbeitenden jungen Menschen stoßen, die für die nächsten ein bis zwei Jahrzehnte zu erwarten ist.

Was sie wollen: Die Generation Selfie als Käufer

Was die Millennials für die 2000er Jahre waren, ist die Generation Selfie für die späten 2010er: die jungen Menschen, die jeder als Gruppe erreichen will und dabei immer noch versucht, sich ein Bild von ihr zu machen. 2020 werden sie 25 Prozent der Bevölkerung stellen und dabei über 3,2 Billionen Dollar an Kaufkraft verfügen. Die Generation Selfie ist bereit; sie wartet auf Produkte, die sie inspirieren.

Trotz ihres Selbstzweifels und ihrer ungewissen Aussichten

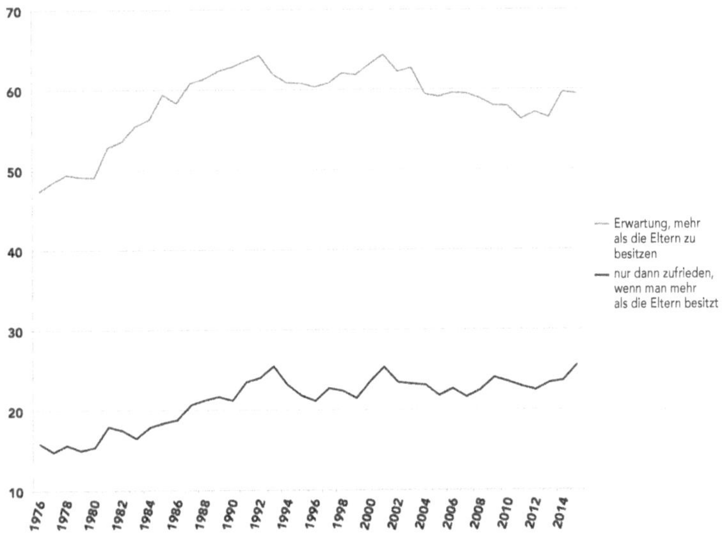

Materielle Erwartungen der Zwölftklässler. Quelle: Monitoring the Future, 1976–2015

ist diese Generation immer noch recht zuversichtlich, was ihren späteren Lebensstandard angeht.

60 Prozent der Highschool-Seniors erwarteten 2015, mehr als ihre Eltern zu verdienen, etwas weniger als beim Höchststand der Millennials in den frühen 2000ern (64 Prozent), aber immer noch 28 Prozent mehr als die weniger optimistischen Babyboomer. Irgendwie denkt die Generation Selfie, sie würde es schaffen – und sie muss es auch schaffen. Sie ist sich sehr wohl der Tatsache bewusst, dass sie in einer Wirtschaft mit einem deutlichen Einkommensgefälle Erfolg haben muss, und der finanzielle Erfolg ist sehr wichtig für sie. (Wir erinnern uns daran, dass 82 Prozent der Studienanfänger 2016 sagten, »finanziell sehr gut dazustehen« sei wichtig – ein Rekordwert innerhalb einer Befragung, die bis 1967 zurückgeht.) Einer von vieren sagt, er wäre erst

dann zufrieden, wenn er mehr als seine Eltern verdient – ungefähr gleich viel wie bei den Millennials und der Generation X und 50 Prozent mehr als bei den Babyboomern 1976.

Das ist also eine gute Nachricht für Werbetreibende und Vermarkter – ganz im Gegensatz zu einigen Gerüchten. Die Generation Selfie will tatsächlich Dinge besitzen. Die nächste Frage: Wie verkauft man sie ihnen? Oft wird angenommen, die Millennials und die Generation Selfie seien gegenüber Werbung immun; ferner heißt es oft, junge Leute seien heute postmaterialistisch, sie konzentrierten sich mehr darauf, den Sinn in ihrem Leben zu finden. Wie wir aber im letzten Kapitel gesehen haben, stimmt das nicht – die Generation Selfie ist sehr wohl daran interessiert, ihren Schnitt zu machen; sie ist weniger auf den Sinn fokussiert

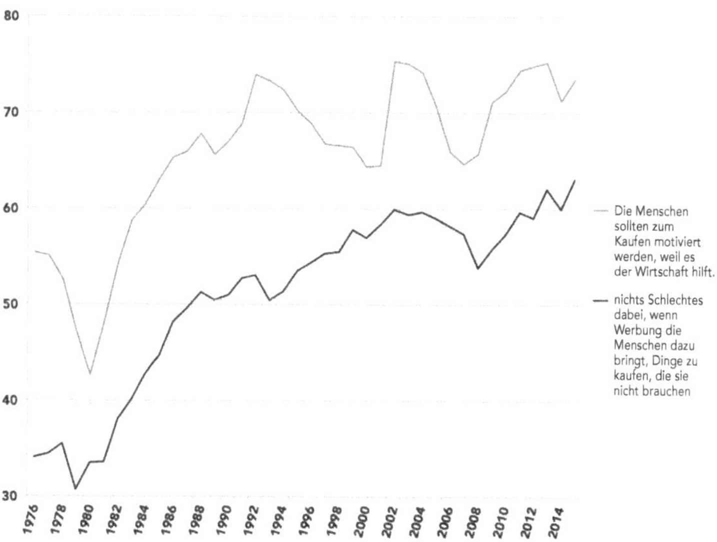

Materialistische Einstellung bei Zwölftklässlern. Quelle: Monitoring the Future, 1976–2015

als frühere Generationen. Die Generation Selfie akzeptiert auch Werbung – mehr haben zugestimmt, dass es »nichts Schlechtes an Werbung gäbe, die die Menschen dazu bringt, Dinge zu kaufen, die sie nicht brauchen«. Die Generation Selfie findet auch den Kapitalismus gut, wobei sehr viel mehr Selfies als Babyboomer der Aussage zustimmen: »Die Menschen sollten zum Kaufen motiviert werden, weil es der Wirtschaft hilft.«

Und was will die Generation Selfie kaufen? Seit Jahren schon verzweifeln Marketingstrategen an der Abneigung der Millennials, kostspielige Dinge zu kaufen wie etwa Autos. Die Millennials haben sich zudem in ihrem jeweiligen Elternhaus eingerichtet, was wiederum den Immobilienmarkt beeinträchtigt.

Offenbar haben sie sich das aber nicht ausgesucht: Als High-

Prozentsatz der Zwölftklässler, die sagen, es sei sehr oder äußerst wichtig, sechs bestimmte materielle Güter zu besitzen. Quelle: Monitoring the Future, 1977–2015

school-Seniors waren die Millennials nämlich sehr wohl daran interessiert, eigene Häuser zu besitzen. Die Generation Selfie hat diesen Trend fortgesetzt; tatsächlich denkt sie mit der größten Wahrscheinlichkeit, es sei wichtig, ein eigenes Einfamilienhaus zu besitzen. Das legt die Vermutung nahe, Immobilienbesitz sollte weiterhin eine gute Investition sein, da junge Menschen älter werden und Häuser kaufen. Angenommen sie tun das, würde der Kauf von Haushaltsgeräten, Möbeln und Haushaltsgütern folgen. Wenn junge Amerikaner eine wirtschaftliche Ausgangsbasis erlangt haben, werden sie nur zu gern Häuser kaufen und alles, was dazugehört.

Oft wird auch angenommen, die Millennials und die Generation Selfie wollten keine Autos kaufen. Die Untersuchung fragte danach, wie wichtig es sei, alle zwei oder drei Jahre einen neuen Wagen zu haben – keine ideale Fragestellung, da die Autos immer zuverlässiger geworden sind. Doch die Generation Selfie ist immer noch mehr an neuen Autos interessiert als die Babyboomer in den späten 1970ern. Eine Umfrage aus dem Jahr 2016 stützt die Vorstellung, dass die Generation Selfie das Auto nicht aufgegeben hat: 92 Prozent der Zwölf- bis 17-Jährigen sagten, sie hätten die Absicht, ein Auto zu besitzen. Es handelt sich hierbei um eine Einmalumfrage ohne Generationenvergleich – sie zeigt aber zumindest, dass der durchschnittliche Selfie nicht plant, auf ein eigenes Auto zu verzichten. Der wichtigste Grund für die Generation Selfie, den Wagen eher zu besitzen, als sich dem Car-Sharing anzuschließen, spiegelt sich in ihrem psychologischen Profil wider: den eigenen Wagen zu fahren ist »sicherer« und »mehr auf mich zugeschnitten«, sagen sie. Autohersteller sollten also Mut schöpfen: Trotz aller Gerüchte wird sich die Generation Selfie nicht vollständig auf Uber verlassen, wenn sie es vermeiden kann. Sie ist zu sehr auf Sicherheit aus und zu individualistisch, um auf den Besitz eines eigenen Fahrzeugs zu verzichten.

Die größte Veränderung zeichnet sich beim Thema Bekleidung ab: Die Generation Selfie ist weit weniger daran interessiert, »Kleidung der neuesten Mode« zu besitzen. Das mag die Auswirkung des Individualismus sein: Kleidungsstil hängt heute mehr vom Individuum ab und weniger vom Herdenverhalten als früher. Als ich in den 1980er Jahren Teenager war, änderte sich der Stil für Jeans jede Saison – in einem Jahr waren sie hochgeschnitten, im nächsten tief, in einem Jahr dunkel, im anderen hell (oder mit Säure gewaschen oder zerrissen oder verblichen oder …). Wurde man dabei erwischt, die falschen Sachen zu tragen, war man der Depp. Heute ist das anders: Es gibt wohl immer noch bestimmte Jeansstile, die in oder out sind, aber es scheint eine größere Flexibilität zu geben. 2016 erschien in *Harper's Bazaar* ein Artikel über »die zwölf derzeit coolsten Trends bei Jeans.« In den 1980er Jahren hatte es nur einen Trend gegeben, keine zwölf. Die Generation Selfie spiegelt das wider – den neusten Style zu tragen ist nicht mehr so wichtig.

Die britische Autorin Rachael Dove, 24, nennt die Generation Selfie die »Generation Gähn«. Sie hat beobachtet, dass selbst ihre Mode-Auswahl von Sicherheitsdenken geprägt ist. »Junge Hipster wenden sich ›Normcore‹ zu, einem Unisex-Trend, der durch langweilige, funktionale Kleidung charakterisiert ist«, schrieb sie. »Dieser Look dominierte die Herbst-Winter-Laufstege: Tennisschuhe bei Chanel, behagliche, undefinierbare Strickwaren bei Stella McCartney, schwarze Rollis à la Steve Jobs bei Lanvin.« Alles, was zu »out« war, zu seltsam oder zu riskant für die neue Ära der Generation Selfie, blieb außen vor.

Obwohl sie es mögen, wenn materielle Güter gut aussehen,

betrachtet diese Generation materielle Güter nicht als Botschaft für andere oder als Mittel zum Wettbewerb. Weniger Selfies sagen, es sei ihnen wichtig, das zu haben, was ihre Freunde und Nachbarn besitzen (oft bezeichnet als »Mithalten mit anderen«). Weniger sagen, sie würden darauf achten, die neueste Mode zu besitzen. Obwohl Geld insgesamt immer noch wichtig ist, hat die Generation Selfie kaum Interesse daran, der Masse zu folgen.

Die Befragung von 2016 über Autos hat diese Einstellung ebenfalls offenbart. Verglichen mit den Millennials, die sich erinnerten, was sie als Jugendliche gemocht hatten, sagten weniger Selfie-Teenager, der Stil, die Marke oder die Beliebtheit eines Autos sei ihnen wichtig. Sie sind einfach nicht daran interessiert, sich hier anzuschließen, vielmehr sind sie praktisch ausgerichtet. So wie sie einfach nur einen Job wollen, wollen sie auch einfach nur ein Auto.

Einstellung der Zwölftklässler zu Shopping, Mode, Geld und »Mit anderen mithalten können.« Quelle: Monitoring the Future, 1976–2015

Die Generation Selfie besteht aus materialistischen Nonkonformisten: Sie will Geld benutzen, um außerhalb der Reihe zu stehen, anstatt sich einzuordnen. Wie Rebecca, 23, schrieb: »Wir halten gerne unsere Individualität hoch, weshalb wir vermutlich mehr Produkte kaufen, die andere Menschen noch nicht benutzen.« Ashley, 16, sagt, sie ginge gern shoppen, aber: »Ich kaufe nichts, nur weil alle anderen es schon haben.« Vermarkter haben große Chancen, dieser Generation etwas zu verkaufen, aber nicht indem sie ihr sagen, sie solle sich einfügen. Die Generation Selfie will Produkte, die ihr nützen, ihr das Gefühl der Einzigartigkeit geben und ihr die Bequemlichkeit oder den Komfort bieten, die sie will. »Ich denke, wir suchen einfach nach einem Produkt, das uns im Alltag hilft«, schrieb Sophia, 21. »Es geht nicht darum, mit anderen Schritt zu halten oder sich anzupassen. Wir brauchen einfach etwas, das funktioniert und passt.«

Firmen haben jedoch andere Sorgen: Die Generation Selfie geht nicht so gerne shoppen wie frühere Generationen, als sie Teenager waren. Dennoch gehen die meisten Teenager immer noch gerne shoppen. Aber das wollen sie am liebsten auf eine Weise tun, die ihrer Ungeduld entspricht. Die Selfies haben eine Welt vor Amazon nie kennengelernt. Sie sind es gewohnt, Resultate sofort online zu erhalten. Sie bringen das Shoppen gern zügig hinter sich – das Zeug besitzen ist ihnen wichtiger. Unternehmen, die das Shoppingerlebnis persönlich und schnell gestalten können, werden vermutlich die wachsende Kaufkraft dieser Generation anziehen. Manche Selfies sagen, sie wollten Erfahrungen und Waren, die notwendig sind, anstatt eine Menge verschiedener kleiner Sachen: »Wir brauchen Geld, um wichtige Dinge bezahlen zu können, Unterkunft, Essen, Ausbildung und medizinische Versorgung. Und es ist auch ganz nett, Erfahrungen zu machen wie Reisen oder Abende, die man mit Freunden verbringt, oder Essen in interessanten Restaurants«, schrieb Daniel, 23. »Das Extrageld ist nicht dafür da, um mehr ›Sachen‹ zu kaufen, mit denen man die Wohnung füllt. Es geht um Lebensqualität.«

Ein Marktforschungsinstitut aus Arizona führte 2016 eine Befragung durch, die einen weiteren Einblick in die Konsumhaltung der Generation Selfie im Vergleich zu den Millennials bietet. Von allen Generationen stimmten die Millennials (von 25 bis 34) am wahrscheinlichsten der Behauptung zu: »Manchmal gehe ich nur aus Spaß shoppen« – mehr als die Generation Selfie (von 18 bis 24). Bei dieser Einmalbefragung könnten alle Unterschiede auf das Alter anstatt auf die Generation zurückzuführen sein. Man würde aber erwarten, dass Jugendliche mehr an Shopping interessiert sind als junge Erwachsene – also liegt die Folgerung nahe, dass wir es hier doch mit einem Generationenunterschied zu tun haben. Millennials stimmten ebenfalls mit mehr Wahrscheinlichkeit als die Generation Selfie der Aussage zu: »Ich traue eher meinem Herzen als meinem Kopf« – gleichfalls eine Einstellung, die eher mit Jugendlichen und jungen Erwachsenen assoziiert wird als mit denen, die älter als 25 sind. Und Millennials stimmen mit größerer Wahrscheinlichkeit den folgenden Aussagen zu: »Wenn ich der Meinung bin, dass es andere beeindrucken wird, bestimmte Dinge zu besitzen, werde ich sie mit größerer Wahrscheinlichkeit auch kaufen« und »Ich bin fasziniert von jemandem, der gerade berühmt ist«. Beides – andere zu beeindrucken und der Hang zu Berühmtheiten – gehört meist eher zur Jugend, doch die jüngeren Selfies waren daran weniger interessiert als ältere Millennials. Insgesamt ist die Generation Selfie mehr auf Praktisches ausgerichtet, weniger von Ruhm angezogen und wird eher die Logik über die Gefühle stellen, als es für die Millennials direkt vor ihnen galt. Die gleichen Marketing-Botschaften werden bei ihnen nicht funktionieren.

Wenn die Werbewirtschaft damit anfängt, die Generation Selfie anzusprechen, werden wir die Rückkehr einer faktenorientierten Werbung erleben, so wie sie früher war. Auch wenn die Reize visueller und emotionaler bleiben, werden sie vermutlich eher Themen der Generation Selfie ansprechen wie Schutz und Sicherheit. Werbetreibende sollten auch Appelle aufgeben, die auf Gruppenkonformität zielen, und stattdessen herausstellen, was ein Produkt dem Einzelnen bietet – etwa Bequemlichkeit oder Sicherheit. Die Generation Selfie wird sich wohl auch als weniger fasziniert von Prominenten und Ruhm erweisen, als dies für die Millennials galt.

Die Wendung der Generation Selfie hin zu Pragmatismus sollte ihr helfen, im Wettbewerb des Arbeitsmarkts und mit einem zuweilen verwirrenden Markt der Konsumenten klarzukommen. Ihr realistischerer Blick auf die Karriere und ihre größere Arbeitsmoral sollte ihnen gegenüber Managern von Nutzen sein, die an die stärker fordernden Millennials gewöhnt sind. Doch die materiellen Erwartungen der Generation Selfie sind immer noch beträchtlich und nicht nur auf kleine Dinge ausgerichtet, die man mit dem Begriff »Shopping« assoziiert, sondern auch auf große Dinge wie Häuser, Ferien und die neueste Technologie. Mehr als die Millennials begreifen die Selfies aber, dass sie hart arbeiten und ihre Erwartungen in Schach halten müssen, um es in der heutigen Wirtschaft zu schaffen. Sie wissen – besser als jeder andere: Ihre Zukunft hängt davon ab.

UNBESTIMMT
Sex, Ehe und Kinder

»Unsere Zwanziger sollten eigentlich die besten Jahre unseres Lebens sein. Die Jahre, in denen wir völlig egoistisch sein, loslassen und die Konsequenzen schlechter Entscheidungen ignorieren können ... Aber um ehrlich zu sein: Manchmal kann auch gerade eine lange Beziehung all diesem Spaß im Weg stehen«, schreibt Leigh Taveroff in *Today's Lifestyle*, einem US-Magazin für die Generation 50 plus. Der Titel ihres Artikels: »Acht Gründe, warum Beziehungen nicht funktionieren, wenn Sie unter 30 sind«.

Die Vorstellung, man sollte Liebesbeziehungen bis zum Alter von 30 Jahren vermeiden, wäre vielen Menschen vor nicht allzu langer Zeit schockierend und sogar unsinnig vorgekommen. Noch in den 1990er Jahren heirateten junge Frauen mit Anfang 20, und viele lernten ihre späteren Ehemänner kennen, als sie noch Teenager waren. Dann kam die Generation Selfie und schlug einen Weg ein, der vielleicht für immer Erwachsenenbeziehungen und Familien neu definieren wird.

Die 18-jährige Haley, der wir zuerst im Kapitel *Isoliert, aber nicht wirklich* begegneten, hatte sechs Monate lang einen Freund, ist aber sonst Liebesbeziehungen eher aus dem Weg gegangen. »Ich bin sehr froh, dass ich [früher] nie eine Beziehung hatte, weil ich glaube, dass ich mich dadurch allein entwickeln und unabhängig sein konnte«, berichtet sie mir, als wir uns zum Mittagessen treffen. »Ich wollte mich nicht von anderen Leuten emotional abhängig machen. Ich kenne eine Menge Leute, die sich wirklich schon in sehr jungem Alter verabredet haben und von ihrem Freund oder ihrer Freundin gefühlsmäßig abhängig wurden. Jetzt müssen sie immer nach solchen Beziehungen suchen, und sie können nicht mehr Single bleiben. Sie können nicht lernen, alleine glücklich zu sein, weil sie immer nach dieser Beziehung suchen. Ich glaube, das ist ungesund. Daher denke ich, nicht zu jung auf Partnersuche zu gehen ist sicherer und gesünder.«

Die wichtigen Themen der Generation Selfie – das langsame Erwachsenwerden, Individualismus und Sicherheitsdenken – manifestieren sich allesamt in ihrer überaus vorsichtigen Einstellung zu Beziehungen. Wie wir im Kapitel *Keine Eile* sahen, geht die Generation Selfie weniger wahrscheinlich als ihre Vorgänger auf Partnersuche oder hat als Highschoolschüler Sex, wodurch sie Liebesbeziehungen auf später verschiebt. Selbst das College ist zu früh dafür, wie manche meinen. »Ich denke, es ist überhaupt nicht gut, während der Collegezeit in einer Beziehung zu sein, weil man sich konzentrieren muss. Man muss vieles ausprobieren, Geld verdienen, studieren und Zeit mit Freunden verbringen«, schrieb Harrison, 21. »In dem Alter in einer Beziehung zu sein gibt dir das Gefühl, unter einer Dunstglocke zu hocken. Das hält dich von deinem wahren Potenzial ab. Ich habe eine Menge talentierter Leute in meinem Alter kennengelernt, die aufgehört haben, ihre Ziele zu verfolgen, nur wegen einer Beziehung. Man kann mehr erreichen, wenn man nicht in einer festen Beziehung ist. Keine Beziehung, keine Probleme.«

Mit dem Aufkommen der »Hook-up«-Kultur – dem Äquivalent des 21. Jahrhunderts für One-Night-Stands – bedeutet »keine Beziehung« nicht unbedingt »keinen Sex«. Wie umfassend ist also die Hook-up-Kultur, und wie sieht das Sexleben der Selfies aus?

Sex in der Tinder-Generation

Im Jahr 2015 verkündete ein Artikel in der *Vanity Fair*, Tinder und weitere Dating-Apps hätten eine »Dating-Apokalypse« ausgelöst. Nun sei es die Norm, hieß es in dem Artikel, dass junge Menschen sich ganz leicht mehrere Sexualpartner suchten und ernsthafte Beziehungen vermieden. »Man kann nicht in nur einer Spur hängenbleiben … Es gibt immer noch was Besseres«, bemerkte ein junger Mann. »Du kannst jemanden treffen und ihn/sie in 20 Minuten ficken«, berichtete Brian, 25, dem Reporter. »Es ist sehr schwer, sich da zurückzuhalten.«

Wie aber die meisten Berichte über die Hook-up-Kultur ist der Artikel in *Vanity Fair* eine Sammlung einzelner Geschichten – zumeist Geschichten von Menschen, die in Bars herumhängen. Es wird eindringlich geschildert, was ein bestimmtes, besonders promiskuitives Segment dieser Generation tatsächlich tut. Doch es ist eine heikle Angelegenheit, von Leuten in Bars zu berichten und daraus zu schließen, was der durchschnittliche junge Mensch tut. Wer nicht promiskuitiv ist, hält sich eben nicht in Bars auf. Der Reporter hat außerdem nicht daran gedacht, diese Szene mit der Bar- und Nachtclubszene der 1970er und 1980er Jahre zu vergleichen, wo es sehr viel flüchtigen Sex gab. Um das durchschnittliche Verhalten zu verstehen und auch, wie es sich verändert hat, verlässt man sich besser auf repräsentative Umfragen, die mehrere Generationen miteinander vergleicht, so wie es für die USA der General Social Survey geleistet hat.

Es stimmt: In ihrer Einstellung zum Sex unterscheiden sich die Generation Selfie und die Millennials von den jungen Menschen im jeweiligen Jahrzehnt davor. Noch 2006 glaubten etwa 50 Prozent der 18- bis 29-Jährigen, Sex zwischen unverheirateten Erwachsenen sei »keinesfalls falsch« – ungefähr der gleiche Prozentsatz wie in den 1970ern. Die Zustimmung zu vorehelichem Sex stieg 2016 stark an; 65 Prozent der jungen Menschen sagten nun, er sei »keinesfalls falsch«.

Selbst Sex zwischen jungen Jugendlichen (16 Jahre oder jünger) wurde immer mehr akzeptiert; fünf Mal so viele wie 1986 bezeichneten ihn 2016 als »keinesfalls falsch« – er ist dem Ein-

Prozentsatz der 18- bis 29-jährigen, die sagten, Sex zwischen zwei unverheirateten Erwachsenen und Sex zwischen Jugendlichen von 16 oder jünger wäre »keinesfalls falsch.« Quelle: General Social Survey, 1972–2016

zelnen überlassen. Und angesichts des steigenden durchschnittlichen Heiratsalters, das nun in den späten Zwanzigern liegt, findet die Generation Selfie die Vorstellung lächerlich, mit dem Sex bis zur Ehe zu warten.

Bei der größeren Zustimmung der Selfies zum Sex unter Unverheirateten, selbst jungen Jugendlichen, könnte man denken, sie würden diese Freiheit selber ausnutzen und hätten mehr Sex mit wechselnden Partnern. Das ist vermutlich die Sorge von Eltern und die Annahme der Medien: dass Jugendliche früher einsteigen und junge Erwachsene sich auf mehr Partner einlassen als in der Vergangenheit – zum einen angesichts der hemmungslosen Internetpornografie und der hochsexualisierten Kultur, zum anderen dank Tinder und dem Online-Dating.

Doch die Selfies werden als Jugendliche und junge Erwachsene wahrscheinlich nicht mehr Sex haben – vielmehr wird dies *weniger* der Fall sein. Wie wir im Kapitel *Keine Eile* sahen, hatten Highschoolschüler dieser Generation mit geringerer Wahrscheinlichkeit als ihre Kollegen von den Millennials und der Generation X Sex. Noch 2007 hatte der durchschnittliche Highschooljunge seine Jungfräulichkeit bereits verloren, nach 2009 hatte aber nur noch eine Minderheit der Jungen (43 Prozent) Sex gehabt, und 39 Prozent der Mädchen. Das ist die Umkehrung eines früheren Trends in Richtung frühem Sex in jungen Jahren: Babyboomer-Frauen, die in den 1940er Jahren geboren wurden, verloren ihre Jungfräulichkeit im Durchschnitt mit 19, und die Generation X, geboren in den 1970er Jahren, fing Sex schon mit 17 an. Danach ging das Durchschnittsalter wieder nach oben und pendelte sich ungefähr bei 18 Jahren ein, was für die in den 1990ern Geborenen gilt.

Man kann darüber spekulieren, ob der Rückgang beim Geschlechtsverkehr unter Jugendlichen auf mehr Oralsex zurückzuführen ist. Als Peggy Orenstein für ihr neues Buch *Girls & Sex – Was es bedeutet, in der Gesellschaft von heute erwachsen zu werden* (2017) Jugendliche befragte, beschrieben mehrere von ihnen Oralsex als »nichts … das ist kein Sex« und »das ist ein bisschen mehr, als mit jemandem rumzuknutschen«. Das Thema Sicherheit kam gleichfalls wieder auf. Eine 18-Jährige aus einem Vorort von Chicago berichtete Orenstein, Oralsex hätte »nicht solche Auswirkungen wie Vaginalsex. Man verliert nicht seine Jungfräulichkeit, wird nicht schwanger, und man kriegt keine Geschlechtskrankheit. Es ist also sicherer.« Natürlich stimmt das nicht ganz – Geschlechtskrankheiten können auch durch Oralsex verbreitet werden, allerdings nicht so leicht wie durch regulären Geschlechtsverkehr. Jedenfalls sind die Infektionsraten von Geschlechtskrankheiten seit 2012 bei den Jugendlichen gesunken – es war die einzige Altersgruppe, bei der es einen Rückgang gab. Weniger Jugendliche, die weniger Sex haben, führt zu weniger Geschlechtskrankheiten.

Wenn Sex dem Muster des Alkoholkonsums folgt, werden junge Erwachsene ihre Abstinenz in der Highschoolzeit wettmachen und sich dem Sex ebenso hingeben wie frühere Generationen. Dating-Apps, die Sex durch das Tippen auf das Smartphone verfügbar machen, könnten das im Vergleich zu früher noch mehr erleichtern.

Das könnte die populäre Sichtweise sein – sie scheint aber nicht der Wahrheit zu entsprechen. Tatsächlich haben mehr junge Erwachsene überhaupt keinen Sex. Mehr als doppelt so viele Selfies (16 Prozent) und von den späten Millennials (in den 1990ern geboren) hatten ab ihrem 18. Geburtstag bis Anfang zwanzig noch keinen Sex gehabt, verglichen mit der Generation X im gleichen Alter (sechs Prozent). Eine sorgfältigere statistische Analyse, die alle Erwachsenen einbezog und nach Alter und Zeitraum unterschied, bestätigte doppelt so viele »erwachsene Jungfrauen« unter denjenigen, die in den 1990ern geboren wurden, verglichen mit denen, die in den 1960ern zur Welt kamen.

»Ich bin nicht sexuell aktiv und ich will es auch nicht werden«, schrieb eine 19-jährige Frau, die nach einem Bericht in der *Los Angeles Times* über diese Ergebnisse einen Kommentar postete. »Beziehungen mit einer derartigen Intimität sind nur Ablenkung.« Eine andere Frau, vermutlich älter, antwortete darauf: »Ablenkung wovon? Beziehungen gehören zum Leben.« Der Fokus auf sich selbst und das Wettrennen um den wirtschaftlichen

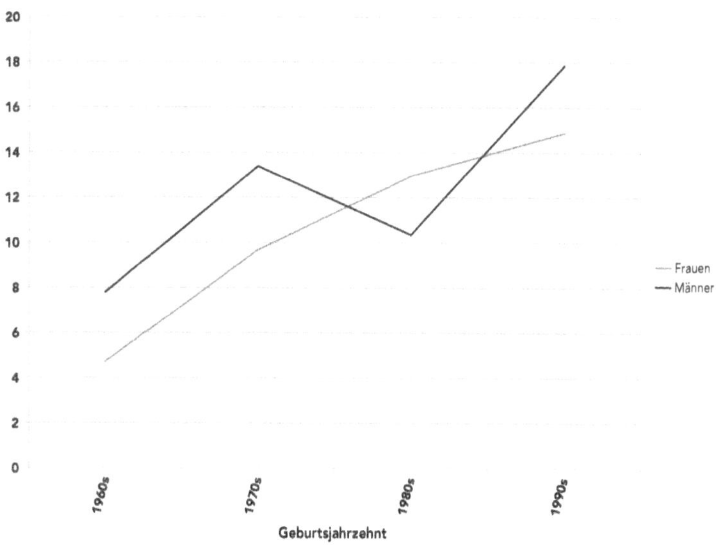

Prozentsatz der 20- bis 24-Jährigen, die seit ihrem 18. Geburtstag keinen Sex hatten, nach Geburtsjahrzehnten und Geschlecht. Quelle: General Social Survey, 1989–2016

Erfolg sind für die Generation Selfie wichtiger, deshalb sind Sex und Beziehungen »Ablenkungen«.

Einige Selfies führen Sicherheit als den Grund dafür an, dass sie noch nie Sex hatten. »Sex… ist nichts, worauf ich jemals aus war, und ich denke, mir wäre dabei ganz schön unbehaglich zumute – es sei denn, meine Partnerin würde mir das Gefühl von Sicherheit und Geborgenheit geben«, meinte Sam, 20, in einem Artikel in der *Huffington Post*. Weil sich mehr Selfies einsam, deprimiert und unsicher fühlen, könnten auch mehr von ihnen Angst haben, körperlich und psychisch beim Sex verletzt zu werden.

Natürlich hatten, wenn 16 Prozent der jungen Erwachsenen keinen Sex hatten, 84 Prozent von ihnen sehr wohl Sex. Vielleicht hält sich hier ein wachsendes, aber kleines Segment ganz heraus, während der durchschnittliche Millennial oder Selfie mit genauso vielen Leuten Sex hat – oder sogar noch mehr, angesichts ihres Rufes, schnelle Affären anzufangen. Wenn das stimmt, dann sollten sie sogar von mehr Sexpartnern berichten als frühere Generationen.

Nur stimmt das nicht. Auch in Untersuchungen, die nach Alter aufgeschlüsselt waren, berichten Angehörige der Generation X, die in den 1970ern geboren wurden, sie hätten durchschnittlich 10,05 Sexpartner gehabt, während Millennials und Selfies, in den 1990ern geboren, Sex mit nur 5,29 Partnern hatten. Millennials und die Generation Selfie, beide bekannt dafür, schnellen, zwanglosen Sex zu haben, hatten also tatsächlich Sex mit *weniger* Menschen – im Durchschnitt fünf weniger. Männer, die in den 1990ern geboren wurden, hatten neun Partnerinnen weniger als die, die in den 1970ern zur Welt kamen; Frauen hatten ungefähr zwei Partner weniger.

Liegt das daran, dass mehr Jugendliche gar keinen Sex hatten? Nein – selbst unter den sexuell aktiven über 18-Jährigen hatten Selfies und junge Millennials vier Sexualpartner weniger als die Generation X. Bei den in den 1970ern geborenen Angehörigen der Generation X waren es 10,67 Partner; bei den Millennials und den Selfies, in den 1990ern geboren, nur 6,48 Partner (nach Alterskontrolle).

Als ich einer Gruppe Selfies erzählte, ihre Generation sei tatsächlich weniger sexuell aktiv als frühere, glaubten die meisten mir nicht – was auch nicht überrascht, weil junge Menschen oft überschätzen, wie viele ihrer Altersgenossen Sex haben, und auch die Anzahl der Partner wird häufig überschätzt. Dennoch führten sie einige mögliche Gründe an, die manche wesentliche Züge der Generation Selfie widerspiegeln, vor allem ihr Sicherheitsdenken und ihre pragmatische Ausrichtung. »Jugendliche

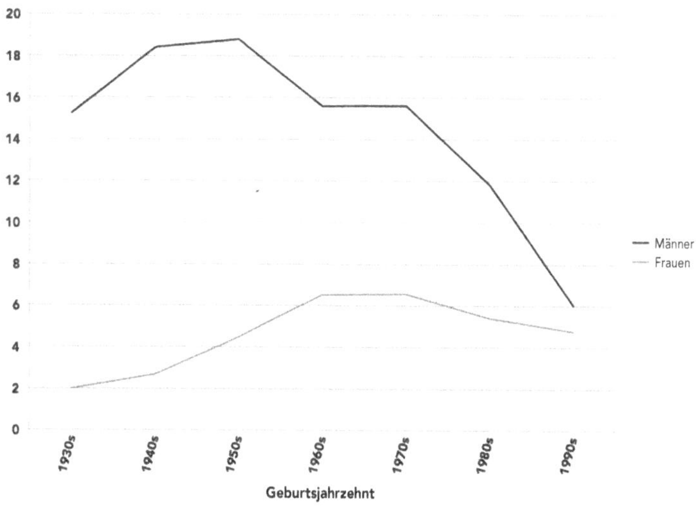

Anzahl von Sexualpartnern nach dem 18. Geburtstag, nach Geburtsjahrzehnt; alle Erwachsenen, auf Alter kontrolliert. Quelle: General Social Survey, 1989–2016

haben Angst und wollen keinen Sex haben. Als ich auf der Highschool war, gab es sehr starke No-Sex-Propaganda. Wir sahen Videos darüber, wie kranke Geschlechtsteile aussehen, und wir hörten die ganzen Geschichten über die jugendlichen Mütter«, schrieb Kristen, 22. »Dann kam die Show ›Teen Mom‹, und keiner wollte an Stelle dieser Mädchen sein. Sie führten doch ein trauriges und erbärmliches Leben.« Kristen hat Recht: Derartige TV-Porträts könnten Auswirkungen gehabt haben. Eine Studie fand heraus, dass Teenagergeburten in den USA in den 18 Monaten signifikant zurückgingen, nachdem auf MTV erstmalig *16 and pregnant* (»Schwanger mit 16«) gesendet wurde.

Andere aus der Generation Selfie sprechen über ihre Angst vor Sex, besonders vor den dadurch übertragenen Krankheiten. Tyrone, 20, glaubt, dass der Rückgang von Sex »durch die Furcht vor Schwangerschaft und Krankheiten kam. Es gibt jede Menge Werbung und Fernsehshows und so, die versuchen, einem eine Lektion zu erteilen.« Veronica, 20, schrieb: »Sex ist nichts, das man auf die leichte Schulter nimmt. Wir reden mehr über Geschlechtskrankheiten, und uns ist sehr klar, was passieren kann, wenn man viele Sexualpartner hat.«

Die Furcht vor sexuellen Übergriffen – und noch Schlimmerem – mag auch eine Rolle spielen, vor allem bei Frauen. Amelia, 23, hatte noch nie Sex. »Es gibt einfach so viele Risiken ... vor allem Frauen sind sich der Gefahren sehr bewusst, mit einem Fremden nach Hause zu gehen, und sie sorgen sich zu Recht darum, ob sie lebendig da wieder rauskommen«, berichtete sie der *Huffington Post.* Frühere Generationen mögen solche Befürchtungen ebenfalls gehabt haben, aber zwischen dem gegenwärtigen Mediensperrfeuer und dem Streben der Generation Selfie nach Sicherheit haben sich die Ängste verstärkt.

Die Generation Selfie hat vielleicht auch weniger Gelegenheit zu Sex, weil sie viel weniger Zeit persönlich mit Gleichaltrigen verbringt. Wie wir im Kapitel *Nicht mehr persönlich* gesehen haben, hängen die Jugendlichen weniger mit ihren Freunden ab und gehen auch weniger aus; vermutlich, weil sie stattdessen auf Snapchat sind oder Textnachrichten schreiben. Vielleicht sind sie dabei ja nackt, aber sie tun weniger wahrscheinlich den zusätzlichen Schritt, sich persönlich zu treffen und Sex zu haben. »Sexting« macht niemanden schwanger, und für viele Selfies ist es sicherer. »Auf der Middle- und Highschool wollte ich tatsächlich explizites Sexting machen, oder auch Striptease auf Skype«, gestand eine Studentin Peggy Orenstein in *Girls & Sex*. »Ich war nicht bereit, meine Jungfräulichkeit zu verlieren, aber ich liebte es, das böse Mädchen zu sein.«

Der Internetzugang könnte einer der wesentlichen Gründe dafür sein, dass Schwangerschaften bei Jugendlichen in den letzten Jahrzehnten abnahmen. Eine Studie belegt, dass die Geburtenrate bei Jugendlichen nach der Einführung von Breitbandinternet signifikant zurückging, wobei zwischen 1999 und 2007 ein Rückgang von 13 Prozent verzeichnet wurde. Das könnte damit zusammenhängen, dass Jugendliche online mehr Informationen zur Geburtenkontrolle fanden, aber auch damit, dass sie elektronisch kommunizierten. Die Daten legen das Letztere nahe: Die Benutzung von Mitteln zur Geburtenkontrolle hat sich (laut der YRBSS) unter Highschoolschülern wenig verändert. Der Rückgang könnte also damit zusammenhängen, dass weniger Jugendliche miteinander schlafen. Wie es in einem Artikel in der *Washington Post* über den Rückgang beim Teenagersex hieß: »Vielleicht sind sie zu sehr damit beschäftigt, mit ihren Smartphones herumzuspielen.«

Junge Selfies und Millennials haben wohl auch weniger Gelegenheit, Sexpartner zu treffen. Wer nicht gerade ein Hingucker ist, gilt auf Tinder als unattraktiv, selbst wenn man potentielle Partner auf dem nächsten Barhocker mit Leichtigkeit bezaubern kann. Sind aber weniger Leute auf diesen Barhockern – wobei die, die dort sind, eher auf Tinder als auf die Person schauen, die neben ihnen sitzt –, wird eine große Gruppe potentieller Sexpartner ausgeschlossen. Früher fanden sich die Menschen, die keine schnelle Verbindung suchten oder nicht im üblichen Sinn attraktiv waren, und heirateten jung. Heute ist die spätere Heirat die Norm, und da haben manche eben überhaupt keinen Sex.

Manche könnten auch deshalb aussteigen, weil sie nicht bei der entsprechenden Dating-Kultur mitmachen wollen, die oft völlig unromantisch ist, ohne jeglichen Hauch von emotionaler Nähe. Claudia, 19, Studentin an der Tulane-Universität (New Orleans), berichtete der *Washington Post*, dass sie eine »altmodische« Beziehung möchte, doch die meisten Studenten an der Tulane-Universität seien auf »sehr lockere One-Night-Stands aus, gehen in Bars und nehmen jemand mit nach Hause« – nicht das, was sie will. Manche junge Männer sind heutzutage sehr direkt, was ihre Wünsche angeht – oft ist es bloßer Sex, oft sogar ohne Vorspiel. »Ich kriege eine Nachricht mit dem Text: ›Willst du ficken?‹« Jennifer, 22, Studentin an der Southeast University von Indiana, berichtete *Vanity Fair*: »Sie sagen zu dir: ›Komm her und setz dich auf mein Gesicht‹«, wie ihre Freundin Ashley, 19, berichtete. Da ernsthafte Beziehungen unter jungen Erwachsenen weniger üblich sind, schnelle Dates dagegen der verlässlichste Weg sind, um Sex zu bekommen, könnten immer mehr junge Frauen sich dafür entscheiden, überhaupt keinen Sex zu haben. »Hat Netflix vielleicht den Sex ersetzt?«, fragte Lucy, 26, in der *Huffington Post.* »Ich weiß jedenfalls, dass es für mich sehr viel befriedigender ist, ein seltenes Pokémon zu erwischen als mit uninteressanten Männern auf einer Dating-App zu chatten.«

Manche Männer fühlen ähnlich. Mark, 20, beobachtete die Dating-Szene an seiner Highschool nahe Fort Worth, Texas, und er fand, sie wäre nichts für ihn. »Die ganze Zeit in der Highschool war ich Jungfrau«, erzählte er mir. »Ich habe die ganzen Drogen und den Sex gesehen und beschloss, niemals das zu tun, was die anderen machen.« Er wolle lieber mit dem Sex warten, bis er eine junge Frau trifft, an der er als längerfristiger Partnerin interessiert wäre. Nachdem die erste Verabredung gut ablief, beschloss er für die zweite Verabredung, »die Sache im Olive Garden aufzuwerten, einem eher schicken Restaurant, wo man gut sitzen und sich wirklich kennenlernen konnte«. Bald darauf lernte er ihren Vater kennen, und eine Woche drauf trafen seine Eltern die ihren. (»Und alle Eltern mochten einander, was für mich ganz wichtig ist.«) Mark und seine Freundin hatten den ersten Sex, nachdem sie sich schon sechs Monate getroffen und geplant hatten zu heiraten, wenn sie älter wären. Mark ist damit nicht alleine: Die Soziologin Lisa Wade interviewte mehr als 100 Collegestudenten für ihr Buch *American Hookup.* Das Ergebnis: Die meisten wollen eine dauerhafte Beziehung; viele sind aber der Meinung, die einzige Art, Sex auf dem Campus zu haben, müsse über schnelle Dates laufen – und halten sich raus.

Generation Porno

Es gibt noch einen weiteren möglichen Grund für den Rückgang sexueller Aktivität, der zunächst paradox erscheint: der leichte

Zugang zu Online-Pornografie. Wie es im Musical *Avenue Q* so charmant heißt: »Das Internet ist für Porno.«

Mehr Menschen schauen sich Pornografie an. Seit den 1970ern hat sich das Anschauen mindestens eines Pornovideos innerhalb des letzten Jahres unter jungen erwachsenen Männern von einer Minderheiten- zu einer Mehrheitserfahrung entwickelt. Selbst Jugendliche und Kinder sahen Pornos – oft, nachdem sie online darüber gestolpert waren. Bereits 2005 sagten 42 Prozent der Zehn- bis 17-Jährigen, sie hätten im letzten Jahr online Pornografie gesehen, zwei Drittel davon unabsichtlich.

Man könnte meinen, die weit verbreitete Zugänglichkeit von Pornografie würde bei Jugendlichen mehr Interesse an wirklichem Sex wecken, aber die jungen Leute äußern selbst oft das Gegenteil. Hiro, 17, lebt mit seinen Eltern und seinen älteren Geschwistern in Texas. Er sagt, er habe zum ersten Mal mit neun Jahren Pornografie gesehen, nachdem er herausgefunden hatte, wie man den Familienfilter am Computer seiner Eltern ausschaltet. Pornografie brachte ihn dazu, sich vorzustellen, wie die Mädchen, die er kannte, nackt aussähen. Also hatte er, wie er sagt, »zwei Möglichkeiten: mit den Mädels rumzuhängen und sich ständig sexuelle Gedanken über sie zu machen – oder sie lieber ganz zu meiden.« Er beschloss, sie zu meiden. »In den siebzehn Jahren, die ich auf dieser Erde bin, hatte ich noch nie eine Beziehung, und der Grund dafür ist Pornografie und meine Verbindung damit. An diesem Punkt macht es mich traurig«, schreibt er, und schließt: »Pornografie, vor allem im Internet, hat die Jugendlichen desensibilisiert in dem Sinne, dass sie Sex und Intimität nicht genießen können und auch nicht wollen.«

Manche jungen Männer denken, dass Pornografie ausreicht, ihre sexuellen Bedürfnisse zu befriedigen. Noah Patterson, 18, berichtete der *Washington Post*, dass er lieber YouTube sieht, Videospiele spielt oder arbeitet, als Sex zu haben. Er ist Jungfrau, obwohl er viel Pornografie angeschaut hat. Als er gefragt wurde, ob er neugierig auf wirklichen Sex wäre, meinte er: »Nicht wirklich. Ich habe schon so viel davon gesehen ... Da ist doch nichts wirklich Magisches dran, oder?«

Eine Titelgeschichte im *Time Magazine* 2016 hat die wachsende Anzahl junger Männer dokumentiert, die sagen, ihr intensiver Pornografiekonsum habe sie unfähig gemacht, von wirklichem Sex erregt zu werden. Noah Church, heute 26, sagt, er habe mit neun Jahren seine ersten Nacktfotos online gesehen. Mit 15 masturbierte er mehrfach täglich zu Online-Streaming-Videos. Als er im vierten Jahrgang auf der Highschool war und eine Verabredung nackt in ihrem Schlafzimmer endete, konnte er keine Erektion bekommen. »Es war wie eine Fehlschaltung zwischen dem, was ich in meinem Geist wollte und dem, wie mein Körper reagierte«, sagte er.

In einem weit verbreiteten Video beschreibt Cindy Gallop (Mitte 40) ihre Erfahrungen beim Sex mit Männern zwischen 20 und 30: »Wenn ich Sex mit jungen Männern habe, erlebe ich ganz direkt und unmittelbar die wahren Auswirkungen der allgegenwärtigen Hardcore-Pornografie in unserer Kultur«, sagte sie. »Kinder erhalten in immer jüngerem Alter Zugang zu Pornografie. Eine ganze Generation wächst mit der Vorstellung auf, Sex sei genau so, wie man das bei Hardcore-Pornografie sieht.« Als Reaktion darauf hat sie die Website *Make Love not Porn* gegründet, auf der sie Männern hilfreiche Tipps gibt, zum Beispiel »Viele Frauen stehen nicht auf Analsex« oder »Manche Frauen rasieren sich (unten), manche nicht.«

Es ist schwierig zu beweisen, dass zunehmender Pornografie-

Konsum zu weniger Sex geführt hat. Laut Definition sind Männer und Frauen, die Pornografie anschauen, zunächst an Sex interessiert, weshalb sie gewöhnlich auch mehr Sex haben. Bei den meisten Menschen vermindert Pornografie wahrscheinlich nicht die sexuelle Aktivität. Es scheint aber ein messbares Segment von Menschen zu geben, für die Pornografie ausreicht und wirklicher Sex unnötig zu sein scheint. Warum Ablehnung, Geschlechtskrankheiten und Streit mit dem Partner riskieren, warum soll man sich extra mit jemandem treffen, wenn man doch in der Privatheit des eigenen Schlafzimmers Pornos anschauen und dabei tun kann, was man will?

Pornografie könnte noch auf andere Weise zu sexueller Inaktivität führen, indem sie den Sex beeinflusst, den junge Menschen haben. Studenten haben Lisa Wade berichtet, schneller Sex sei die Norm und zudem der einzige Weg, eine Beziehung einzugehen. Schnelle Affären, meinten sie, seien idealerweise »gefühlloser oder bedeutungsloser Sex«, eine Vorstellung, die sie der Pornografie entnommen haben könnten. Wie Lisa Wade im Minnesota Public Radio ausführte: »Pornografie bedeutet heißen Sex und kalte Gefühle. Es ist das gleiche Ideal, das Studenten zum Ausdruck bringen, wenn man sie fragt, worum es in der Hookup-Kultur, der Kultur der schnellen Affären, überhaupt geht. Es geht darum, heißen Sex zu haben, dabei aber emotional kalt zu bleiben.« Sie fand heraus, dass fast ein Drittel der Studenten im ersten Studienjahr sexuell nicht aktiv war. »Fast alle hielten sich vor allem deshalb heraus, weil sie diese Art sexueller Begegnung nicht haben wollten«, sagte sie. »Schneller Sex sei okay für sie, dagegen hätten sie nichts. Aber sie mochten die Vorstellung nicht, kalten, gefühllosen und womöglich auch brutalen Sex mit jemandem zu haben. Sie wären froh, wenn sie heißen Sex und warme Gefühle hätten. Zumindest wollten sie einander mögen, wenn nicht sogar verliebt sein. Und das ist in der Hook-up-Kultur wirklich nicht vorgesehen.« Andere Forscher, die Sex untersucht haben, fanden bei heutigen Studenten ähnliche Haltungen vor. »Einige meiner Studenten sagen, man sollte in der Lage sein, keine Gefühle beim Sex zu haben, und wenn man das nicht kann, stimmt etwas nicht mit einem«, sagte Debby Herbenick von der Indiana University.

Sich Gefühle einfangen

Als wichtigsten Grund, »warum Beziehungen nicht funktionieren, wenn Sie unter 30 sind«, schreibt Leigh Taveroff: »Diese Jahre sind äußerst wichtig: Sie sollten herausfinden, wer Sie sind, und eine Grundlage für den Rest Ihres Lebens legen. Sie wollen nicht allzu sehr in die Probleme von anderen verwickelt werden, in ihre Triumphe und Niederlagen, und dabei vergessen, selber Erfahrungen zu sammeln. In den Zwanzigern heißt die Maxime ›You do you‹. Seien Sie selbstsüchtig, haben Sie Spaß und erforschen Sie die Welt.«

Taveroff geht fest davon aus, dass Selbsterforschung der Sinn der eigenen Jahre ab 20 sei – eine Vorstellung, die viele 25-Jährige noch in den 1990er Jahren als sonderbar empfunden hätten. In dem Alter waren die meisten Babyboomer und Angehörigen der Generation X schon verheiratet, viele hatten Kinder. Damit will ich nicht sagen, dass der eine Weg der richtige ist und der andere nicht. Es sind jedoch sehr unterschiedliche Standpunkte, wie man die energiereichsten Jahre seines Lebens verbringen sollte. »Es ist viel zu früh«, meint Ivan, 20, als ich ihn frage, ob die meisten Menschen mit Anfang 20 für eine feste Beziehung bereit wären, etwa zusammenzuleben oder zu heiraten. »Wir sind noch jung, sammeln Lebenserfahrung, haben Spaß und genießen unsere Freiheit. Gebunden zu sein beendet das sehr schnell. Wir werden dann oft unseren Partner einfach verlassen, weil wir zu jung sind, um uns zu binden.«

Generell gerät eine Beziehung mit der individualistischen Vorstellung in Konflikt, dass »man keinen anderen braucht, der einen glücklich machen soll – man sollte von sich aus glücklich sein«. Das ist die Botschaft, mit der die Generation Selfie aufgewachsen ist, der Spruch, den das kulturelle Milieu ihr ins Ohr geflüstert hat. In den nur 18 Jahren zwischen 1990 und 2008 hat sich die Verwendung der Aussage »Mach dich selber glücklich« in amerikanischen Büchern laut den Datenbanken von Google Books mehr als verdreifacht. Die Aussage »Man braucht niemanden« kam in amerikanischen Büchen vor 1970 kaum vor, hat sich dann aber zwischen 1970 und 2008 vervierfacht. Die Häufigkeit des beziehungsunfreundlichen Satzes »Geh niemals Kompromisse ein« hat sich zwischen 1990 und 2008 verdoppelt. Und welcher Satz hat noch zugenommen? »Ich liebe mich.«

»Ich stelle die Annahme in Frage, dass die Liebe immer das Risiko wert ist. Es gibt noch andere Wege, ein sinnvolles Leben zu führen, vor allem am College kann uns eine Liebesbeziehung eher von diesem Ziel weg- als dorthin führen«, schrieb Flannery James, im zweiten Studienjahr an der Columbia University (New York City) in der Campuszeitung. Nach Ansicht der Generation Selfie hat man zunächst vieles selbst für sich zu erledigen, und Beziehungen könnten einen davon abhalten. Viele junge Selfies haben außerdem Angst, ihre Identität durch eine Beziehung zu verlieren oder an einem kritischen Zeitpunkt zu sehr von jemand anderem beeinflusst zu werden. »Es gibt heute die Vorstellung, dass Identität unabhängig von Beziehungen entsteht, nicht innerhalb davon«, sagt die Psychologin Leslie Bell. »Erst wenn man als Erwachsener ›vollständig‹ ist, kann man in einer Beziehung sein.« Der 20-jährige James denkt so. »Ein anderer könnte gerade jetzt einen großen Einfluss auf mich haben, und ich weiß nicht, ob das etwas ist, das ich jetzt unbedingt will«, sagt er. »Ich denke einfach, dass die Zeit im College von 20 bis 25 eine solche Lernerfahrung ist. Es ist schwierig, sich selbst kennenzulernen, wenn man mit jemand anderem zusammen ist.«

Auch wenn sie gut funktionieren, sind Beziehungen für die Generation Selfie stressig. »In einer Beziehung ist deren Problem auch deins«, sagt Mark. »Du hast also nicht nur deine eigenen Probleme. Wenn es ganz schlimm kommt, lassen sie ihren Frust an dir aus. Der Stress alleine ist schon absurd.« Sich mit Menschen auseinanderzusetzen ist anstrengend – so denkt diese Generation offenbar. Schnelle Dates im College, so James, sind eine Möglichkeit, »sofort Befriedigung zu finden«, ohne die Mühe, sich noch mit den Problemen anderer Leute zu belasten. »So musst du dich nicht mit einer Person als Ganzes auseinandersetzen. Du genießt einfach nur jemanden in diesem Augenblick«, meint er.

Die sozialen Medien spielen vielleicht eine Rolle bei dem oberflächlichen, emotionslosen Sexideal der Generation Selfie. Schon von früh an lernen Jugendliche (vor allem Mädchen), dass ihnen sexy Bilder Likes einbringen. Man wird daran gemessen, wie der eigene Hintern auf einem »Sink Selfie« aussieht (ein Mädchen sitzt leicht bekleidet auf einem Waschbeckenrand im Badezimmer und nimmt – Kim-Kardashian-Style – ein Selfie über ihre Schulter auf); es entscheidet nicht die sprühende Persönlichkeit oder wie nett man ist. Soziale Medien und Dating-Apps machen außerdem den Betrug sehr leicht. »Zum Beispiel könnte sich dein Freund hinter deinem Rücken seit Monaten mit jemandem treffen, ohne dass du es jemals merkst«, sagte die 15-jährige Madeline aus der Bronx in *American Girls.* »Liebe ist nur ein Wort, es hat keine Bedeutung«, meinte sie. »Es kommt sehr selten vor, dass du jemand findest, der dich wirklich so mag, wie du bist – um deiner selbst willen, wegen deiner Einzigartigkeit… Nur selten, wenn überhaupt, findet man jemanden, der sich wirklich für dich interessiert.«

Es gibt noch einen weiteren Grund, warum die Generation Selfie in Beziehungen unsicher ist: Man könnte verletzt werden, und man könnte in Abhängigkeit von jemand anderem geraten – Gründe, die mit dem Individualismus dieser Generation und ihrem Sicherheitsdenken zu tun haben. »Ich glaube, es ist gut, wenn die Menschen eine Weile für sich sind. Leute, die so stark von Beziehungen abhängig sind, dass diese den einzigen Rückhalt für ihre emotionale Sicherheit bilden, wissen nicht, wie sie damit fertigwerden sollen, wenn ihnen diese Beziehung genommen wird«, meint Haley, 18, der wir schon früher begegnet sind. »Eine Beziehung dauert nicht ewig, nichts im Leben ist ewig. Wenn dir das also weggenommen wird und du keine andere Freundin oder keinen anderen Freund findest, was machst du dann? Du hast nicht gelernt, mit dir allein klarzukommen, mit dir alleine glücklich zu sein. Was also tust du? Leidest du so lange, bis du jemand anderen findest, der dich nimmt?« Haleys Sichtweise stellt Alfred Lord Tennysons berühmten Zweizeiler »Besser geliebt und verloren, als überhaupt nicht geliebt« auf den Kopf: Für sie ist es besser, nicht geliebt zu haben – denn was ist, wenn du die Liebe verlierst?

Diese Angst vor Intimität, davor, sich wirklich zu zeigen, ist einer der Gründe, warum schnelle Dates immer dann passieren, wenn beide Seiten betrunken sind. Zwei jüngst erschienene Bücher über Affären bzw. die Hook-up-Kultur im College kamen beide zu dem Schluss, dass Alkohol geradezu zwingend ist, ehe man zum ersten Mal Sex mit jemand anderem hat. Die Collegefrauen, die Peggy Orenstein für *Girls & Sex* befragte, sagten, eine solche Affäre nüchtern einzugehen wäre »merkwürdig«. »Wenn du nüchtern bist, sieht es so aus, als wolltest du eine Beziehung«, erzählt ihr eine Collegestudentin im ersten Jahr. »Das ist wirklich peinlich.« Laut einer Studie gehört zum durchschnittlichen schnellen Date im College, dass die Frau vorher vier Drinks hatte, der Mann sechs. In *American Hookup* erzählte eine Frau der Autorin Lisa Wade, der erste Schritt in Richtung schneller Dates bestehe darin, »besoffen« zu werden. »Wenn du betrunken bist, kannst du es einfach tun, weil es Spaß macht, danach kannst du darüber lachen, und es ist nichts Unangenehmes und bedeutet auch nichts«, erklärte eine weitere Collegestudentin. Wades Schlussfolgerung: Alkohol erlaubt den Studenten, so zu tun, als bedeute Sex wirklich nichts – schließlich waren ja beide betrunken.

Die Angst vor Beziehungen hat mehrere interessante Slangausdrücke hervorgebracht, die von Selfies und Millennials benutzt werden, etwa »sich Gefühle einfangen«. So nennen sie es, wenn sie eine emotionale Verbindung zu einem anderen Menschen entwickeln – ein plastischer Ausdruck, impliziert er doch, Liebe sei eine Krankheit, die man lieber nicht hätte. Eine Website listete »32 Anzeichen dafür« auf, »dass du dir Gefühle für deinen F*ckfreund einfängst«, etwa »Ihr habt nach dem Sex geschmust« und »Sein Leben interessiert dich eigentlich einen Dreck, und trotzdem willst du mehr von ihm wissen«. Eine andere Website für Collegestudenten gab Tipps dafür, »wie man vermeidet, sich

Gefühle für jemanden einzufangen«, denn: »Das College ist eine Zeit zum Experimentieren, man sollte jung, wild und frei sein. Man braucht nichts weniger als eine feste Bindung nach dem ersten Semester.« Ein weiterer Tipp: »Geh mit der Einstellung rein, dass du keine Gefühle für diese Person entwickeln wirst« und »Erzähl denen bloß nicht deine Lebensgeschichte«. Die Vorschläge enden mit »Lass das Schmusen sein. Um der Liebe Gottes willen – das ist ein Muss. Ob es passiert, während ihr einen Film anschaut oder nach einer heißen Nummer im Schlafzimmer: Lass dich nicht auf Umarmungen und Kuscheln ein. Jemandem nahezukommen heißt wörtlich, dass man dem Menschen emotional nahekommt, und das ist genau das, was du nicht willst. Gib also nicht dem Verlangen nach Kuscheln nach, und wenn nötig, bau eine Grenze aus Kissen zwischen euch. Hey, extreme Zeiten verlangen nach extremen Maßnahmen!«

Vielleicht bin ich ja nur jemand aus der Generation X – aber das hört sich an, als ob jemand verzweifelt gegen jede Art von menschlicher Verbindung kämpft, weil er eine Idealvorstellung davon hat, »wild und frei« zu sein. Menschen sind darauf programmiert, emotionale Verbindungen zu anderen Menschen aufzubauen, doch eben das Konzept des »Gefühle-Einfangens« befördert die Idee, dass das etwas Schändliches sei, fast schon, als sei man krank. Wie Lisa Wade herausfand, als sie Collegestudenten befragte: »Das Schlimmste, was einem heute auf einem Collegecampus nachgesagt werden kann, ist nicht wie früher, eine Nutte zu sein, auch nicht ›prüde‹, eine Bezeichnung, die mehr zur Hook-up-Kultur passt. Das Schlimmste ist vielmehr, ›bedürftig‹ zu sein, zu klammern – sich so zu verhalten, als bräuchte man jemanden. Das gilt als armselig.«

Dann gibt es noch das »Ghosting«. Das ist, wenn jemand,

mit dem man gesprochen oder ein schnelles Date gemacht hat, einem plötzlich und ohne Vorwarnung keine Textnachrichten mehr schickt. Es ist die passivste Art überhaupt, eine Beziehung zu beenden, schlimmer als das gefürchtete Post-it der Generation X. »Ghosting«, schrieb Madison Ailts, Studienanfängerin an der Columbia University, »ist keine Nullachtfünfzehn-Zurückweisung. Es ist eine Zurückweisung, die dich im Zustand vollständiger Verwirrung zurücklässt.« Ailts glaubt, dass das Ghosting ein Ergebnis der ständigen Vielfalt an Wahlmöglichkeiten ist, die durch die sozialen Medien geboten wird. »Wir sind darauf gepolt, immer nach dem Besten zu suchen, auch wenn es auf Kosten eines anderen Menschen geht. Das hat eine neue soziale Norm zur Folge: plötzlich so zu tun, als würde diese Person nicht mehr existieren.« Und es hört sich auch nach einer Generation an, die nicht die soziale Fähigkeit besitzt, sich von jemandem zu trennen.

Viele Millennials und Selfies haben irgendwo in der Mitte aufgehört, nicht nur mit den kurzen Affären und schnellen Dates, sondern überhaupt damit, eine feste Beziehung einzugehen. Wie Kate Hakala auf Mic.com schrieb, gibt es einen neuen Status, den sogenannten »Dating-Partner«, angesiedelt irgendwo zwischen einem schnellen Date und einem Freund. Dating-Partner haben emotional tiefe Gespräche, wohnen aber weder zusammen, noch besuchen sie die Eltern des anderen. Hakala nennt das »den charakteristischen Beziehungsstatus einer ganzen Generation« und erklärt: »Es könnte alles auf die Suppe hinauslaufen. Wenn man eine Erkältung hat, wird einem der Fickfreund keine selbstgekochte Suppe bringen, ein Freund dagegen schon. Ein Dating-Partner? Er oder sie wird dir wohl eine Konserve vorbeibringen, aber nur, wenn sie nichts anderes vorhaben.«

Hier liegt die Ironie: Die meisten aus der Generation Selfie sagen immer noch, sie wollten eine Beziehung, nicht nur eine Affäre, ein Hook-up. Zwei neuere Umfragen ergaben, dass drei von vier Studenten sagten, sie wären im nächsten Jahr gerne in einer festen, liebevollen Beziehung – aber ungefähr die gleiche Anzahl meinte, sie glauben, ihre Kommilitonen aus dem Kurs wollten nur Hook-ups. Der durchschnittliche Selfie-Student denkt also, er sei der Einzige, der eine Beziehung will, was tatsächlich aber auch für die meisten seiner Kollegen gilt. Wie Wade es ausdrückt: »Es gibt diese Ambivalenz zwischen dem, was sie sich ihrer Meinung nach wünschen und eigentlich tun sollten, und dem, was sie *tatsächlich* wollen.« Wie eine 19-Jährige in *American Girls* sagte: »Alle wollen Liebe. Keiner will es zugeben.«

Ich heirate … irgendwann

Wird die Generation Selfie letzten Endes in der Abteilung Beziehung ankommen? Vielleicht. Die Selfies sagen ja ebenso wahrscheinlich, dass sie heiraten wollen – 77 Prozent der Zwölftklässler sagten es 2015; bei den Babyboomern waren es 1976 ebenso viele. Es gab auch wenig Veränderung beim Prozentsatz derer, die sagen, sie wünschen sich einen Partner fürs Leben oder hätten wirklich gerne Kinder.

Die Einstellung der Generation Selfie zum Heiraten ist nicht ganz so positiv wie bei früheren Generationen, doch nicht aus Gründen, die man erwarten würde. Diese Generation wird mit größerer Wahrscheinlichkeit als ihre Millennial-Vorgänger die Ehe in Frage stellen, weil es nur wenige gute Ehen gibt, und sie wird mit weniger Wahrscheinlichkeit sagen, dass ihr Leben glücklicher würde, wenn sie heiraten. Das kommt aber nicht daher, weil sie der Meinung sind, nur einen Partner zu haben wäre eine Einschränkung – das glauben weniger Selfies als Babyboomer oder selbst Millennials. Die weitaus größte Veränderung: Mehr Selfies denken, es sei gut, zunächst zusammenzuleben, ehe man heiratet. Diese Generation sieht die Heirat also als weniger zwingend an und stellt die Institution Ehe mehr in Frage, aber nicht wegen der Sehnsucht nach einem ewig promiskuitiven Leben.

Die eigentliche Frage lautet aber: Was sind die Prioritäten der Generation Selfie – halten sie Ehe und Familienleben für wichtig? Da diese Generation sich von persönlicher Interaktion immer

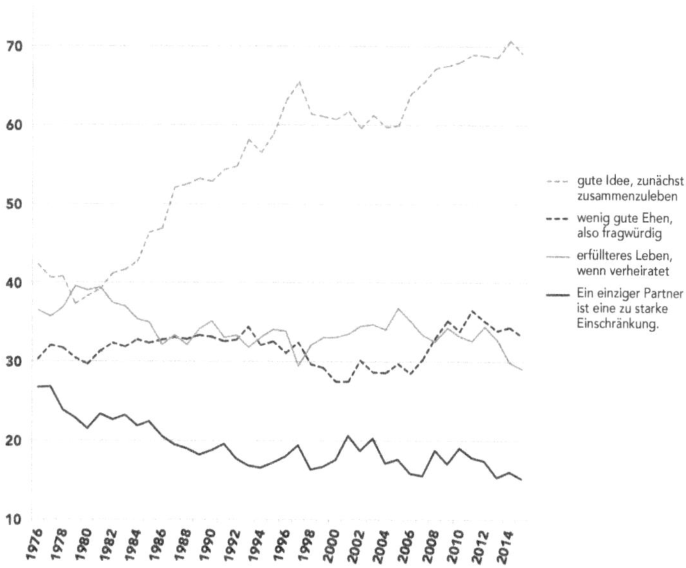

Einstellung von Zwölftklässlern zur Ehe. Quelle: Monitoring the Future, 1976–2015

mehr entfernt, lohnt die Frage, was sie über Ehe und Familie denkt – immerhin die wichtigsten sozialen Interaktionen im Leben von Erwachsenen. 1976 bewerteten Highschool-Seniors der Babyboomer-Generation »eine gute Ehe und ein Familienleben zu haben« höher als jedes andere Ziel im Leben. Doch 2011 sind Ehe und Familie auf den vierten Platz gerutscht (hinter einer festen Arbeit, Erfolg bei der Arbeit und den eigenen »Kindern bessere Chancen zu geben, als ich sie hatte« – Letzteres vermutlich auf wirtschaftliche Themen bezogen). Ehe und Familie blieben auch 2015 auf dem vierten Platz. Insgesamt glaubten deutlich weniger Selfie-Zwölftklässler, dass »Ehe und Familienleben« wichtig wären, und weniger Studenten meinten, dass es wichtig wäre, »eine Familie zu gründen«.

Als die Babyboomer, die Generation X und die Millennials

Bedeutung von Ehe und Familie bei Zwölftklässlern und Erstsemesterstudenten (korrigiert nach relativer Zentralität). Quelle: Monitoring the Future und American Freshman Survey, 1976–2016

auf der Hochschule waren, setzten die Studenten die Gründung einer Familie entweder an die erste oder die zweite Stelle. Während der Millennial-Jahre von 2002 bis 2007 lag die Familiengründung immer an erster Stelle. Doch 2008 hatte sich »finanziell sehr gut dazustehen« an die erste Stelle vorgearbeitet. 2015 war die Gründung einer Familie auf den dritten Platz auf der Prioritätenliste gerutscht (hinter »finanziell sehr gut dastehen« und »anderen in Schwierigkeiten helfen«); zum ersten Mal, seitdem es 1969 auf der Liste der Lebensziele auftauchte. Es blieb auch 2016 auf dem dritten Platz. Ehe und Kinder stehen auf der Prioritätenliste der Generation Selfie nicht so weit oben.

Die Unsicherheit dieser Generation bezüglich ihrer wirtschaftlichen Aussichten mag bei der Neubewertung ihrer Prioritäten

Was deutschen Jugendlichen wichtig ist

Bei jungen Deutschen zwischen 12 und 25 Jahren haben Freunde, Partnerschaft und Familie den höchsten Stellenwert. Seit 2010 bezeichnen es 97 Prozent der Befragten als außerordentlich wichtig, »gute Freunde zu haben, die einen anerkennen« (2019 unverändert). An zweiter Stelle steht »ein Partner, dem man vertrauen kann« (2010: 95 Prozent, 2019: 94 Prozent), an dritter Stelle ein gutes Familienleben (2010: 92 Prozent, 2019: 90 Prozent).[41] 77 Prozent der jungen Deutschen sagen, Treue sei bei Jugendlichen »in« (2010: 78 Prozent); 47 Prozent sagen, Heiraten sei bei Jugendlichen »in« (2010: 40 Prozent). 2010 wünschten sich 69 Prozent der Befragten Kinder; nach nur 64 Prozent im Jahr 2015 stieg der Anteil 2019 wieder auf 68 Prozent.[42]

eine Rolle gespielt haben. »Ich glaube, das größte Problem beim Kinderkriegen ist [die Frage], ob ich ihnen einen sicheren und angenehmen Lebensstil bieten kann«, schrieb Miles, 22. »Ich möchte kein Kind haben, wenn ich nicht genau weiß, ob ich morgen einen Job haben werde.«

Die Generation Selfie sieht die Ehe vielleicht auch wegen ihrer eigenen Kindheitserfahrungen als weniger wichtig an. 36 Prozent der Babys dieser Generation wurden von unverheirateten Müttern geboren, in den Geburtsjahren der Millennials waren es noch 25 Prozent. Vielleicht als Ergebnis dessen lebten mehr von ihnen nicht mit dem Vater oder auch Stiefvater zusammen. Diese Statistiken widersprechen der allgemeinen Ansicht, dass die Generation Selfie liebevoller von Vätern erzogen wurde. (»Einen Vater zu Hause oder auch nur in der Nähe zu haben war allgemein verbreitet«, heißt es in David und Jonah Stillmans Buch *GenZ @ Work*.) Tatsächlich ist das Gegenteil der Fall: Weniger Väter lebten im selben Haushalt wie ihre Kinder.

Dann ist da noch die Frage nach dem Zeitpunkt: Wann wollen Highschool-Seniors heiraten? In den 1970ern rechneten die meisten damit, innerhalb der nächsten fünf Jahre zu heiraten, doch 2015 erwarteten das nur noch 39 Prozent. Das ist ein Rückgang von 22 Prozent seit 2007. Vermutlich wird die Generation Selfie diesen Trend, den die Generation X und die Millennials begründet haben, in Richtung einer späteren Heirat fortsetzen. »Viele Leute schieben das Heiraten auf, damit sie sich ihre Träume und Wünsche erfüllen können, ohne sich bei jemandem rechtfertigen zu müssen«, schrieb Andrew, 22.

Die Veränderung beim Durchschnittsalter zum Zeitpunkt der ersten Hochzeit war seit den 1960er Jahren enorm: Sie stieg innerhalb von fünfeinhalb Jahrzehnten um sieben Jahre. 1960 lag das mittlere Heiratsalter der amerikanischen Frauen bei 20 Jahren – somit war damals die Hälfte der Frauen Teenager, als sie zum ersten Mal heirateten. Als die erste Welle der Babyboomer volljährig wurde, erhöhte sich das Heiratsalter auf gerade einmal 21; danach begann es zu steigen und steigt noch immer weiter. 2015 lag das durchschnittliche Heiratsalter der Frauen bei 27,1. Das Durchschnittsalter für Männer stieg ebenfalls an, von 23 im Jahr 1960 auf 29 im Jahr 2015. Allmählich gilt die Ehe als eine Institution, die nur ältere Menschen betrifft. Wie Caitlyn, 22, es ausdrückt: »Die Ehe ist langweilig, weil man den Rest des Lebens mit ein und derselben Person zusammen ist. Das ist so, als würde man zu jedem Abendessen Hühnchen kriegen. Daher warten die Leute, bis sie keine andere Wahl mehr haben, als zu heiraten.«

Überlegen Sie mal: Wann haben Sie zum letzten Mal eine Einladung zur Hochzeit von zwei 23-jährigen erhalten? Der Prozentsatz der verheirateten 18- bis 29-Jährigen ging in nur acht Jahren auf die Hälfte zurück, von 32 Prozent im Jahr 2006 auf 16 Prozent im Jahr 2014. Jung zu heiraten ist heute so ungewöhnlich, dass die Campuszeitung des Barnard Colleges (New York City) sogar eine Story brachte, als sich die Studentin Melyssa Luxenberg 2015 verlobte. Überschrift: »Verlobt mit 20.«

Während frühere Generationen jung heirateten und ihre wirtschaftlichen Perspektiven gemeinsam entwickelten, haben viele aus der Generation Selfie stattdessen eine lange Liste von Dingen, die ihrer Meinung nach vor der Hochzeit stattfinden müssen. »Man hat besser einen festen Job und wird gut bezahlt, bzw. man ist seinem idealen Leben sehr nahe gekommen, ehe man heiratet«, schrieb Harrison, 21. »Sich so jung zu binden ohne Ausbildung und berufliche Fähigkeiten wird auf der ganzen Li-

Heiratsalter in Deutschland
In Deutschland stieg das durchschnittliche Erstheiratsalter von Frauen seit 1971 von 22,5 auf 30,2 Jahre im Jahr 2015, bei Männern von 25 Jahre (1971) auf 32,6 Jahre (2015).[43]

nie in einer Katastrophe enden. Man muss das alles erst erledigt haben, ehe man sich auf eine feste Beziehung einlässt.« Der Anspruch, über einen festen Job zu verfügen, ist besonders problematisch für diese Generation, in der einer von vier Männern mit Anfang 20 überhaupt nicht arbeitet.

Amerikaner warten nicht nur länger mit der Hochzeit, sondern weniger von ihnen heiraten überhaupt, wobei die Heiratsrate in den USA in den 2010ern einen Tiefststand erreichte. Das wird die Generation Selfie wahrscheinlich fortsetzen: Mehr Angehörige aus dieser als aus jeder anderen Generation wurden von unverheirateten Eltern oder von Single-Müttern aufgezogen. Eine Hochzeit ist für sie keine Verpflichtung. »Die Ehe ist heute nicht mehr nötig«, schrieb David, 22. »Wir leben in einer Gesellschaft, die nicht mehr durch gesellschaftliche Dogmen verblendet ist. Die Leute können tun, was sie wollen.«

Also leben wahrscheinlich mehr Menschen einfach nur zusammen – schließlich halten Highschoolschüler das heute mit größerer Wahrscheinlichkeit für eine gute Idee. Sicher leben heute mehr junge Paare unverheiratet zusammen als in früheren Generationen. Doch im letzten Jahrzehnt hat sich etwas Interessantes ereignet: Der Prozentsatz der unverheirateten jungen Erwachsenen, die mit einem Partner zusammenleben, ist ungefähr gleich geblieben, während der Prozentsatz derjenigen, die verheiratet sind, stark zurückgegangen ist. Das bedeutet, dass mehr junge Menschen tatsächlich Singles sind – sie sind weder verheiratet, noch leben sie mit jemandem zusammen.

Millennials und die Generation Selfie verschieben nicht nur das Heiraten, sondern auch das Zusammenleben in Beziehungen, und zwar vollständig, wobei weniger junge Menschen überhaupt mit einem Partner zusammenleben. 2014 lebten mehr 18- bis 34-Jährige bei ihren Eltern als mit einem Ehepartner oder in einer Liebesbeziehung. Also verabreden sich nicht nur Highschoolschüler weniger, und junge Erwachsene haben weniger Sex – es leben auch weniger in festen Beziehungen, und weniger sehen Ehe und Familie als Priorität an. Die Generation Selfie hängt außerdem weniger wahrscheinlich mit ihren Freunden ab, zumindest persönlich. Insgesamt löst sich diese Generation zu-

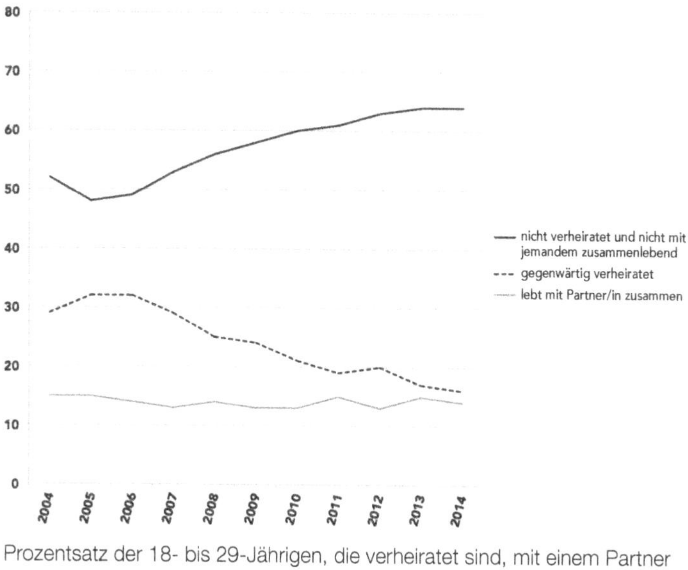

Prozentsatz der 18- bis 29-Jährigen, die verheiratet sind, mit einem Partner zusammenleben, oder keines von beiden. Quelle: Gallup, 2004–2014

nehmend von menschlichen Beziehungen los – außer vielleicht von denen mit ihren Eltern.

Ich weiß nicht, ob ich Kinder will

Der wirtschaftliche Druck, dem die Millennials und die Generation Selfie ausgesetzt sind, macht das Aufziehen von Kindern zu einer Herausforderung. Die Belastung durch Schulden aus Bildungskrediten liegt auf Rekordniveau, die Wohnungskosten sind gestiegen, und die Kinderbetreuung kostet oft mehr als die Miete. Kinder sind teuer, und es ist schwierig, sich mehr als eines zu leisten. »Obwohl ich gerne irgendwann einmal Kinder haben möchte, denke ich, eine der größeren Herausforderungen hierbei ist finanzieller Natur«, schrieb Tyler, 23. »Es ist einfach so teuer, Kinder großzuziehen, und um sich das leisten zu können, braucht man vermutlich mehr als nur *ein* Einkommen.« Lauren, 22, meint: »Ich habe bereits ein Kind, und das größte Problem ist definitiv, das finanziell hinzukriegen. Man braucht viel Geld, um ein Kind großzuziehen.« Da die Generation Selfie finanziellen Erfolg über die Familie stellt und viele mit wirtschaftlichen Problemen zu kämpfen haben, werden immer mehr Selfies keine Kinder haben, was die Geburtenrate auf einen Tiefststand bringen wird.

Der wirtschaftliche Druck könnte einer der Gründe sein, warum die Millennials, direkt vor der Generation Selfie, länger als jede frühere amerikanische Generation mit dem Kinderkriegen warten. In den 1950ern hatten Frauen im Alter von 20 bis 24 die höchste Geburtenrate aller Altersgruppen. Seit 1990 ging die Geburtenrate für Frauen Anfang 20 um 36 Prozent zurück. Im gleichen Zeitraum stieg die Geburtenrate der 35- bis 39-Jährigen um 63 Prozent an.

Die Generation Selfie wird zweifellos diesen Trend zu späterer Mutterschaft fortsetzen, wobei mehr Frauen ihre Kinder in den Dreißigern bekommen, oft in den späten Dreißigern oder sogar den frühen Vierzigern (was sowohl die Altersgrenze für die natürliche Fruchtbarkeit als auch für die heutigen Befruchtungsmethoden darstellt, einschließlich der künstlichen Befruchtung). Es bleibt abzuwarten, ob neue Befruchtungsmethoden die Zeit der Fruchtbarkeit noch weiter ausdehnen können. Wenn ja, wären wohl viele Millennials und Selfies daran interessiert.

Die großen Umbrüche bei der Einstellung zu Sex, Ehe und Kindern haben den Zeitraum für die Fortpflanzung fundamental verändert. Babyboomer-Frauen hatten ihr erstes Kind im Durchschnitt gerade einmal zweieinhalb Jahre nach ihrem ersten Sex. Mit früherem Sex und späterer Geburt hat die Generation X dieses Intervall auf siebeneinhalb Jahre ausgedehnt. Millennials und die Generation Selfie warten dagegen mit dem Sex *und* dem Kinderkriegen: 8,3 Jahre vom ersten Sex bis zur ersten Geburt. Zum ersten Mal hat sich der gesamte Zeitraum für Fortpflanzung nach hinten verschoben.

Das kann für die Generation Selfie eine schwierige Zeit des Wartens werden. Die Evolution hat die Menschen so ausgestattet, dass sie sich in einem früheren Alter fortpflanzen, und die Zeit zwischen Geschlechtsreife und der Fortpflanzung wird immer länger. »Ich habe sieben Geschwister, und seitdem ich acht Jahre alt war, wollte ich immer schon eine eigene Familie. Ich habe meiner Mutter während der Highschool ganz schön Angst gemacht, weil ich ihr immer gesagt habe, dass ich ein Baby will«, schrieb Janelle, 18, die im Hauptfach Krankenpflege an der SDSU studiert. Doch ihre für die Generation Selfie typische Angst und der Mangel an Erfahrung mit Beziehungen machen das Thema Ehe nicht gerade leicht. »Ich habe Angst vor der Ehe«, gibt sie zu. »Ich war noch nie in einer längeren festen Beziehung, darum macht mir der Gedanke Angst, den Rest meines Lebens mit einem Menschen zu verbringen.« Insgesamt will die Generation Selfie wohl Kinder, kann sie sich aber vielleicht nicht leisten und hat Angst vor den langwierigen Erwachsenenbeziehungen, die oft mit dem Kinderkriegen verbunden sind.

Was wird die Zukunft bringen? Es gibt mehrere mögliche Szenarien. Zunächst wird die Generation Selfie Kinder haben, sich aber dafür entscheiden, diese in eher unkonventionellen Arrangements aufzuziehen. Mit ihrer Zurückhaltung gegenüber Bezie-

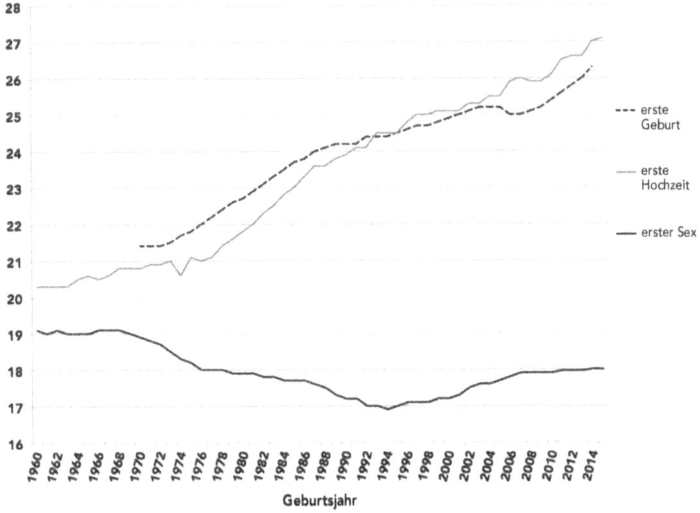

Alter von Frauen bei wichtigen Daten der Fortpflanzung, 1960–2014. Quelle: Finer & Philbin (2014), U.S. Current Population Survey, und Centers for Disease Control and Prevention

hungen werden sich mehr junge Leute dafür entscheiden, Babys allein großzuziehen, und weniger werden die Notwendigkeit spüren, mit einem Partner zusammenzuleben, wenn sie unabsichtlich schwanger werden. Man denke an Louis Tomlinson aus der Boyband One Direction, dessen frühere Geliebte Briana Jungwirth 2015 verkündete, sie sei schwanger, als sie beide 23 waren. »Die Schwangerschaft war zunächst eine Überraschung, aber er und Briana waren sehr, sehr gute Freunde, und das hat sie noch mehr zusammengebracht«, berichtete ein Freund der beiden der Zeitschrift *People*. »Obwohl sie in keiner Beziehung leben, ist ihre Freundschaft extrem stark, und sie sind ganz aufgeregt wegen des Babys.« Vielleicht wird dies das neue Elternschaftsmodell dieser Generation sein: Wir heiraten nicht, leben vielleicht auch nicht einmal in einer Beziehung zusammen, aber wir sind gute Freunde und ziehen unser Kind gemeinsam groß. (Oder auch nicht – 2016 waren Tomlinson und Jungwirth in einen Sorgerechtsstreit verwickelt, der begann, nachdem Tomlinson sich mit einer anderen Frau getroffen hatte.)

Solche Situationen machen es schwierig, mehr als ein Kind zu haben, und viele Menschen wollen Kinder mit einem Partner aufziehen. Wenn feste Beziehungen immer ungewöhnlicher werden, wird auch die Geburtenrate zurückgehen – mehrere Anzeichen weisen darauf hin. Weniger Amerikaner haben nichteheliche Kinder; nach einem jahrzehntelangen Anstieg ist der Prozentsatz der von unverheirateten Müttern geborenen Kinder von 52 Prozent im Jahr 2008 auf 40 Prozent im Jahr 2015 zurückgegangen. Da die Ehe immer weiter nach hinten verschoben wird und weniger Frauen nichteheliche Kinder haben, wird die Schwangerschaft bis in die Dreißiger verschoben, sofern sie überhaupt noch stattfindet.

Die Trends scheinen alle in die gleiche Richtung zu gehen: Weniger junge Erwachsene haben Sex, weniger leben in festen Beziehungen, und weniger geben Ehe und Familie den Vorrang. Die hohen Kosten für Wohnung und Kinderbetreuung machen das Aufziehen von Kindern, vor allem von mehr als einem, zu einer Herausforderung. Alle Trends lassen vermuten, dass weniger Selfies jemals Kinder haben werden und dass Einzelkinder häufiger werden. Die USA werden Europa zunehmend ähnlicher, wo die Geburtenraten unter dem Reproduktionsniveau liegen und die Ehe nur eine Option von mehreren ist. Die Bewegung weg von Beziehungen und Kindern könnte ein andauernder Trend sein und nicht nur ein Aufschub. Wenn das stimmt, wird die Generation Selfie auf dem Weg zu einer Generation mit der größten Anzahl von Singles in der US-Geschichte sein – und der niedrigsten je verzeichneten Geburtenrate.

INKLUSIV
LGBT und Gender-Themen im neuen Zeitalter[44]

Als der Oberste Gerichtshof der USA im Juni 2015 grünes Licht für gleichgeschlechtliche Ehen im ganzen Land gab, tweetete Snickers das Bild eines Schokoriegels, umschlungen von einem Regenbogen mit der Aufschrift: »Bleib wie du bist.« AT&T färbte seinen Firmenlogo-Globus in den Farben des Regenbogens, und American Airlines twitterte: »Wir sind an Bord. Vielfalt macht uns alle stark & heute feiern wir die #MarriageEquality« – die Ehe für alle.

Es kommt nicht oft vor, dass Unternehmen bei sozialen Themen das Wort ergreifen, da sie ihre Kunden lieber nicht vor den Kopf stoßen wollen. Für eine Firma wie American Airlines, die ihr Hauptquartier in Texas hat, könnte das sogar eine ganze Menge Kunden bedeuten. Doch diese und auch andere Firmen sehen einer Zukunft mit der Generation Selfie entgegen. Diese jungen Konsumenten gilt es anzusprechen, denn sie sind es, die ihnen in den kommenden Jahren die Gewinne sichern sollen. Unternehmen wissen: Gleichberechtigung wird nicht nur erwartet – dies ist geradezu Bedingung.

Auch bei LGBT-Identitäten und Gender-Fragen erwartet die Generation Selfie Gleichberechtigung; sie ist oft überrascht, sogar schockiert, wenn sie immer noch auf Vorurteile trifft. Gleichzeitig sind Probleme der Ungleichheit alles andere als gelöst, was nicht nur innerhalb der Generation Selfie, sondern auch zwischen den Generationen eine Spaltung bewirkt, die sich zu einer unüberbrückbaren Kluft ausweiten kann. Die Revolution der Gleichberechtigung war atemberaubend, aber sie war nicht vollständig. Für die Generation Selfie, die erst nach 2017 erwachsen wird, bleibt sie aktuell, nachdem Auseinandersetzungen um LGBT-Rechte und Gender-Themen plötzlich wieder aufkamen.

LGBT: Die Liebe gewinnt

Cameron weiß schon lange über Schwule und Lesben Bescheid: Sein Onkel ist schwul, darum kann er sich nicht erinnern, gleichgeschlechtliche Beziehungen jemals für anormal gehalten zu haben. Daher findet er es vielleicht auch selbstverständlich, dass gleichgeschlechtliche Ehen legal sein sollten. »Es gibt keinen plausiblen Grund, gegen gleichgeschlechtliche Ehen zu sein«, sagt er. »Zu sagen, du kannst nicht heiraten, wen du willst, lässt Schwule und Lesben bei der Gleichberechtigung außen vor.«

Die Ältesten aus der Generation Selfie kamen gerade in die Vorschule, als *Will & Grace* (die erste Sitcom mit einem Schwulen als Hauptdarsteller) 1998 Premiere hatte. Sie waren in der Grundschule, als Shows wie *Queer Eye for the Straight Guy* (etwa: eine schwule Sicht auf den Hetero) das Schwulsein zwar nicht gerade zum Mainstream machten, aber es immerhin modisch werden ließen. Die Selfie-Teenager wuchsen auf, als die Musik-Comedy-Serie *Glee* im Fernsehen lief, mit mehreren schwulen, lesbischen und transsexuellen Charakteren in den Hauptrollen, und viele

Berühmtheiten hatten ihr Coming-out. Im Vergleich dazu waren die Babyboomer noch jung, als schwule Männer immer wieder im Stonewall Inn festgenommen wurden (der Schwulenkneipe in Manhattan, von der der Christopher Street Day seinen Ausgang nahm). Die Angehörigen der Generation X waren zur Zeit der extremen Homophobie während der AIDS-Krise noch Jugendliche; die Millennials waren Teenager, als Bill Clinton gleichgeschlechtliche Ehen mit seiner Unterschrift für ungesetzlich erklärte, und als Ellen DeGeneres' Sitcom nach ihrem Coming-out urplötzlich abgesetzt wurde. Im Gegensatz dazu werden sich viele Selfies kaum an eine Zeit erinnern, als gleichgeschlechtliche Ehen nicht legal waren; sie werden an Ellen als eine beliebte Talkshow-Moderatorin denken, Ehefrau der Schauspielerin aus *Arrested Development*, einer Serie, die diese Generation auf Netflix sieht.

Wie die Country-Sängerin Kacey Musgraves, 26, singt: »Make lots of noise and kiss lots of boys/Or kiss lots of girls if that's something you're into – Mach viel Krach und küss viele Jungen/oder küss viele Mädchen, wenn du darauf stehst« – was nicht gerade nach einem Country-Klassiker klingt. Doch es ist der Country-Song der Generation Selfie. »Ich glaube, die Menschen sollten mit ihrem eigenen Körper tun, was sie wollen«, sagt Musgraves. »Die Mehrheit der jüngeren Menschen, die meine Musik hören, denkt nicht lange nach über das, wovon ich singe.«

Die 2000er und 2010er führten zu einer grundlegenden Veränderung in der Einstellung gegenüber lesbischen, schwulen, bisexuellen und transsexuellen Menschen – der LGBT-Community also. Diese Veränderungen zählten zu den größten und schnellsten innerhalb von Generationen zu allen Zeiten, die es je gegeben hat. Selbst viele konservative Nachwuchspolitiker aus der Generation Selfie befürworten heute gleichgeschlechtliche Ehen.

Anthony Liveris, Vizepräsident der College-Republikaner an der Universität von Pennsylvania, meinte 2013: »Ein echter Konservativer sollte Amerikaner dazu ermutigen zu heiraten, wen sie lieben. Man sollte sie nicht einschränken.« Die große Mehrheit der Generation Selfie sieht keinerlei Grund dafür, warum zwei Menschen desselben Geschlechts nicht heiraten sollten.

In dieser Grafik resultieren die Unterschiede nicht aus dem Alter, da alle zwischen 18 und 29 Jahre alt sind; wir wissen nicht, wie viel bei dieser Veränderung durch einen Generationstrend bewirkt wurde (betrifft nur junge Menschen, keine älteren) und wie viel vom Trend über einen bestimmten Zeitraum resultiert (Menschen aller Altersgruppen ändern ihre Ansichten). Der General Social Survey schließt Erwachsene aller Altersstufen ein,

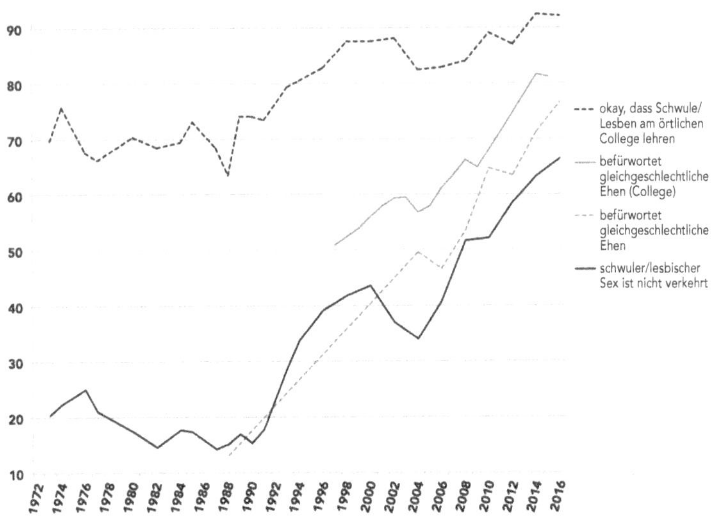

Einstellung gegenüber Schwulen und Lesben, 18 bis 29 Jahre alt (Quelle: General Social Survey) und Erstsemesterstudenten (Quelle: American Freshman Survey), 1973–2016

somit können wir Ansichten aller Altersstufen und Generationen innerhalb der letzten Jahre vergleichen und die gegenwärtige Spaltung zwischen den Generationen erkennen.

2014 bis 2016 haben die Babyboomer, die Generation X, die Millennials und die Generation Selfie fast ausnahmslos zugestimmt, dass schwule Männer an einem örtlichen College lehren können – nur Mitglieder der sogenannten »Silent Generation« (geboren zwischen 1925 und 1942) über 70 waren sich da nicht so sicher. Ansichten über das Privatleben von Schwulen und Lesben unterscheiden sich jedoch mehr zwischen den verschiedenen Generationen. 2014 bis 2016 fand eine knappe Mehrheit der Generation X immer noch etwas Fragwürdiges an Sex zwischen zwei gleichgeschlechtlichen Erwachsenen. Im Gegensatz dazu sahen zwei Drittel der Selfies und der jüngeren Millennials nichts

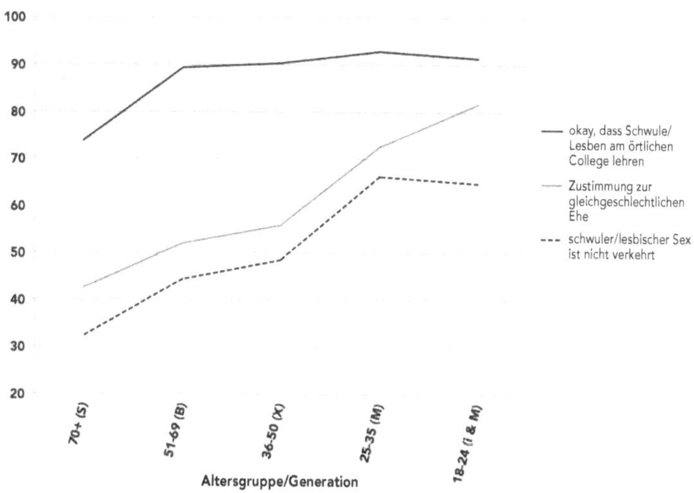

Einstellungen gegenüber Schwulen und Lesben, alle Erwachsenen, nach Alter/Generationsgruppe. Quelle: General Social Survey, 2014–2016

Schlimmes am Sex von Schwulen oder Lesben. Die Unterstützung für gleichgeschlechtliche Ehen folgt einem ähnlichen Muster. Selbst in den letzten Jahren haben lesbisch-schwule Themen eine deutliche Spaltung zwischen den Generationen bewirkt.

Für viele aus der Generation Selfie sind lesbisch-schwule Themen eng mit ihrem jeweiligen Individualismus verbunden. Für sie ist es derartig selbstverständlich, andere zu akzeptieren, dass man sie fast schon gähnen hören kann. »Meine Ansicht über LGBTQ ist die gleiche wie über andere Menschen, die Sex vor der Ehe haben: Mir ist es ziemlich egal,« schrieb Riley, 17. »Ich selber würde es nicht machen, aber es hat nichts mit mir zu tun. Es berührt mich nicht im Geringsten, und ich habe nicht das Recht, anderen Leuten zu sagen, was sie tun oder glauben sollen … Ich würde nicht auf eine Demonstration dafür oder so etwas Ähnliches gehen. Sie sollen einfach machen, was sie wollen.« Die zwölfjährige Harper hat die Sichtweise der Generation, die sich vermutlich nicht an eine Zeit vor der gleichgeschlechtlichen Ehe erinnern kann. »Ich habe nie wirklich darüber nachgedacht«, sagte sie, als ich sie fragte, was sie von der gleichgeschlechtlichen Ehe hält. »Wenn man zwei Leute zusammen sieht, denkt man doch, dass das normal ist. Man denkt ja nicht wirklich, dass sie anders oder komisch sind. Man denkt einfach nur, sie sind genau solche Menschen wie du, nur halt ein anderes Geschlecht.«

Selbst viele religiöse Jugendliche befürworten die gleichgeschlechtliche Ehe. Emily, 14, der wir im Kapitel *Online-Zeit* begegneten, geht regelmäßig mit ihrer Familie in die Kirche in einem Vorort von Minneapolis. Als ich mit ihrem älteren Bruder rede, sagt er mir, ihre Kirche sehe die Ehe als eine Institution von Mann und Frau an. Als ich aber Emily zur gleichgeschlechtlichen Ehe befrage, meint sie: »Ich bin stolz auf diese Leute – sie haben sich durch all das durchgekämpft. Alle können sie selbst sein, und jeder kann glücklich sein.« Als ich sie frage, wie sich ihrer Meinung nach ihre Generation unterscheidet, sagt sie: »Die Leute haben keine Angst, so zu sein, wie sie sind.« Sogar in den Südstaaten ist das Thema nicht mehr so im Vordergrund wie früher. Der 20-jährige Darnell sagt, in seiner Kirche in Georgia, die immer schon von Schwarzen besucht wurde, würden die Pastoren »das niemals erwähnen – ich glaube, weil die LGBT-Community heute so groß ist. Daran rühren wir nicht mehr.«

> »Wenn ich mal einen Jungen habe, der mit Barbies spielt oder schwul ist oder meine Stöckelschuhe trägt, ist das kein Ding.«[45]
>
> *weiblich, 16 Jahre, Deutschland*

Doch trotz der großen Veränderungen bei den Einstellungen hat ein Drittel der Generation Selfie noch gewisse Probleme mit gleichgeschlechtlicher Sexualität, und einer von vieren stellt die gleichgeschlechtliche Ehe in Frage. Diese jungen Menschen haben oft gewisse Mühe, ihre Sozialisation innerhalb der Generation Selfie mit ihrem religiösen Standpunkt zu vereinbaren, Homosexualität sei falsch. Sofia, 18, und ich treffen uns zum Mittagessen auf dem Campus ihrer Universität in San Diego. Sie wurde in Südamerika geboren und kam als kleines Kind in die USA, wo sie in einer kleinen Stadt in der Wüste von Kalifornien aufwuchs. Sie ist eine auffällig hübsche junge Frau mit schönen braunen Augen und einem freundlichen Lächeln; sie geht jeden Sonntag zur Kirche und glaubt, Sex sollte für die Ehe aufgespart werden. Sie und ihr Freund, der ihr in der achten Klasse den ersten Kuss gab, haben bereits besprochen, dass sie irgendwann heiraten.

Als ich Sofia frage, was sie von der Entscheidung des Supreme Court über gleichgeschlechtliche Ehen hält, sagt sie: »Das ist ein Problem für mich. Ich glaube nicht, dass manche Menschen weniger Glück verdienen als andere. Gott hat alle nach seinem vollkommenen Bild geschaffen – da gibt es keine Fehler. ›Ach, sie mag Mädchen.‹ Es macht mich wirklich traurig, wenn Christen andere Menschen dafür verurteilen, wie sie sind. Darum geht es beim Christsein überhaupt nicht, ganz im Gegenteil. Wenn man Menschen so akzeptiert, wie sie sind und sie trotzdem liebt, dann ist es genau das, was Jesus tat, und das vergessen sie sehr oft.« Dennoch sagt sie, es sei problematisch, wenn Schwule und Lesben ihre Lust auslebten. »Gott hat nicht gesagt, dass sie sündig sind, weil sie schwul sind – ihre Entscheidung besteht vielmehr darin, dementsprechend zu leben, ihre sexuellen Wünsche auszuleben. Da fängt es an, schwierig zu werden, weil die Ehe für Mann und Frau geschaffen wurde. Aber ich denke nicht, dass sie weniger Glück verdienen – und wenn sie sich nicht dementsprechend verhalten, verpassen sie etwas von dem Glück, das damit verbunden ist.« Sofia hat ihre christliche Einstellung und ihre Überzeugung miteinander in Einklang gebracht, dass »Menschen so sein sollten, wie sie sind«, aber noch hat sie die Realität von Homosexualität oder gleichgeschlechtlichen Ehen nicht akzeptiert. Sofia ist indes die Ausnahme in der Generation Selfie, und mit der Legalisierung der gleichgeschlechtlichen Ehe wird auch die Akzeptanz weiter wachsen.

Wenn jüngere Generationen mit höherer Wahrscheinlichkeit glauben, es sei nichts Schlimmes an schwulem und lesbischem Sex, heißt das dann, dass sie so etwas auch selber mit größerer Wahrscheinlichkeit für sich in Anspruch nehmen? Das trifft in der Tat zu: Die Anzahl junger Frauen, die mit mindestens einer anderen Frau Sex hatten, hat sich seit den frühen 1990ern fast verdreifacht. Und heute berichten auch mehr Männer, sie hätten einen männlichen Sexualpartner gehabt. Möglicherweise zeigen ganz einfach mehr Menschen die Bereitschaft, solche Erfahrungen zuzulassen; unwahrscheinlicher, dass sie diese Erfahrungen auch wirklich selber gemacht haben. Wie auch immer: Die Berichte von gleichgeschlechtlichen Erfahrungen beim Sex werden häufiger.

Es gibt einen besonders großen Unterschied zwischen den Generationen, was die Erfahrung von lesbischem Sex angeht. Von den in den 1940ern und 1950ern geborenen Frauen hatten bei einer Erhebung 2014 bis 2016 im Laufe ihres Lebens nur etwa sechs von 100 irgendwann einmal eine lesbische Partnerin gehabt. Doch von denen in den 1980er und 1990er Jahren Geborenen hatte fast eine von sieben eine solche Erfahrung gehabt,

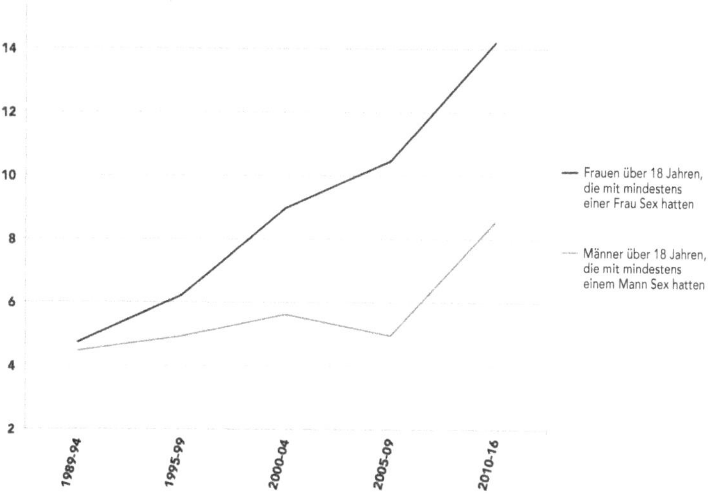

Prozentsatz der 18- bis 29-Jährigen, die mindestens einen Sexualpartner desselben Geschlechts hatten. Quelle: General Social Survey, 1989–2016

Deutsche Jugendliche und gleichgeschlechtliche Beziehungen

Noch in den Neunzigerjahren war die Entwicklung gleichgeschlechtlicher Kontakte bei 14- bis 17-jährigen Jungen und Mädchen in Deutschland fast ausgeglichen (5 bis 7 Prozent).[46] Während die Zahlen bei Jungen konstant blieben, stieg der Anteil der Mädchen dieser Altersgruppe, die schon einmal engen körperlichen Kontakt mit einer Partnerin hatten, bis 2014 auf fast 10 Prozent an. Auch bei den 18- bis 20-Jährigen ist in dieser Frage der Anteil der Frauen (14 Prozent) doppelt so hoch wie der der Männer (7 Prozent).[47]

obwohl sie Jahrzehnte jünger waren. Millennial-Frauen und Generation-Selfie-Frauen haben sehr viel wahrscheinlicher als ihre Vorgängerinnen Sex mit einer anderen Frau gehabt.

Bisexualität – Sex mit Männern wie mit Frauen – steigt ebenfalls an. Der Prozentsatz erwachsener Amerikaner mit bisexueller Erfahrung hat sich in den Jahren von 1990 bis 2016 verdreifacht – er stieg von drei Prozent auf elf Prozent. Das könnte jüngere Trends auf dem Campus widerspiegeln, die als LUG (»lesbian until graduation« – lesbisch bis zum Examen) oder BUG (»bisexual until graduation« – bisexuell bis zum Examen) bekannt sind: Frauen, die lesbische Beziehungen haben, solange sie jung sind, danach Männer treffen und heiraten. Insgesamt legt der große Anstieg der bisexuellen Erfahrungen nahe, dass viele Menschen Sex mit Männern und Frauen hatten, ohne sich notwendigerweise für schwul, lesbisch oder bisexuell zu halten –

insgesamt gelten nur vier Prozent der Bevölkerung als lesbisch, schwul, bisexuell oder transsexuell, doch viel mehr hatten Erfahrungen mit gleichgeschlechtlicher Sexualität.

Diese Flexibilität bezüglich des Geschlechts der Sexpartner hat manche Selfies dazu gebracht zu sagen, Menschen sollten nicht länger nach ihrer sexuellen Orientierung eingeteilt werden. Der 20-jährige Student James aus Georgia meint: »Ich halte nicht viel von solchen Etiketten. Ich würde mich mit jemandem treffen, weil es mich glücklich macht, nicht wegen des Geschlechts.« Statt seinen Eltern von seiner Bisexualität zu berichten, sagte er ihnen, er sei schwul, weil »ich wusste, dass sie diese Mehrdeutigkeit nicht verstehen würden, mit der unsere Generation zu tun hat.« Viele Millennial-Berühmtheiten haben sich dagegen gesträubt, ihre sexuelle Orientierung festzulegen. Die US-Sängerin und Schauspielerin Raven-Symoné sagte: »Ich will nicht als ›homosexuell‹ bezeichnet werden, sondern als ›Mensch, der Menschen liebt‹.« Popstar Miley Cyrus sagt, sie habe Beziehungen gehabt, die nicht »straight« waren, und sie hält fest: »Ich verstecke meine Sexualität nicht. Für mich gilt nur, dass ich mir selbst kein Etikett aufkleben will ... Ich bin bereit, jeden zu lieben, der mich so liebt, wie ich bin! Ich bin offen!«

Jung und transsexuell

Die Generation Selfie wird die erste sein, die von klein auf versteht, was der Ausdruck »transsexuell« bedeutet, auch wegen Caitlyn Jenners Umwandlung vom Mann zur Frau im Jahr 2015. Transsexuelle haben heute in immer jüngerem Alter ihr Comingout. Im Januar 2017 brachte *National Geographic* das neunjährige transsexuelle Mädchen Avery auf dem Titelbild. Jazz Jennings, 14, wurde als Junge geboren, wusste aber schon mit zwei Jahren, dass sie in Wahrheit ein Mädchen war. Mit fünf Jahren wurde bei ihr eine Geschlechtsdysphorie (Geschlechtsidentitätsstörung) diagnostiziert – und heute ist diese Angehörige der Generation Selfie der Star in ihrer eigenen Reality-Show *I am Jazz*. Heute stellt sie in Frage, ob man bei ihr damals überhaupt eine »Diagnose« stellen musste. Während eines Interviews für *Cosmopolitan* las sie die Definition dieses Wortes von ihrem Smartphone ab: »›Diagnose: die Beschaffenheit einer Krankheit oder eines anderen Problems durch Untersuchung der Symptome erkennen‹. Sehe ich aus, als hätte ich eine Krankheit? Sehe ich aus, als hätte ich ein Problem? Transsexuell zu sein ist kein Problem. Es ist keine Krankheit. Du bist eben das, was du bist.«

Die vollständige Akzeptanz von Transsexuellen wird wohl noch eine Weile brauchen. James hat einen transsexuellen Bruder. Zunächst nahmen seine Eltern an, er sei lesbisch. »Dann, als er sich als transsexuell outete, fragte mein Daddy so etwas wie ›Was ist das denn?‹«, erzählt James. »Die Beziehung zwischen meinem Bruder und meinem Vater war sehr, sehr schwierig und lange Zeit sogar sehr schlimm.« Sein Vater schien einfach nicht zu begreifen, was transsexuell eigentlich bedeutet. »Er sagte: ›Ich habe eine Tochter. Genau das ist sie.‹ Er sah das Ganze als bloßes Spiel an und meinte: ›Er läuft herum und will sich wie ein Junge kleiden, er will wie ein Mann gekleidet sein, und alle seine Freunde machen da mit. Er kann die ganze Zeit sagen, er sei ein Mann, aber wenn man die Kleidung wegnimmt, hat man immer noch eine biologische Frau.‹ Mein Vater hat es nicht verstanden. Er konnte es nicht begreifen.«

Die meisten Jugendlichen, mit denen ich spreche, wissen nicht genau, was sie vom Thema Transsexualität halten sollen. Sie finden es schwierig, ihre individualistische Philosophie des »Sei so, wie du bist« mit der Wirklichkeit von jemandem in Einklang zu bringen, der spürt, dass er oder sie ein anderes Geschlecht hat, als es der Körper anzeigt. Emily, die sich für gleichgeschlechtliche Ehen ausspricht, ist sich ihrer Einstellung gegenüber Transsexuellen nicht so sicher. »Geschlechtsveränderungen lehne ich ab, weil ich denke, man ist so geboren worden, wie man sein soll«, sagte sie. Als ich Kevin, den Highschoolschüler, nach Transsexuellen befrage, antwortet er: »Wie Bruce Jenner? Für mich ist das schon irgendwie seltsam, weil sie ja ihr eigenes Geschlecht ändern. Sie sind nicht so geboren worden. Ich glaube, sie verleugnen ihre frühere Existenz. Sie sind sich selbst gegenüber nicht ehrlich, und irgendwie finde ich das nicht gut.« Athena, 13, meinte: »Transsexuell zu sein lehne ich ab, weil ich glaube, so wie Gott einen geschaffen hat, sollte man auch bleiben. Gott hat jeden auf seinem Planeten so geschaffen, wie er ihn haben wollte. Ich weiß nicht, warum man das verändern sollte, wie Gott einen geschaffen hat. Die Leute sind einfach verwirrt.«

Andere Jugendliche, vor allem die, die durch Psychologiekurse über transsexuelle Menschen Bescheid wissen oder einen Transsexuellen persönlich kennen, sind verständnisvoller. Ben, der 18-Jährige aus Illinois, kannte einen transsexuellen Jungen an seiner Highschool. Ben und seine Freunde akzeptierten ihn, aber der Umwandlungsprozess war alles andere als leicht; unter anderem brauchte es außerordentlich lange, bis der Name des Jungen in sämtlichen Schulakten geändert war. Und nicht jeder wusste, was er tun sollte. »Alle wollten helfen, aber keiner wusste so richtig, wie man das macht«, meint Ben.

Leo, der Highschoolanfänger aus Los Angeles, widerspricht den Zeitgenossen, die Äußerungen von sich geben wie »Gott macht keine Fehler«. »Es ist nicht deren Angelegenheit, den Leuten zu sagen, was sie tun sollen und was nicht«, meint er. Eine Geschlechtsumwandlung »ist etwas, das Transsexuelle für sich selbst tun. Sie verletzen damit keine anderen Menschen. Wenn sie transsexuell sein wollen, dann können sie transsexuell sein.« Leos Standpunkt wird immer mehr von anderen geteilt: Wenn die Generation Selfie erst einmal mehr über Transsexuelle weiß – dass sie durch Geschlechtsumwandlungen sich selbst gegenüber tatsächlich ehrlich sind –, wird auch die Akzeptanz folgen, und zwar schnell. Aber viele sind noch nicht so weit.

Geschlechterrollen: Wer macht was?

Das Geschlecht ist nicht mehr das, was es einmal war. Eine Psychologieprofessorin der Stanford University bat ihren Kurs, sich nach Geschlechterkategorien aufzuteilen – welche Kategorie sie auch immer wählen mochten; es könnten auch mehr als zwei sein. Die meisten teilten sich nach männlich und weiblich, doch eine ansehnliche Minderheit entschied sich dafür, ihre Gruppe als »Fuck Gender« zu bezeichnen. Sie wollten nicht nach einem Geschlecht kategorisiert werden, wie sie sagten – sie wollten überhaupt keine Geschlechterbezeichnung.

Wohl auch durch Transsexuelle inspiriert, gibt es eine allmählich aufkommende Bewegung, die behauptet, die Geschlechtergrenzen seien »fließend« – nicht nur veränderbar, sondern eben auch nicht einfach durch bloße zwei Kategorien zu erfassen. Will Smiths Sohn Jaden, 16, sorgte 2015 für eine Sensation, als er zu seinem Abschlussball an der Highschool in einem Rock erschien. Der Student Justice Gaines, im vierten Studienjahr an der Brown

University (Rhode Island), bat 2016 in einem Interview für die Studentenzeitung darum, für ihn die geschlechtsneutralen Pronomina »xe« (Nominativ), »xem« (Dativ/Akkusativ) und »xyr« (Possessiv) zu benutzen. Andere ziehen es vor, »sie« (die dritte Person Plural) als Pronomen für eine einzelne Person zu benutzen, wie zum Beispiel Tyler Ford, 2015 der Partner von Miley Cyrus, den sie auf Instagram als »einen queeren, geschlechtsneutralen Menschen« beschrieb, »dessen Pronomina ›sie‹, ›ihnen‹ und ›ihr‹ lauten.« »Mein ganzes Leben lang hat man mich im Glauben gelassen, es gäbe nur zwei Geschlechter«, meinte Tyler. »Ich dachte immer, ich müsste mich klein machen, um in eine Schachtel zu passen, in die ich nie passen würde.«

Diese Bewegung hin zu fließenden Geschlechtergrenzen mag vielleicht an Fahrt aufnehmen, sie ist aber noch weit von der durchschnittlichen Reaktion bzw. Lebenserfahrung entfernt. Im Auge der Öffentlichkeit ist man entweder Mann oder Frau, und es gibt keinen anerkannten Zwischenstatus. Als Caitlyn Jenner vom Mann zur Frau wurde, gab sie Diane Sawyer ein Interview als Mann – bei dem sie wohl etwas längere Haare hatte, aber noch Männerkleidung trug. Danach tauchte sie vier Monate unter und veränderte ihr Aussehen, um eine Frau zu werden. Sie entsprach der traditionellen Vorstellung vom binären Geschlecht: ein Interview als Mann, dann auf dem Titel der *Vanity Fair* als Frau im sexy Outfit. Man hat ihr nicht erlaubt, irgendwo dazwischen zu sein (oder sie wollte es nicht), zumindest nicht in der Öffentlichkeit.

Nicht nur das Geschlecht ist im Fluss. Die amerikanische Gesellschaft kämpft auch mit der Gleichberechtigung zwischen den Geschlechtern. Viele Debatten drehen sich um die Verantwortung innerhalb der Familie: Wer kümmert sich um das Baby? Wer putzt das Haus? Wer geht zur Arbeit? In einem Video zeige ich in meinen Psychologiekursen, dass kleine Kinder diese Fragen ohne jegliches Zögern beantworten. Sie deuten auf die Barbiepuppe, um zu zeigen, wer auf das Baby aufpasst und das Haus putzt. Auf Ken, die männliche Barbiepuppe, zeigen sie, um anzudeuten, wer zur Arbeit geht.

Die Bewegung hin zur Akzeptanz arbeitender Mütter war erfolgreich, wenn auch unvollständig. Zwischen 1977 und der Mitte der 1990er sagten immer mehr Amerikaner, dass arbeitende Mütter eine ebenso innige Beziehung zu ihren Kindern haben könnten wie Mütter, die nicht arbeiteten. Nach 2010 nahm die Unterstützung für arbeitende Mütter weiter zu, bis drei von vier Highschool-Seniors der Meinung waren, eine arbeitende Mutter

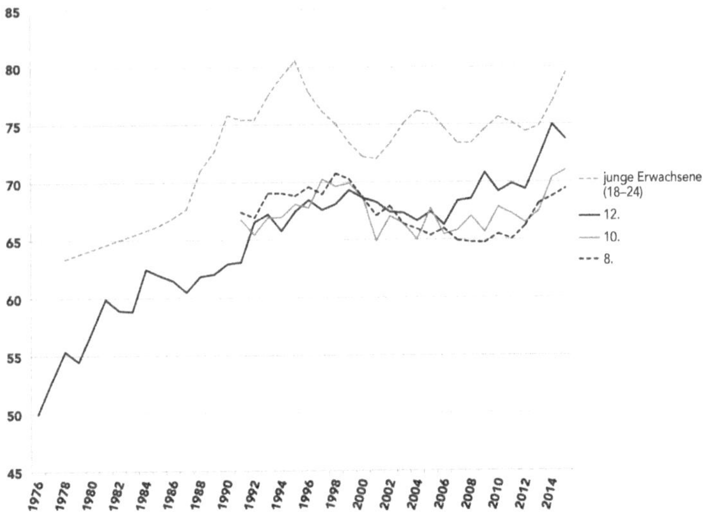

Prozentsatz derjenigen, die sagen, arbeitende Mütter können eine ebenso innige Beziehung zu ihren Kindern haben; Acht-, Zehnt- und Zwölftklässler (Quelle: Monitoring the Future) und junge Erwachsene von 18 bis 24 (Quelle: General Social Survey), 1976–2016

könne eine ebenso gute Beziehung zu ihren Kindern haben wie eine Mutter, die zu Hause bleibt.

Außerdem widerspricht die Generation Selfie mehrheitlich der Auffassung, dass »ein Vorschulkind wahrscheinlich leidet, wenn die Mutter arbeitet«. Priscilla, 18, sieht Vorteile für Mütter wie für Kinder, wenn die Mütter arbeiten gehen. »Die Kinder gewinnen viel, wenn sie zur Vorschule gehen und sich mit anderen Kindern ihres Alters sozialisieren«, schrieb sie. »Sosehr ich es kaum abwarten kann, ein Kind zu haben, weiß ich doch auch, dass ich weiter arbeiten will. Ich glaube, ein Kind wird die Arbeitsmoral seiner Mutter spüren und selber eine entsprechend starke entwickeln.« Die Generation Selfie ist beispiellos in ihren Überzeu-

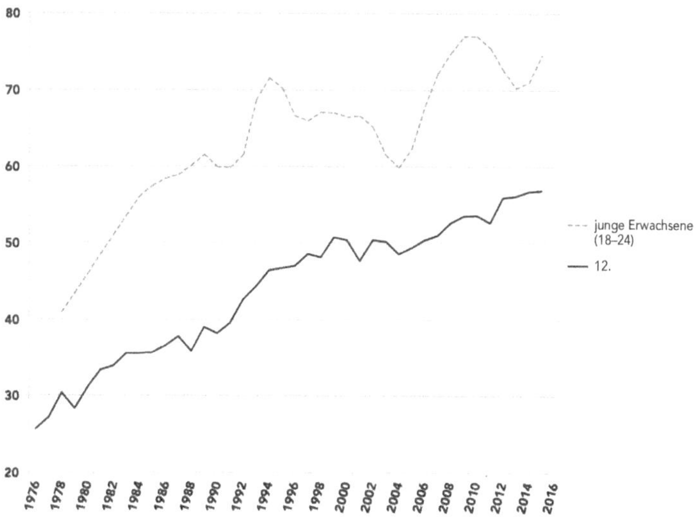

Prozentsatz derjenigen, die der Aussage widersprechen: »Ein Vorschulkind leidet, wenn seine Mutter arbeiten geht«, Zwölftklässler und junge Erwachsene von 18 bis 24. Quellen: Monitoring the Future und General Social Survey, 1976–2016

gungen zum Thema Gleichberechtigung. Das könnte auch aus ihren eigenen Kindheitserfahrungen herrühren: Zwei Drittel der Highschoolschüler im Abschlussjahr sagten 2015, dass ihre Mütter die ganze oder den Großteil der Zeit gearbeitet hätten, als sie aufwuchsen – mehr als doppelt so viele wie bei den Babyboomern im Abschlussjahrgang, die diese Erfahrung gemacht hatten.

Doch die Befürworter der Gleichberechtigung sollten sich nicht zu früh freuen. Die Untersuchungen stellten auch Fragen danach, ob es das Beste für den Mann sei, außer Haus zu arbeiten, und für die Frau, dass sie sich um die Familie kümmert. Die Ablehnung solch rigider Familienrollen hatte in den frühen 1990er Jahren ihren Höhepunkt, ließ dann aber nach. Zwölftklässler, die

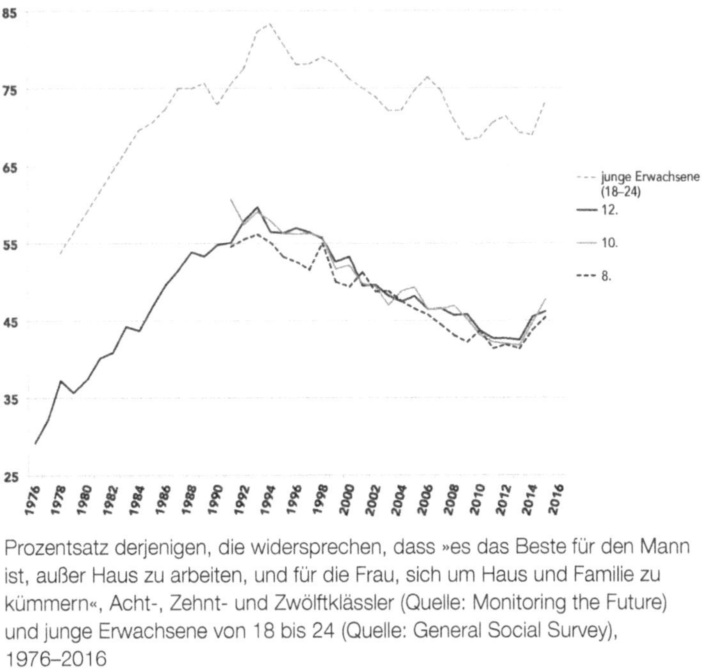

Prozentsatz derjenigen, die widersprechen, dass »es das Beste für den Mann ist, außer Haus zu arbeiten, und für die Frau, sich um Haus und Familie zu kümmern«, Acht-, Zehnt- und Zwölftklässler (Quelle: Monitoring the Future) und junge Erwachsene von 18 bis 24 (Quelle: General Social Survey), 1976–2016

verneinten, dass »der Ehemann alle wichtigen Entscheidungen in der Familie treffen sollte«, hatten gleichfalls in den 1990ern ihren höchsten Stand (bei 70 Prozent), fielen dann 2015 auf 61 Prozent zurück. Angesichts früherer positiver Entwicklungen ist es schockierend, dass zwei Jahrzehnte des Fortschritts für arbeitende Frauen nun in traditionellere Einstellungen bezüglich der Familienrollen münden. Doch es gibt schon seit 2014 erste Anzeichen dafür, dass jugendliche und junge Erwachsene aus der Generation Selfie diesen Trend wieder umkehren, ihn ihren anderen Ansichten zur Gleichberechtigung anpassen und dadurch den Rückschlag wettmachen, der durch die Millennials bewirkt wurde.

Es ist möglich, dass diese Veränderung in Richtung Tradition von den Trends herrührt, die wir im letzten Kapitel angeführt haben: Angesichts der Tatsache, dass immer weniger junge Menschen in Beziehungen leben, könnten die Jugendlichen Mann-Frau-Beziehungen zunehmend traditioneller begreifen. Sie könnten der Meinung sein, dass man besser nicht heiratet, nicht einmal zusammenlebt, wenn man diese Geschlechterrollen vermeiden will. Vielleicht aber glaubt die Generation Selfie auch, dass arbeitende Mütter zwar den Kindern nicht schaden, aber es immer noch das »Beste« sei (wie die Frage es nahelegt), wenn sie zu Hause bleiben. Andererseits weisen die Soziologen David Cotter und Joanna Pepin darauf hin, dass diese beiden Fragen – anders als die zu den arbeitenden Müttern – ausdrücklich die Männer erwähnen. Die Veränderung in Richtung einer konservativen Haltung könne also auch aus der Sehnsucht stammen, dass Männer wieder zu ihrer traditionellen Rolle als Versorger zurückkehren. Frauen müssen wohl arbeiten, scheinen sie zu sagen, aber wäre es nicht wunderbar, wenn Männer wieder richtige Männer sein könnten?

Manche Selfies bevorzugen eine traditionelle Arbeitsteilung, erkennen aber auch an, dass das wirtschaftlich nicht immer machbar ist. »Ich persönlich würde, wenn ich ein Kind hätte, mindestens so lange zu Hause bleiben, bis es zur Schule geht, aber das gilt nur für mich, und ich bin nur eine einzige Person. Andere Leute haben andere Bedürfnisse und Wünsche«, schrieb Carly, 19. »Ich bin mir sicher, dass viele weitere Frauen gerne zu Hause bleiben würden, wenn sie könnten, aber sie können nicht, weil heutzutage beide Elternteile arbeiten müssen, und Familien kommen ohnehin kaum über die Runden.« Vanessa, 19, ist sich nicht sicher, ob sie arbeiten gehen und Kinder haben könnte. »Selbst wenn du, sagen wir, sechs Stunden freie Zeit nach der Arbeit hast, bist du trotzdem vollkommen erschöpft und kannst deinen Kindern nicht so viel Aufmerksamkeit schenken, wie es vielleicht nötig ist. Ich denke, vielleicht ist es das Beste, wenn zumindest ein Elternteil nicht arbeitet, aber das ist wohl unrealistisch«, schrieb sie. Die zwölfjährige Harper sagte mir: »Ich denke, es wäre eine ganz schöne Belastung, wenn man versucht zu arbeiten und gleichzeitig kleine Kinder hat. Man hat ja nie wirklich eine Pause, weil man ja in der Arbeit ist. Danach muss man nach Hause zurück und mit den Kindern was machen. Ich würde mir lieber eine Auszeit von der Arbeit nehmen und zu Hause bleiben, als den ganzen Tag müde zu sein und dann mit vielleicht drei Kindern zu tun haben.« Studien haben herausgefunden, dass es Kindern intellektuell wie gefühlsmäßig guttut, wenn beide Eltern arbeiten, aber diese Selfies scheinen sich eher auf die Auswirkungen auf sich selbst und ihre Partner zu konzentrieren. Sie klingen müde, ehe sie überhaupt angefangen haben.

Wie schon bei der Einstellung zur LGBT-Community können wir auf neuere Daten zurückgreifen, um den aktuellen Unterschied zwischen den Generationen zu erkennen. Sie bieten eine

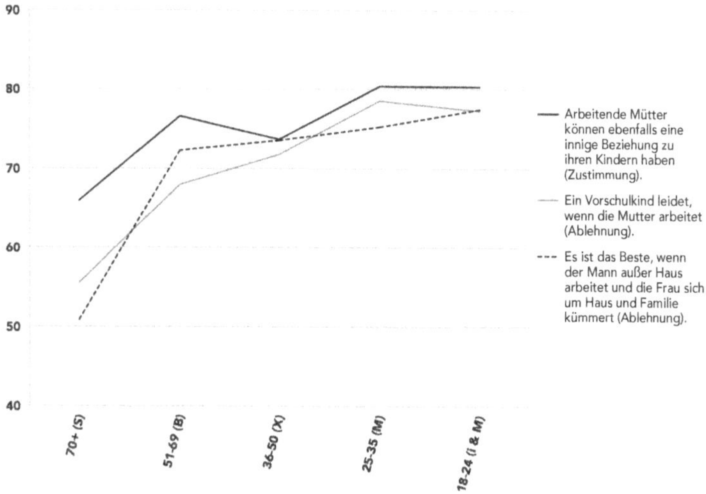

Einstellungen zu Geschlechterrollen; alle Erwachsenen, nach Alter/Generationengruppen. Quelle: General Social Survey, 2014–2016

Überraschung, was die Geschlechterrollen betrifft: Hier gibt es nur kleine Generationenunterschiede zwischen der Generation Selfie, den Millennials und der Generation X. Erst bei der »Silent Generation«, der »stillen« Generation zwischen 70 und 80, verändert sich die Einstellung definitiv in die traditionelle Richtung. Zumindest bei diesen Fragen sind die Generation Selfie und jüngere Millennials nur wenig progressiver in ihren Geschlechteransichten als die Angehörigen der Generation X zwischen 40 und 50; sie sind nicht zu unterscheiden von älteren Millennials, die Ende 20 und Anfang 30 sind.

Mit anderen Worten: In der Einstellung zur Geschlechterrolle ist der Generationenwechsel zum Stillstand gekommen. Hier tut sich ein Gegensatz zu den LGBT-Themen auf, wo die Generation Selfie und die Millennials eine deutliche Differenz gegenüber früheren Generationen aufweisen.

Meinungsfreiheit, Safe Spaces und Triggerwarnungen

In den letzten Jahren haben Studentenproteste die Hochschulen erschüttert, viele davon betrafen das Thema Gleichberechtigung. Doch es gibt noch andere Themen. Viele Proteste haben nicht nur zum Ziel, Diskriminierung zu beseitigen, sondern dazu auch jegliche beleidigende Sprache, was die Kritik hervorgerufen hat, die Generation Selfie würde eine starke Empfindlichkeit an den Tag legen. An diesem Punkt kollidiert die Bewegung für mehr Gleichberechtigung mit dem Grundrecht der Meinungsfreiheit. Zum Missfallen von Verfechtern der freien Rede haben Universitäten »Vorurteils-Meldesysteme«, die Studenten ermöglichen, Vorfälle zu melden, die sie kränken. Fakultätsmitglieder wurden für Diskussionen über Rassenthemen suspendiert. Kontroverse Redner werden zunehmend »ausgeladen«, oder ihr Vortrag wird unterbrochen.

Ist das wirklich ein kultureller Wandel, oder waren Studenten immer schon so? Die Langzeitdaten zeigen, dass sich die Dinge wirklich verändert haben: Die Generation Selfie befürwortet mit größerer Wahrscheinlichkeit eine Beschränkung der freien Meinungsäußerung.

Junge Erwachsene stimmen generell mit größerer Wahrscheinlichkeit Beschränkungen der Rede zu. Dem Pew Research Center zufolge befürworteten 40 Prozent der Millennials und der Selfies, die Regierung sollte Menschen von verletzenden Bemerkungen über Minderheitengruppen abhalten, verglichen mit nur 12 Prozent der Silent Generation, 24 Prozent der Babyboomer und 27 Prozent der Generation X.

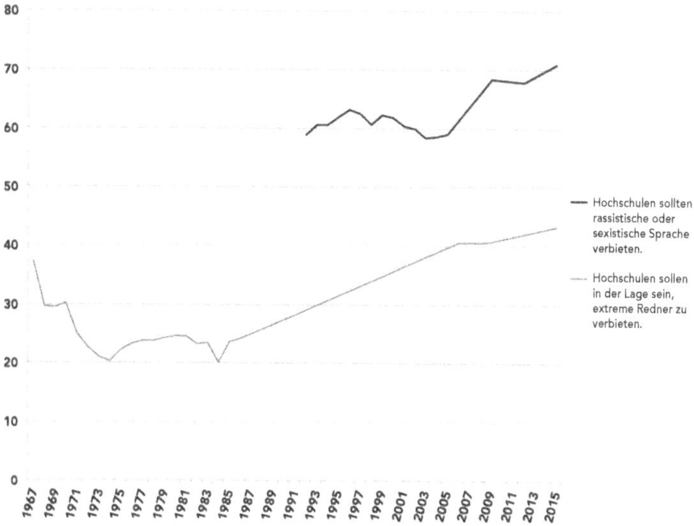

Einstellung von Erstsemesterstudenten zur freien Meinungsäußerung auf dem Campus. Quelle: American Freshman Survey, 1967–2015

Wenn Menschen diese Fragen über Einschränkungen der freien Rede beantworten, denken sie vermutlich an offenen Rassismus oder Sexismus – jemand, der aus Wut oder Verachtung ein rassistisches Wort gebraucht oder jemand, der sagt: »Alle (hier Gruppe einfügen) sind (hier negativen Zug einfügen).« Als sich ein Video verbreitete, auf dem zwei weiße Burschenschaftler der Universität von Oklahoma ein rassistisches Lied grölen (darin hieß es, der Gebrauch des Wortes »Nigger« werde in der Burschenschaft niemals erlaubt, einschließlich der berüchtigten Zeile »hängt sie auf an einem Baum«), verwies man sie sofort der Universität, und die Burschenschaft wurde verboten. Der Fall entfachte eine heftige Debatte über die Grenzen des Ersten Verfassungszusatzes, in dem das Recht auf freie Meinungsäußerung verankert ist, und der nach Auffassung von Rechtsgelehrten selbst ein solch widerwärtiges und hasserfülltes Reden schützt. Wie Richter John Roberts vom Obersten Gerichtshof in der Mehrheitsentscheidung über einen anderen Fall bezüglich des Ersten Verfassungszusatzes schrieb: »Sprache ist mächtig. Sie kann die Menschen zur Handlung reizen, sie zu Tränen der Freude und der Sorge bewegen, und sie … kann großen Schmerz verursachen. Angesichts der uns vorliegenden Tatsachen können wir nicht auf diesen Schmerz reagieren, indem wir den Sprecher bestrafen. Als Nation haben wir uns für einen anderen Weg entschieden – selbst die verletzende Sprache zu öffentlichen Themen zu schützen, um sicherzustellen, dass wir keine öffentliche Debatte unterdrücken.«

Offenkundig rassistische Vorfälle wie der in Oklahoma verletzen eindeutig die Grenzen der freien Rede. Was sich in jüngster Zeit verändert hat, ist, dass immer mehr Aussagen als rassistisch oder sexistisch angesehen werden, und immer mehr Redner gelten als »extrem«. Ein Latino-Student fühlte sich dadurch beleidigt, dass ein weißer Freund das spanische Wort »fútbol« benutzte, womit er das Fußballspiel meinte. Studenten am Oberlin College (Ohio) beklagten sich, der ungare Sushi-Reis in der Cafeteria sei für Minderheitenstudenten anstößig. Ein Student aus Colorado wurde für zwei Jahre suspendiert (was später auf sechs Monate reduziert wurde), weil er in einer Social-Media-Diskussion zum Hashtag #blackwomanmatter den anonymen Post abgesetzt hatte: »Sie sind wichtig, sie sind halt nur nicht scharf.« Ein Mitglied der Fakultät an der Universität von Kansas wurde nach einer offenen Diskussion über ethnische Gruppen auf dem Campus, die er in seinem Kurs abgehalten hatte, suspendiert. Wie Rachel Huebner, Studentin im zweiten Jahr, im *Harvard Crimson* 2016 schrieb: »Dieser unangemessene Fokus auf Gefühle hat zur

Folge, dass sich der Collegecampus oft wie ein Ort anfühlt, wo man jede Silbe, die ausgesprochen wird, auf die Goldwaage legen muss, um zu gewährleisten, dass sie unter keinen Umständen jemanden auch nur im Geringsten angreifen könnte.«

Das ist die Kehrseite der Toleranz: Sie beginnt mit der guten Absicht, jeden zu integrieren und niemanden zu beleidigen, aber sie endet (im besten Fall) mit der Abneigung, Themen tiefer auszuloten und (im schlimmsten Fall) damit, dass Karrieren durch einen Kommentar zerstört werden, den jemand als beleidigend empfindet, sowie damit, dass alternative Sichtweisen zum Schweigen gebracht werden.

Das kann u. a. auch von einer Veränderung der Regierungsvorgaben herrühren. 2013 haben das Justiz- und das Erziehungsministerium der USA die Definition der sexuellen Belästigung erweitert: von einer Sprache, die ein »vernünftiger Mensch« als beleidigend empfindet, hin zu einer Sprache, die bloß »unerwünscht« ist. Universitäten wenden jetzt diesen Standard auf »unerwünschtes« Reden über ethnische Zugehörigkeit und Religion wie auch über Geschlechter an; dabei lehnen sie es ab, dem Ersten Verfassungszusatz vor der bloßen Möglichkeit einer Klage des Bundes den Vorzug einzuräumen. Wie Greg Lukianoff und Jonathan Haidt es in ihrem weit verbreiteten Aufsatz von 2015 im *Atlantic* ausdrückten: »Jeder soll sich auf seine oder ihre eigenen subjektiven Gefühle verlassen, um zu entscheiden, ob der Kommentar eines Professors oder eines Mitstudenten unerwünscht ist, was wiederum eine Klage wegen Belästigung begründet. Eine gefühlsmäßige Argumentation gilt also jetzt schon als Beweis.«

Wenn Studenten einem Redner, der auf den Campus eingeladen wurde, nicht zustimmen, wäre es ihnen heute lieber, wenn dieser Redner erst gar nicht käme. Im American Freshman Survey erreichte die Befürwortung des Ausschlusses von extremen Rednern 2015 einen Höchststand. Studentinnen am Smith College (Massachusetts) verlangten die Ausladung von Christine Lagarde, der Chefin des Internationalen Währungsfonds; Protestierende an der Rutgers University (New Jersey) brachten Condoleezza Rice dazu abzusagen; und Studenten an der Brandeis University (Massachusetts) sperrten Ayaan Hirsi Ali aus, eine Frauenrechtlerin und zudem eine überzeugte Kritikerin des Islam. Eine Nonprofit-Organisation, die sich für die freie Rede einsetzt, ermittelte, dass sich Ausladungen seit dem Jahr 2000 verfünffacht haben – aus einem früher seltenen Vorgang wurde ein ziemlich normaler. 2016 notierte die Foundation for Individual Rights in Education (FIRE) einen neuen Höchststand von 43 Ausladungen.

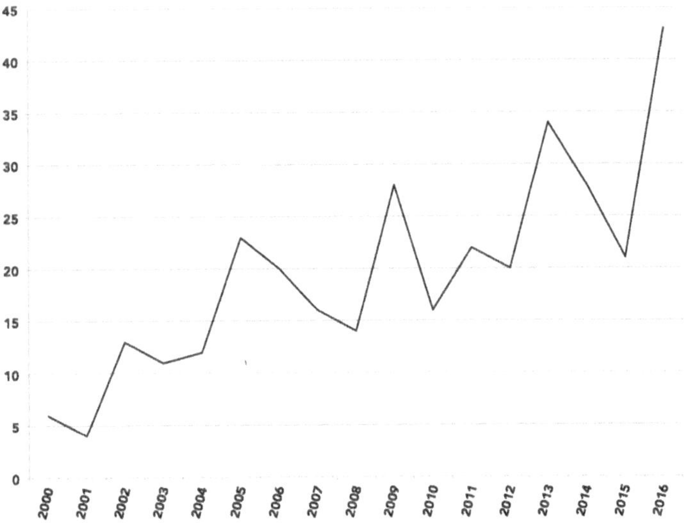

Anzahl der Redner, die von Vorträgen an US-Hochschulen »ausgeladen« wurden, 2000–2016. Quelle: Foundation for Individual Rights in Education (FIRE)

Präsident Obama schaltete sich ebenfalls in dieses Thema ein: »Ich denke, es ist eine gesunde Sache, wenn sich junge Leute engagieren, Autorität in Frage stellen und sich fragen, warum dies ist und nicht jenes; wenn sie unbequeme Fragen zur sozialen Gerechtigkeit stellen … Fühlt euch dazu berechtigt, jemand anderem nicht zuzustimmen, aber versucht nicht, ihn einfach zum Schweigen zu bringen … Was ich nicht möchte, ist eine Situation, in der bestimmte Standpunkte, die mit Respekt und Vernunft vorgetragen werden, ausgeschaltet werden.« Mit anderen Worten: Protest ja, aber lasst auch die andere Seite zu Wort kommen.

Die Politikwissenschaftlerin April Kelly-Woessner fand heraus, dass die Ablehnung der freien Rede durch Befürworter der sozialen Gerechtigkeit neu in dieser Generation ist: Überzeugungen bezüglich der sozialen Gerechtigkeit und Meinungsfreiheit haben bei Menschen über 40 gar nichts miteinander gemein. Doch diejenigen unter 40, die sich für soziale Gerechtigkeit aussprechen, unterstützen die Meinungsfreiheit weniger. In einer Befragung vom Jahr 2015 glaubten 35 Prozent der Studenten, der Erste Verfassungszusatz schütze »Hate Speech« nicht (tut er aber), und 30 Prozent der liberalen Studenten waren der Meinung, der Erste Verfassungszusatz sei »überholt«. Das spiegelt den Wunsch der Generation Selfie nach Sicherheit wider, den wir im Kapitel *Isoliert, aber nicht wirklich* besprachen – die Ausdehnung des Sicherheitsbegriffs auch in Richtung der emotionalen Sicherheit und die Überzeugung, dass Worte Gewalt ausüben können.

Die Proteste vom Herbst 2015 an der Universität von Missouri wurden durch die Proteste von »Black Lives Matter« im nahen Ferguson sowie durch mehrere rassistische Vorfälle auf dem Campus angeheizt. Doch bald erfuhren diese Aktivitäten eine Wendung, als die Protestierenden erklärten, sie hätten das Recht, einen »Safe Space« auf dem öffentlichen Universitätscampus zu errichten und die Medien auszuschließen. Mehrere Protestierende gerieten in eine Rangelei mit einem studentischen Fotografen, und ein Mitglied der Fakultät rief, dass sie wohl Verstärkung bräuchten, um ihn hinauszubefördern. Doch der Fotograf stellte (korrekt) fest, dass er aufgrund des Ersten Verfassungszusatzes das Recht hätte, anwesend zu sein.

In einer Erstjahres-Lehrveranstaltung über die Redefreiheit waren die Juraprofessoren Howard Gillman und Erwin Chemerinsky (University of California) schockiert darüber, wie oft die Studenten sich für eine Beschränkung der freien Rede aussprachen. Sie merkten, dass es sich hier um eine Generationenveränderung handelte: Die Studenten hatten wohl die schädlichen Auswirkungen von hasserfüllter Sprache erlebt, nicht aber den Schaden durch Zensur oder Bestrafung für Dissens. Die Professoren wiesen darauf hin, dass die Einschränkung einer Rede, die man ablehnt, leicht zu einer Beschränkung von Reden führen könnte, die man befürwortet. Wenn Beamte die Macht haben, Sprache zu regulieren, »wird diese Macht unvermeidlich missbraucht werden… Im Verlauf der US-Geschichte haben offizielle Vertreter immer schon diejenigen zensiert oder bestraft, deren Sprache sie nicht mochten: Abolitionisten (Befürworter der Sklavenbefreiung), Gewerkschafter, religiöse Minderheiten, Kommunisten und Sozialisten, Kulturkritiker, Schwule und Lesben«, schrieben sie in der *Los Angeles Times.* »Unsere Studenten haben bemerkt, dass man auf den Campus keinen ›Safe Space‹ errichten kann, in dem die Studenten frei von vielen Beleidigungen sind, ohne eine massive Zensur auszuüben und dadurch womöglich eine andere Art von Beleidigung zu bewirken.«

Die Kultur der Sprachrestriktion hat noch ein weiteres Opfer gefordert: den Humor. Comedians wie Chris Rock sagen, sie würden nicht mehr auf Collegecampus auftreten, weil die Studenten zu leicht beleidigt seien. In ihrem Artikel in *The Atlantic* über Comedy-Shows auf dem Campus kam Caitlin Flanagan zu dem Schluss, dass Studenten »Comedy bevorzugen, die 100 Prozent risikofrei ist, die keinen einzigen Studenten mehr reizen oder aufregen oder auch nur leicht verwirren könnte ... der es an jeglicher Schärfe und Aggression fehlt.« Als Komiker bei einer Veranstaltung für Campusauftritte vorsprachen, zögerten die Verantwortlichen, einen schwulen Komiker zu buchen, der besonders viele Lacher bekam, weil er »endlos Stereotypen fortsetze« (er machte Witze über seinen »kessen schwarzen Freund«). Courtney Bennet, die Vorsitzende des Komitees für Studentenaktivitäten an der Universität von Western Michigan, sagte: »Wir wollen kein Ereignis sponsern, das jemanden beleidigen könnte.« Das zeigt die beiden Seiten der Toleranz auf dem Campus: Auf der positiven Seite findet eine gutgemeinte Inklusion statt – auf der negativen gibt es eine schnelle und brutale Verurteilung von jedem, der einen Kommentar abgibt, der als beleidigend gilt, selbst wenn er falsch interpretiert wurde oder nur als Spaß gemeint war.

Nur ein paar Aktivisten – oder eine neue Norm?

Ich habe mich gefragt, ob diese Ansichten nur von einer winzigen Minderheit vertreten werden. Um das herauszufinden, habe ich gemeinsam mit einem Doktoranden 200 Studenten beim Psychologie-Einführungskurs an der San Diego State University (SDSU) im April 2016 einen ganzen Katalog von Fragen zu diesen Themen gestellt. Obwohl die SDSU nur aus einem Campus besteht, ist ihre vielfältige Studentenkörperschaft doch repräsentativer für den Durchschnitt der Studenten als die Eliteuniversitäten im Nordosten der USA, die oft bei den Geschichten um Safe Spaces erwähnt werden.

Die Ergebnisse waren verblüffend: Immerhin drei von vier SDSU-Studenten befürworteten Safe Spaces für Studenten, die mit kontroversen Rednern nicht einverstanden sind, und drei von vier sagten auch, dass Professoren dazu angehalten werden sollten, Triggerwarnungen auszusprechen, falls in einer Kurslektüre sexueller Missbrauch erwähnt werden sollte.

Die Ansichten der Studenten geben einen Hinweis darauf, warum die Sprache neuerdings zu einem heiß diskutierten Thema auf den Campus geworden ist. Fast die Hälfte der SDSU-Studenten (48 Prozent) stimmten zu, dass es »immer beleidigend ist, wenn ein Weißer das Wort ›Nigger‹ ausspricht, auch wenn dieses Wort als Beispiel für historische Diskriminierung und nicht als Beleidigung einer bestimmten Person gebraucht wird.« 52 Prozent stimmten der Aussage zu, dass »Menschen, die nicht schwarz sind, niemals das Wort ›Nigger‹ aussprechen sollten, ganz gleich, was geschieht.«

Die Konsequenzen daraus, das Falsche zu sagen, können schlimm sein. Mehr als einer von vier Studenten (28 Prozent) stimmten zu, dass »ein Fakultätsmitglied, das bei einer einzigen Gelegenheit im Kurs etwas Taktloses über ethnische Minderheiten sagt, entlassen werden sollte.« (Wir haben die Formulierung der Frage absichtlich etwas unbestimmt gehalten, was das Ergebnis noch unerquicklicher macht: Was »taktlos bezüglich ethnischer Minderheiten« ist, kann sich von Person zu Person unterscheiden.) Einer von vier ist mehr als genug dafür, dass sich eine kritische Masse zusammenschließt, um ein Fakultätsmitglied bei der Verwaltung zu melden; dergleichen kommt immer häufiger vor. Gegenüber ihren Kommilitonen waren die Studenten etwas nachsichtiger: »Nur« 16 Prozent glaubten, ein »Student, der bei einer einzigen Gelegenheit etwas Taktloses bezüglich ethnischer Minderheiten sagt, sollte von der Universität gewiesen werden.«

Für mich war aber dies am überraschendsten: 38 Prozent der Studenten vertraten die Meinung, »Fakultätsmitglieder sollten durchschnittliche Unterschiede der verschiedenen ethnischen Gruppen (etwa Einstellungen, Eigenschaften und IQ) nicht in der Klasse diskutieren.« Das ist allerdings höchst problematisch, da Kurse in Psychologie, Soziologie, Wirtschaft, Politikwissenschaft, Sozialarbeit und vielen anderen Disziplinen doch regelmäßig Forschungen über Unterschiede nach ethnischen Gruppen veröffentlichen. Nach Meinung dieser immerhin beträchtlichen Minderheit der Studenten darf wissenschaftliche Forschung über ethnische Gruppen nicht diskutiert werden. Das ist besonders erschreckend, weil diese Studenten ja an einer Einführung in Psychologie teilnahmen – einem Kurs, der sowohl wissenschaftliche Methoden als auch Gruppenunterschiede einbezieht. Wenn derart viele Studenten die Präsentation von Material über Unterschiede der verschiedenen ethnischen Gruppen in Frage stellen, ist es kein Wunder, dass viele Fakultäten sich heute davor fürchten, überhaupt noch mit Ethnizität verbundene Themen zu lehren. Das würgt im Endeffekt jede Diskussion über ethnische und kulturelle Differenzen ab – die doch zumindest theoretisch für Gespräche sorgt, die zu einem besseren Verständnis führen könnten.

Als ich Darnell, den 20-jährigen Studenten aus Georgia, frage, was er von Kursen hält, in denen Material zu Unterschieden der verschiedenen ethnischen Gruppen präsentiert wird, sagt er: »Ich weiß schon, warum die Studenten das nicht mögen – also ist es das Beste, es bleiben zu lassen. Lasst uns davon Abstand nehmen.« Andere Studenten waren anderer Meinung: »Untersuchungen verschiedener ethnischer Gruppen und Untersuchungen dieser Hypothesen sind nicht unbedingt schlecht«, sagte James, ein Student vom selben College. »Wenn man leicht durch solche Sachen gekränkt wird, hält einen das vom Lernen ab. Es hält einen davon ab, die Fähigkeit zu entwickeln, unvoreingenommen zu sein, zur Wahrheit zu gelangen und sich mehr Wissen anzueignen.«

Mikroaggressionen: Tausend kleine Nadelstiche

Dann gibt es noch die »Mikroaggressionen«, meist als etwas unabsichtlich Verletzendes definiert, das ethnischen Minderheiten gegenüber geäußert wird. Laut Definition geschieht Aggression aber absichtlich, weshalb die Bezeichnung an sich schon falsch ist. Trotzdem sind viele Aussagen, die als Mikroaggressionen bezeichnet werden, verletzend. Buzzfeed postete ein Fotoprojekt von Studenten der Fordham University in New York. Sie hielten Schilder mit Mikroaggressionen in die Kamera, die sich gegen sie gerichtet hatten. Darunter: »Für ein dunkelhäutiges Mädchen bist du ganz hübsch.«, »Und, was sprecht ihr in Japan? Asiatisch?«, »Und was bist du eigentlich?« sowie »Nein, woher kommst du *wirklich*?« (Es macht mich betroffen, wie gesellschaftlich unangebracht diese Feststellungen sind – vielleicht das Produkt einer Generation, die weniger Zeit im persönlichen Gegenüber mit anderen verbracht hat.) Sicher ist es für Farbige unschön und anstrengend, immer und immer wieder die gleichen taktlosen Fragen anhören zu müssen. Auch LGBT-Menschen haben damit zu kämpfen. Hier ein Beispiel, das auf Twitter gepostet war: »Kassierer: Hast du einen Freund? Ich: Ich bin lesbisch. Kassierer: Oh! Du siehst gar nicht ... du siehst gut aus!«

In einer MTV-Befragung von 14- bis 24-Jährigen im Jahr 2014 sagten 45 Prozent der Farbigen, sie seien persönlich durch Mikroaggressionen verletzt worden, verglichen mit 25 Prozent der Weißen. »Was mich verfolgt, sind die häufigen kleinen Dinge, die mich daran erinnern, dass ich nicht dazugehöre, dass die Leute mich ansehen und eine Schwarze sehen, ehe sie ganz einfach einen Menschen sehen«, schrieb Princess Ojiaku, Examensstudentin an der Universität von Wisconsin. »Diese Erinnerungen sind eine unsichtbare Last, die ich trage ... Es sind diese ständigen kleinen Vorfälle, die dich in deiner Angst bestätigen, dass die Leute dich eher als Karikatur denn als Menschen wahrnehmen.« Die Forschung hat ermittelt, dass Menschen, die mehr Mikroaggressionen erfahren, auch vermehrt von Angst und Depressionen berichten. (Allerdings erinnern sich Menschen, die einen höheren Grad an Angst und Depressionen aufweisen, wahrscheinlich auch an mehr Mikroaggressionen bzw. nehmen diese wahr; diese Verbindung könnte auch von äußeren Faktoren herrühren.)

Einige Aussagen, die als Mikroaggressionen eingestuft werden, sind mehrdeutiger, und genau hier fangen die Diskussionen an. Die erste Aussage, aufgeführt im Leitfaden für Mikroaggressionen der UCLA (University of California, L.A.), lautet: »Woher kommst du?« Dies ist wahrscheinlich die am meisten verbreitete Frage auf einem Collegecampus innerhalb der ersten Wochen nach Kursbeginn. Sie ist im Allgemeinen eindeutig keine

Mikroaggression. Zu den weiteren Aussagen, die als Mikroaggressionen eingestuft wurden, gehört: »Ich glaube, die am besten qualifizierte Person sollte den Job kriegen«, »Jeder kann in dieser Gesellschaft Erfolg haben, wenn er hart genug arbeitet« und: »Wo bist du geboren?«

Sind diese Aussagen beleidigend? Die Antwort liegt beim Betrachter. Die Schwierigkeit hier besteht darin, dass es schon Beweis genug ist, wenn jemand sagt, er sei beleidigt, auch wenn der andere gar niemanden beleidigen wollte. Dies ist ein Grund dafür, warum die Generation Selfie sich den Ruf der Überempfindlichkeit erworben hat: weil sie so sehr betont, dass Menschen durch Worte beleidigt werden. Und es gibt kaum Übereinstimmung darüber, welche Worte beleidigend sind. Manche Amerikaner asiatischer Herkunft sind beleidigt, wenn man sie fragt: »Woher kommst du?«, manche wiederum nicht. Ein junger Mann mit südasiatischer Herkunft schrieb: »Ich werde jede Woche gefragt: ›Woher kommst du?‹ … Der Opferkultur zufolge ist das eine rassistische ›Mikroaggression‹, die mich beleidigen sollte. Das tut sie aber nicht. Wir leben in einer multikulturellen Gesellschaft, und es ist nicht immer klar, was für einen Hintergrund jemand hat. Ich gehe nicht davon aus, dass die Leute Rassisten sind, nur weil sie neugierig wegen meines Hintergrundes sind. Aber die Opferkultur sagt mir, dass ich genau davon ausgehen sollte.«

In der SDSU-Befragung stimmten nur 18 Prozent zu, dass »Woher kommst du?« eine Mikroaggression sei; die große Mehrheit sah auch keine in den Aussagen »Amerika ist ein Land der unbegrenzten Möglichkeiten« oder »Das Geschlecht spielt keine Rolle dabei, wen wir anstellen«. Doch mehr als 85 Prozent der Studenten sagten, bestimmte Handlungen stellten Mikroaggressionen dar, wozu auch das Überqueren der Straße gehört, um einem Farbigen aus dem Weg zu gehen; oder zu einem Asiaten zu sagen: »Du musst gut in Mathe sein, kannst du mir bei diesem Problem helfen?«; oder zu sagen: »Wir sind nur Frauen.« Nur 13 Prozent hielten die Tatsache, dass eine Cafeteria im Studentenwohnheim eine »Mexikanische Nacht« anbot, für beleidigend, während 33 Prozent zustimmten, das Tragen eines Sombreros und eines Ponchos als Halloween-Kostüm sei eine Beleidigung. Angesichts eines solch weiten Meinungsspektrums kann man nur schwer sagen, wann eine Aussage die meisten Menschen vor den Kopf stößt – oder auch nur einen einzigen Menschen, was ja schon ausreicht, um Probleme zu schaffen.

Freie und offene Diskussion

Was Themen um Gruppenidentität angeht, wird die Generation Selfie in einer verwirrenden Zeit erwachsen. In der MTV-Befragung sagten 84 Prozent, ihre Familie hätte ihnen beigebracht, jeder solle gleich behandelt werden, gleichgültig welcher ethnischen Gruppe er oder sie angehört. Doch nur 37 Prozent sagten, ihre Familien würden überhaupt über ethnische Gruppen sprechen – bei Weißen waren es nur 30 Prozent. Ethnische Zugehörigkeit ist etwas, das wichtig und unwichtig zugleich ist, über das man spricht, oder eben auch nicht. Die Generation Selfie ist farbenblind – aber da einige Vorbehalte gegenüber ethnischen Minderheiten nun einmal existieren, ist das nicht immer eine realistische Position.

Dann gehen diese Selfies auf die Hochschulen, wo sie ernsthaft nach Gleichberechtigung streben, aber so viel Angst haben, einander zu beleidigen, dass sie immer noch nicht über Hautfarben sprechen. In der MTV-Befragung haben nur 20 Prozent gesagt, über Vorbehalte zu sprechen sei ihnen nicht unangenehm. 48 Prozent glauben, es sei falsch, die Aufmerksamkeit auf die ethnische Herkunft eines Menschen zu richten, auch wenn man positiv eingestellt sei. Doch 73 Prozent denken, Menschen sollten öffentlich mehr über Vorurteile reden, und 69 Prozent hätten gerne die Gelegenheit für ein offenes, respektvolles und sachliches Gespräch über das Thema Voreingenommenheit. Der ausgeprägte Sinn der Generation Selfie für Gleichberechtigung bietet eine gute Chance für das Verhältnis verschiedener ethnischer Gruppen – die große Mehrheit wächst ohne die offenen Vorurteile der Vergangenheit auf. Die Generation Selfie will über diese Themen reden – zumindest sagt sie so –, aber sie spürt auch, dass sie das nicht kann. Das ist nicht verwunderlich angesichts der Kultur des Schweigens und der gegenseitigen Beschuldigungen bei diesen Themen. Und das ist, mehr als alles andere, der Grund, warum diese Kultur der Beleidigung sich im guten Sinne für die Generation Selfie und für uns alle ändern sollte.

Das Rekordausmaß der Angst und Depression bei der Generation Selfie, ihr langsamer Weg in das Erwachsenenleben sowie ihr Nachdruck auf Inklusion haben sich zu der Sichtweise vereint, dass Menschen um jeden Preis geschützt werden müssen. Eine Balance zwischen dem Schutz und der freien Rede herzustellen wird diese Generation sowie ältere Generationen in Zukunft noch weiter auf Trab halten.

UNGEBUNDEN
Politik

»Ich werde für Donald Trump stimmen«, sagt mir der 20-jährige Mark schon nach wenigen Minuten unseres Gesprächs an einem Montagnachmittag, wenige Monate vor der Wahl 2016. Mark bringt die Fachoberschule und einen Job in einem Elektronikladen unter einen Hut, dazu hat er eine feste Freundin, während er bei seinen Eltern lebt, um Geld zu sparen. Nachdem er die Highschool beendet hatte, versuchte er ein Jahr lang, alleine in seiner Heimatstadt nahe Fort Worth, Texas, zu leben. Aber er merkte, dass die Miete fast seinen gesamten Lohn auffraß. Seine Eltern, ein Mechaniker und eine Hausfrau, sagten Mark, solange er aufs College ginge, könnte er zu Hause wohnen.

Mark kümmert sich nicht um alle Aussagen Trumps, aber nachdem Mark dessen und Hillary Clintons Wahlprogramm gelesen hatte, fand er, »dass Donald Trump das weniger schlimme Gift von beiden ist«. Wie Trump glaubt Mark, die Situation für die Amerikaner sei schon schlimm genug, und sie müssten nicht auch noch versuchen, Menschen aus anderen Ländern zu helfen. »Mit all den Einwanderern, die kommen, wird es nicht nur weniger Jobs geben, sondern auch zu wenig Land, auf dem man leben kann. Das Armutsniveau wird steil nach oben gehen, weil es nicht genug Ressourcen gibt, die für alle reichen. Ich hätte viel lieber eine Mauer und eine laufende Wirtschaft, als Leuten zu helfen, denen wir nicht helfen können«, sagte er, wobei er sich auf Trumps Wahlversprechen bezieht, eine Mauer an der Grenze zu Mexiko zu bauen.

Neun Monate vorher fuhr ich durchs halbe Land die kalifornische Küste hinauf, um den 18-jährigen Cameron zu treffen, der über die Winterferien während seines ersten Studienjahres an einem privaten College zu Hause wohnt. Sein Haus liegt nur ein paar Blocks vom Pazifik entfernt in einer bewachten, für solche Küstenorte typischen Strandsiedlung: Große, schöne Häuser stehen auf kleinen Grundstücken. Cameron hat hellblaue Augen und dank Jogging und veganer Ernährung eine schlanke Figur. Er studiert Mathematik im Hauptfach und beeindruckt mich, weil er für einen Studenten im ersten Semester ungewöhnlich konzentriert ist. Er erzählt mir alles über die Datenanalyse, die er während seines Praktikums bei einer Technikfirma gemacht hat – und trotz meiner Affinität zu Statistik kann ich kaum folgen.

Er war – so wie viele andere Selfies – für Bernie Sanders, den politisch unabhängigen Sozialisten und starken Herausforderer für Hillary Clinton bei den Vorwahlen Anfang 2016. Für Cameron ging es bei der Unterstützung von Sanders nicht um Parteipolitik – es ging ihm um Sanders' Authentizität und moralische Botschaft, vor allem um die Ausbildungsfinanzierung durch die Regierung. Cameron weiß, dass er Vorteile genießt, die viele junge Menschen nicht haben, und er bezweifelt, dass das fair ist. »Niemand sollte deutlich benachteiligt werden wegen der Umstände, in die er oder sie hineingeboren wurde«, sagt er. Er glaubt fest an Gleichberechtigung und die Legalisierung bestimmter Dinge:

»Alle sollten die gleichen Möglichkeiten bekommen, um so zu leben, wie es ihnen gefällt. Bei allem, was andere Leute nicht in Mitleidenschaft zieht – zum Beispiel Drogen –, sollte es keine Kontrollen geben, die diesen persönlichen Bereich betreffen.«

Sanders war bei den jungen Wählern sehr populär. In einer Umfrage unter Wählern der Demokraten zu Beginn des Parteiausschusses zur Wahlvorbereitung im Februar 2016 in Iowa sprachen sich junge Erwachsene sechs Mal so häufig für Sanders wie für Clinton aus (84 Prozent gegenüber 14 Prozent). Noch Mitte Juli 2016 sagte fast die Hälfte der jungen Sanders-Unterstützer, sie würden für einen dritten Kandidaten stimmen, nicht für Clinton oder Trump.

Trump war anfangs nicht der Favorit der Jugend, doch im November hatte er es geschafft, eine große Zahl junger Wähler auf seine Seite zu ziehen. Bei weißen Wählern von 18 bis 29 Jahren gewann er gegenüber Hillary Clinton mit 48 zu 43 Prozent, ein erstaunliches Ergebnis für eine junge Generation, die oft als überwiegend liberal charakterisiert wird. Obwohl Clinton insgesamt bei den jungen Wählern gewonnen hat, stimmten immerhin 37 Prozent für Trump. Das bedeutet: Fast vier von zehn Selfies und der Millennials haben nicht nur für einen Kandidaten der Republikaner gestimmt, sondern für einen Kandidaten, der mit einem weißen Nationalismus assoziiert wird, den viele schon für ausgestorben hielten, ehe die Generation Selfie überhaupt geboren worden war. Die Stimmen von jungen Amerikanern haben also geholfen, die Wahl zugunsten von Trump ausgehen zu lassen: Die 18- bis 29-Jährigen bilden heute einen größeren Prozentsatz an Wählern als die über 65-Jährigen.

Wie konnte das geschehen? Und was heißt es für weitere US-Wahlen, dass ein so hoher Prozentsatz junger Wähler für den republikanischen Kandidaten stimmte, obwohl er vielen als ein solcher Rückschritt erschien?

Probleme politischer Parteien

Zwei Monate vor der Wahl veröffentlichten meine Kollegen und ich einen Artikel, der eine Vorahnung dessen enthielt, was tatsächlich eintreten sollte. Jahrelang galt die Annahme, die Millennials und nun auch die Generation Selfie seien hauptsächlich Demokraten und würden dies auch bleiben. Im August 2016 sagte die landesweite Tageszeitung *USA Today* »Prügel historischen Ausmaßes« für Trump unter den jungen Wählern voraus. 2014 verkündete die *Washington Post*, die Republikaner hätten ein »Problem mit jungen Leuten« – die Partei, so hieß es, sei für die Millennials einfach nicht attraktiv. Zwei Jahre später hat sich das als falsch erwiesen. Um herauszufinden, warum, stelle man sich folgende Frage: Was haben Bernie Sanders und Donald Trump gemeinsam?

Die Antwort: Beide sind politisch unabhängig. Sanders ist am längsten als Unabhängiger Mitglied des US-Kongresses; auf seiner Senats-Website wird an keiner Stelle erwähnt, dass er Demokrat sei. Ehe er Präsident wurde, hatte Donald Trump noch nie ein politisches Amt inne, und während der Vorwahlen kämpfte er gegen das republikanische Establishment und die eigentliche Wahlkampagne. Im November 2016 nannte die *Washington Post* Trump »Amerikas ersten unabhängigen Präsidenten.« Sowohl Sanders als auch Trump galten als freie Akteure, die ihre Meinung sagten und sich weigerten, sich den Machtstrategen in der Partei unterzuordnen.

Deshalb mochten die jungen Leute die beiden, obwohl der Sozialist Sanders und der Nationalist Trump viele Ansichten jenseits des politischen Mainstreams vertreten. Bei der jüngsten Befragung durch General Social Survey bezeichneten sich unglaubliche 54 Prozent der 18- bis 29-Jährigen als parteiungebunden; 1989 war es nur ein Drittel gewesen. Dies ist ein Grund, warum sie zu Sanders überliefen, später dann zu Trump. So wie die Generation Selfie und die Millennials Institutionen wie Religion und Ehe meiden, weigern sich auch immer mehr von ihnen, sich mit den großen politischen Parteien zu identifizieren.

Ältere Generationen sind heute ebenfalls mit höherer Wahrscheinlichkeit politisch ungebunden (d.h. Wechselwähler) – dennoch sind die Generation Selfie und die Millennials politisch ungebundener, als dies für die Babyboomer und die Generation X in

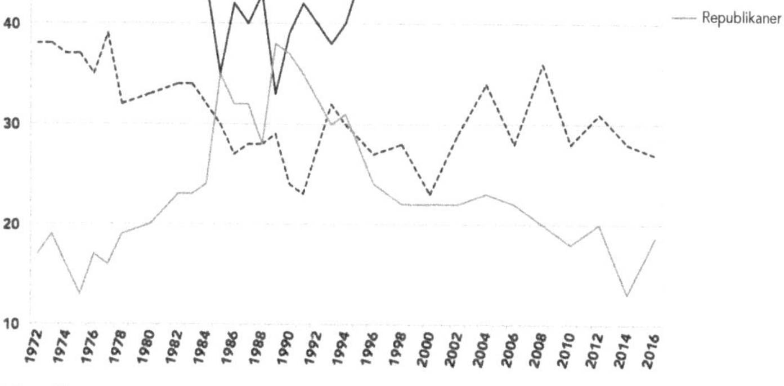

Identifikation mit politischen Parteien, 18- bis 29-Jährige (ohne »weiß nicht« und »andere Partei«). Quelle: General Social Survey, 1972–2016

den letzten Jahren gilt. Somit ist die Zunahme von Wechselwählern sowohl ein Phänomen unserer Zeit als auch ein Generationeneffekt – Erwachsene aller Altersgruppen haben sich von den großen Parteien entfernt, doch die Millennials und die Generation Selfie waren diesbezüglich politisch noch ungebundener als jede andere Generation im Jahr 2016.

Das könnte ein Grund sein, warum Hillary Clinton, die so eng mit dem politischen Establishment verbunden ist, nicht so viele junge Wähler erreichte wie vorhergesagt. Als Clinton im Juni 2016 die Nominierung der Demokraten für sich entschied und die erste weibliche Präsidentschaftskandidatin einer größeren Partei in den USA wurde, waren die Babyboomer schockiert, als die jungen Menschen mit einem kollektiven Gähnen reagierten. Viele von ihnen konnten sich einfach nicht einer Kandidatin anschließen, die so sehr mit dem politischen Establishment verbunden war, obwohl sie eine jahrhundertealte Karrierebarriere für Frauen überwunden hatte, die sogenannte »gläserne Decke«. Die 18-jährige Josephine Sicking aus Cleveland Heights, Ohio, berichtete im Juli 2016 dem *Time Magazine*: »Wenn Hillary gewinnt, ist das nur das kleinere von beiden Übeln. Ich weiß, wir sollten uns ein besseres System ausdenken als das, was wir jetzt haben.« Im Gegensatz dazu stimmte Josephines 78 Jahre alte Großmutter bei den Vorwahlen für Clinton und war von der Möglichkeit begeistert, eine weibliche Präsidentin zu wählen. Josephines Mutter, 49, (die für Sanders stimmte, dann aber »einlenkte«), sagte zu ihrer Tochter: »Wir werden dich schon noch zum Wählen überreden.« Doch Josephine zuckte nur mit den Schultern.

Der Trend, sich politisch nicht festlegen zu lassen, ist vielleicht eine weitere Folge des Individualismus der Generation Selfie und ihrer Abneigung, sich Gruppen anzuschließen; stattdessen folgt sie lieber eigenen Regeln. Wie Mike, 22, es ausdrückte: »Wenn Leute sich politischen Parteien anschließen, übernehmen sie einige ihrer Ansichten und verlieren dadurch ihre Eigenständigkeit.« Die Generation Selfie scheint ihre eigenen Ansichten zu haben und dann zu schauen, wo sie hinpassen, anstatt sich aufgrund des Einflusses von Familie oder Religion einer Partei anzuschließen und dann über ihre eigene Sichtweise zu entscheiden. So hat Rob, 19, erklärt, wie er dazu kam, seine politischen Ansichten zu benennen: »Im April hörte ich, wie zwei Männer auf dem Fußballplatz über die Ziele der Demokraten sprachen, und ich merkte, dass ich überhaupt keine Ahnung hatte, wo ich politisch stand. An jenem Abend ging ich nach Hause und habe viel nachgeforscht und bei vielen Politquiz mitgemacht. Meistens kam bei mir freiheitlicher Konservativer raus.«

Das Aufkommen der politisch Unabhängigen ist nicht das einzige Problem für die Demokraten. Wie die Gewinne Donald Trumps bei jungen weißen Wählern belegen, hat die Demokratische Partei in den letzten Jahren bei jungen Menschen an Beliebtheit nicht zugenommen. In der Obama-Ära der späten 2000er siegten die Demokraten über die Republikaner – bei den 18- bis 29-Jährigen mit 16 Prozent Vorsprung. Doch seitdem ist die Zahl der jungen erwachsenen Demokraten um neun Prozentpunkte gefallen.

Von den Highschool-Seniors kommen noch schlechtere Nachrichten für die Demokraten, von den 18-Jährigen also, die ja die potentiellen Vorläufer der jungen Wähler bei den nächsten Wahlen sind: Die Anzahl der Zwölftklässler, die sich als Demokraten bezeichnen, hat beinahe einen Tiefststand erreicht. Die Demokraten verschwinden regelrecht von der Bildfläche, weil sich die eine Hälfte der Zwölftklässler als Republikaner bezeichnet; bei

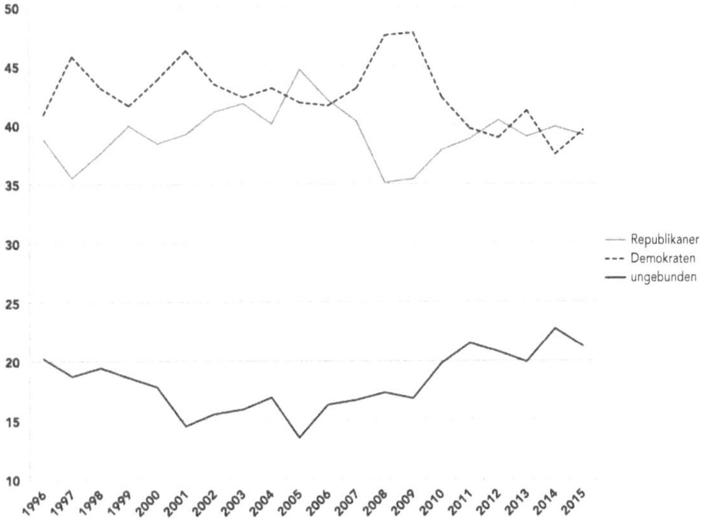

Identifikation mit politischen Parteien bei Zwölftklässlern (ohne »weiß nicht« und »andere Partei«). Quelle: Monitoring the Future, 1996–2015

der anderen Hälfte hat der Anteil der Wechselwähler unter den Schülern stark zugelegt.

Keine schlechten Nachrichten für die Demokraten, wären die meisten Wechselwähler liberal. Das ist aber nicht der Fall: Fast die Hälfte der politisch ungebundenen Zwölftklässler bezeichnete sich 2015 als gemäßigt. Immerhin haben die Liberalen die Konservativen unter den jungen unabhängigen Wählern mit 38 zu 14 Prozent übertrumpft.

Ganz gleich, wie ihre Parteizugehörigkeit aussieht: Die Generation Selfie bringt oft individuelle Gründe für ihre jeweilige Wahl vor. »Ich bin Republikaner und konservativ, weil ich es gut finde, wenn jeder individuell für sich sorgt. Ich denke, das ist der fairste Weg – jeder holt sich vom System das, was er dem System geben will«, schrieb Abby, 18. Obwohl seine Überzeugungen am anderen Ende des politischen Spektrums angesiedelt sind, benutzte Charlie, 21, eine ähnlich individualistische Argumentation, doch mit anderer Ausrichtung: »Ich bin stolzer, liberaler Demokrat. Ich glaube nicht, dass wir die Leute dazu bringen sollten, bestimmte Dinge zu tun. Wir haben die Freiheit, so zu sein, wie wir sein wollen, solange wir niemandem dabei Schaden zufügen.«

Wenn die Parteizugehörigkeit auf der Strecke bleibt, wird es stattdessen immer wichtiger, darauf zu schauen, ob junge Leute sich als liberal, gemäßigt oder konservativ bezeichnen. Und hier lauert die nächste Überraschung: Die Anzahl der Zwölftklässler, die sich als konservativ bezeichnen, ist seit den 2000ern tatsächlich gestiegen, wobei es unter Selfies mehr Konservative gibt als unter Millennials, als sie in der Highschool waren. Es gibt heute so viele Konservative bei der Generation Selfie wie zu den besten

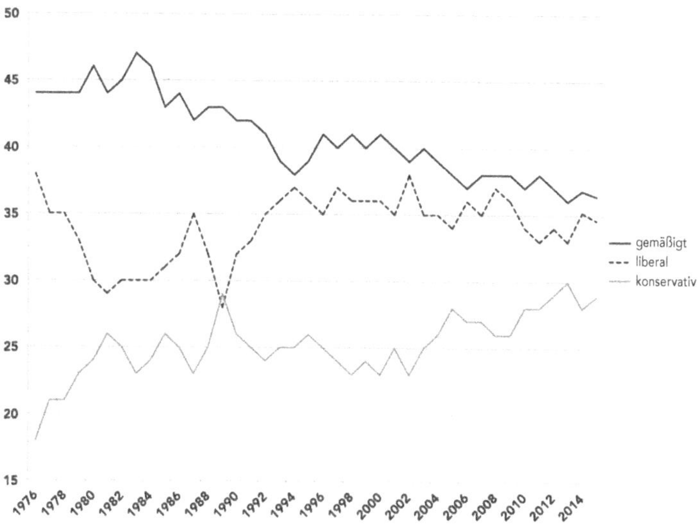

Politische Ansichten von Zwölftklässlern. Quelle: Monitoring the Future, 1976–2015

Zeiten der Reagan-Ära, als junge Konservative aus der Generation X die Älteren schockten (zum Beispiel in der Achtziger-Sitcom *Family Ties – Familienbande*, in der Michael J. Fox ständig seine liberalen Babyboomer-Eltern verblüfft, indem er Reagans konservative Ideale vertritt). Im Gegensatz dazu hat sich die Anzahl der Highschoolschüler im vierten Jahrgang, die sich als liberal bezeichnen, seit den frühen 1990ern kaum bewegt und ist sogar leicht zurückgegangen, als die Generation Selfie in den 2010er Jahren hinzukam.

Die Definition dessen, was konservativ ist, hat sich gleichfalls verändert: Sie konzentriert sich nun mehr auf wirtschaftliche und weniger auf soziale Themen. Mark, der Fachoberschüler aus Texas, bezeichnet sich selbst als konservativen Republikaner. Als ich ihn frage, was das für ihn bedeutet, sagt er: »Konservativ zu sein heißt, dass man den Menschen wirklich hilft, damit sie selber klarkommen. Das Wohlfahrtssystem ermöglicht es den Leuten, faul zu sein und sich von der Regierung unterstützen zu lassen. Ich glaube aber, es muss ein System geben, in welchem die Leute am Ende das zurückgeben, was sie erhalten haben.« Bezüglich des Programms der Demokraten für ein »kostenloses College« ist er skeptisch, weil »ja jemand dafür bezahlen muss. Die Steuern werden so hoch, dass reiche Leute dann das Land verlassen werden.«

Bis dahin entspricht Mark dem Bild des klassischen Konservativen, und – wir erinnern uns an das Kapitel *Gottlos* – auch dem Bild des strenggläubigen evangelikalen Christen. Als ich ihn jedoch nach gleichgeschlechtlichen Ehen frage, meint er: »Ich versuche mein Bestes, die Religion da nicht hineinzubringen und konzentriere mich bloß auf den konservativen Standpunkt.« Er sagt, gleichgeschlechtliche Ehen wären in Ordnung, solange die Menschen »nicht auf der Straße Krawall machen«. Und er spricht sich für die Legalisierung von Marihuana aus: »Ich glaube, es sollte den Menschen selber überlassen bleiben, statt dass ein Staat oder eine Regierung sagt, es ist legal oder illegal.« Zur Waffenkontrolle meint er: »Man kann beide Seiten rechtfertigen. Wenn man eine Schusswaffe besitzen will, geht man hin und kauft sich eine. Wenn man das nicht will, bleibt man zu Hause und lässt es bleiben. Man soll aber nicht versuchen, die Welt dazu zu zwingen, die eigenen Überzeugungen zu respektieren.« Obwohl sein Wirtschaftskonservatismus klar ist, wäre seine Haltung zu gesellschaftlichen Fragen für die meisten Konservativen vor zehn Jahren noch nicht zu erkennen gewesen. Denn er vertritt eine individualistische, libertäre Ansicht, dass die Regierung sich aus der Privatsphäre der Menschen heraushalten soll.

Mark sorgt sich zudem wie viele Selfies darum, in einer schwierigen wirtschaftlichen Lage einen guten Job zu kriegen. Das ist einer der Gründe, warum Trumps Idee, Immigranten abzuweisen, ihm zusagt: Er glaubt, die Regierung müsse sich mehr auf die eigenen Bürger konzentrieren. »Wenn wir eine Armutsgrenze von null haben, dazu null Schulden und eine Verbrechensrate von null, dann denke ich, können wir hingehen und den anderen Ländern helfen, die unsere Hilfe brauchen«, sagt er. Das ist ein aus wirtschaftlichen Ängsten entstandener Nationalismus und Isolationismus. Einer Umfrage vom Oktober 2016 unter 18- bis 29-Jährigen zufolge wählten diejenigen, die die Weißen wirtschaftlich auf dem absteigenden Ast sahen, mit größerer Wahrscheinlichkeit Trump. Bei aller Aufmerksamkeit, die den älteren weißen Wählern aus der Arbeiterschicht entgegengebracht wurde, sind es aber die Jungen, die nicht arbeiten und sich umso mehr in der New Economy zurückgelassen fühlen (vgl. Kapitel

Einkommensunsicherheit). Das Sicherheitsstreben der Generation Selfie und ihre große Sorge, was ihre wirtschaftlichen Perspektiven angeht, haben sich vereint und lassen sie politisch konservativer werden, als man gemeinhin annimmt – und zugleich offener für nationalistische Botschaften.

Noch ein weiterer Trend ist zu bemerken: der Rückgang der moderaten Wähler. Sowohl unter Highschoolschülern als auch unter Studenten sagen immer weniger, sie seien in ihren politischen Ansichten gemäßigt, wobei die Anzahl der Moderaten bei der Collegebefragung 2016 einen Tiefststand erreichte. Immer mehr junge Menschen geben dem alten Witz Recht: Wer sich für keine Straßenseite entscheiden kann, wird überrollt. Dies ist nur das erste Anzeichen dafür, dass der Kompromiss – egal wofür und warum – tot ist.[48]

Libertäre Jugend: Marihuana und Abtreibung legalisieren, Todesstrafe und Waffenkontrolle abschaffen

Vor wenigen Jahrzehnten war es für viele eine lächerliche Vorstellung, dass Drogen legalisiert werden könnten. In den 1980ern, als ich eine Jugendliche war, gab es einen Werbespot mit Spiegeleiern, wozu es hieß: »Dies ist dein Gehirn auf Drogen«, und Nancy Reagan gab uns den Rat: »Sag einfach nein«. Heute hat sich das geändert: Marihuana zum Privatvergnügen ist in mehreren Staaten erlaubt, einschließlich Massachusetts, Colorado und Kalifornien, zudem ist Marihuana zu medizinischen Zwecken in vielen Staaten legal.

Die Generation Selfie ist ein Produkt unserer modernen »High

Times«, in denen Haschisch nach und nach mehr Akzeptanz erfährt. Mit viel größerer Wahrscheinlichkeit glaubt diese Generation, dass Haschisch legalisiert werden sollte, als es die damals junge Generation X meinte – und es befürworten sogar mehr Selfies die Legalisierung von Haschisch als die so oft bekifften Babyboomer in den 1970ern. Fast doppelt so viele Zwölftklässler und dreimal so viele Studenten und junge Erwachsene sprachen sich 2015 für die Legalisierung von Haschisch aus als noch in den 1980ern. Anlässlich einer Gallup-Umfrage vom Oktober 2016 äußerten 77 Prozent der 18- bis 34-Jährigen, Haschisch solle gesetzlich erlaubt sein.

Zunächst mag die Befürwortung der gesetzlichen Zulassung von Marihuana durch die Generation Selfie im Widerspruch zu ihrem Streben nach Sicherheit stehen. Wie wir jedoch im Kapi-

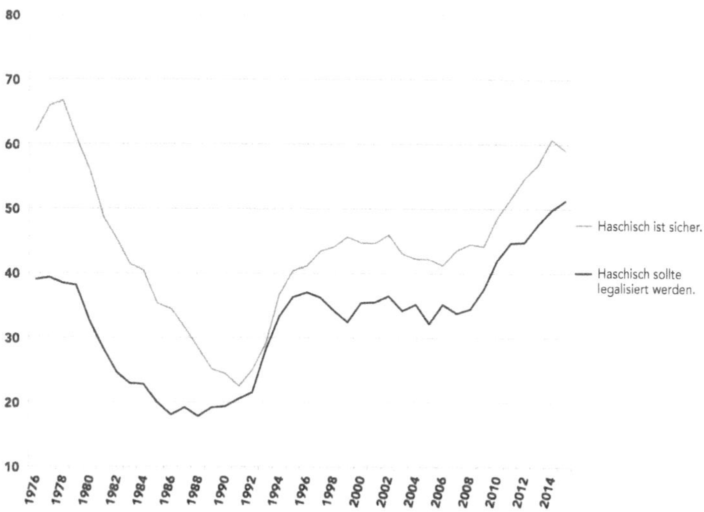

Ansichten von Zwölftklässlern zur Legalisierung von Marihuana und dessen Sicherheit. Quelle: Monitoring the Future, 1976–2015

tel *Isoliert, aber nicht wirklich* sahen, glaubt die Generation Selfie eher, dass Marihuana sicher ist, und diese Annahme hat sich im gleichen Maße verändert wie die Ansicht darüber, ob Haschisch legalisiert werden sollte.

Die Generation Selfie befürwortet die Legalisierung von Haschisch auch deshalb, weil sie der Meinung ist, die Regierung solle sich aus persönlichen Entscheidungen heraushalten. Ein 18-Jähriger aus dieser Generation sagte dem Pew Research Center 2015, Marihuana sollte legalisiert werden, »weil man den Leuten erlauben sollte, selber die Kontrolle über ihren Körper auszuüben. Die Regierung sollte sich hier nicht einmischen.« Nicht nur Haschischkonsumenten unterstützen diesen Trend. Wir erinnern uns an das Kapitel *Isoliert, aber nicht wirklich*, wo es hieß,

Ansichten von Erstsemesterstudenten zu Abtreibung, Marihuana-Legalisierung, Todesstrafe und Waffenkontrolle. Quelle: American Freshman Survey, 1968–2015

dass weniger Selfies Haschisch konsumieren als die Babyboomer im gleichen Alter. Die Generation Selfie will Freiheiten auf andere ausweiten, selbst wenn sie diese betreffenden Freiheiten selber nicht ausnutzen möchte. Wie die junge Millennial-Sängerin Kacey Musgraves in einem ihrer Songs meint: »Bau' dir einen Joint/oder lass es.«

Der Glaube an die persönliche Entscheidung kann auch der Grund dafür sein, dass die legale Abtreibung unter jungen Menschen wieder stärkere Befürwortung erfährt. Die Hälfte der 18- bis 29-Jährigen befürwortete 2014 und 2016 die legale Abtreibung, »wenn die Frau dies aus irgendeinem Grund will« (auch als »Abtreibung auf Verlangen« bezeichnet) – ein Höchststand. Die Befürwortung der Abtreibung bei Studenten hat in den vergangenen zehn Jahren allmählich zugenommen, wobei die Generation Selfie sich mit größerer Wahrscheinlichkeit dafür ausspricht als die Millennials vor ihnen.

Als ich einige Selfies fragte, ob Abtreibung legalisiert werden sollte und unter welchen Umständen, sagten alle: »unter allen Umständen«, und alle führten die individuellen Rechte an. »Ich glaube, Abtreibungen sollten legalisiert werden. Letztlich bin ich der Meinung, dass die Frau das selbst bestimmen muss«, schrieb Julianna, 21. »Es ist ihr Leben und ihr Entschluss, und ich glaube nicht, dass andere das Recht haben, ihr Vorschriften zu machen, weil sie niemanden von denen damit verletzt.« Manche erwähnten auch die Sicherheit. »Jede Schwangerschaft ist ein Risiko, das man niemandem aufzwingen kann«, schrieb Keely, 19. »Es kann eine große finanzielle, gesellschaftliche und emotionale Last sein, aber auch ein körperliches Risiko, und keiner hat das Recht, anderen zu sagen, dass sie das aushalten müssen.«

Außerdem bezweifeln mehr Selfies den Nutzen der Todes-

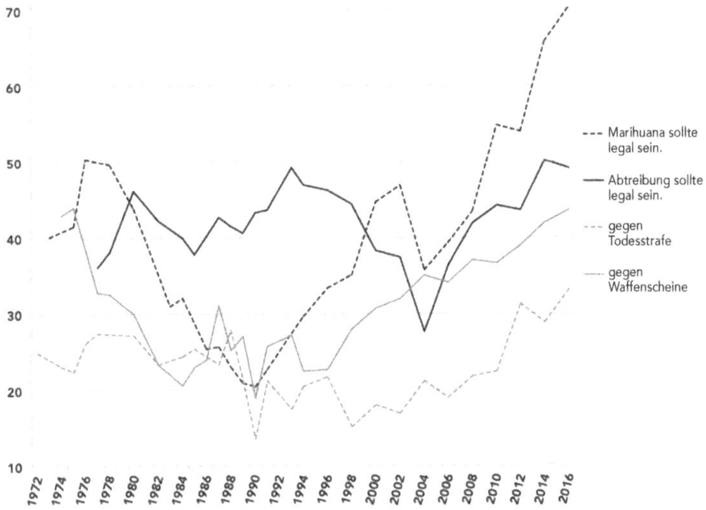

Ansichten zu Abtreibung, Marihuana-Legalisierung, Todesstrafe und Waffenkontrolle, 18- bis 29-Jährige. Quelle: General Social Survey, 1972–2016

strafe. Doppelt so viele Studenten und junge Erwachsene wie zur Mitte der 1990er sind heute für die Abschaffung der Todesstrafe. »Es ist erwiesen, dass die Todesstrafe die armen Minderheiten in diesem Land unverhältnismäßig oft trifft«, schrieb Lilly, 20. »Manche Geschichten über solche Ungerechtigkeiten sind schockierend und ekelhaft. Zudem ist es erwiesen, dass die Todesstrafe Menschen nicht davon abhält, weiterhin Verbrechen zu begehen.«

Bis hierher scheint die Überzeugung der Generation Selfie ein regelrechtes liberales Sammelsurium zu sein: legales Marihuana, legale Abtreibung, keine Todesstrafe. Aber da hört es auch schon auf. Denn die Generation Selfie widersetzt sich mit mehr Wahrscheinlichkeit auch der Waffenkontrolle, was gewöhnlich eine konservative Position ist. Unter den 18- bis 29-Jährigen im General Social Survey waren 2016 mehr als doppelt so viele wie 1998 gegen die Einführung eines Waffenscheins. Doppelt so viele Studenten wie 1998 widersprachen 2013 der Aussage: »Die Regierung sollte mehr tun, um den Verkauf von Handfeuerwaffen zu kontrollieren«. Das Pew Research Center ermittelte über die Jahre hinweg sogar noch mehr Widerstand gegen Waffenkontrolle: Dieser Anteil wuchs von 27 Prozent bei den Millennials im Jahr 2004 auf 47 Prozent bei den Millennials und den Selfies im Jahr 2015.

Das Thema Gesundheitsvorsorge liefert uns eine weitere Überraschung bei der politischen Überzeugung der Generation Selfie: Der durchschnittliche Selfie wird *weniger* wahrscheinlich die nationale Gesundheitsvorsorge unterstützen, als dies für die Millennials galt. 2013 verneinten 39 Prozent der Collegeerstsemester, dass »eine nationale Gesundheitsvorsorge notwendig ist, um die medizinischen Kosten der Bevölkerung zu decken«; 2007 waren es noch 26 Prozent gewesen.

Was ist mit dem Umweltschutz? Trotz der allgemeinen Vorstellung, dass die Generation Selfie sich so besonders um die Umwelt sorgt, stimmt sie tatsächlich mit *geringerer* Wahrscheinlichkeit zu, dass die Regierung mehr Regulierungen zum Schutz der Umwelt erlassen sollte. Babyboomer und die Generation X vertraten mit größerer Wahrscheinlichkeit die Meinung, Umweltprobleme zu lösen sei Sache der Regierung (Zustimmung zur Aussage, dass »die Regierung tätig werden sollte, um unsere Umweltprobleme zu lösen, auch wenn das bedeutet, dass einige der Produkte, die wir heute benutzen, verändert oder verboten werden müssten«), während die Generation Selfie wahrscheinlich eher denkt, es sei die Aufgabe des Einzelnen. (»Die Menschen müssen ihre Kaufgewohnheiten und ihren Lebensstil ändern, damit unsere Umweltprobleme gelöst werden«.)

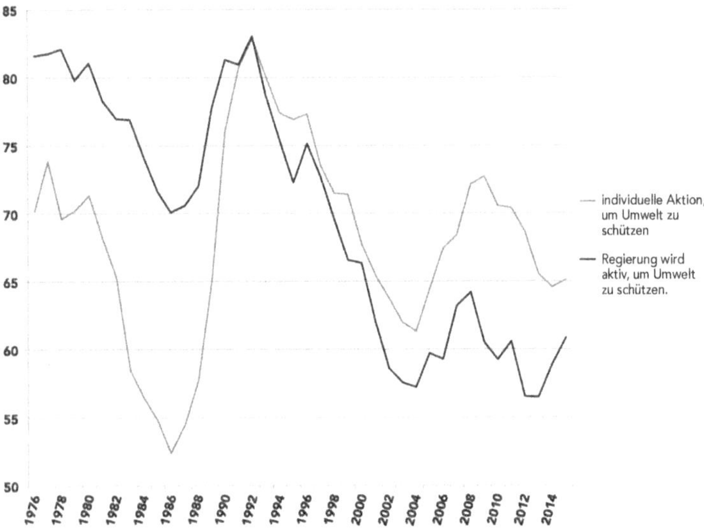

Prozentsatz der Zwölftklässler, die meinen, der Einzelne bzw. die Regierung müsste beim Umweltschutz aktiv werden. Quelle: Monitoring the Future, 1976–2015

Warum sollte sich die Generation Selfie, die ja bei anderen Themen so liberal ist, der Waffenkontrolle, der nationalen Gesundheitsvorsorge und Regulierungen seitens der Regierung für den Umweltschutz widersetzen? Angesichts des Rufs dieser Generation als liberaler Haufen verlangen diese scheinbaren Anomalien in ihren politischen Ansichten nach einer Erklärung. Wie können derartige Überzeugungen nebeneinander existieren?

Sie tun es tatsächlich: und zwar in der Libertären Partei, die 1971 gegründet wurde. Libertäre stellen das Individuum an die vorderste Stelle und widersetzen sich jeglicher Regulierung durch die Regierung. Wie die Generation Selfie befürworten die Libertären gleiche Rechte für alle. Sie sprechen sich für legale Abtreibung und Legalisierung von Marihuana aus, entsprechend dem Grundsatz, dass die Regierung nicht die Rechte des Individuums beschränken darf. Aus dem gleichen Grund widersetzen sich die Libertären auch Waffenregulierungen und Regierungsentscheidungen zum Umweltschutz. Die Idee dahinter: Bleib mit deinen Gesetzen weg von meinem Körper, meinen Sachen, meinen Gewehren, und lass mich tun, was mir gefällt. Die Libertären sprechen sich für den freien Markt gegenüber möglichen Regierungsprogrammen aus, weshalb sie auch gegen ein Programm für eine nationale Gesundheitsvorsorge sind (und sie gehen in ihrem Parteiprogramm 2016 sogar noch weiter, indem sie sich für die Abschaffung der Einkommenssteuer und der Sozialversicherung aussprechen). Obwohl die Libertären früher keine Haltung zur Todesstrafe einnahmen, widersetzen sie sich ihr heute, weil die Regierung dadurch ihre Grenzen überschreite.

Von sechs verschiedenen Themen – Legalisierung von Marihuana, Abtreibung, Todesstrafe, Waffenkontrolle, nationale Gesundheitsvorsorge und nationaler Umweltschutz durch Regierungseingriffe – spricht sich die Generation Selfie also bei dreien wahrscheinlicher als frühere Generationen für die liberale Position aus, bei den anderen dreien eher für die konservative. Doch bei allen sechs Themen nimmt sie wahrscheinlich eher als ihre Vorgänger eine libertäre Position ein.

Und das erscheint auch als sinnvoll: Die Generation Selfie nimmt die individualistische Geisteshaltung als Ausgangspunkt an, und die libertäre Haltung ist dem kulturellen Individualismus so nahe, wie es in der Politik überhaupt nur sein kann. Die Liberalen neigen zum Individualismus bei Themen etwa wie dem gleichen Recht für alle (zum Beispiel bei der gleichgeschlechtlichen Ehe), sie sind aber kollektivistisch bei Sozialprogrammen (zum Beispiel bei der von der Regierung unterstützten Gesundheitsvorsorge). Die Konservativen sind individualistisch bei Sozialprogrammen (und glauben, die Menschen sollten für sich selber sorgen), aber sie sind kollektivistisch, was die gleichen Rechte für alle angeht (sie glauben, dass traditionelle Rollen oft besser funktionieren). Doch die Libertären sind auf beiden Feldern individualistisch. Wie es das Wahlprogramm der Libertären Partei 2016 in der Präambel festhält: »Als Libertäre wollen wir eine Welt der Freiheit; eine Welt, in der alle Menschen Souverän ihres eigenen Lebens sind. Kein Mensch wird gezwungen, seine oder ihre Werte zum Wohle der anderen zu opfern … Die Welt, die wir errichten wollen, ist eine, in der der Einzelne frei ist, den eigenen Träumen auf je eigene Weise nachzufolgen, ohne Einmischung von Seiten der Regierung oder einer anderen Autorität.« Das ist kultureller Individualismus, kurz und bündig formuliert. Im Jahr 2017 geriet die 24-jährige Tomi Lahren, ein konservativer Heißsporn, mit ihrem gegen die Abtreibung eingestellten Arbeitgeber (das Medienhaus *The Blaze*) in Streit, nachdem sie gesagt hatte: »Ich kann nicht einfach so scheinheilig dasitzen und sagen, ich bin für eine begrenzte Regierungsgewalt, und insgeheim denken, die Regierung solle entscheiden, was Frauen mit ihrem Körper machen. Bleibt weg von meinen Waffen, und bleibt auch weg von meinem Körper!« Sie antwortete auf die Kritik an ihrer scheinbar widersprüchlichen Haltung und twitterte: »Ich spreche meine persönliche Wahrheit aus … ich werde immer ehrlich sein und zu meiner Wahrheit stehen … ich habe gemäßigte, konservative und libertäre Ansichten. Ich bin ein Mensch. Und ich werde mich nie dafür entschuldigen, bei niemandem, weil ich eine unabhängige Denkerin bin.« Lahrens Ansichten passen vielleicht weder zu einer liberalen noch zu einer konservativen Einstellung, sie sind aber vollständig mit dem Individualismus vereinbar – was nicht besonders überrascht bei jemandem, der 1992 geboren wurde.

Es gibt allerdings zwei große Ausnahmen in der libertären Philosophie der Generation Selfie bezüglich einer begrenzten Regierungsgewalt, und es sind große Ausnahmen: Die Generation Selfie und die Millennials wollen wahrscheinlich mehr als ältere Generationen, dass der Staat die Hochschulausbildung und die Kinderbetreuung finanziert. Langzeitdaten zu dieser Frage gibt es nur wenige, weshalb wir uns auf Einmalerhebungen verlassen müssen, die Alter und Generation nicht voneinander trennen. Dennoch sind die Zahlen frappierend: 43 Prozent mehr Selfies und der Millennials befürworten eine freie allgemeine Kinderbetreuung und Kindergarten für unter Fünfjährige, als dies für die

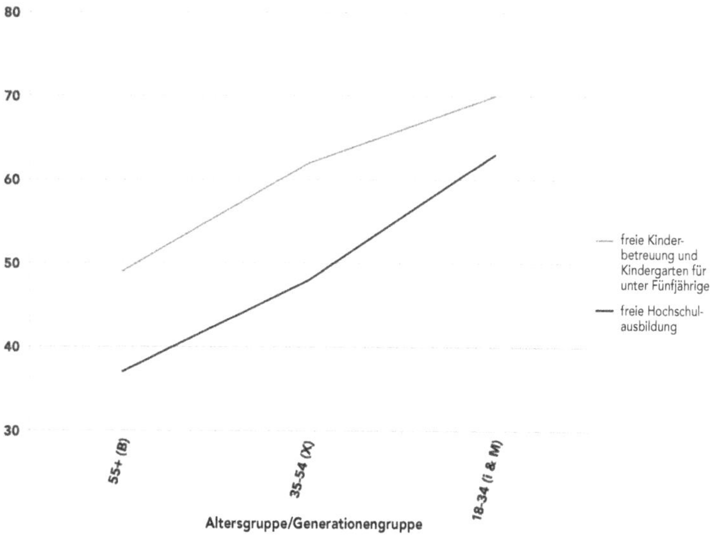

Prozentsatz derjenigen, die meinen, die Regierung solle Erziehungsprogramme finanzieren; nach Altersgruppe. Quelle: Gallup Poll, April 2016

Babyboomer gilt, und 70 Prozent mehr befürworten eine kostenlose Hochschulausbildung.

Als der Fernsehsender CNN 2016 mehrere Vorsitzende von Studentenwerken interviewte, meinten alle, die Ausbildungskosten seien das wichtigste politische Anliegen der Studenten. »Das größte Problem, das Studenten heute haben, sind die Studiengebühren und die Bildungskredite. Die Studenten können sich das nicht mehr leisten«, sagte Seth Ward, Leiter des Studentenparlaments an der Universität Maryland, Eastern Shore. »Es hindert uns daran, weiter aufs College zu gehen.« Ward glaubt aber nicht, dass das College vollkommen umsonst sein müsse – »die Studenten sollten schon etwas Geld investiert haben, denn wenn man etwas in eine Sache investiert, ist die Bereitschaft, härter dafür zu arbeiten, wahrscheinlich höher.« Abraham Axler, Vorsitzender des Studentenrates an der Universität von Virginia, meinte: »Ich glaube, wir brauchen die kostenlose Ausbildung. Bedeutet das aber eine kostenlose vierjährige Hochschulausbildung für jeden? Wahrscheinlich nicht. Aber jeder Schüler, der von der Highschool kommt, sollte trotzdem in der Lage sein, seine Fähigkeiten nach dem 18. Lebensjahr weiterentwickeln zu können.«

Die kostenlose Ausbildung an öffentlichen Universitäten war eines von Bernie Sanders' wichtigsten Versprechen bei den demokratischen Vorwahlen 2016, wahrscheinlich einer der Hauptgründe für die starke Unterstützung durch junge Wähler, trotz seines fortgeschrittenen Alters. Allerdings gibt es hier eine ironische Wendung unter den Generationen: Zu Collegezeiten der Babyboomer waren öffentliche Universitäten kostenlos für die Bürger des jeweiligen Staates. Kalifornien beispielsweise führte dann schrittweise das Studiengeld ein, angefangen mit der Erhebung von »Gebühren« in den 1970ern, nach entsprechenden hartnäckigen Bemühungen des damaligen Gouverneurs: Ronald Reagan. In buchstäblich jedem Staat überschreiten die Kosten für die Ausbildung an öffentlichen Colleges die Inflationsrate, und Millennials wie auch Selfies haben saftige Bildungskreditraten zu schultern.

Doch selbst manche Liberale zweifeln an der Mentalität der Selfies und der Millennials, die Regierung solle Geschenke verteilen. In seiner Show *Real Time with Bill Maher* wies der Gastgeber, ein liberaler Comedian aus der Babyboomer-Generation, darauf hin, junge Menschen heute hätten keinerlei Erinnerung an die frühere Sowjetunion und assoziierten Sozialismus stattdessen nur mit »Bildern von nackten Dänen während einmonatiger bezahlter Ferien«. Er führt die Tatsache, dass sich die Generation Selfie vom Sozialismus angezogen fühlt, auf das zurück, was sie von ihren Eltern an Unterstützung erhielten, sowie auf Alles-ist-kostenlos-Mentalität im Internet. Maher gibt schließlich eine Variation des klassischen Ratschlages à la »Such dir einen Job«, wie man ihn von miesepetrigen alten Männern kennt: »Ich bin ein Babyboomer. Ich denke, die natürliche Ordnung der Dinge ist die, dass man für die Musik bezahlt, die man mag. Wenn man das nicht tut, ist man noch lange kein Revolutionär. (...) Das ... muss der Grund sein, warum es diese ausufernden Crowdfunding-Websites gibt wie kickstarter und gofundme. (...) Los, bezahl für mich? Los, bezahl für dich selber!«

Eine schlagzeilenträchtige Befragung ermittelte 2015, die 18- bis 24-Jährigen hätten wahrscheinlich eine bessere Meinung vom Sozialismus als vom Kapitalismus (58 Prozent sprachen sich für Sozialismus, 56 Prozent für Kapitalismus aus). Die Unterstützung der Selfies und der Millennials für Bernie Sanders, der sich selbst als Sozialist bezeichnet, scheint auszudrücken, dass sie sich mit diesem Konzept wohl fühlen. Mehrere Beobachter kamen zum Ergebnis, woher das kommt: Junge Menschen wissen demnach nicht, was »Sozialismus« eigentlich heißt. Auf die Frage, ob sie eine »von der Regierung geleitete Wirtschaft« (eine Definition von Sozialismus) befürworten würden, antworteten nur 32 Prozent mit Ja.

Dass sich die Generation Selfie und die Millennials so vom Sozialismus angezogen fühlen, könnte auf ihrer Jugend beruhen – junge Menschen verdienen selten viel Geld – oder an ihrer Wahrnehmung, dass das Wirtschaftssystem gegen sie gerichtet ist (wie wir im Kapitel *Einkommensunsicherheit* sahen). Wenn die Generation Selfie älter wird und anfängt, mehr zu verdienen, wird es interessant sein zu beobachten, ob sich ihre libertäre Einstellung oder ihre Neigung zum Sozialismus als der stärkere Einfluss erweist. Obwohl beides entgegengesetzte politische Philosophien sind (die erste will eine begrenzte Regierungsgewalt, die andere eine große), speisen sie sich aus zwei fundamentalen Eigenschaften der Generation Selfie: aus ihrem Individualismus und aus ihren wirtschaftlichen Ängsten. Das finanzielle Los dieser Generation könnte am Ende ihre politischen Ansichten bestimmen.

Ich traue dir einfach nicht und will nicht mitmachen

Der Student Breeon Buchanan sitzt in einer Imbissbude in Philadelphia und spricht mit einem Reporter von CBS News. Er ist Afroamerikaner, trägt ein rot-blau gestreiftes Polohemd und einen Bart. Er hat – wie viele aus der Generation Selfie – eine

Menge Fragen bezüglich der Wahlen. Er sorgt sich um den Zustand des Landes: »Was sollen wir denn machen, um ihn zu verbessern? Was werden die Kandidaten im November tun, was die jungen Leute wirklich zur Wahl motiviert – dass sie bereit dazu sind und auch entsprechend begeistert? Was wird uns antreiben? Denn bis jetzt gibt es noch jede Menge Gleichgültigkeit.«

Breeon hat Recht – außer der Tatsache, dass »Gleichgültigkeit« eine Untertreibung sein könnte. Die Generation Selfie ist isoliert, unzufrieden und voller Misstrauen gegenüber der Regierung und dem politischen Prozess – vielleicht mehr als jede andere moderne Generation.

Sie ist sehr unzufrieden mit dem Zustand dieses Landes. Der Prozentsatz der Zwölftklässler, die sagen, dass Institutionen wie das Bildungswesen, die Regierung, die Nachrichtenmedien,

Prozentsatz der Zwölftklässler, die glauben, Institutionen machten eine gute oder sehr gute Arbeit. Quelle: Monitoring the Future, 1976–2015

große Konzerne und religiöse Organisationen gute Arbeit machen, erreichte 2014 einen Tiefststand – geringer noch als nach Watergate, nach dem Höhepunkt an Gewaltverbrechen in den 1990ern oder während der großen Rezession von 2007 bis 2009.

»Ich glaube nicht, dass die US-Regierung einen guten Job macht – tatsächlich glaube ich, sie macht einen der schlechtesten in der Geschichte«, schrieb Antonio, 20. »Ich schaue mir politische Debatten und Verhandlungen im Kongress an, und alles, was ich sehe, sind Leute, die sich nicht um unser Land kümmern. Sie benehmen sich wie alberne Jugendliche, kriegen einen Wutanfall, tun alles, damit die andere Seite nicht bekommt, was sie will. Es ist wie ein Kriegsschauplatz, wo es darum geht, die andere Seite schneller zum Scheitern zu bringen.«

Das gilt nicht nur für die Generation Selfie: Der gleiche Trend erscheint auch bei allen anderen Erwachsenen in sämtlichen Altersgruppen beim General Social Survey. Dort lag der Durchschnitt derer, die sagen, sie hätten »viel Vertrauen« in 13 Institutionen (einschließlich der Presse, des Bildungswesens, der Medizin und der Regierung), im Jahr 2014 bei durchschnittlich 21 Prozent – dem niedrigsten in der Geschichte dieser Erhebung, die bis 1972 zurückreicht – und blieb auch 2016 niedrig. Das erklärt doch wohl einiges über das verrückte Wahljahr 2016, oder nicht?

Die Generation Selfie glaubt nicht nur, die Regierung sei untätig; viele haben auch das Vertrauen in die Regierung verloren. Highschoolschüler im vierten Jahrgang äußern weniger wahrscheinlich, sie vertrauten der Regierung; sie glauben weniger wahrscheinlich, dass die Regierung für das Volk angetreten ist (und nicht für die großen Interessenverbände); sie glauben mit geringerer Wahrscheinlichkeit, dass die Menschen in der Regie-

Vertrauen von Zwölfklässlern in die Regierung. Quelle: Monitoring the Future, 1976–2015

rung ehrlich sind. Bei allen drei Fragen sind Tiefststände zu verzeichnen. Das Vertrauen in die Regierung sinkt schon seit einiger Zeit, was eigentlich die ständigen Gerüchte endlich verstummen lassen müsste, die Millennials vertrauten der Regierung mehr als frühere Generationen.

Eine Umfrage vom Oktober 2016 ergab: Junge Menschen, die solchen oder ähnlichen Aussagen zustimmten, würden wahrscheinlich nicht Hillary Clinton wählen – vielleicht ein weiterer Grund, warum die Unterstützung der jungen Wähler für sie geringer ausfiel als vorhergesagt. »Ich vertraue keinem in der Regierung wirklich. Schon seit diesem Wahlzyklus ist klar, dass beinahe jeder, der Macht oder irgendeinen Status in der Regierung hat, schon längst gekauft und bezahlt worden ist«, schrieb Logan, 20. »Niemals würde ich jemandem vertrauen, dass er etwas in der

Regierung tut, das ihm nicht auf irgendeine ziemlich klare Weise direkt nützt.« Brianna, 19, stimmt dem zu: »Die meisten Politiker sind kaum besser als Kriminelle. Sie stecken wegen Wahlkampfspenden mit den Lobbyisten unter einer Decke und kümmern sich einen Dreck um ihre Wähler«, schrieb sie. »Man muss sich doch nur mal ansehen, wie viele Politiker selber zu Lobbyisten werden und ihre Verbindungen benutzen, um noch mehr Geld zu verdienen! Die Tatsache, dass Hillary Clinton und Donald Trump dieses Jahr nominiert worden sind, zeigt doch nur, wie verkommen das ganze System ist.«

Die Generation Selfie hat auch weniger Interesse an der Regierung als frühere Generationen. Das ist besonders faszinierend, weil das Vertrauen in die Regierung in den frühen 1990ern sehr gering war, das Interesse an der Regierung aber sehr groß. Die Generation X misstraute der Regierung und fand nicht, dass sie gute Arbeit mache – dennoch interessierte sie sich dafür, was vor sich ging. Die Verbindung bei der Generation Selfie von wenig Vertrauen und wenig Interesse an der Regierung ist dagegen einmalig. Vielleicht ist diese Generation so voller Misstrauen gegenüber der Regierung, dass sie nicht einmal weiß, warum sie sich überhaupt dafür interessieren sollte. Chandler, 21, denkt so: »Ich bin normalerweise nicht an Regierungsangelegenheiten interessiert, es sei denn, ich hätte Grund zur Annahme, dass sie mein Leben direkt betreffen«, schrieb er. »Ich finde, die Korruption der Politiker schließt jedes Interesse, das ich an dem Thema haben könnte, von vornherein aus.«

Obwohl die Generation Selfie kein Interesse an der Regierung hat, ist sie etwas mehr an sozialen Problemen interessiert, als es für junge Millennials galt. Die Generation Selfie hat also mehr Interesse an dem, was in der Welt vor sich geht, aber weniger

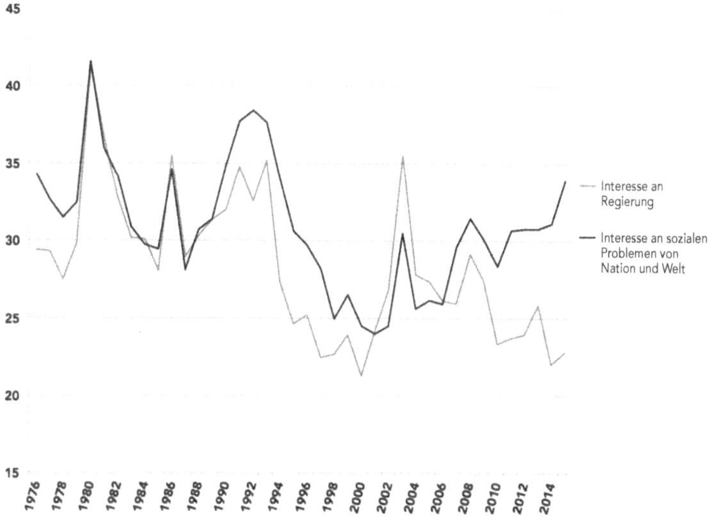

Interesse von Zwölftklässlern an der Regierung und an sozialen Problemen.
Quelle: Monitoring the Future

an der Regierung. Diese beiden Einstellungen sind gewöhnlich miteinander verknüpft, doch bei dieser Generation haben sie ihre Verbindung untereinander verloren. Dies ist ein weiteres Anzeichen dafür, dass sie nicht viel mit der Regierung zu tun haben will, denn für die Generation Selfie wird jegliche Veränderung durch den Einzelnen bewirkt, nicht durch die Regierung. Es gibt dennoch einige Anzeichen für Bewegungen in der Collegebefragung von 2016, als Studenten die Notwendigkeit, mit »politischen Vorgängen Schritt zu halten«, mit dem höchsten Grad seit 1992 bewerteten.

Man könnte meinen, das gesteigerte Interesse der Selfies an sozialen Problemen und politischen Vorgängen würde sich tatsächlich in Aktionen niederschlagen – indem man zum Beispiel an seinen Abgeordneten im Kongress schreibt oder an einer Demonstration teilnimmt. Doch tatsächlich wird diese Generation mit *geringerer* Wahrscheinlichkeit politisch aktiv: Die politische Beteiligung erreichte 2014 und 2015 ein Rekordtief, und weniger schrieben an einen Regierungsvertreter oder wären dazu bereit; weniger nahmen an einer Demonstration teil; weniger spendeten oder arbeiteten für eine politische Aktion. Brianna sagt, sie verfolge durchaus Politik – aber beteilige sich nicht. »Ich finde Politik faszinierend, so wie manche Leute Sport genießen«, schrieb sie. »Die ganze Kungelei macht mir Spaß. Aber ich werde nicht politisch aktiv; mein Interesse beschränkt sich darauf, etwas darüber zu lesen oder etwas auf Reddit zu posten. Ich protestiere nicht oder schreibe meinem Kongressabgeordneten, und ich bin auch nicht aktiv an Kampagnen beteiligt. Ich bin nur da zum Glotzen und um mich zu beschweren.«

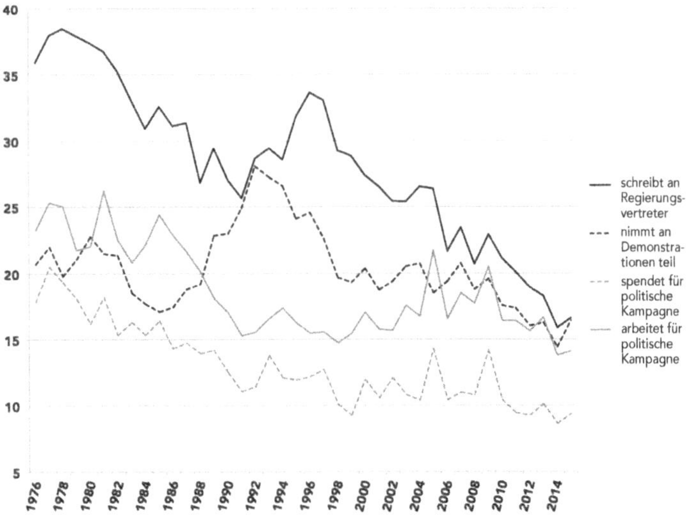

Prozentsatz von Zwölftklässlern, die an politischen Aktionen teilgenommen haben oder vermutlich teilnehmen werden. Quelle: Monitoring the Future

Früher haben wir von Charlies Gründen gehört, ein »stolzer liberaler Demokrat« zu sein. Doch er sagt auch: »Ich habe nie an einen Politiker geschrieben oder mich an Politik beteiligt, weil das alles ein schmutziges Spiel ist. Selbst die, die behaupten, Liberale und Demokraten zu sein, folgen ihrer Agenda und betreiben Propaganda. Ich finde, in der Politik geht es nur um Geld ... Das Leben ist zu kurz, um sich über Politik und Politiker Gedanken zu machen.« Rob, der libertäre Konservative, der seine Überzeugungen durch Online-Quiz herausfand, erwähnte einen weiteren, für diese Generation typischen Grund, warum er nicht mitmachen will: Sicherheit. »Bei all den verrückten Straßenkämpfen von Bernie-Sanders- und Trump-Unterstützern hatte ich wirklich keine Lust, zu irgendeiner Veranstaltung oder Kundgebung zu gehen«, schrieb er.

Viele aus der Generation Selfie reagieren äußerst zynisch auf die Frage, ob sie überhaupt persönlich auf Politik und Regierung einwirken können – es ist die politische Komponente der internen Kontrollüberzeugung, von der wir im Kapitel *Einkommensunsicherheit* sprachen. Die Zahl der Zwölftklässler, die glauben, dass Wahlen oder Aktionsgruppen von Bürgern einen Einfluss auf die Regierung haben können, nähert sich einem historischen Tiefststand. Die Generation Selfie denkt wahrscheinlich eher, dass nichts wirklich hilft, also ist es sinnlos mitzumachen. »Ich engagiere mich nicht politisch, weil es sowieso nichts verändert«, schrieb Justin, 21. »Man sieht doch, wie viele Leute an Bernie Sanders geglaubt haben. Massen von Menschen haben ihn unterstützt, aber Hillary hat trotzdem das Rennen für sich entschieden.«

Aber wählen sie tatsächlich? Wählen zu gehen ist eine nur geringe Anstrengung, verglichen mit regelrechtem politischem

Aktivismus, weshalb sich die Trends wohl unterscheiden. Lange Zeit hielt sich das Gerücht, die Millennials (die den Selfies direkt vorangingen) würden die Wahlbeteiligung der Jugend auf nie dagewesene Höhen heben und die Politik verändern. Diese Veränderung fand aber nicht statt, obwohl es einen leichten Aufwärtstrend gab: Die Wahlbeteiligung der 18- bis 24-Jährigen lag in den Jahren der Präsidentschaftswahlen, als die Millennials diese Altersgruppe dominierten, um zwei Prozentpunkte höher, verglichen mit der Generation X . Jedoch lag die Wahlbeteiligung bei der Präsidentschaftswahl immer noch um drei Prozentpunkte niedriger als bei den Babyboomern im gleichen Alter.

Noch besorgniserregender: Die Wahlbeteiligung der Jugend nimmt bei der Zwischenwahl stetig ab. 2014 war das erste Zwischenwahljahr, in dem die Generation Selfie wählen konnte, und

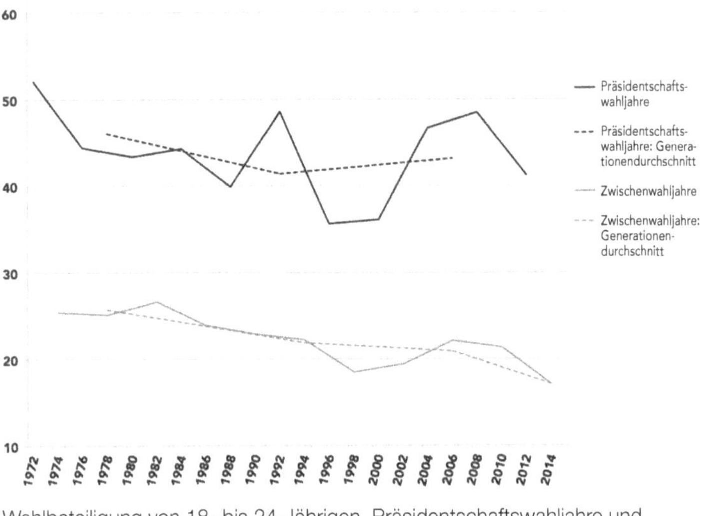

Wahlbeteiligung von 18- bis 24-Jährigen, Präsidentschaftswahljahre und Zwischenwahljahre. Quelle: Current Population Survey, 1972–2014

die jugendliche Wahlbeteiligung erreichte, wie in so vielen anderen Bereichen, die diese Generation und die Regierung betreffen, einen Tiefststand: Bei der Zwischenwahl 2014 stimmten von ihnen 33 Prozent weniger ab als die Babyboomer im gleichen Alter bei Zwischenwahlen (22 Prozent weniger als die Generation X und 18 Prozent weniger als die Millennials). Das Wählen hat nicht wie andere Arten der politischen Teilhabe derart starke Rückgänge zu verkraften gehabt, aber der erste Auftritt der Generation Selfie an der Wahlurne war dennoch nicht besonders gut. Erste Resultate von 2016 legen hier nur eine geringe Veränderung nahe. Die Wahlbeteiligung der Jugend war ungefähr die gleiche wie bei der vorangegangenen Präsidentenwahl 2012.

Deutsche Jugendliche und Politik

In Deutschland verzeichnete das politische Interesse unter 12- bis 25-Jährigen in den letzten Jahren einen leichten Anstieg. Im Jahr 2002 betrug der Anteil der wenig oder gar nicht Interessierten noch 69 Prozent; 2019 nur noch 59 Prozent. Der Anteil der Befragten, die sich als politisch interessiert oder sogar stark an Politik interessiert bezeichneten, stieg im selben Zeitraum von 30 auf 41 Prozent.[49]

»Mit Politik habe ich nicht wirklich viel am Hut und kenne mich auch gar nicht damit aus.«

Lara, 17 Jahre, Deutschland

Kein großer Fan von Nachrichten

Die Generation Selfie will also nicht viel mit Regierung und Politik zu tun haben, glaubt auch nicht daran, dass eigenes Engagement viel verändern würde. Wie wir aber im Kapitel *Isoliert, aber nicht wirklich* gesehen haben, will diese Generation zumindest mitreden, auch wenn sie nicht mitmachen und ihr Reden nicht in die Tat umsetzen will. Sie sammelt Informationen, auch wenn sie nicht handelt. Immerhin hat sie Zugang zu mehr Informationsquellen als jede frühere Generation, vom Internet über Nachrichtensender bis zum Talk-Radio. Meist beziehen die »Nachrichtenjunkies« ihre Nachrichten aus mehr als einer Quelle: Sie sehen die Fernsehnachrichten, lesen Artikel online und hören Radio, um verschiedene Blickwinkel auf eine bestimmte Geschichte zu bekommen. Wer sehr an Nachrichten interessiert ist, wird sie auch öfter hören bzw. lesen. An diesem Maßstab gemessen – Häufigkeit und Verschiedenartigkeit der Quellen zur Versorgung mit Nachrichten – ist die Generation Selfie sehr viel schlechter als ihre Vorgänger informiert. Von der Generation X über die Millennials bis zur Generation Selfie fiel die Anzahl der Acht- und Zehntklässler, die oft Nachrichten und aus verschiedenen Quellen aufnahmen, von drei Vierteln der Jugendlichen auf etwas weniger als die Hälfte.

Natürlich kann das auch daher rühren, dass die Generation Selfie ihre gesamten Nachrichten online bezieht. Doch der Rückgang beim Nachrichtenkonsum unter Jugendlichen hat nicht erst mit der Generation Selfie begonnen. Schon bevor es das Internet gab, achteten die Jugendlichen im Verlauf der Jahre immer weniger auf die Nachrichten. Vermutlich ist der Konsum von Internetnachrichten also nicht der einzige aktuelle gesellschaftliche Trend. Zusätzlich geht das Nachrichtenschauen im Fernsehen ungefähr doppelt so stark zurück wie beim Fernsehkonsum insgesamt. Für die Generation Selfie zählen nur die Online-Nachrichten. Das kann etwas Gutes sein, wenn man an die richtigen Orte gelangt. Das Problem ist aber (soweit ich es in den Interviews und Befragungen erlebte, die ich mit Jugendlichen machte), dass nur wenige diese richtigen Orte kannten.

Wie informieren sich deutsche Jugendliche über Politik?
Der weitaus größte, wenn auch leicht sinkende Anteil von Jugendlichen in Deutschland informiert sich nicht aktiv über Politik (2010: 66 Prozent; 2019: 62 Prozent). Trotz eines Zuwachses bei beiden Medien hat das Internet dem Fernsehen den ersten Rang als politisches Informationsmedium abgelaufen: 30 Prozent der 12- bis 25-Jährigen informieren sich mehrheitlich im Internet über Politik (2010: 20 Prozent) und nutzen hierbei zumeist Nachrichten-Websites und News-Portale. 23 Prozent informieren sich im Fernsehen (2010: 28 Prozent) und immerhin je 15 Prozent im Radio oder Tages- und Wochenzeitungen.[50]

»Ich höre morgens Radio, da kriege ich schon mit, was so passiert ist. Aber nicht so, dass ich das aktiv verfolge. Bei uns gibt es zwar eine Zeitung, aber die lese ich eher nicht.«
Franziska, 16 Jahre, Deutschland

Sofia, die 18-jährige Studienanfängerin aus Kalifornien, der wir im Kapitel *Inklusiv* begegnet sind, blickt verwirrt drein, als ich sie frage, ob sie die Nachrichten online liest. Als ich sie frage, ob es einige nationale Ereignisse oder solche aus der ganzen Welt gibt, die sie interessieren, fragt sie: »Was zum Beispiel?« Ich frage, was sie anklickt, wenn sie eine Online-Nachrichtenseite aufruft. »Ich weiß nicht«, sagt sie und erzählt mir dann von einer Hausarbeit, die sie für einen Psychologiekurs geschrieben hat. Emily, die Highschoolanfängerin aus Minnesota, die wir ebenfalls bereits kennengelernt haben, sieht morgens mit ihrer Familie die Fernsehnachrichten. Als ich sie aber nach Online-Nachrichtenseiten frage, meint sie: »Ich wusste gar nicht, dass es das gibt.«

In der SDSU-Studienanfängerbefragung sagten die meisten Studenten, sie seien »nicht interessiert« an den Nachrichten. »Ich bin kein großer Nachrichtenfan«, schreibt Marisol, 19. »Viele Nachrichten deprimieren einen nur.« Ein anderer Schüler schreibt: »Ich habe nicht die Geduld für Nachrichten.« Als ich die Highschoolschüler im Interview fragte, ob sie bezüglich der gegenwärtigen Ereignisse auf dem Laufenden wären, war die häufigste Antwort: »Ich schaue sie an, wenn ich sie für die Schule ansehen muss.« Ashley, die Highschool-Elftklässlerin, die wir im Kapitel *Online-Zeit* trafen, ist irritiert, als ich sie danach frage, welche nationalen oder weltweiten Ereignisse sie interessieren (»Hm – keine Ahnung. Was meinen Sie damit?«). Sie sagte allerdings, *Yahoo! News* sei ihre Browser-Startseite; aber als ich sie dann fragte, welche Nachrichten sie anklicken würde, meinte sie: »Meistens schaut sich meine Mutter das Zeug an, und sie berichtet mir dann, was passiert ist – meistens Unfälle oder irgendwas Größeres.«

Politische Apathie und politische Polarisierung haben vielleicht dieselbe Hauptursache: das Internet. Viele haben gehofft, das Internet würde ein neues Zeitalter des zivilen Engagements mit sich bringen; es würde die Informationsbeschaffung erleichtern sowie das Organisieren von Protesten und Demonstrationen. Sicherlich ist das Schreiben an die Politiker leichter geworden, die meisten haben ein Formular auf ihrer Website. Doch verglichen mit der Zeit, als das Schreiben an einen Regierungsvertreter bedeutete, in der Bibliothek die Adresse herauszusuchen, einen Brief zu tippen und ihn dann abzusenden, kontaktieren heute weniger junge Menschen ihre gewählten Volksvertreter. Die Generation Selfie findet neue Wege, um für einen sozialen Wandel einzutreten – das reicht vom regenbogenfarbenen Facebook-Profilbild bis zur Hashtag-Verwendung bei bestimmten Tweets. Es wird nicht gerade ein Marsch auf den Straßen sein, doch – wie die Regelung des Obersten Gerichts zur gleichgeschlechtlichen Ehe zeigt – kann ein solch weit verbreitetes Bewusstsein die Meinung des durchschnittlichen Amerikaners und schließlich auch das Gesetz verändern. Die Bekanntheit von »Black Lives Matter« wurde online erreicht. Hier glänzt die Generation Selfie – nicht bei der traditionellen politischen Aktion, sondern bei der Verbreitung von Worten über ein neues Thema. Manchmal verändert das die Dinge (wie im Fall der gleichgeschlechtlichen Ehe), manchmal tut es das auch nicht (wie beim »Kony 2012«-Video, das den Fall des ugandischen Kriegsverbrechers Joseph Kony bekannt machte, millionenmal angeklickt wurde, aber ansonsten nur wenig bewirkte).

Welche Art von politischen Kandidaten wird die Generation Selfie ansprechen? Das Internet und der Individualismus dieser Generation verlangen vor allem nach Authentizität, den wichtigsten Wert des »Sei du selbst«. Die Generation Selfie will jemanden, der oder die als stimmig in seinen oder ihren Ansichten gilt und sie nicht gegen andere austauscht. Das war der Schlüssel für Bernie Sanders' Anziehungskraft auf die Generation Selfie und die Millennials, vermutlich auch für die von Donald Trump. »Auch wenn Sie Bernie Sanders nicht zustimmen, respektieren Sie ihn zumindest wegen seines Mitgefühls und seiner Authentizität«, schrieb Emilia Beuger, Studentin an der Universität von Massachusetts, im *Massachusetts Daily Collegian*. »Er ist authentisch. Er bleibt seinen Überzeugungen treu und hat keine Angst, diese Überzeugungen auch auszusprechen. Er wird sich nicht von anderen vorschreiben lassen, was er glauben soll ... Er lässt sich auch von niemandem vorschreiben, was er selbst sagen oder denken soll.« Vergleichbares könnte man auch über Donald Trump schreiben – viele Menschen fanden es gut, dass er sagte, was immer er wollte. Es ist vermutlich kein Zufall, dass der republikanische Kandidat Trump, der als authentisch galt, 2016 gewonnen hat – hingegen Mitt Romney, Republikaner-Kandidat 2012, nicht gewann, weil er als übermäßig angepasst galt.

Zukünftig sehe ich einen Politiker ganz ähnlich wie den Präsidentschaftskandidaten Will Conway in der Netflix-Serie *House of Cards*, der an die Generation Selfie appelliert: jemand, der jung ist, unkompliziert und locker. In einer Episode streamt Conway live ein Video aus seinem Haus mit seiner Familie, er spricht ohne Notizen und ist anscheinend völlig entspannt. Es erweist sich zwar bald, dass er gar nicht so authentisch ist, sein Image aber schon. Die Generation Selfie hat noch weniger als die Millennials vor ihr Verständnis für traditionelle politische Kandidaten. Sie empfindet sie als unehrlich, als nicht vertrauenswürdig und als Teil großer Institutionen, die sie ablehnt.

Die Generation Selfie hat feste Überzeugungen, die die politische Polarisierung des Landes als Ganzes widerspiegelt. Die Kehrseite unserer Online-Kultur ist, dass die sozialen Medien Menschen mit ihrer persönlichen Blase aus Freunden und Familie verbindet, was wiederum anderen Menschen ermöglicht, sich mit anderen Menschen zusammenzutun, die so denken wie sie selbst und ihre Ansichten wie durch ein Echo verstärken. Als Ergebnis dessen teilen mehr junge Amerikaner feste politische Ansichten, doch weniger sind daran interessiert, informiert zu bleiben oder am politischen Leben teilzunehmen. Wir erleben vielleicht, dass immer mehr Kandidaten es vorziehen, schnell berühmt zu werden, um die Aufmerksamkeit der Generation Selfie zu erlangen. Ruhm und bombastische Proklamationen sind der Schlüssel, um in den Umfragen ganz oben zu stehen. Angehende Politiker, die versuchen, die nächste Generation anzusprechen, werden nicht nur den polarisierten Ansichten und libertären Werten der Generation Selfie Rechnung tragen müssen – sie werden auch das sinkende Interesse dieser Generation an Politik insgesamt überwinden müssen – bis der Politiker selbst zum viralen Running-Gag, zum Meme wird.

SCHLUSS
Die Generation Selfie verstehen – und ihr helfen

Die 13-jährige Athena ist richtig in Fahrt und erzählt, wie ihrer Meinung nach die Technologie ihre Generation beeinflusst hat. Wenn sie mit ihren Freundinnen abhängt, blicken die oft auf ihre Smartphones anstatt sie, Athena, anzusehen. »Ich versuche, mit ihnen über irgendetwas zu reden, und sie schauen mich einfach – nicht – an«, sagt sie, wobei sie jedes der letzten Worte betont. »Sie sehen auf ihr Smartphone oder auf ihre Apple-Watch.«

»Wie fühlt es sich denn an, wenn du versuchst, mit jemandem von Angesicht zu Angesicht zu sprechen, der andere dich aber nicht anschaut?«, frage ich.

»Das verletzt mich irgendwie«, sagt sie. »Es tut weh. Ich weiß, dass die Generation meiner Eltern das nicht so gemacht hat. Ich könnte über etwas reden, das mir wahnsinnig wichtig ist, und sie würden nicht mal zuhören.«

Einmal, erzählt sie, schickte eine Freundin eine Textnachricht an ihren Freund, während sie beide bei ihr zu Hause abhingen. »Ich habe versucht, mit ihr über meine Familie zu reden und was da gerade ablief, und sie meinte nur: ›Aha, ja, was auch immer.‹ Da habe ich ihr das Smartphone aus der Hand genommen und an die Wand geworfen.«

Ich muss laut auflachen. »Du spielst Volleyball«, sagte ich. »Du hast wohl einen guten Wurfarm?«

»Klar doch«, antwortet sie.

Athenas Geschichte hat mich neugierig gemacht, nicht nur, weil sie etwas getan hat, was viele von uns auch sehr gerne mal machen würden (aber weder den Mumm noch den Wurfarm dazu haben). Mit ihren 13 Jahren hat Athena nie eine Welt ohne Internet erlebt, sie kann sich sogar kaum an eine Zeit vor den Smartphones erinnern. Die jetzige Welt ist die einzige, die sie je kennengelernt hat – und weiß doch nicht recht, ob sie darin leben möchte.

In diesem Kapitel werde ich einige Wege aufzeigen, wie wir die Situation für die Generation Selfie verbessern können. Dazu ist es notwendig, Lösungen anzubieten, die auch akzeptiert werden. Denn jede kulturelle Veränderung ist immer ein Ausgleich: Mit dem Guten kommt auch das Schlechte. Die Trends, die die Generation Selfie geformt haben, bestehen eben aus diesem Mix von gut und schlecht, wobei jeweils noch eine kräftige Portion »das kommt drauf an« hinzukommt. Manchmal wünsche ich mir, wir müssten nicht jeden Generationentrend als gut oder schlecht bezeichnen – denn sie sind nun einmal vorhanden. Doch weil ich selbst Elternteil und Lehrkraft bin, verstehe ich auch den Drang, darüber zu sprechen, »was wir unternehmen können«. Bei einigen Trends ist das allerdings kaum nötig: Wenn weniger Jugendliche Alkohol trinken, Sex haben und weniger in Autounfälle verwickelt sind, dürfen wir uns (und die Jugendlichen) dazu beglückwünschen und uns freuen. Jugendliche leben heute körperlich sicherer als je zuvor und treffen weniger riskante Entscheidungen als frühere Generationen. Das wiederum ist Teil des Gesamtbildes. Dass sie langsamer erwachsen werden, bedeutet aber kaum eine generelle Veränderung in Richtung Verantwortung. Dennoch ist es natürlich gut, dass die Jugendlichen sicherer leben.

Andere Trends sind weitaus besorgniserregender. Wie können wir unsere Kinder vor Angst, Depression und Einsamkeit in unserem digitalen Zeitalter schützen? Was können Eltern und Colleges tun, um den Übergang von den allgemeinbildenden Schulen auf die Hochschulen zu erleichtern, wenn immer weniger Schüler überhaupt jemals so etwas wie Unabhängigkeit erfahren haben? Wie können Manager möglichst viel aus der neuesten Generation von Arbeitskräften herausholen?

In diesem letzten Kapitel werde ich mögliche Wege diskutieren, die uns weiterführen. In vielen Fällen verlasse ich mich auf die Aussagen der Generation Selfie selbst, um den Weg aufzuzeigen. Wie Athena erkennen viele aus dieser Generation sehr deutlich die Kehrseite ihres einzigartigen digitalen Zeitalters. Hier erlauben die Daten eine subjektivere Interpretation und Meinung, weshalb ich dankbar bin, dass so viele junge Menschen ihre Sicht auf diese Themen dargestellt haben.

Leg das Smartphone weg

»Seitdem meine jüngere Schwester ihre eigenen Instagram- und Twitter-Accounts hat, verbringt sie unsere Autofahrten damit, still vor sich hin zu scrollen, den Kopf gesenkt, das Gesicht angestrahlt vom blau-weißen, 5,44 mal 2,64 Zoll großen Smartphone-Display«, schrieb die Studentin Rachel Walman im *Massachusetts Daily Collegian.* »Ich versuche, mit ihr ins Gespräch zu kommen, und sie gibt mir geistesabwesend irgendwelche Antworten, die aus einem einzigen Wort bestehen. Ich mache ihr deshalb keine Vorwürfe, weil ich weiß, dass ich das ja selber auch mache. Ich bin eher traurig darüber, dass uns unser Online-Leben wichtiger geworden ist als unser echtes Leben.«

Die Generation Selfie ist süchtig nach ihren Smartphones, und sie weiß das auch. Viele wissen außerdem, dass das nicht unbedingt eine gute Sache ist. Es ist klar, dass die meisten Jugendlichen (und Erwachsenen) besser dran wären, wenn sie weniger Zeit mit ihren Displays verbringen würden. »Die sozialen Medien zerstören unser Leben«, erzählte eine Jugendliche der Autorin Nancy Jo Sales in ihrem Buch *American Girls*. »Warum löst ihr euch nicht davon?«, fragte Sales. »Weil wir dann kein Leben mehr hätten«, antwortete das Mädchen.

Die hier angeführten und viele weitere Untersuchungen zeigen: Es ist das Beste, wenn Sie es so lange wie möglich aufschieben, Ihrem Kind ein Handy zu besorgen. Es gibt wirklich keinen Grund, dass ein Kind schon in der Grundschule sein eigenes Handy haben muss, so dass dies nicht schwerfallen dürfte. Danach, wenn die Kinder mehr Aktivitäten entwickeln und wahrscheinlich mit dem Bus zur Schule fahren, kaufen viele Eltern ihren Kindern ein Handy, weil es bequem und sicher ist. Doch dieses Handy muss nicht unbedingt ein Smartphone mit Internetzugang sein. Stattdessen können Sie Ihrem Kind ein Handy mit eingeschränkten Funktionen kaufen – etwa ein altmodisches Klapphandy (auch bekannt als Dumbphone) ohne Internetzugang und Touchscreen (das bedeutet, denselben Knopf mehrfach zu drücken, um verschiedene Buchstaben einzugeben – erinnern Sie sich noch?). Als der Sohn meiner Freundin vor Kurzem anfing, auf unsere örtliche Middleschool zu gehen, kaufte sie ihm ein Klapphandy. Ich habe die Absicht, in einigen Jahren das Gleiche zu tun, wenn meine Älteste mit dem Bus ebenfalls zur Middleschool fährt – obwohl ich ihr vielleicht noch nicht einmal das Klapphandy gebe, denn wahrscheinlich will ich erst mal sehen, wie die ersten Wochen laufen. Schließlich fuhren Kinder jahrzehntelang mit dem Bus, ehe es überhaupt Mobiltelefone gab. Wir lassen das Handy jedenfalls so lange wie möglich weg.

Warum aber soll man überhaupt warten, wenn doch »jede« und »jeder« ein Smartphone hat und auch Ihr Kind sich sehnlichst eines wünscht? Manche Menschen sagen, dass die Jugendlichen irgendwann ohnehin in den sozialen Medien landen, weshalb man ihnen schon früh ein Smartphone besorgen könne. Doch dieses Argument übersieht, dass die frühjugendliche Entwicklung und die sozialen Medien auf Kollisionskurs sind. Die Middleschool war immer schon eine nervenaufreibende Zeit der Identitätsfindung und des Drangsalierens, und beide kombiniert mit dem Einfluss von sozialen Medien können ein wahres Pulverfass ergeben. Deshalb sind die Verbindungen zwischen Nutzung sozialer Medien und Depression bei den jüngsten Jugendlichen am stärksten. Ältere, schon selbstsicherere Jugendliche werden wahrscheinlich emotional weniger von den sozialen Medien betroffen. Auch angesichts der herausragenden Rolle von Sexualität online – die Po-Selfies, das Fordern von Nacktfotos und die Likes bei sexuell provokanten Instagram-Posts – ist es sinnvoll, jungen Teenagern diesen Druck noch einige Jahre zu ersparen. Wenn Ihre Kinder aber unbedingt in den sozialen Medien sein wollen, gibt es eine einfache Lösung: Melden Sie sie an, aber von Ihrem eigenen Computer aus. Die Jugendlichen können kurz die Nachrichten von ihren Freunden checken und sich zu Treffen verabreden, aber das Gerät ist nicht wie ein Smartphone ständig in ihren Taschen und Händen. Eine sporadische Nutzung wird wohl kaum schädlich sein – aber schon bei einer Nutzung von mehr als zwei Stunden täglich sind soziale Medien und die Nutzung von elektronischen Geräten mit Traurigkeit und psychischen Problemen verbunden.

Wenn Ihnen diese Beschränkungen vorsintflutlich vorkommen, sollten Sie bedenken: Selbst viele Bosse von Technologiefirmen regeln strikt die Technologienutzung ihrer eigenen Kinder. Nick Bilton, Reporter der *New York Times*, fragte 2010 den Mitbegründer und Chef von Apple, Steve Jobs, ob seine Kinder das iPad mögen. »Sie haben es noch gar nicht benutzt«, sagte Jobs. »Zu Hause schränken wir die Technologienutzung unserer Kinder ein.« Bilton war schockiert, erfuhr aber später, dass auch viele andere Technologieexperten die Zeit ihrer Kinder vor dem Bildschirm begrenzen – angefangen vom Mitbegründer von Twitter bis zum früheren Verleger der Zeitschrift *Wired*. Selbst Menschen also, die Technologie lieben – und ganz gut davon leben –, achten darauf, dass ihre Kinder sie nicht zu viel benutzen. Wie Adam Alter es in seinem Buch *Unwiderstehlich* (*Irresistible*, 2017) ausdrückte: »Es schien, als befolgten die Menschen, die technische Produkte auf den Markt bringen, die Kardinalregel von Drogendealern: ›Werde nie high von deinem eigenen Stoff‹.«

Viele Eltern fragen sich, ob man sich wirklich wegen solcher Dinge Sorgen machen müsse. Manche meinen, die Besorgnis wegen der Smartphones gleiche der Panik um frühere Medienfortschritte, dem Radio etwa oder den Langspielplatten, dem Fernsehen und selbst den Romanen. Das kann durchaus sein, ist aber nicht besonders relevant. Die sozialen Medien und die Nutzung elektronischer Geräte sind tatsächlich mit mehr Einsamkeit, Traurigkeit, Depression und Selbstmordrisiko verbunden, was sowohl durch korrelative als auch durch experimentelle Daten gestützt wird. Romane und Musik sind nicht, Fernsehkonsum ist dagegen sehr wohl mit Depression verbunden, und sicher waren mehr Babyboomer (die erste TV-Generation) als frühere Generationen deprimiert, die noch ohne Fernsehen aufgewachsen sind. Nur weil schon früher darüber diskutiert wurde, heißt das noch nicht, dass es falsch ist; zudem erwies sich die »Panik« wegen des Fernsehens als durchaus gerechtfertigt. Somit scheint es belanglos, ob es schon früher »Panik« um Medien gab – unsere Kinder brauchen *jetzt* Hilfe.

Ein weiteres Argument lautet: Jugendliche haben schon immer irgendwie miteinander kommuniziert – jetzt eben über die sozialen Medien und Textnachrichten. Vielleicht stimmt das auch, doch die elektronische Kommunikation ist eben mit psychischen Problemen verbunden, während das persönliche Interagieren mit einer guten psychischen Stabilität zu tun hat. Beide Arten der Interaktion sind eben nicht gleich.

Schließlich wird darüber diskutiert, dass die Menschen (einschließlich der Erwachsenen) die sozialen Medien ja mögen – also könnten sie nicht ganz schlecht sein. Das aber stimmt eindeutig nicht. Viele Menschen mögen auch Junkfood, ungesundes Fertigessen, doch das bedeutet längst nicht, dass dies für unsere Gesundheit gut ist. Denn wir sollten nicht vergessen: Die Firmen, die soziale Medien betreiben, werden von Menschen geleitet, die damit Profit machen wollen. Jedes Mal, wenn sich eine neue App durchsetzt, weil die Jugendlichen die ganze Nacht wach bleiben und diese App nutzen, verdienen diese Firmen Geld. Unsere Kinder aber verlieren dabei.

Das könnte vor allem auf Mädchen zutreffen. Sie sind die Hauptkonsumentinnen der sozialen Medien, und sie sind es, die hauptsächlich an den dadurch angerichteten psychischen

Problemen leiden. Eltern, Lehrer und die Mädchen selbst müssen etwas tun, weil die entsprechenden Firmen sicher nichts unternehmen. »Die Unternehmen der sozialen Medien werden so lange nichts daran tun, solange der Laden läuft«, sagt Paul Roberts, Autor von *The Impulse Society* (2015). »Ach, Ihre Tochter ist bei Tinder? – Na ja, sie trifft da nur ihre Freunde. Ich glaube nicht, dass dies unbedingt eine zynische Einstellung ist, etwa im Sinne von ›Lasst uns die Frauen kaputt machen‹. Es geht vielmehr um die Frage: Woher kriege ich meinen nächsten Quartalsbonus?«

Ich sage nicht, dass Jugendliche oder Erwachsene ihre Smartphones oder gar die sozialen Medien ganz aufgeben sollten. Wenn Sie oder Ihre Jugendlichen die Nutzung auf eine Stunde pro Tag beschränken, dürfte das keine gesundheitsschädigende Wirkung haben. In kleinen Dosen benutzt, ist es eine nützliche Technologie, die unser Leben erleichtern kann. Doch die Entwicklung ist eindeutig zu weit gegangen. Psychologiezeitschriften sind voller Artikel über Internetabhängigkeit. Viele Jugendliche kommunizieren mit ihren Freunden weit häufiger elektronisch als durch persönlichen Kontakt, mit bislang unbekannten Folgen für die Entwicklung ihrer sozialen Fähigkeiten. Wir wissen bereits, dass Depression und Angst auf bisher beispiellose Weise angestiegen sind und dass doppelt so viele junge Jugendliche Selbstmord begehen wie noch vor wenigen Jahren. Es scheint also überdeutlich, dass die Zeit vor dem Display begrenzt werden muss.

Wir alle, auch wir Erwachsene, müssen einen Maßstab dafür finden, wie lange wir dieses Smartphone in Händen halten, wie lange unsere Augen dieses Display ansehen und wie lange wir digital statt persönlich kommunizieren. Melissa Nilles, Studentin an der University of California in Santa Barbara, erfasst diese

Realität, wie dies nur die Generation Selfie vermag. »Neulich hatte ich nachts einen schrecklichen Albtraum«, schrieb sie in der Studentenzeitung ihrer Universität. »Anstatt mich mit meiner Freundin auf eine schnelle Tasse Kaffee zu verabreden, haben wir uns beide eine halbe Stunde darüber geschrieben, wie unser Tag gelaufen ist. Danach habe ich, anstatt mich mit meinem Professor zu treffen und mit ihm persönlich zu sprechen, ihm von zu Hause aus eine E-Mail mit meiner Frage geschickt. Deswegen hat er nie erfahren, wer ich bin, obwohl er eine sehr gute Quelle für ein Empfehlungsschreiben gewesen wäre, wenn er mich kennengelernt hätte. Dann habe ich einen süßen Kerl an der Bushaltestelle ignoriert, der mich nach der Uhrzeit fragte, weil ich auf eine Textnachricht antworten musste. Und ich habe viel zu lange versucht, mit meinen 1000+ Facebook-›Freunden‹ mitzuhalten, von denen ich die meisten kaum sehe, die leider immer mehr an Bedeutung verlieren und die immer mehr in der Masse meiner ›Connections‹ verschwinden. Stopp, das war kein Traum. Diese Isolation durch Technologie ist die Realität von heute.« Technologie, so schreibt sie, »zerstört allmählich die Qualität unserer sozialen Interaktionen, die wir alle als Menschen doch brauchen. Was tun wir denn mit den 3000 Freunden aus dem Internet? Warum verschicken wir die ganze Zeit Textnachrichten? Mir kommt das wie eine gewaltige Zeitverschwendung vor. Lasst uns mehr Zeit mit unseren Freunden verbringen. Lasst uns Beziehungen schaffen, die am Ende wirklich zählen, und uns nicht auf eine Technologie verlassen, die diesen Job für uns erledigt.« Das Leben ist offline besser, und sogar die Generation Selfie weiß das.

Smartphone-Lebenshilfe

Für Eltern können bestimmte Entscheidungen rund um Smartphones und soziale Medien eine Überforderung bedeuten. Schließlich wird Ihr Jugendlicher irgendwann doch sein Smartphone bekommen. Das heißt aber noch nicht, dass dann alles vorbei ist. Ehe Sie dem Jugendlichen ein Smartphone geben, installieren Sie darauf eine App, die die Zeit begrenzt, die er mit dem Gerät verbringt. Es gibt mehrere Apps, die das leisten, und sie sind wahrscheinlich schon wieder modifiziert worden, wenn Sie dieses Buch lesen. Gegenwärtig sind mehrere erhältlich, und die meisten kosten nicht mehr als ein paar Dollar im Monat. Apps können die Zeit auf bestimmten Websites begrenzen, das Telefon nach einer bestimmten Zeit sperren oder es sogar vollständig ausschalten. Es ist sicher eine Versuchung, dem Jugendlichen zunächst das Smartphone zu geben und abzuwarten, ob er oder sie das Gerät verantwortlich nutzt. Besser ist es aber tatsächlich, die Kontrollen bereits zu installieren, ehe die Jugendlichen das Passwort verändern oder nach den sozialen Medien süchtig werden. Das kann nur allzu leicht passieren – fragen Sie die meisten Erwachsenen, die selber fast so süchtig danach sind wie ihre Kinder. Grenzen setzen ist eine gute Lösung, weil die Jugendlichen dann immer noch Events suchen oder mit ihren Freunden kommunizieren können, doch das Smartphone rückt nicht ins Zentrum ihrer Aufmerksamkeit.

Eine weitere Grundregel: Niemand, auch kein Erwachsener, sollte näher als drei Meter von seinem Smartphone entfernt schlafen. Viele Selfies und Millennials haben mir berichtet, dass sie ihr Smartphone nachts fast immer angeschaltet lassen und die ganze Nacht durch Benachrichtigungen und Signaltöne geweckt werden. Viele andere haben ihr Smartphone nachts wohl fast immer stumm geschaltet, aber dennoch greifen sie danach, wenn sie nicht schlafen können, selbst mitten in der Nacht. Das ist allerdings keine Formel für gesunden Schlaf. Und zwar nicht nur wegen der Stimulation durch das Smartphone, sondern auch wegen des Lichts, das von dem Gerät ausgeht: Unser Steinzeitmenschen-Gehirn interpretiert dieses Licht als Sonnenlicht, was unsere Produktion des Schlafhormons Melatonin verringert und es dadurch noch schwieriger macht einzuschlafen.

Was ist, wenn Sie das Smartphone als Wecker benutzen, so wie das alle Jugendlichen und jungen Erwachsenen tun, mit denen ich sprach? Ganz einfach: Kaufen Sie sich einen billigen Wecker. Dann kann Ihr Smartphone mitsamt seinem stimulierenden Inhalt und wachmachenden Licht am anderen Ende des Zimmers liegen, wenn Sie schlafen gehen und am Morgen aufwachen.

Nehmen wir nun an, Ihre Tochter oder Ihr Sohn will sich auf der Website eines sozialen Mediums einloggen. Wenn Sie sie oder ihn auf eines davon beschränken wollen – welches sollte es dann sein? Nach Aussage der meisten Experten: Snapchat. Zunächst teilen die meisten Jugendlichen Fotos mit ihren Freunden, die nach ein paar Sekunden wieder verschwinden. Sie teilen diese Fotos nur mit ihren jeweiligen Freunden; sie müssen genau entscheiden, wem sie sie zusenden. Damit wird das, was sie teilen, nicht für eine größere Zuschauerschaft verfügbar, die es kommentieren und »liken« kann (oder auch nicht). Auf die letztgenannte Weise arbeiten bekanntlich Instagram, Twitter und Facebook. Und wenn jemand etwas mit einem größeren Publikum teilen will, kann er oder sie es auf ihrer jeweiligen Snapstory posten. Doch selbst dann hält diese Snapstory nur 24 Stunden an.

Die Apps von sozialen Medien verändern sich schnell, weshalb dieser Ratschlag vielleicht schon veraltet ist, wenn Sie ihn hier lesen. Doch der grundsätzliche Tipp gilt: Suchen Sie Plattformen aus, die kurze und individuelle Posts erlauben – nicht solche, die zu fast ständigen Posts und Gruppen-Posts auffordern. Posts, die von einem großen Publikum gesehen werden sollen, regen dazu an, ein Bild sorgfältig zu entwerfen – es werden 50 Selfies gemacht, um genau das eine richtige zu erwischen, was einen wiederum darauf fixiert, wie man etwas ausdrückt und etwas postet, nur um »Likes« zu bekommen. Das ist schon für Erwachsene problematisch genug, für Jugendliche kann es noch schlimmer sein. Snapchat gestattet den Nutzern auch nicht, nach Inhalten zu suchen, was bedeutet, dass Jugendliche weniger wahrscheinlich auf unangemessenes Material stoßen. Die neuen »Live Chilling« Apps wie Houseparty sind ebenfalls nützlich – sie sind im Wesentlichen Videochats für drei oder mehr Teilnehmer und ermöglichen es den Jugendlichen, einander zu sehen, wenn sie miteinander reden. Es ist nicht ganz wie ein persönlicher Kontakt, aber immerhin enger als die meisten sozialen Medien.

Wir alle, Jugendliche wie Erwachsene, können daran arbeiten, das Smartphone wegzulegen, wenn wir mit einem anderen Menschen persönlich zusammen sind. Einige Freunde haben dazu eine nützliche Regel ausgedacht: Wenn sie gemeinsam zu Mittag oder zu Abend essen, legen alle ihre stummgeschalteten Smartphones umgekehrt mitten auf den Tisch. Wer zuerst nach seinem Smartphone greift, bezahlt die Rechnung. Ich denke, das könnte auch für Erwachsene eine gute Regel sein.

Eine 18-Jährige, die für *American Girls* interviewt wurde, hat ihre sozialen Medien vollständig aufgegeben – und sie hat immer noch Freunde. »Manchmal gibt es eine Unterhaltung von zehn Minuten, bei der ich nicht mitmachen kann, weil ich den Post oder das Video nicht gesehen habe, was ich aber sowieso nicht tun würde. Wenn ich jemanden kennenlernen will, will ich ja nicht die Version kennenlernen, die er oder sie selbst künstlich von sich hergestellt und dann online gepostet hat... Wie wichtig ist es denn wirklich, dass ich wissen muss, was Mary gestern auf Instagram gepostet hat? Wenn ich Mary kennenlernen will, rufe ich sie an und frage sie, ob sie mit mir abhängen will.« Sie sagt, sie hätte keine generellen Lösungen parat, meint dann aber am Ende: »Soziale Medien... führen nicht zu einem erfüllten Leben. Die Menschen streben damit nicht nach ihrem Glück. Sie rennen einem attraktiven Bild hinterher.«

Mit unseren Smartphones dokumentieren wir unser Leben – doch manchmal hindern sie uns daran, unser Leben überhaupt zu führen. Werden Sie sich an alles in Ihrem Leben durch die Linse ihres Smartphones erinnern – oder daran, wie Sie die Dinge mit eigenen Augen gesehen haben? »Ganz gleich, wohin du gehst, du bist von Smartphones umgeben«, sagte Alexandra Lee, im ersten Studienjahr an der Universität Georgia, der Campuszeitung. »Niemand kann einfach nur anwesend sein. Im selben Moment, wo irgendwo etwas auch nur ansatzweise Witziges passiert, holen alle ihr Smartphone raus und fangen an zu filmen.« Unlängst hat die *Washington Post* eine Familie porträtiert, in der das jüngste Kind, vier Jahre alt, regelmäßig darüber diskutiert, ob das, was die Familie gerade tut, auf YouTube eingestellt werden sollte. Das ist allerdings kaum die Art, wie man im eigenen Leben präsent sein sollte.

Das Smartphone wegzulegen ist zudem beim Studieren oder Arbeiten äußerst wichtig. Das menschliche Gehirn beherrscht kein Multitasking: Wir können unsere Aufmerksamkeit nur auf eine kognitive Aufgabe gleichzeitig richten. Versuchen wir, zwei Dinge zu erledigen, die zur gleichen Zeit unsere bewusste Aufmerksamkeit verlangen, müssen wir mit unserer Aufmerksamkeit ständig hin- und herschalten, was Zeit braucht und dafür sorgt, dass alles länger dauert. Mark, IT-Student an einer Fachoberschule, stimmt zu, dass man »kein Multitasking machen kann, wenn man sich auf das Collegematerial konzentriert«. Seine Technik: Zwanzig Minuten lang intensiv lernen »und dann, ganz gleich, was ich tue, höre ich auf und mache fünf Minuten Pause. Ich checke meinen Facebook-Account, checke meine Instagram- und Twitter-Accounts. Dann geht der andere Alarm wieder los, der sagt: ›Hey, pass auf, es ist Zeit, wieder an die Arbeit zu gehen.‹« Ich würde Marks Plan noch ein wenig verbessern – wenn Sie gerade lernen oder arbeiten, hören Sie nicht schon nach zwanzig Minuten auf. Warten Sie, bis Sie sich abgelenkt oder ermüdet fühlen, nach maximal einer Dreiviertelstunde, und machen Sie dann eine Pause. Aber seine Fünf-Minuten-Regel für die Ablenkung ist gut. Sie wird Sie davon abhalten, in die Untiefen der sozialen Medien abzutauchen oder im Internet mehrere Fotostrecken zum Thema »Warum Hollywood Brendan Fraser nicht mehr castet« durchzuklicken. Entscheidend ist: Wenn Sie lernen oder arbeiten wollen, legen Sie das Smartphone weg, und halten Sie sich möglichst von Textnachrichten und E-Mails fern. Tun Sie das nicht, werden Sie die ganze Zeit vom Klingeln und von Benachrichtigungen unterbrochen und ständig mit Ihrer Aufmerksamkeit hin- und herwechseln. Das ist der leichteste Weg, den ganzen Tag herumzukriegen und dann zu merken, dass Sie überhaupt nichts erledigt haben.

Insgesamt besteht der Schlüssel zum Umgang mit Smartphones in der Mäßigung – das gilt für Jugendliche wie für Erwachsene. Benutzen Sie Ihr Smartphone für alles, was es gut kann, aber dann legen Sie es weg und seien Sie für den Moment so präsent wie möglich. Benutzen Sie eine App, die Sie von den sozialen Medien fernhält, wenn das notwendig sein sollte. Legen Sie Zeitblöcke fest, wo Sie studieren oder arbeiten und das Smartphone nicht stören darf. Schlafen Sie nicht mit Ihrem Smartphone, verbreiten Sie damit keine Aktfotos von sich. Es ist nicht Ihr Liebhaber. Wenden Sie nicht ständig Ihre Aufmerksamkeit dem Smartphone zu, wenn Sie persönlich mit jemandem sprechen. Es ist nicht Ihr bester Freund.

Nacktfotos und Porno

Die sozialen Medien verschlimmern vor allem bei Mädchen die bereits verstärkte Fixierung auf das körperliche Aussehen – vor allem auf ein sexualisiertes Erscheinungsbild. Viele Eltern haben keine Ahnung, was ihre Kinder online posten, deshalb ist es für den Anfang nicht schlecht, ein Auge auf ihren Instagram-Feed zu haben. Eltern müssen ernsthaft mit Mädchen über die negativen Auswirkungen reden, wenn man enthüllende Fotos postet. Niemals sollten Mädchen Nacktfotos verschicken, auch nicht auf Snapchat. Obwohl die App die Nutzer benachrichtigt, wenn ein anderer einen Screenshot macht, gibt es nichts, was den anderen daran hindern könnte. Wenn jemand ein Nacktfoto empfängt, sei es durch soziale Medien oder per Messengerdienst, kann er dieses Foto teilen, mit wem er will. Es gibt Websites mit ganzen Galerien nackter Teenagermädchen, und diese Bilder verbreiten sich an Schulen oft wie ein Lauffeuer. Eltern müssen den Jugendlichen, auch den jüngeren, sehr deutlich machen, dass es niemals eine gute Idee ist, ein Nacktfoto von sich zu verschicken.

Die 13-jährige Athena hat mich darüber aufgeklärt: »Warum willst du nicht, dass sie einen Screenshot machen?«, fragte ich sie, als sie mir von Snapchat erzählte. »Falls es ein schlechtes Bild ist«, sagte sie. »Mit einem unvorteilhaften Gesichtsausdruck?«, fragte ich. »Nein«, meinte sie ruhig. »Nacktfotos.« Wenn man Nacktfotos verschickt, erklärte sie, werden »fiese Typen« das Foto anderen zeigen und »man erwischt sie nicht«, weil sie es von ihren Smartphones löschen. Innerhalb weniger Minuten können Nacktfotos in der gesamten Schule verbreitet werden. Athena erzählte mir, dass zwei Jugendliche aus ihrer siebten Klasse eine Woche lang vom Unterricht ausgeschlossen wurden, weil sie Nacktfotos verschickt hatten. Und das waren nur diejenigen, die auch erwischt wurden. Daher eine weitere Empfehlung, die wir an unsere Jugendlichen weitergeben sollten: Wenn jemand Nacktfotos von dir haben will, sag einfach nein. Oder mach es wie die 16-jährige Reese Hebert. Als sie einem Jungen eine Textnachricht schickte, sie würde gleich duschen gehen, schrieb er zurück: »Will ich sehen.« Also schickte sie ihm ein Bild, wie sie in der Dusche stand – vom Nacken aufwärts, mit einem bunten, regenschirmartigen Hut.

Eltern sollten außerdem ihre Kinder davon abhalten, Pornografie anzuschauen. Wegen ihrer allgegenwärtigen Online-Verfügbarkeit und der Verbreitung elektronischer Geräte sind Kinder heutzutage schon im jüngeren und jüngsten Alter Pornografie ausgesetzt. Kinderfilter bei Smartphones und Tablets sind alles andere als verlässlich – am besten hält man sich bei Kindern im Grundschulalter an Geräte, die so konfiguriert werden können, dass nicht einmal ein Internetbrowser zur Verfügung steht. Auch ältere Jugendliche brauchen Beschränkungen, zumindest muss man mit ihnen offen über Pornografie reden. Ähnlich wie Social-

Media-Unternehmen ist die Pornoindustrie darauf aus, Geld zu verdienen. Womit sie Geld verdienen, ist oft entwürdigender, aggressiver Sex. Es sind keine Videos, in denen zwei Menschen, die sich lieben, heißen Sex haben – es sind Schauspieler, die oft brutalen Sex zeigen, und eigentlich nie Gefühle. Pornografie zeigt keine normale erwachsene Sexualität. Infolgedessen erhält eine Generation von Jugendlichen eine verzerrte Sicht auf das, was Sex ist. Dem Großteil aller Pornos zufolge geht es dabei hauptsächlich um den Spaß, den Männer dabei haben, oft auf Kosten von Frauen.

Das personifizierte Defizit

Jugendliche, die mehr Zeit persönlich mit ihren Freunden verbringen, sind glücklicher, weniger einsam und weniger deprimiert, während die, die mehr Zeit mit sozialen Medien verbringen, weniger glücklich, einsamer und öfter deprimiert sind. Zumindest schützt die online verbrachte Zeit nicht vor Einsamkeit und Depression, während die mit persönlichen Kontakten verbrachte Zeit dies sehr wohl tut.

Angesichts des Nutzens persönlicher sozialer Kontakte sollten Eltern nicht denken, dass Jugendliche, die zusammen abhängen, damit ihre Zeit verschwenden. Jugendliche hängen heute tatsächlich weniger mit ihren Freunden ab, aber sie nutzen diese Zeit nicht für Hausaufgaben, außerschulische Aktivitäten, bezahlte Arbeit oder Hausarbeit; sie ersetzen sie durch Zeit vor dem Display. Leider ist die Zeit, die sie mit elektronischer Kommunikation verbringen, nur ein schlechter Ersatz für das emotionale Verbundensein und die sozialen Fähigkeiten, die man durch persönliche Kommunikation erlernt – und das trägt womöglich zu dem alarmierenden Anstieg von Depression und Selbstmord unter Jugendlichen bei.

Viele Eltern sehen die persönlichen sozialen Aktivitäten der Jugendlichen als potentiell unsicher an. Wir alle wollen unsere Jugendlichen schützen, und wir alle brauchen Regeln, die das beschränken, was Jugendliche tun dürfen. Das Problem besteht aber darin, dass viele Eltern gerade die Aktivität beschränkt haben, die in Wahrheit zahlreiche Vorteile hat (die persönliche soziale Interaktion), während sie der elektronischen Kommunikation nur wenige Grenzen auferlegen, die all die genannten Vorteile eben nicht hat. Jugendliche sind bei der elektronischen Kommunikation vielleicht körperlich sicherer, aber diese Entscheidung könnte auf Kosten der psychischen Gesundheit gehen. Eltern sorgen sich hier um das Falsche.

Einige Studien haben bereits gezeigt, dass Jugendliche, die persönlich und ohne elektronische Geräte miteinander kommunizieren, bessere soziale Fähigkeiten haben, zum Beispiel das Lesen von Gefühlen in den Gesichtern anderer Menschen. Ich vermute, es wird zukünftig weitere Studien dieser Art geben. Die Generation Selfie wächst in einer Welt auf, in der immer mehr Kommunikation online stattfindet – persönliche soziale Fähigkeiten werden jedoch immer von Nutzen sein. Noch müssen sich Menschen bei Verabredungen persönlich treffen, das gilt für Bewerbungsgespräche wie für Unterhaltungen. Die Generation Selfie, die sich mehr mit ihren Geräten verkriecht und weniger ihre Freunde persönlich trifft, wird mehr Probleme mit diesen sozialen Fähigkeiten haben. Wie bei allem gilt auch hier: Übung macht den Meister. Liebe Eltern, wenn also Ihr Kind mit seinen Freunden ausgeht, ist das keine Zeitverschwendung – es ist eine Investition in die Zukunft Ihres Kindes.

Auch wenn sie erst 13 Jahre alt ist, sieht Athena bereits die Konsequenzen der Technologie, die sie schon ihr ganzes Leben lang kennt. »Wir wissen gar nicht, wie man normal kommuniziert. Wir können gar nicht mehr wie normale Menschen kommunizieren«, sagte sie. »Glaubst du, dass die Art und Weise, wie deine Generation kommuniziert, irgendwann normal wird?«, frage ich. »Aber sicher«, sagt sie. »Und dann gibt es gar keinen Grund mehr, von der Couch aufzustehen.«

Generation Selfie und alle anderen: Runter von der Couch!

Angst und Depression besiegen

»Als ich an jenem Nachmittag im Hörsaal saß, verwendete ich meine gesamte Energie darauf, meine rasenden Gedanken zu sortieren und mich zu beruhigen ... Alles, woran ich denken konnte, war der Riesenberg an Aufgaben, die ich zu erledigen hatte. Dutzende weiterer winziger Gedanken nutzten diese Gelegenheit, um sich auch noch in riesige Probleme zu verwandeln und in meinem Kopf herumzudröhnen. So fühlt sich Angst an, und wenn das mal anfängt, entkommt man dem nur schwer«, schrieb Kate Leddy im *Massachusetts Daily Collegian*. »Während ich also all diese Selbstgespräche darüber führte, dass ich mich bloß konzentrieren müsste, habe ich gemerkt, dass ich kaum etwas von der Vorlesung mitbekommen hatte. Also packte ich meine Sachen und ging, und zwar zum Sportplatz, wo ich eine halbe Stunde lief, und es war, als würde mein Körper mir an diesem Tag eine Extraportion Endorphin gönnen, als ich mit dem Laufen aufhörte. Fast unmittelbar spürte ich eine regelrechte Welle von Energie, Klarheit und Ruhe in mir.«

Kate entdeckte an jenem Tag etwas, das die Forschung bestätigt: Sport ist ein natürliches Antidepressivum. Stephen Ilardi, klinischer Psychologe und Professor an der Universität Kansas, hielt einen Vortrag mit dem Titel »Depression ist eine Zivilisationskrankheit«. Er und andere Forscher haben herausgefunden, dass man Angst und Depression am besten vorbeugen und reduzieren kann, indem man den Lebensstil unserer Vorfahren, der Steinzeitmenschen, nachahmt. Zu diesem sechsteiligen Programm gehören: Sonnenlicht, Sport, eine Ernährung reich an Omega-3-Fettsäuren, das Vermeiden von Grübeleien, genug Schlaf und persönliche Begegnungen. Sein Buch *Depression ist heilbar: Das Sechs-Schritte-Programm ohne Medikamente* (*The Depression Cure*, 2011) macht spezielle Vorschläge, wie diese Veränderung des Lebensstils in die Tat umgesetzt werden kann. Die meisten dieser Techniken sind kostenlos oder kosten wenig, doch sie brauchen Zeit.

Woher soll man diese Zeit nehmen? Vermutlich wieder von der Smartphone-Zeit. Schauen wir uns die Grafiken im Kapitel *Nicht mehr persönlich* an, die die Verbindung von Zeiteinteilung und psychischem Wohlbefinden zeigen. Wenn zu einer Aktivität ein Display bzw. Bildschirm gehört, ist dies mit weniger Glücksgefühl und mehr Depression verbunden. Ist das nicht der Fall – vor allem bei persönlicher sozialer Interaktion oder Sport –, sind damit mehr Glück und weniger Depression verknüpft. Machen Sie selber ein Experiment (oder mit Ihren jugendlichen Kindern, wenn möglich): Eine Woche lang begrenzen Sie die Zeit für Smartphone, Internet und soziale Medien auf die Hälfte. Besuchen Sie in der gewonnenen Zeit Freunde und Familie und/oder treiben Sie Sport. Mehr als wahrscheinlich werden Sie sich am Ende dieser Woche glücklicher fühlen.

Natürlich heilt die Veränderung des Lebensstils nicht jeden Fall von Angst und Depression, vor allem dann nicht, wenn sie ernster Natur sind. Eine gute Nachricht ist hier, dass in dem Fall eine Therapie wirkt – eine maßgebliche Studie zeigte, dass depressive Menschen, die eine Therapie erhalten, schneller gesund werden als die, die keine Therapie hatten. Antidepressiva können ebenfalls sehr wirksam sein, vor allem bei gemäßigten bis schweren Depressionen. Therapie und Medikamentierung können Leiden lindern und Leben retten.

Schüler von allgemeinbildenden Schulen brauchen ebenfalls mehr Hilfe, doch das System der psychischen Gesundheitsvorsorge ist im ganzen Land durch die Bedürfnisse junger Menschen und deren Familien überlastet. Angesichts der rapide ansteigenden Depressionen unter Zwölf- bis 17-Jährigen wird dieses Problem immer gravierender. Eltern sollten bedenken, dass selbst sehr junge Jugendliche (und Kinder) an Ängsten und Depression leiden können, und sollten das entsprechend ernst nehmen. Die meisten werden sich durch die Bürokratie des Gesundheitswesens hindurcharbeiten und unzumutbar lange warten müssen, bis sie einen Termin erhalten – vielleicht einer der Gründe, warum die Selbstmordrate bei Jugendlichen immer noch unannehmbar hoch ist. Insgesamt sollte man sich eher früher als später um Hilfe kümmern. Therapeuten helfen den Jugendlichen nicht nur in den Sitzungen; sie können den Kindern und Jugendlichen Bewältigungsstrategien vermitteln, die ihnen im besten Fall ein Leben lang helfen.

Zumindest hoffe ich, dass die Daten im Kapitel *Unsicher* all jene überzeugen können, die glauben, es hätte keine wirkliche Veränderung bei den psychischen Problemen gegeben. In den dort vorgestellten Daten werden junge Menschen von heute mit solchen aus der Vergangenheit mittels Stichproben und anonymer Berichte verglichen – ein Verfahren, das die kritisierten Methoden in älteren Berichten umgeht. Die Trends sind zudem auffallend beständig: Einsamkeit, depressive Symptome, größere depressive Episoden, Angst, Selbstverletzung und Selbstmord sind allesamt im Aufstieg begriffen, die meisten davon seit 2011. Die Generation Selfie schreit um Hilfe, und wir müssen ihr zuhören.

Langsam erwachsen werden

Immer mehr Jugendliche verlassen die Highschool und haben niemals einen bezahlten Job gehabt, sind nie selber Auto gefahren, haben sich nie für ein Date verabredet, niemals Sex gehabt und niemals Alkohol probiert. Diese Trends bedeuten eine Anpassung an den kulturellen Kontext, mit anderen Worten: Sie sind nicht von sich aus gut oder schlecht, sie sind einfach vorhanden.

Doch haben sie weitgehende Implikationen: Junge Menschen treten in die Hochschulen und in die Arbeitswelt ein, ohne größere Unabhängigkeitserfahrung als Erwachsene gesammelt zu haben. Für Eltern bedeutet das mehr Anrufe zu Hause, wie man mit Erwachsenenverantwortung umgeht, mehr Befürchtungen, dass die jungen Menschen nicht auf das College und die Arbeitswelt vorbereitet sind. Für diejenigen, die an den Colleges und Universitäten mit den Studenten arbeiten, heißt das, immer mehr Studenten zu beraten, die nicht wissen, wie sie ihr Leben selber in die Hand nehmen sollen. Mehr Studenten werden ihren ersten Alkohol auf dem Campus konsumieren, mehr werden während des Colleges ihre ersten sexuellen Erfahrungen oder ihre ersten erwachsenen Beziehungen haben. Verglichen also mit früheren Generationen werden sie chronologisch älter sein, wenn sie diese Erwachsenenerfahrungen gemacht haben – in vielfacher Hinsicht ist das eine positive Entwicklung. Doch werden sie vielleicht auch weg von zu Hause und dadurch ohne Unterstützung durch Eltern und langjährige Freunde sein. Das wiederum stellt Herausforderungen für diejenigen dar, die für die psychische Gesundheit der Studenten und ihr Leben auf dem Campus verantwortlich sind.

Der Rückgang an sexuellen Erfahrungen bringt Schwierigkeiten bei der Verhütung sexueller Übergriffe unter jungen Menschen auf dem Campus und andernorts mit sich, da die Studenten mit wenig Erfahrung größere Probleme haben könnten, durch die sexuell überhitzte Zone hindurchzukommen, die ein College ja darstellt. Das Positive in dem Zusammenhang: Insgesamt scheint das Ausmaß der sexuellen Übergriffe zurückzugehen. Dennoch ist die Zahl immer noch zu hoch. Viele Vorfälle ereignen sich, wenn die Schüler die ersten Schritte ins Erwachsenenleben tun. Erstsemesterstudenten sind zweieinhalb Mal wahrscheinlicher als ältere Studenten sexuellen Übergriffen ausgesetzt. Wir leben heute in einer Kultur, in der Jugendliche mehr Pornografie als je zuvor sehen und schon mit elf Jahren voneinander Nacktfotos verlangen – und dennoch warten sie länger damit, ihren ersten Sex zu haben. Diese Kombination von ausgedehnter Fantasieerfahrung und wenig tatsächlichem Erlebnis kann sich als problematisch erweisen.

Sind Sie Elternteil eines Teenagers und wollen, dass er unabhängiger wird, ehe er aufs College geht, könnten Sie einiges in diesem Sinne unternehmen. Zunächst lockern Sie die Ausgangssperren und Regeln für Treffen mit Freunden. Ihr Teenager wird durch diese Erfahrungen wichtige soziale Fähigkeiten erwerben und Unabhängigkeit gewinnen. Zweitens bestehen Sie darauf, dass er oder sie den Führerschein macht. Fahren Sie ihren Teenager nicht länger spazieren. Legen Sie ihre diesbezüglichen Sorgen so gut wie möglich beiseite. Jugendliche sind heute sicherere Fahrer als jemals zuvor und werden sehr viel weniger wahrscheinlich in Autounfälle verwickelt sein oder sich Strafzettel einfangen.

Weitere Erwachsenenaktivitäten sind eher in einer Grauzone angesiedelt. Die Daten über Jobaktivitäten nach der Schule sind mehrdeutig. Jugendliche aus benachteiligten Schichten scheinen wesentliche Vorteile aus der Arbeit zu beziehen, doch die Vorteile für Kinder aus durchschnittlichen Familien sind weniger klar. Viele Jobs bestehen aus ungelernten Routinetätigkeiten. Allerdings geben sie wertvolle Lektionen in Zeiteinteilung, Verantwortung und sozialen Fähigkeiten. Angesichts der heutigen Kosten für das Studium kann das Geld, das die Jugendlichen bei ihren Jobs verdienen, einen Teil der Studiengebühren abdecken und dadurch die spätere Schuldenlast verringern.

Alkohol ist ein Thema mit noch mehr Risiken, und da gibt es keine einfache Lösung. Immer mehr junge Menschen kommen ohne viel Erfahrung mit Alkohol auf das College und kollidieren dann mit der Collegepartykultur des Komasaufens. Sollten sie also vielleicht die Erfahrung, betrunken zu sein, schon zu Hause machen, wo sie in Sicherheit sind? Vielleicht. Doch es ist nicht immer die beste Idee, bei jungen, minderjährigen Menschen Alkoholkonsum zu dulden. Eine Alternative wäre, dem Teenager klarzumachen, was wirklich auf vielen Collegepartys stattfindet, und ihm zu zeigen, wie man sich dabei schützt. Für manche Studenten könnte sich das Nichttrinken als die beste Wahl erweisen. Viele Universitäten haben heute drogen- und alkoholfreie Studentenwohnheime, und ich glaube, zukünftig werden immer mehr Universitäten so etwas anbieten. Die Generation Selfie akzeptiert die Entscheidungen anderer Menschen – wer sich also entscheidet, nichts zu trinken, wird nicht notwendigerweise verachtet. Manchmal ist »Sag einfach nein« wirklich der beste Ratschlag, vor allem angesichts der Gefahren des Komasaufens.

Manche Menschen vertreten den Standpunkt, ein »Überbrückungsjahr« zwischen Highschool und College könnte eine Lösung bei psychischen Problemen und dem Mangel an Erwachsenenerfahrungen unter Studenten sein. Ein solches Überbrückungsjahr bietet Zeit zum Arbeiten, Reisen, für ehrenamtliche Tätigkeiten und insgesamt zum Erwachsenwerden. In den USA erhielt ein solches »Gap year« unlängst landesweite Aufmerksamkeit, als Malia Obama, die jüngere Tochter des früheren US-Präsidenten, beschloss, sich ein solches Jahr zu gönnen, ehe sie nach Harvard ging. Zumindest laut eigener Aussage glauben die Studenten, die ein Überbrückungsjahr einlegen, dass es ihnen geholfen hat: In einer Studie gaben 73 Prozent von ihnen an, es habe ihnen bei der Vorbereitung aufs College geholfen; 57 Prozent gaben an, es habe ihnen bei der Entscheidung für das Studienfach geholfen. Solche Überbrückungsjahre sind allerdings nicht für jeden sinnvoll – wahrscheinlich nützen sie am ehesten den Studenten, die sich bereits zu einer Hochschulausbildung entschlossen haben, dabei aber noch etwas Zeit brauchen, um noch ein wenig erwachsener zu werden, ehe sie auf die halberwachsene Welt des Colleges treffen (vor allem bei Hochschulen, die weiter weg sind vom Heimatort). Joe O'Shea und Nina Hoe, Hochschuladministratoren und Forscher, untersuchten Daten von Überbrückungsjahren und kamen zu dem Ergebnis, dass deren Nutzen die Risiken bei vielen Studenten überwiegen würden. »Wenn die Ausbildung durch ein Überbrückungsjahr ergänzt wird, wird dies mehr Highschoolabgängern ermöglichen, in das College mit den Fähigkeiten einzutreten, die sie brauchen, um sowohl persönlich wie akademisch erfolgreich zu sein«, schrieben sie auf dem Onlineportal *Quartz*.

Sicher, dabei nicht unvorbereitet

Unsere Kinder leben sicherer denn je, was eine sehr gute Nachricht ist. Doch wie so oft hat sich dieser Trend zu einem unvernünftigen Extrem ausgewachsen. Sicherheitsbedenken könnten Gründe dafür sein, warum Jugendliche ihre Freunde seltener persönlich treffen und Eltern Angst vor Unfällen und anderen Gefahren haben.

Das Wort Sicherheit wird heute gebraucht, um Reaktionen auf Vorfälle zu erklären, die nicht wirklich die Sicherheit der Schüler betreffen. Vergangene Woche informierte der Direktor der Grundschule meiner Kinder die Eltern per E-Mail, jemand – angeblich einige Schüler der Middleschool – habe das Schulgebäude mit »Obszönitäten und einem Hakenkreuz« beschmiert. »Die Sicherheit unserer Schüler, des Lehrkörpers und unserer Familien hat höchste Priorität, und ich weiß Ihrer aller Anstrengungen zu schätzen, unsere Schule und unsere Gemeinschaft vor diesem unangemessenen und anstößigen Verhalten zu schützen«, schloss der Schulleiter. Stimmt – es war ein vollkommen unakzeptables Verhalten. Aber es mit »Sicherheit« in Verbindung zu bringen hieß, die Sache unnötig aufzuwerten. Niemand war bedroht oder verletzt worden. Die Sicherheit ins Spiel zu bringen hat die Situation nur verschärft. Ziel sollte vielmehr sein, die jungen Menschen darüber aufzuklären, was das Symbol tatsächlich bedeutet, und herauszufinden, warum sie etwas so Dummes getan haben. Sicherheit wird als Grund bei den unglaublichsten Situationen angeführt. Als Bryce Maine im Frühjahr 2017 seine 69 Jahre alte Großmutter als Partnerin zum Highschoolabschlussball mitbringen wollte, verbot der Schuldirektor dies und verwies auf die Regel, wonach Ballbesucher höchstens 20 Jahre alt oder jünger sein dürften. »Die Sicherheit der Schüler und des Lehrpersonals ist die erste und wichtigste Aufgabe eines Schulleiters«, hielt er in einer Stellungahme fest. »Wir drehen jeden Stein um, wenn es um die Sicherheit geht.« Man belehrte Bryce, die Regel sei deshalb geschaffen worden, um ältere Menschen davon abzuhalten, für die minderjährigen Schüler Alkohol zu kaufen – ein eher unwahrscheinliches Szenario im Fall seiner Großmutter. Im gegenwärtigen Klima sind nicht einmal mehr die Großmütter sicher.

Und das sind keine Einzelbeispiele. Hören Sie sorgfältig hin, und Sie werden »Sicherheit« als Erklärung oder Entschuldigung für fast alles finden – von Schulleitern wie von Schülern. Meiner Meinung nach sollten Schulleiter gründlicher darüber nachdenken, ob sie das Thema Sicherheit als Grund oder Erklärung benutzen wollen – angesichts des Potenzials dieses Begriffs, Spannungen aufzubauen und die Vorstellung zu bekräftigen, dass wir unsere Kinder nicht aus den Augen lassen sollten. In einem derartigen Klima haben unsere Kinder schon Angst beim ersten Job oder wenn sie aufs College gehen (oft trifft das tatsächlich zu). Legen wir weniger Wert auf Sicherheit, wird auch die Wahrscheinlichkeit geringer, dass die Schüler bei der bloßen Vorstellung zusammenzucken, mit Gleichaltrigen über schwierige Themen zu reden. Die Generation Selfie hat derart viel Furcht vor Konfrontation, dass sie eher einem Schulleiter von verstörenden Äußerungen ihrer Mitschüler erzählen würde, anstatt der betreffenden Person selber ein paar Worte zu sagen.

Die Sorge um Sicherheit betrifft nicht nur die körperliche, sondern auch die emotionale Sicherheit. Heute sollen Schulprogramme die Kinder vor Mobbing schützen – nicht nur vor körperlichen Angriffen, sondern auch vor Beleidigung, Spott und Beschimpfung. Das Mobbing hat einen unbestreitbar negativen Effekt – ich selber habe einige der ersten Kontrolluntersuchungen über die Auswirkungen von sozialer Zurückweisung (auch dies eine Form von Mobbing) mit entwickelt.

Es ist meiner Meinung nach längst überfällig, Schritte zum Schutz der Kinder vor Mobbing durch Gleichaltrige zu unternehmen. Andererseits stimme ich den Kritikern zu, dass derartige Programme manchmal zu weit gehen, wenn sie beispielsweise Kindern vermitteln, zum normalen Auf und Ab von Kindheitsfreundschaften gehöre auch das Mobbing, oder wenn verletzte Gefühle mit körperlichem Leid gleichgesetzt werden. Viele Programme gegen das Mobbing sind andererseits so allgemein und unbestimmt angelegt, dass sie den Schülern Angst vor jeder Interaktion einjagen können. Die Aiken-Grundschule in West Hartford, Connecticut, definiert Mobbing als jegliche Kommunikation oder körperlichen Akt, die bzw. der bei einem Schüler »körperliches oder emotionales Leid bewirkt«. Sorgfältig definiert diese Schulpolitik alles – angefangen bei dem, wer ein Angestellter der Schule ist, bis dahin, welche Dinge als »mobile elektronische Geräte« gelten. Sie definiert aber nicht »emotionales Leid«. Natürlich bewirkt Mobbing emotionales Leid – das ist nicht abzustreiten, gilt aber auch für andere, weniger eindeutige

Kindheitserfahrungen, wenn etwa ein Freund beschließt, an diesem Tag mit einem anderen Kameraden zu spielen, oder für ganz normale Kränkungen auf dem Spielplatz oder Streit über die Regeln eines Spiels. Nach diesem Programm jedoch mobbt tatsächlich jedes Kind, das absichtlich oder unabsichtlich die Gefühle eines anderen Kindes verletzt. Das wiederum kann Situationen aufkommen lassen, in denen Kinder ständig auf negative Interaktionen achten und befürchten, das Opfer dieser schrecklichen Sache zu werden, von der sie gehört haben und die man Mobbing nennt. Anti-Mobbing-Programme haben, vielleicht als Nebenwirkung, die Selfies zu solchen Kindern gemacht, die ständig auf der Hut sind, nicht verletzt zu werden.

Wie der Psychologe Nick Haslan betont, gehört zu den Kriterien dessen, was als »Trauma« gilt, heute eigentlich alles Schlechte, das jemandem zustoßen kann. Das wiederum erzeugt eine Opferkultur, die ihrerseits die betreffenden Gefühle übertrieben darstellt. Schon 1980 benutzten Psychiater den Begriff Trauma, um Ereignisse »außerhalb des Gebiets gewöhnlicher menschlicher Erfahrung« zu beschreiben. Seitdem sind noch viele weitere Vorkommnisse der offiziellen Liste hinzugefügt worden, und Laien benutzen das Wort Trauma, um Erfahrungen wie etwa einen »schlechten Tag« zu beschreiben. Laut der Google-Books-Datenbank hat sich die Benutzung des Wortes Trauma zwischen 1965 und 2005 vervierfacht.

Viele Selfies (und jüngere Millennials) scheinen sehr emotional zu reagieren, wenn jemand einfach anderer Meinung ist als sie. Anstatt eine solche Erfahrung als »Trauma« zu bewerten, wäre ein besserer Umgang mit einer kontroversen Meinung, sie zu diskutieren, zu ignorieren oder logische Argumente dagegen zu entwickeln. Das gilt selbst für Meinungen, die rassistisch, sexistisch, homophob oder gegen Transsexuelle gerichtet sind: Es gibt logische Argumente gegen Rassismus, Sexismus, Homophobie und Transphobie. Wenn junge Menschen (und auch wir anderen) auf solche Meinungen mit Tränen und dem Gefühl der Unsicherheit reagieren, wird sich nicht viel ändern. Wenn wir aber stattdessen gegen solche Sichtweisen argumentieren, können wir sie knacken. Der Lauf der Geschichte wendet sich gegen Vorurteile. Der Kampf wird geführt – und meistens auch gewonnen, jeden Tag.

Die Generation Selfie im Klassenzimmer

Die Generation Selfie ist anders, und die Fakultätsmitglieder und Lehrkräfte an den Hochschulen merken das allmählich. Die Millennials marschierten voller Optimismus, Zutrauen und mit einer ausgeprägten Anspruchshaltung auf den Campus. Der Lehrkörper traf auf Studenten, die Bestnoten erwarteten, nur weil sie sich blicken ließen, die hartnäckig über Noten diskutierten und glaubten, sie verdienten eine besondere Behandlung. Bei der Generation Selfie liegen die Dinge anders: Sie erwartet weniger, legt weniger Narzissmus und Anspruchshaltung an den Tag. Diese Generation ist pessimistischer und weniger selbstbewusst als die Millennials; dabei sind diese Studenten bereit, härter zu arbeiten, und sie werden wahrscheinlich weniger lautstark ihre Noten in Frage stellen. Andererseits zögert die Generation Selfie mehr, in der Klasse zu sprechen und Fragen zu stellen – sie hat Angst, das Falsche zu sagen, ist sich ihrer Meinung nicht sehr sicher. (In der Befragung von 600 Hochschuldozenten durch einen US-Schulbuchverlag 2017 sagten 70 Prozent, die Studenten seien weniger bereit, Fragen zu stellen und am Unterricht teilzunehmen als noch fünf

Jahre zuvor.) Sie braucht mehr Bestätigung und Vertrauen, damit sie aktiv an der Lehrveranstaltung teilnimmt.

Als die erste vollständige Post-Internet-Generation ist die Generation Selfie gewohnt, sich Informationen selber zu besorgen. Das heißt aber nicht, dass sie bei den Vorlesungen nicht zuhört, denn sie ist auch sehr um ihr gutes Abschneiden besorgt. Als ich meine Studenten befragte, wie sie die Zeit im Kurs am liebsten verbrächten, sagten die meisten, sie wünschten sich Vorlesungen, solange diese Informationen enthielten, die sie bei den Examen gut abschneiden lassen. Sie mögen Diskussionen, wollen aber nicht, dass diese zu viel von der Zeit beanspruchen, die sie für das Lernen des prüfungsrelevanten Materials brauchen. Es ist also wichtig, den Kurs interessant zu halten. Die Videos, die die Generation Selfie online ansieht, sind selten länger als drei Minuten, und diese Generation wechselt innerhalb von Sekunden von einer Smartphone-App zur anderen. Sie im Unterricht zu erreichen bedeutet oft, auf diese kurze Aufmerksamkeitsspanne einzugehen und zwischen Vorlesung, Diskussion, Videos und Vorführungen hin und her zu schalten. Die Generation Selfie akzeptiert Autorität eher als die Millennials, schläft aber genau so wahrscheinlich im Unterricht ein, wenn sie nicht aktiv an der Veranstaltung teilnimmt oder zumindest ein paar kurze Videos zu sehen bekommt.

Die Generation Selfie kommt zudem mit sehr viel weniger Erfahrung im Lesen von Büchern oder selbst langen Zeitschriftenartikeln auf das College. Um diese Leselücke zu schließen, gehen die Verlage heute zu Lehrbüchern im E-Book-Format mit Videos, interaktiven Figuren und eingebauten Quiz über – sehr gute Möglichkeiten, diese Generation zu erreichen. Ich glaube, Lehrbücher sollten nicht mehr so viele Themen im Detail abdecken.

Meine Freundin Kate Catanese, die Psychologie am Cuyahoga Community College (Cleveland, Ohio) unterrichtet, hat die Leseunlust dieser Generation bemerkt. »Ich hatte Studenten, die sich beklagten, ich würde sie zu viel lesen lassen, dass ein achtseitiger Zeitungsartikel aus der Boulevardpresse irgendwie schon zu lang ist und ihre Aufmerksamkeit nicht fesseln kann«, berichtete sie mir. Ich sage nicht, dass die Mitglieder des Lehrkörpers derartigen Klagen nachgeben sollten; die Studenten werden schließlich doch lange Passagen lesen lernen müssen. Aber wir müssen sie da abholen, wo sie sind, und etwas weniger abzudecken ist oft der beste Kompromiss. Kate geht so in ihrer Klasse vor: »Ich ziehe die Tiefe der Breite vor und glaube, die Studenten sind damit in jedem Fall besser bedient. Nimm nur das Wichtigste und lass den Rest weg«, meint sie. Ich denke, Lehrbücher sollten einen ähnlichen Ansatz verfolgen und die wichtigsten Punkte ausreichend detailliert darstellen, damit die Studenten die verschiedenen Seiten des Themas begreifen, doch ohne die lange Liste von Punkten und Details, die sie nur anöden. Es ist außerdem wichtig, dass die Bücher häufig aktualisiert werden, mindestens alle drei Jahre. Beispielsweise erneuern Highschools ihre Bücher nur alle zehn Jahre (wenn überhaupt), was die Generation Selfie im Glauben lässt, man könne Büchern nicht trauen, weil sie ohnehin nicht mehr aktuell seien. In vielfacher Hinsicht reichen schon zehn Jahre aus, in denen sich das gesamte Lehrgebiet verändern kann. Das wiederum treibt die Generation Selfie wieder ins Internet, und so lernen sie immer noch nicht, lange Textpassagen zu lesen. Eine Lösung dieses Problems sind elektronische Lehrbücher, die häufiger aktualisiert werden können.

Da so viele aus der Generation Selfie online lernen, besteht eine der wichtigsten Lektionen für sie darin, wie man den Inhalt dessen beurteilt, was man da lernt. Wie die Wirkung der »Fake News« während der Wahl 2016 belegen, haben viele Menschen Probleme zu erkennen, was online wahr ist und was nicht. Die Generation Selfie muss über Quellen und die Bewertung von Belegen unterrichtet werden. Viele Highschools fangen schon damit an, doch diese Art des kritischen Denkens muss während der gesamten Ausbildung dieser Generation und innerhalb bestimmter Fachgebiete in den Vordergrund gestellt werden. Studenten der Naturwissenschaften und der Sozialwissenschaften kann man zum Beispiel den Publikationsstandard in einer von Fachleuten redigierten Zeitschrift beibringen und zeigen, wie sich dies von einer Publikation von jemandem unterscheidet, der bloß ein paar Analysen in einem Blog eingestellt oder ein paar Hundert Leute befragt hat. Die Studenten müssen über die Bedeutung von Kontrollgruppen und repräsentativen Umfragen Bescheid wissen – Themen, die im Marketing, im Personalwesen, im Journalismus und in der Politik auftauchen, nicht nur im akademischen Bereich.

Die Generation Selfie hat die Tendenz der Millennials fortgeführt, sich mehr auf extrinsische Werte zu fokussieren (das konkrete Ergebnis), weniger auf intrinsische (den Spaß an der Aktivität), als dies für frühere Generationen gilt. Die Selfie-Schüler bzw. -Studenten befürchten, sie könnten in einer auf Wettbewerb ausgerichteten Welt nicht bestehen und am Ende bei der großen Aufteilung in Besitzer und Besitzlose auf der Seite der »Habenichtse« landen. Sie sind praktisch ausgerichtet, ernsthaft und ängstlich zugleich, sie konzentrieren sich mehr auf die Examensnote und weniger auf den Spaß am Lernen. Sie gehen zur Uni, um einen besseren Job zu kriegen und mehr Geld zu verdienen – nicht unbedingt, um etwas für ihren Verstand zu tun.

Das ist eine bittere Pille, die viele Lehrkörpermitglieder von den Babyboomern, aus der Generation X und selbst von den Millennials schlucken müssen, die ja das Material lieben, das sie unterrichten, und wollen, dass ihre Studenten es ebenfalls genießen. In meinen Kursen versuche ich, das auszugleichen, indem ich einen bestimmten Mindestanteil der Zeit Diskussionen widme – meist durch Fragen an die Studenten nach ihren eigenen Erfahrungen und wie diese mit dem Lehrstoff zusammenhängen. Auch wenn ich weiß, dass viele der Studenten nur eine Note haben wollen, hoffe ich dennoch, dass sie auch erkennen, wie der Lehrstoff ihnen helfen kann, ihre eigene Welt zu begreifen. Die meisten Studenten erkennen auch, dass die Diskussionen ihnen dabei helfen, sich an den Lehrstoff zu erinnern – eine Win-win-Situation.

Die Generation Selfie in Jobs holen und halten

Die Generation Selfie macht bereits den Großteil der Studenten aus, die einen Hochschulabschluss machen. Firmen, die gerade erst begriffen haben, was die Millennials am Arbeitsplatz wollen, müssen das Gleiche nun für die Generation Selfie herausfinden. Zum Glück bieten die im Kapitel *Einkommensunsicherheit* vorgestellten Daten einen guten Ansatz, diese Generation zu verstehen – und auf viel schlüssigere Weise, als dies die frühen Einmalbefragungen und die unterschiedlichen Gerüchte um die Millennials vor 15 Jahren geleistet haben. Dieses Mal wissen wir genau, wie diese Generation aussieht, mit vollständigen Daten von Anfang an, wenn sie die Tür zu ihrer Karriere aufstößt.

Die ersten Manager, die Selfies eingestellt haben, stammten aus Dienstleistungsbereichen wie Restaurant und Einzelhandel. Viele von ihnen erkannten schnell, dass diese Generation keine Ahnung hatte, wie man einen Lebenslauf verfasst – aber sie konnten sehr gut Videos drehen (was auch sinnvoll erscheint, wenn man bedenkt, wie wenig sie lesen und wie ausgiebig sie die sozialen Medien nutzen). Manche Firmen benutzen Apps, zum Beispiel JobSnap, die potentielle Angestellte aus der Generation Selfie auffordern, kurze Videos von sich zu drehen, anstatt einen Lebenslauf einzureichen. Arbeitgeber können danach die Bewerber aufgrund dieser Videos aussondern, was für viele Anfangsjobs im Dienstleistungssektor die notwendigen Fähigkeiten tatsächlich besser erfasst (zum Beispiel gute sprachliche und soziale Fähigkeiten). Und weil die Generation Selfie sich über ihre eigenen Smartphones bewerben kann, sollten Manager tatsächlich mehrere gute Bewerber finden, aus denen sie auswählen können.

Insgesamt bietet diese Generation gute Aussichten für Manager: Sie ist mehr auf die Arbeit konzentriert, dazu auch realistischer, was damit verbunden ist, als dies vorher für die Millennials galt. Diese neue Generation will gute, feste Jobs und ist bereit, sich zu beweisen. Entgegen der landläufigen Meinung will sie nicht Unternehmer sein – tatsächlich will sie wahrscheinlich weniger als frühere Generationen eine eigene Firma besitzen oder selbstständig sein. Das bedeutet: Die Talente der Generation Selfie sind reif, vom richtigen Unternehmen gepflückt zu werden. Diese Generation hat auch eine geringere Anspruchshaltung, ist weniger narzisstisch als die Millennials und hat maßvollere Erwartungen. Wahrscheinlich wird sie weniger als die Millennials davon ausgehen, bereits in fünf Jahren Vorstandsvorsitzender der Firma zu sein sowie mehr Geld für weniger Arbeit zu erhalten. Sie ist nicht zu selbstsicher und hat eine bessere Arbeitsmoral. Die Kehrseite: Mehr junge Angestellte sind ängstlich und unsicher; sie wollen gute Leistung bringen, haben aber Angst davor, Fehler zu machen. Die Generation Selfie ist wahrscheinlich eher zur Mehrarbeit bereit, um eine Präsentation rechtzeitig fertig zu bekommen, dabei aber weniger sicher, ob sie damit auch Erfolg hat. Millennials brauchen Lob – die Generation Selfie braucht Bestätigung. Angesichts ihres langsamen Erwachsenwerdens sind viele aus dieser Generation außerdem weniger unabhängig. Gibt man ihnen eine sorgfältige Anleitung für eine Aufgabe, kann man davon ausgehen, dass sie bald noch mehr Anleitung brauchen. Manager, die gelernt haben, Millennials anzufeuern, werden sich bei den Selfies eher wie Therapeuten, Lebensberater oder Eltern vorkommen.

Wie stellt man diese jungen Menschen ein? Der Schlüssel hierzu ist die Entlohnung. Das Einkommensgefälle hat der Generation Selfie die Furcht eingeflößt, auf der Strecke zu bleiben, und mit mehr Wahrscheinlichkeit als die Millennials sagt diese Generation, es sei wichtig, »finanziell gut dazustehen«. Oft schieben sie riesige Schuldenberge aus Bildungskrediten vor sich her. Sie sind zudem auf Flexibilität und Urlaub aus, wenn auch nicht so sehr wie die Millennials vor einigen Jahren.

Wie die Millennials will die Generation Selfie wissen, ob der Job einen klaren Karriereweg bietet – ob sie möglichst schnell vorankommen. Was den Zeitplan für Beförderungen angeht, sollten diese zahlreicher erfolgen – anstelle eines großen Sprungs alle zwei Jahre könnten vielleicht vier kleinere Sprünge alle sechs Monate ins Auge gefasst werden. Für die Snapchat-Generation fühlen sich sechs Monate ohnehin wie sechs Jahre an. Ein Feedback sollte häufiger als nur einmal im Jahresrückblick erfolgen. Der kurzen Aufmerksamkeitsspanne und der Ungeduld der Generation Selfie entsprechen am ehesten kurze Bewertungen bestimmter Aufgaben, keine langatmige Kritik der Leistungen über einen langen Zeitraum hinweg. Das Feedback sollte kurz sein und die Sache auf den Punkt bringen. Und obwohl die Selfies nicht über das übergroße Selbstvertrauen der Millennials verfügen, sind sie immer noch eine höchst individualistische Generation, die auf persönliche Zuwendung und individuell zugeschnittene Lösungen reagiert. Sie möchten einen persönlichen Eindruck hinterlassen, nicht nur ein Rädchen im Getriebe sein. Manche Konzerne lassen bereits Angestellte ihre eigene Berufsbezeichnung selber festlegen, wonach der Karriereweg entsprechend angepasst wird. Das sind attraktive Optionen für Millennials wie auch für die Generation Selfie, die beide ein großes Interesse daran haben, als einmalige Individuen behandelt zu werden.

Benutzen Sie den Begriff »Sicherheit« oder sprechen Sie von Ihrer »sicheren Umgebung«. Man hat der Generation Selfie vermittelt, Sicherheit mehr als jede frühere Generation wertzuschätzen, und die beiden genannten Begriffe sind nicht nur beruhigend für sie, sondern werden geradezu erwartet. Die Generation Selfie will sich sicher und geschützt fühlen – nicht nur körperlich, sondern auch sozial und emotional. Das heißt aber nicht, dass man diese Generation verhätscheln soll – ihr sollte durchaus vermittelt werden, dass sie mit den Realitäten des Geschäftslebens zurechtkommen muss –, aber sie braucht tatsächlich einen sanfteren Anschub, als es bei den Millennials der Fall war. Sagen Sie immer ganz deutlich, dass Sie dieser Generation helfen wollen, dass Sie auf ihrer Seite sind und das Feedback, das Sie geben, ihr zum Erfolg verhelfen soll. (Sagen Sie insbesondere: »Ich will, dass Sie Erfolg haben.«) Stellen Sie Kritik als den besten Weg zu einer besseren Leistung dar.

Viele Firmen, die junge Hochschulabsolventen einstellen, haben damit begonnen, auch deren Eltern in den Anwerbungs- und Orientierungsprozess einzubeziehen. Ich erwarte, dass sich dieser Trend fortsetzt und sich sogar noch verstärkt, wenn die Generation Selfie den Arbeitsmarkt betritt. Die Generation Selfie wird langsamer erwachsen als die Millennials und ist ein Produkt der Colleges, die immer mehr auf Sicherheit und Schutz fokussiert sind. Seien Sie also nicht schockiert, dass Ihre jungen Angestellten ihre Eltern konsultieren, wenn sie Rat brauchen oder eher wie 18-Jährige als wie 22-Jährige wirken. Gemessen an Babyboomer-Standards sind sie es ja tatsächlich noch.

Die Generation Selfie bringt neue Einstellungen zur Kommunikation mit. Viele von ihnen verstehen nicht, warum jemand noch E-Mails benutzt, wo doch Textnachrichten viel schneller sind. »Eine Zeit lang dachte ich, die Leute würden E-Mails meinen, wenn sie von ›Snailmail‹ (Schneckenpost) sprachen«, schrieb der 16-jährige Vivek Pandit in seinem Buch *Wir sind die Generation Z* (*We are Generation Z*, 2015). »Schließlich habe ich aber gemerkt, dass Snailmail das Papierzeugs ist, das Tage braucht, bis es ankommt. Ich nenne das ›antike Post‹.« Selbst Textnachrichten sind womöglich schon im Niedergang begriffen: Angesichts der Popularität von Instagram und Snapchat kommuniziert die Generation Selfie eher visuell als über Worte, mit Emojis, Bildern und Videoclips. Irgendwann werden sich Organisationen vielleicht auf die Kommunikationsweise der Generation Selfie einstellen; bis dahin aber werden viele Angestellte aus dieser Generation noch Nachhilfe brauchen, wie man am besten mit älteren Arbeitskollegen und Kunden kommuniziert. Mit anderen Worten: Sagen Sie ihnen, sie sollten vorsichtig mit Emojis, Videos und den ständigen Bildern sein. Viele Babyboomer wissen nicht, was das jeweilige Emoji bedeutet, und nicht alle aus der Generation X schätzen es, wenn man ihnen ein Video anstatt einer E-Mail schickt. Die Generation Selfie wird außerdem ihre Aufmerksamkeitsspanne der Situation anpassen müssen. Lange Textpassagen zu lesen und lange Berichte zu schreiben wird diese Generation mehr belasten, als es für die Millennials und die Generation X galt. Ihr Leben lang bedeutete Kommunikation lediglich Umgang mit kurzen Informationsschnipseln, nicht mit endlos langen Textseiten.

Die Generation Selfie wird ferner ihre Einstellungen zu Triggerwarnungen, Safe Spaces und Mikroaggressionen in die Arbeitswelt mitbringen. Wenn Sie einen (vielleicht älteren) Angestellten haben, der bei Themen wie ethnischen Minderheiten, Geschlecht, sexueller Orientierung und Transsexualität noch mehr oder weniger ahnungslos agiert, dann stellen Sie sich darauf ein, dass Sie von Ihren neuen Angestellten aus der Generation Selfie einiges über Mikroaggressionen zu hören bekommen. In den kommenden Jahren werden Angestellte wohl auch anfangen, Safe Spaces bei der Arbeit zu fordern. Immer mehr Menschen werden bei Meetings emotional reagieren, wenn sie etwas hören, mit dem sie nicht einverstanden sind. Die Generation Selfie wird mit zunehmendem Alter lernen, sich der Realität der Arbeitswelt anzupassen, doch die Arbeitswelt wird sich auch ihr anpassen – noch weiß man aber nicht wie.

Was erwartet die Generation Selfie?

In den drei Jahren, die ich mit der Arbeit an diesem Buch verbrachte, zahllose Grafiken erstellte, Campuszeitungen las und mir die Geschichten und Meinungen junger Menschen in Interviews anhörte, habe ich Folgendes bemerkt: Die Generation Selfie hat Angst. Sie ist vielleicht sogar in Panik. Sie ist nur langsam erwachsen geworden, außerdem dazu erzogen, vor allem auf Sicherheit zu achten, durch alles, was mit dem Einkommensgefälle verbunden sein könnte, in Angst versetzt. Sie treten ins Jugendalter ein, während die beherrschende soziale Aktivität darin besteht, auf ein kleines rechteckiges Display zu starren. Es kann sie liken, aber auch ablehnen. Die Geräte in ihren Händen verlängern ihre Kindheit und halten sie von wirklichen persönlichen Interaktionen fern. Deshalb ist sie die körperlich sicherste Generation und gleichzeitig die psychisch zerbrechlichste. Sie ist mehr auf Arbeit fokussiert und realistischer als die Millennials, erfüllt von der Gewissheit, dass sie schwer wird kämpfen müssen, um es zu schaffen. Sie ist äußerst tolerant, hat ein neues Bewusstsein für Themen wie Gleichberechtigung, psychische Gesundheit und LGBT-Rechte mitgebracht und lässt traditionelle Strukturen wie zum Beispiel Religion hinter sich. Die Generation Selfie hat eine solide Basis für den Erfolg, auch dank ihrer praktischen Natur und ihrer angeborenen Vorsicht. Wenn sie sich von der beständigen Umklammerung durch ihre Smartphones befreien und die schwere Bürde ihrer Angst abschütteln kann, kann sie sogar fliegen. Und wir anderen werden dann da sein und sie anfeuern.

Danksagung

Der Dank geht zunächst an Jill Kneerim und Lucy Celand, meine Agentinnen und ersten Leserinnen, für Euren wichtigen und klugen Rat. Ich hätte es wirklich nicht ohne Euch geschafft. Dank auch an die tollen Menschen bei Atria Books, vor allem an Peter Borland, Tory Lowy, Leslie Meredith und Daniella Wexler. Ihr seid meine Heimat für Buchveröffentlichungen und somit mein Lieblingsort.

Ein besonderer Dank geht an die Jugendlichen und jungen Erwachsenen, die mir so großzügig ihre Zeit geschenkt haben, um meine Fragen über ihre Generation zu beantworten und mir von ihren Erfahrungen zu berichten. Ich bin für Eure Ehrlichkeit und Einsicht dankbar. Ihr habt die Generation Selfie zum Leben erweckt. Ich möchte auch den Freunden, Familien und Hochschullehrern danken, die mich den befragten Jugendlichen vorgestellt haben. Eure Hilfe muss anonym bleiben, war aber unschätzbar. Dank auch an die Teilnehmer der Online-Befragung und an die Studenten der SDSU, die mir mehr über das Denken und die Meinungen der Generation Selfie vermittelten. Ich wünsche Euch viel Erfolg, wenn Ihr hinaus in die Welt geht.

Dann möchte ich auch den Leuten danken, die hingebungsvoll und unermüdlich die großen Langzeitbefragungen organisieren, aus denen ich in diesem Buch zitiert habe (Monitoring the Future, American Freshman Survey, General Social Survey, Youth Risk Behaviour Surveillance System). Trotz der zuweilen isolierten Welt des akademischen Betriebs muss ich Sie alle noch persönlich treffen und schulde jedem von Ihnen einen Drink. Im Namen vieler bitte ich Sie: Setzen Sie Ihre wichtige Arbeit fort. Ihre Datensätze sind nationale Schätze. Ohne sie würden die Menschen immer noch in den wilden und schwammigen Vermutungen über die Unterschiede zwischen den Generationen feststecken. Mit diesen Daten können wir dagegen ganz klar erkennen, wie sich die Generationen verändert haben. Möge Ihre Finanzierung ewig andauern.

Dank an meinen guten Freund W. Keith Campbell, meinen Komplizen bei vielen Veröffentlichungen und zwei weiteren Büchern, weil er mir immer geholfen hat, vernünftig zu bleiben. Angela Beiler-May, Stacy Campbell, Nathan Carter, Malissa Clark, Kristin Donnelly, Julie Exline, Joshua Foster, Patricia Greenfield, Joshua Grubbs, Garrett Hisler, Nathan Honeycutt, Thomas Joiner, Sara Konrath, Zlatan Krizan, Sonja Lyubomirsky, Gabrielle Martin, Heejung Park, Radmila Prislin, Megan Rogers, Ramya Sastry, Samia Shaikh, Ryne Sherman, Yalda Uhls, Hannah VanLandingham und Brooke Wells waren wunderbare Mitarbeiter bei den Zeitungsartikeln, die auf diesen Daten beruhen. Sie füllten meine Kompetenzlücken und blieben immer coole, gewitzte Menschen. Ich schätze mich glücklich, Sie zu kennen. Mögen Ihre Universitäten Sie gut behandeln und Ihnen Gehaltszulagen gewähren.

Dank an meine Freunde und die Familie, die so freundlich waren, mir zuzuhören, wenn ich über dieses Buch geredet habe: Ken Bloom, Kim und Brian Chapeau, Jenny Crowhurst, Eli Finkel, Nick Grossman, Chris Harris, Brandelyn Jarrett, Sarah und Dan Kilabarda, Ron Louden, Bill und Joan Moening, Bud und Pat Moening, Darci und Brad Olsen, Trinty Perry, Marilyn Swenson, Drew Sword, Amy und Paul Tobia, Anna und Dusty Wetzel, Jud Wilson, May Yeh, Ashley und Mike Zahalan, Alice Zellmer und Jennifer Zwolinski. Mein besonderer Dank an meine Eltern, Steve und JoAnn Twenge, weil sie an den seltenen schulfreien Tagen Babysitter waren, als ich wirklich schreiben musste, und in den Ferien, als ich nicht wirklich schreiben musste.

Dank an meinen Mann Craig, für all die Zeiten, die ich beim Abendessen über Grafiken sprach und für die Male, als ich dem Familienspaß fernblieb, um an diesem Buch zu arbeiten.

Und schließlich Dank an meine drei Töchter aus der Generation Selfie: Kate, Elizabeth und Julia. Ihr seid das Licht meines Lebens, mein Alles. Ich habe nur eine Frage: Wenn ich Eure Generation anspreche, werdet Ihr dann noch auf mich hören, wenn ich Euch bitte, Euch die Haare zu kämmen? Danke, Mädels. Ich liebe Euch.

Quellennachweis

Die Autorin beruft sich hauptsächlich auf vier amerikanische Datenbanken:

- Monitoring the Future (jährliche Befragungen von Jugendlichen seit 1976)
- YRBSS (Youth Risk Behaviour Surveillance System, Befragung zum Risikoverhalten der Jugend seit 1991)
- AFS (American Freshman Survey, amerikanische Befragung von Erstjahresstudenten seit 1966)
- GSS (General Social Survey, allgemeine gesellschaftliche Untersuchung von Erwachsenen ab 18 Jahren)

Weitere Quellennachweise entnehmen Sie bitte der englischsprachigen Originalausgabe.

Quellennachweis der deutschen Ausgabe

- JIM – Jugend, Information, (Multi-)Media. Basisstudie zum Medienumgang 12- bis 19-Jähriger in Deutschland. Medienpädagogischer Forschungsverbund Südwest. Hrsg.: Landesanstalt für Kommunikation Baden-Württemberg (LFK), 1998 bis 2018
- 15 Jahre JIM-Studie. Jugend, Information, (Multi-)Media. Studienreihe zum Medienumgang 12- bis 19-Jähriger in Deutschland. Medienpädagogischer Forschungsverbund Südwest. Hrsg.: Landesanstalt für Kommunikation Baden-Württemberg (LFK), 2013
- KIM – Basisuntersuchung zum Medienumgang 6- bis 13-Jähriger in

Deutschland. Medienpädagogischer Forschungsverbund Südwest. Hrsg.: Landesanstalt für Kommunikation Baden-Württemberg (LFK)
- 17. Shell Jugendstudie: Jugend 2015 – Eine pragmatische Generation im Aufbruch. Hrsg.: Shell Deutschland. Frankfurt am Main, Fischer Taschenbuch, 2015
- 18. Shell Jugendstudie: Jugend 2019 – Eine Generation meldet sich zu Wort. Hrsg.: Shell Deutschland. Frankfurt am Main, Fischer Taschenbuch, 2019
- 15. Kinder- und Jugendbericht – Bericht über die Lebenssituation junger Menschen und die Leistungen der Kinder- und Jugendhilfe in Deutschland. Hrsg.: Bundesministerium für Familie, Senioren, Frauen und Jugend (BMFSFJ), 2017
- SINUS – Wie ticken Jugendliche 2016? Lebenswelten von Jugendlichen im Alter von 14 bis 17 Jahren in Deutschland. Hrsg.: SINUS-Institut Berlin. Springer, 2016
- Jugendsexualität 2006 – Wiederholungsbefragung von 14- bis 17-Jährigen und ihren Eltern. Ergebnisse der Repräsentativbefragung 2005. Hrsg.: Bundeszentrale für gesundheitliche Aufklärung (BzGA). Köln, 2006
- Jugendsexualität 2015 – Die Perspektive der 14- bis 25-Jährigen. Ergebnisse einer aktuellen repräsentativen Wiederholungsbefragung. Hrsg.: Bundeszentrale für gesundheitliche Aufklärung (BzGA). Köln, 2015
- Orth, B. & Merkel, C. (2019). Der Alkoholkonsum Jugendlicher und junger Erwachsener in Deutschland. Ergebnisse des Alkoholsurveys 2018 und Trends. Köln (BzGA), 2019
- Die Drogenaffinität Jugendlicher in der Bundesrepublik Deutschland 2015. Teilband Computerspiele und Internet. Hrsg.: Bundeszentrale für gesundheitliche Aufklärung (BzGA). Köln, 2016
- The youth of today. Teenagers are better behaved and less hedonistic nowadays. In: www.economist.com, 10. Januar 2018; Abrufdatum: 1. Februar 2018
- »Immer mehr Kinder und Jugendliche leiden an Depressionen.« Statistisches Bundesamt (Destatis), 4. April 2017. In www.destatis.de (Thematische Recherche: Zahlen & Fakten – Gesellschaft & Staat – Gesundheit – Archiv »IM FOKUS«). Abrufdatum: 1. Februar 2018
- Unfälle, Gewalt, Selbstverletzung bei Kindern und Jugendlichen 2017. Ergebnisse der amtlichen Statistik zum Verletzungsgeschehen 2014. Hrsg.: Statistisches Bundesamt (Destatis), 2017

- Verkehrsunfälle 2018. Zeitreihen. Hrsg.: Statistisches Bundesamt (Destatis), 2019
- Durchschnittliches Heiratsalter nach dem bisherigen Familienstand der Ehepartner in Deutschland, 1971 bis 2016. Bundesinstitut für Bevölkerungsforschung BiB, 2017. In www.bib-demographie.de (Thematische Recherche: Zahlen und Fakten – Eheschließungen – Abbildungen – A_04_14). Abrufdatum: 1. Februar 2020

Anmerkungen

1 JIM – Jugend, Information, (Multi-)Media 2017, S. 28
2 ebd.
2a KIM – Kindheit, Internet, Medien 2018, S. 28
3 Die Autorin beruft sich hauptsächlich auf vier amerikanische Datenbanken: Monitoring the Future (jährliche Befragungen von Jugendlichen seit 1976); das YRBSS (Youth Risk Behaviour Surveillance System, Befragung zum Risikoverhalten der Jugend seit 1991); die AFS (American Freshman Survey, amerikanische Befragung von Erstjahresstudenten seit 1966); und die GSS (General Social Survey, allgemeine gesellschaftliche Untersuchung von Erwachsenen ab 18 Jahren).
4 The youth of today. Teenagers are better behaved and less hedonistic nowadays. In: www.economist.com, 10. Januar 2018; Abrufdatum: 1. Februar 2018
5 zitiert nach: 17. Shell Jugendstudie: Jugend 2015 – Eine pragmatische Generation im Aufbruch, S. 285
6 Jugendsexualität 2015. BzGA 2015, S. 113
7 15. Kinder- und Jugendbericht. BMFSFJ 2017, S. 17
8 JIM – Jugend, Information, (Multi-)Media 2017, S. 52
9 15. Kinder- und Jugendbericht. BMFSFJ 2017, S. 52
10 ebd., S. 237
11 Alkoholkonsum Jugendlicher 2018. BzGA, S. 23
12 ebd., S. 27 f.
13 Cannabiskonsum Jugendlicher 2018. BzGA, S. 18
14 JIM – Jugend, Information, (Multi-)Media 2018, S. 32
15 Drogenaffinität Jugendlicher 2015/Computer-Internet. BzGA 2016, S. 34

16 JIM – Jugend, Information, (Multi-)Media 2018, S. 19
16a JIM, »Bücher lesen«, 2006 bis 2017
17 15 Jahre JIM-Studie – Jugend, Information, (Multi-)Media, S. 14
18 JIM – Jugend, Information, (Multi-)Media 2018, S. 44
19 18. Shell Jugendstudie: Jugend 2019 – Eine Generation meldet sich zu Wort, S. 214
20 JIM – Jugend, Information, (Multi-)Media 2006, S. 6; JIM 2017, S. 11
21 15 Jahre JIM-Studie – Jugend, Information, (Multi-)Media, S. 6
22 JIM – Jugend, Information, (Multi-)Media 2018, S. 11
23 Zitiert nach: SINUS – Wie ticken Jugendliche?, 2016, S. 54
24 18. Shell Jugendstudie: Jugend 2019 – Eine Generation meldet sich zu Wort, S. 214
25 The youth of today. Teenagers are better behaved and less hedonistic nowadays. In: www.economist.com, 10. Januar 2018; Abrufdatum: 1. Februar 2018
26 JIM – Jugend, Information, (Multi-)Media 2010, S. 48; JIM 2017, S. 59
27 »Immer mehr Kinder und Jugendliche leiden an Depressionen.« Statistisches Bundesamt (Destatis), 4. April 2017
28 Unfälle, Gewalt, Selbstverletzung. Statistisches Bundesamt (Destatis) 2017, S. 25 f.
29 18. Shell Jugendstudie: Jugend 2019 – Eine Generation meldet sich zu Wort, S. 151
30 ebd., S. 155
31 Monitoring the Future stellte nach 1997 diese Frage in Kalifornien nicht mehr, weshalb wir keine Bewohner des Westens mit denen aus dem Süden vergleichen können.
32 Verkehrsunfälle. Zeitreihen. Beteiligte Fahrer von Personenkraftwagen an Unfällen mit Personenschaden nach Altersgruppen und Geschlecht 1970–2016. Statistisches Bundesamt (Destatis) 2019, S. 112
33 Gegenwärtig liegen CDC-Daten nur für 2010 und 2011 vor, weshalb wir nach dieser Erhebung nicht sagen können, ob Vergewaltigung mehr oder weniger verbreitet ist als früher.
34 Resident Masters sind Professoren, die in Studentenheimen – zum Beispiel auf dem Campus der Yale University – wohnen, um sich als direkter Ansprechpartner um das Wohl der Studenten kümmern zu können.
35 Verkehrsunfälle. Zeitreihen. Beteiligte Fahrer von Personenkraftwagen

an Unfällen mit Personenschaden nach Altersgruppen und Geschlecht 1970–2016. Statistisches Bundesamt (Destatis) 2019, S. 152

36 Wegen der Neigung jüngerer Generationen, alles als wichtiger einzustufen, werden diese Zahlen korrigiert. Der Begriff »relative Zentralität« bezeichnet, wie wichtig eine Sache, ein Wert etc. im Verhältnis zu anderen angesehen wird.

37 zitiert nach: SINUS – Wie ticken Jugendliche 2016?, S. 97

38 ebd., S. 275 f.

39 Die Untersuchung fragte nach tatsächlichen Spenden und der Bereitschaft, an neun unterschiedliche Wohltätigkeitsorganisationen zu spenden (darunter internationale Hilfsorganisationen, Minderheitenorganisationen, Umweltgruppen und Gesundheitsorganisationen).

40 18. Shell Jugendstudie: Jugend 2019 – Eine Generation meldet sich zu Wort, S. 28

41 17. Shell Jugendstudie: Jugend 2015, S. 239; 18. Shell Jugendstudie: Jugend 2019, S. 106

42 ebd., S. 62 f./S. 140

43 Durchschnittliches Heiratsalter nach dem bisherigen Familienstand der Ehepartner in Deutschland, 1971 bis 2016. Bundesinstitut für Bevölkerungsforschung BiB, 2017. In www.bib-demographie.de (Thematische Recherche: Zahlen und Fakten – Eheschließungen – Abbildungen – A_04_14). Abrufdatum: 1. Februar 2020

44 LGBT steht abkürzend für »Lesbian«, »Gay«, »Bisexual« und »Transgender« (auch: LGBTQ, ergänzt um das Q für »Queer«, abweichend von der Norm). – Aufgrund demographischer Unterschiede zwischen Deutschland und den Vereinigten Staaten wurde in diesem Kapitel auf US-spezifische Ausführungen zur Rassenthematik verzichtet.

45 zitiert nach: SINUS – Wie ticken Jugendliche 2016?, S. 119

46 Jugendsexualität 2006. BzGA 2006, S. 84

47 Jugendsexualität 2015. BzGA 2015, S. 117

48 Auf weitere Ausführungen zur politischen Spaltung in den USA und die jeweiligen Positionen innerhalb der Generation Selfie wurde hier wegen grundsätzlicher Unterschiede zur politischen Landschaft in Deutschland verzichtet.

49 18. Shell Jugendstudie: Jugend 2019 – Eine Generation meldet sich zu Wort, S. 50

50 ebd., S. 53

Personenregister

Sachregister

Um die ganze Welt des
GOLDMANN Verlages
kennenzulernen, besuchen Sie uns doch
im Internet unter:

www.goldmann-verlag.de

Dort können Sie
nach weiteren interessanten Büchern ***stöbern***,
Näheres über unsere ***Autoren*** erfahren,
in ***Leseproben*** blättern, alle ***Termine*** zu Lesungen und Events finden und den ***Newsletter*** mit interessanten Neuigkeiten, Gewinnspielen etc. abonnieren.

Ein ***Gesamtverzeichnis*** aller Goldmann Bücher finden Sie dort ebenfalls.

Sehen Sie sich auch unsere ***Videos*** auf YouTube an und werden Sie ein ***Facebook***-Fan des Goldmann Verlags!